青岛市社科规划重点项目

青岛市经济社会发展蓝皮书：2018

青岛市社会科学院
青岛市城市发展研究中心 编

中国海洋大学出版社
·青岛·

图书在版编目(CIP)数据

青岛市经济社会发展蓝皮书. 2018/青岛市社会科学院，青岛市城市发展研究中心编. —青岛：中国海洋大学出版社，2018.1

ISBN 978-7-5670-1693-4

Ⅰ. ①青… Ⅱ. ①青…②青… Ⅲ. ①区域经济发展—经济分析—青岛—2017②区域经济发展—经济预测—青岛—2018③社会发展—社会分析—青岛—2017④社会预测—青岛—2018 Ⅳ. ①F127.523

中国版本图书馆 CIP 数据核字(2018)第 018535 号

出版发行 中国海洋大学出版社
社　　址 青岛市香港东路 23 号　　**邮政编码** 266071
出 版 人 杨立敏
网　　址 http://www.ouc-press.com
电子信箱 coupljz@126.com
订购电话 0532—82032573(传真)
责任编辑 李建筑　　**电　　话** 0532—85902505
印　　制 日照报业印刷有限公司
版　　次 2018 年 1 月第 1 版
印　　次 2018 年 1 月第 1 次印刷
成品尺寸 164 mm×240 mm
印　　张 23
字　　数 408 千
印　　数 1～1300
定　　价 58.00 元

编辑委员会

前　言

2017年，举世瞩目的中国共产党第十九次全国代表大会是在全面建成小康社会决胜阶段、中国特色社会主义发展关键时期召开的一次十分重要的大会。党的十九大确立了习近平新时代中国特色社会主义思想的历史地位，就新时代坚持和发展中国特色社会主义的一系列重大理论和实践问题阐明了大政方针，就推进党和国家各方面工作制定了战略部署，是我们党在新时代开启新征程、续写新篇章的政治宣言和行动纲领。认真学习宣传贯彻党的十九大精神，事关党和国家工作全局，事关中国特色社会主义事业长远发展，事关最广大人民根本利益，是当前和今后一个时期全党全国的首要政治任务。新时代赋予青岛新使命，新使命赋予青岛新气象，新气象赋予青岛新作为。在即将到来的2018年，作为青岛市社科规划重点课题的《青岛市经济社会发展蓝皮书》已走过17个春秋，它是青岛市社会科学院、青岛市城市发展研究中心汇集青岛市社会各界专家学者的集体智慧而奉献给读者的精品力作；它选择青岛市经济社会发展进程中的重点、热点和难点问题，以科学、翔实的经济社会发展数据为分析预测基础，遵循理论与实践相联系、宏观研究与微观研究相结合的原则，真实、全面地分析了青岛市年度经济社会发展的形势，客观地预测下一年度青岛市经济社会的发展走势；它已成为每年青岛市"两会"人大代表、政协委员书写提案的必读书目，已成为青岛市社科界服务党委和政府决策的重要平台和联系社会公众的桥梁纽带，已成为青岛城市经济社会发展的历史见证。

2017年，青岛市高举中国特色社会主义伟大旗帜，以马克思列宁主义、毛泽东思想、邓小平理论、"三个代表"重要思想、科学发展观、习近平新时代中国特色社会主义思想为指导，深入学习贯彻党的十九大精神，深入学习贯彻习近平总书记视察山东重要讲话、重要指示批示精神，立足青岛市经济社会发展实际，统筹推进"五位一体"总体布局、协调推进"四个全面"战略布局，坚定不移贯彻新发展理念，加快建设宜居幸福的创新型国际城市，青岛市经济社会各项事业取得令人瞩目的成就。《青岛市经济社会发展蓝皮书:2018》是青岛市社会科学院、青岛市城市发展研究中心组织编写的第 17 本蓝皮书。“蓝皮书”以习近平新时代中国特色社会主义思想为统领,契合“奋力把青岛建设得更加富有活力、更加时尚美丽、更加独具魅力,在实现社会主义现代化新征程中率先走在前列”的总体要求,强调实事求是地反映 2017 年青岛市经济社会发展中取得的成果和存在的问题,在客观公正地分析研究的基础上,对 2018 年青岛市经济社会发展的趋势进行了较为科学的预测,并提出了具有较强可行性的对策建议。

2018 年“蓝皮书”在框架体系上既继续保留以往的风格,又不断完善创新,并形成新的特色。在体例上分为“经济篇”“社会篇”“区(市)篇”3 个篇章,分报告由 31 个专题组成。“经济篇”“社会篇”“区(市)篇”既相互联系,又各具特色,共同构筑起 2018 年“蓝皮书”的整体框架,突出和保持青岛市“蓝皮书”的多层次、宽领域、更全面地反映经济社会发展形势的鲜明特色。

“经济篇”共设 10 个分报告,从经济全视角审视了青岛 2017 年经济发展情况并作了深入、客观的分析,对 2018 年经济发展趋势进行科学预测和展望。该篇以 2017～2018 年青岛市经济形势分析与预测为重点,对青岛市民营经济与中小企业、服务业、创新驱动、港口物流业、国际城市、资本市场、产业结构、工业、“全面营改增”等发展形势设立分报告进行专门分析及预测,以此作为对青岛市经济形势分析与预测的有力支撑,并尽可能全面反映青岛经济在转方式、调结构中所呈现出的特点。

“社会篇”共设 11 个分报告,以 2017～2018 年青岛市社会形势分析与预测为重点,透过社会发展某些领域的具体情况,高起点、宽领域、多视角地展示青岛市社会和谐发展的形势。如对青岛市农业新旧动能转换、交通运输业、就业创业、体育事业、社会保障事业、科技成果转化、城镇新增就业、全域旅游、卫生强市、基层党组织建设等方面进行的分析预测和研究。

“区(市)篇”共设 10 个分报告,对青岛市各区(市)经济社会发展的现状作了细致分析,比较理性地预测了其走势,并在此基础上重点突出了各区(市)的特色。如市南区旅游服务业发展形势、市北区创新资源集聚示范片区发展形势、李沧区构建新兴产业体系形势、西海岸新区推进新旧动能转换 构建现代产业体系的形势、即墨区工业品牌发展情况、平度市特色小镇建设情况、崂山区新旧动能转换示范区建设、城阳区特色休闲农业发展、胶州市胶东临空经济示范区建设、莱西市红色文化旅游等方面进行的分析与预测。通过此篇,充分展现 2017 年青岛市城乡一体化协调发展的良好局面。

近年来，青岛市各级领导机关和有关部门，都十分注重对城市经济和社会发展状况的综合分析和科学预测工作，并取得了相应的丰硕成果，为城市发展宏观决策提供了参考。这对于率先走在前列，实现蓝色跨越，加快建设宜居幸福的创新型国际城市的青岛来说，在决策的科学化方面发挥了重要的作用。正因为如此，“蓝皮书”的编写得到各方面领导的高度重视，也可以说是在他们的直接关怀和指导下完成的。中共青岛市委常委、宣传部部长孙立杰在百忙中对本书的编写作了重要指示；市委宣传部常务副部长王为达对本书的编写提出了许多有价值的意见；青岛市社科规划办将“蓝皮书”列入青岛市社科规划重点课题；本书在编写过程中，还得到了各级党委和政府、有关部门和社会各界人士的大力支持。在此，我们谨表示衷心的感谢。

本书的编辑、校对工作由赵明辉研究员、于淑娥研究员、姜红编审完成；由市社科联副主席、社科院副院长郭芳审稿、统稿；由市社科联主席、社科院院长佟宝军终审并最后定稿。王发栋同志负责本书的组织协调等工作。

需要说明的是，按照“蓝皮书”通常定稿时间为本年度11月末的惯例，作者对形势分析所采用的数字大部分截止到2017年的第三季度末，并在此基础上预测出全年的测算数字，2017年全年的实际数字仍以青岛市统计局正式公布的数据为准；本书各篇文章的观点，仅代表作者本人，既不代表编者，也不代表作者所属的机构；同时，由于编写水平及时间所限，错误之处肯定存在，敬请广大读者不吝赐教。

编　者

二〇一七年十一月

目　次

经济篇

社会篇

区(市)篇

CONTENTS

Economic Part

Social Part

District(County)Part

2018

经济篇

2017～2018年青岛市经济形势分析与预测

冷 静

2017年是党的十九大、山东省第十一次党代会、青岛市第十二次党代会隆重召开的一年，也是积极推进“十三五”各项规划的关键一年。面对世界经济复苏乏力、局部冲突和动荡频发、全球性问题加剧的外部环境，面对我国经济发展进入新常态等一系列深刻变化，青岛市认真贯彻落实党中央、国务院和省委、省政府的决策部署，迎难而上，开拓进取，以供给侧结构性改革为主线，深入实施新旧动能转换重大工程，推动形成经济结构优化、发展动力转换、发展方式转变加快的良好态势。

一、2017年1～9月青岛市经济形势分析

2017年以来，全市以建设“三中心一基地”为主攻方向，不断提高发展质量和效益，努力推动城市转型升级，投资、消费持续增长，服务业发展势头良好，新型城镇化步伐明显加快，重点项目建设加快实施，保障和改善民生力度进一步加大，全市经济运行总体呈现平稳发展态势。预计全年将全面完成年初确定的目标任务，为全面完成“十三五”各项目标任务奠定坚实的基础。

表1 2017年1～9月全国、山东省、青岛市经济发展情况

	青岛市		山东省		全国	
	数值	增速（%）	数值	增速（%）	数值	增速（%）
国内生产总值（亿元）	7983.8	7.5	54866.8	7.5	593288	6.9
三次产业结构	3.3∶42.4∶54.3		6.3∶45.0∶48.7		7.0∶40.1∶52.9	
规模以上工业增加值（亿元）	——	7.4	——	7	——	6.7
固定资产投资（亿元）	5854.1	8.3	39797.77	8	458478	7.5

（续表）

	青岛市		山东省		全国	
	数值	增速（%）	数值	增速（%）	数值	增速（%）
社会消费品零售总额（亿元）	3208.8	10.2	24028.2	10	263178	10.4
进出口总额（亿元）	3774.1	19.6	13261.8	18	202930	16.6
＃进口总额（亿元）	1525.6	41.1	5961.7	29.1	91299	22.3
出口总额（亿元）	2248.5	8.4	7300.1	10.3	111630	12.4
实际利用外资（亿美元）	64.8	10.3	132	5.8	920.90	－3.2
一般公共预算收入（亿元）	865.3	8.3	4697.1	8	134129	9.7
城市居民人均可支配收入（元）	35318	8.3	27656	8.2	27430	6.6
农村居民人均可支配收入（元）	16673	7.7	12328	8.3	9778	7.5

（一）加快建设国际先进的海洋发展中心，基本形成蓝色青岛新格局

1. 海洋经济发展迅速，产业层级不断提升

2017年上半年，青岛市加快海洋传统产业转型升级和新兴产业培育，创新驱动引领海洋经济转型发展成为新常态，海洋经济产业结构不断优化，海洋产业发展层级进一步提升。据初步核算，2017年上半年全市实现海洋生产总值1201亿元，同比增长15.2%（海洋生产总值增速均为现价增速，未剔除价格因素）。其中，海洋第一产业增加值38亿元，同比增长4.6%；海洋第二产业增加值624亿元，同比增长17.1%；海洋第三产业增加值540亿元，同比增长13.9%。海洋生产总值占GDP比重达到23.7%，较上年同期提升0.6个百分点。海洋三次产业比例由上年底的4.2∶51.2∶44.6调整为3.1∶52∶44.9。新旧动能转换不断推动海洋经济在转型升级中迈向中高端。上半年全市建成10处休闲型海洋牧场和全省首个公益型海洋牧场，累计投资7.38亿元，投放礁体150多万空方，其中5处获批国家级海洋牧场示范区，成为全国获批最多的城市；海洋设备制造业实现增加值196.6亿元，同比增长21.2%，快于海洋生产总值增速6个百分点，对GDP的贡献率达到7.9%，居行业首位；海洋船舶行业完成产值50.9亿元，同比增长38.3%，较上年同期提高52.4个百分点；海洋生物医药产业实现增加值24.2亿元，同比增长17.9%，高于海洋生产总值增速2.7个百分点，占海洋生产总值的2%，对海洋经济增长贡献率为2.3%。

2. 港口经济呈现平稳发展态势，新型码头顺利投入使用

1～9 月份，青岛港货物总吞吐量约 3.82 亿吨，同比增长 1.5%；集装箱吞吐量 1373.38 万标准箱，同比增长 1.8%。5 月，青岛港投入运营亚洲首个全自动化码头，标志着当今世界最先进、亚洲首个真正意义上的全自动化集装箱码头在青岛港成功投产，实现了全自动化码头从概念设计到商业运营，开创了全自动化集装箱作业的新纪元。该码头位于前湾港区四期 5～10 泊位，岸线长 2088 米，纵深 784 米，前沿水深 20 米，年通过能力 520 万标准箱，可停靠世界最大的 20000 TEU 以上的集装箱船舶，首期 2 个泊位投入运营。该码头由青岛港集团主导，仅用 3 年多时间完成了国外同类码头 8～10 年的研发建设任务，建设成本仅为国外同类码头的 75%左右，开创了低成本、短周期、高起点、全智能、高效率、更安全、零排放的"青岛模式"。

表 2　2017 年 1～9 月青岛港与国内部分港口规模以上货物、集装箱吞吐量情况

港口	货物吞吐量		外贸货物吞吐量		集装箱吞吐量	
	数值（亿吨）	全国排序	数值（亿吨）	全国排序	数值（万标准箱）	全国排序
宁波-舟山港	7.71	1	3.62	1	1874.83	3
上海港	5.29	2	3.07	2	2988.96	1
苏州港	4.62	3	1.16	8	441.36	10
唐山港	4.29	4	2.24	4	——	——
广州港	4.16	5	0.97	10	1483.27	4
青岛港	3.82	6	2.76	3	1373.38	5
天津港	3.78	7	2.11	5	1145.53	6
大连港	3.49	8	1.16	9	761.75	7
深圳港	1.79	17	1.41	7	1895.29	2

3. "一谷两区"建设持续推进，海洋经济载体功能逐步完善

前三季度，青岛西海岸新区规模以上工业完成总产值 4056.6 亿元，同比增长 13.9%，增速同比提高 5.4 个百分点。其中，列入全市十条千亿元级产业链的 8 个重点产业完成产值 3268 亿元，同比增长 11.5%，占全区规模以上工业总产值的 80.6%。全区 87 个新兴产业完成产值 623.1 亿元，同比增长 20.7%。其中，新材料产业完成产值 192.6 亿元，同比增长 24.6%；通用航空产业完成产值 12.2 亿元，同比增长 105.5%；节能环保产业完成产值 13.6 亿元，同比增长 46.5%；新一代信息技术产业完成产值 330.8 亿元，同比增长 15.9%；游艇制造

产业完成产值7亿元，同比增长33.2%；海洋生物产业完成产值66.9亿元，同比增长19.8%；生命健康产业完成产值79.1亿元，同比增长19.7%。2017年前7个月，红岛经济区加快发展软件信息产业、智能制造与新材料产业、医疗医药、互联网产业、金融产业以及高端服务业六大支柱型产业，完成工业总产值142.6亿元，增长10%；固定资产投资156.5亿元，增长53.1%，投资增速全市第一。前三季度累计引进重点产业项目1080个，总投资3154亿元；高新技术企业达到117家，在全区企业中占比达70%，创新创业项目突破1700个；"千帆计划"企业累计达到308家，位列各区(市)之首。上半年，青岛蓝谷完成地区生产总值38.5亿元，同比增长11.5%；固定资产投资完成96.4亿元，同比增长12.1%；海洋经济生产总值完成5.1亿元，同比增长17.6%，占地区生产总值比重达13.2%。2017年以来，新签约重点项目22个，累计达到270多个；新引进院士、千人计划专家、泰山学者等人才300多人，累计达到4200多人；"国字号""中科系"等重大科研平台累计达到20个，蓝谷建设发展成效显著。

表3　2017年1～9月青岛、(西海岸)黄岛新区和红岛经济区主要经济指标完成情况

	全市		(西海岸)黄岛新区		红岛经济区	
	数值(亿元)	增长率(%)	数值(亿元)	增长率(%)	数值(亿元)	增长率(%)
规模以上工业增加值	—	7.4	—	9.6	—	6.2
固定资产投资	5854.1	8.3	1710.9	16.9	199.9	52.9
社会消费品零售额	3208.8	10.2	430.3	11.9	10.1	10.08
一般公共预算收入	865.3	8.3	183.7	10.3	17.1	16.22

(二)加快建设国家东部沿海重要的创新中心，初步形成创新青岛新格局

1. 创新创业行动全面实施，创新能力进一步提升

2017年以来，青岛市继续深入贯彻创新驱动发展战略，全社会的创新创业活力依然保持着强劲高昂的势头。截至7月底，全市已建孵化器1298万平方米，同比增长8.6%，投入使用894万平方米，同比增长35.2%，拥有国家级创业孵化载体94家，居副省级城市第一。上半年，全市众创空间核心服务能力显著增强，其中，提供创业导师服务的占到97.8%，较2016年(下同)提高7.1个百分点；提供创业投融资服务的占到89.6%，提高16.3个百分点；提供技术创新服务的占到88.8%，提高11.5个百分点；提供国际合作服务的占到49.3%，提高

16个百分点。全市众创空间服务创业团队2547个，服务初创企业1658家，举办创新创业活动2937场次，开展创业教育培训1798场次。众创空间内的109个团队及企业获得投融资，14家企业实现上市（挂牌），共有52个海外项目入驻。常驻企业和团队拥有的有效知识产权数量达到1250项，其中，发明专利396项。在全市众创空间的发展过程中，民营企业发挥了重要作用，贡献“财”“智”，担当主力，全市由民营企业运营的众创空间数量占到3/4左右。上半年，这些众创空间实现总收入0.62亿元，占全市众创空间总收入的80.4%，其中，服务收入0.24亿元，在全部众创空间中的占比达到90.4%。同时，全部众创空间运营中有75.5%的成本由民营企业承担，有78.7%的创业团队由民营企业提供服务，举办创新创业活动和开展创业培训的场次数量分别占到82.1%和77.1%。

2. 高新技术投资增速较快，技术进出口增长较快

2017年以来，青岛市积极制定动能转换“施工图”，瞄准高技术领域精准投资，全力推进一批具有“新经济”概念的投资建设，为全市新旧动能接续转换积极助力。前8个月，高技术产业投资355.5亿元，增长17.5%，其中高技术服务业投资222.6亿元，增长36.7%，成为带动青岛市创新驱动发展和服务业转型升级的新引擎和新潜力。上半年，青岛市技术进出口合同登记219份，金额3.34亿美元，同比增长82.94%。其中，技术出口合同登记62份，金额5746.6万美元，同比增长265.14%；技术进口合同登记157份，金额27667.6万美元，同比增长65.76%。民营企业技术进出口登记合同48份，合同金额9719.2万美元，同比增长274.6%。其中，民营企业技术出口合同29份，金额4550.7万美元，同比增长865%，占比79.2%，拉动技术出口259个百分点，贡献度达到97.8%；民营企业技术进口合同19份，金额5168.5万美元，同比增长143%，占比18.7%，拉动技术进口18.25个百分点，贡献度27.75%。国有企业技术引进登记合同17份，合同金额1.24亿美元，同比增长110.5%，占比44.8%，拉动技术进口39个百分点，贡献度59.23%。

3. 技术中心建设进展顺利，创新基础全面夯实

省经济和信息化委2017年公布的第24批省级企业技术中心名单中，青岛市推荐的青岛森麒麟轮胎股份有限公司、青岛云路新能源科技有限公司、青岛康普顿科技股份有限公司等20家企业技术中心全部获得认定。目前，全市共有省级企业技术中心147家。2017年以来，青岛市为337家新认定高新技术企业发放奖励资金10110万元，为321家“千帆企业”发放研发投入奖励资金7013万元，全市办理研发费用加计扣除企业893家，同比增长86.82%，企业研发费用加计扣除额

35.87亿元，同比增长49.5%。组建基金30只，规模超23亿元，为150个项目投资6.2亿元，科技信贷累计为348家次中小企业提供11.4亿元支持。2017年，青岛市大沽河农业科技园区、西海岸农高区等19家企事业单位成功入围国家"星创天地"，备案公示数量名列副省级城市首位，青岛市国家级星创天地总数达到30家。新入围的19家国家级"星创天地"，以互联网+、资本拉动等理念为指导，"政府主导、企业参与、市场化运作"为运行模式，通过基础配套、政策优惠、科技创新等措施，聚集一批有潜力的现代农业企业，并整合前沿技术、优秀品牌等优势作为核心引擎，推动入孵企业快速成长。据不完全统计，这19家备案公示的"星创天地"已孵化企业265家、创客548人，直接带动贫困农户800余户、直接带动周边农业就业5000余户，人均年收入新增超过2万元。

4.知识产权保护取得新成就，科技成果转移成效显著

2017年以来，青岛市通过大力实施知识产权战略行动计划，高标准推进国家知识产权示范城市建设，以发展知识产权密集型产业、培育知识产权优势企业为重点，推动青岛市知识产权工作从数量规模型向质量效益型转变，成功与福建厦门、广东深圳、江苏苏州、上海徐汇区等6个市(区)成为国家首批知识产权综合管理改革试点。截至7月底，青岛市有效发明专利20033件，居全省第1位。2017年7月，全市国内专利授权量3365件，居全省首位。科技部下文批复支持山东省建设济青烟国家科技成果转移转化示范区，作为其中重要的组成部分，青岛市将发挥海洋科技优势，重点建设海洋科技成果转移转化集聚区。目前青岛市拥有技术转移服务机构127家，其中，国家技术转移示范机构14家，副省级城市排名第五；技术经纪人512名，先后获批国家海洋技术转移中心、国家科技成果转化服务示范基地和国家科技成果评价试点，成为国家科技成果转移转化先进城市。2017年上半年，青岛市实现技术交易2078项，技术合同成交额33.26亿元，同比增长5.87%。其中，海洋技术交易额4.60亿元，同比增长127.61%；先进制造、电子信息技术领域技术合同成交额分别为14.89亿元、10.23亿元，居各技术领域第一、第二位，同比分别增长3.11%、18.55%；驻青科研院所为48.57亿元，同比增长245.89%；引进高校院所为0.72亿元，同比增长1071.01%。

5.软件产业增长迅速，创新力度进一步加大

2017年以来，青岛市软件和信息服务业各项工作扎实推进。产业运行平稳，1～8月份全市列统企业1620家，实现软件业务收入1230.5亿元，同比增长16.1%。其中，软件产品收入430.6亿元，同比增长14.9%；信息技术服务收入420.6亿元，同比增长18.7%；嵌入式系统

软件收入379.3亿元，同比增长14.8%。海尔、海信等重点企业累计完成软件业务收入621.4亿元，同比增长13.2%，占全市软件业务收入的50.5%。积极推进新旧动能转换工作，研究制定“一业一策”中软件开发、信息系统集成服务两个产业未来五年发展目标、方向、路径和措施。根据工信部要求，完成《软件和信息技术服务业发展规划(2016—2020)》任务分解并协调推进，研究制定做大做强青岛市软件和信息服务业相关扶持政策与实施细则，协助税务部门完成30家软件企业2.2亿元所得税返还复核工作。联合区(市)成功举办2017年中国(青岛)国际软件融合创新博览会，取得良好成效。工信部公布的2017年(第16届)中国软件业务收入前百家企业名单中，海尔、海信分别列第二、第五位，其中海尔比上一年度前进一个位次。中国电子信息行业联合会发布2017年(第三届)中国电子信息行业创新能力五十强企业名单中，青岛市海尔、海信、歌尔三家企业榜上有名，分别列第四、第八和第二十五名。其中，海尔在五十强中的排名较上年跃升了七位。

(三)加快建设国家重要的区域性服务中心，初步形成服务青岛新格局

1.服务经济呈现快速发展态势，航空吞吐量增长明显

1～9月份，全市规模以上服务业实现营业收入1067.6亿元，增长16.7%，增速高于上年同期8.7个百分点；营业利润134.9亿元，增长24%。全市规模以上服务业30个行业大类中，26个行业大类实现不同程度增长，其中，装卸搬运和运输代理、租赁等行业大类增速均在30%以上。上半年，全市战略性新兴服务业实现增加值146.7亿元，增长14.2%。青岛市海尔信息谷、青岛环球金融中心、中科青岛研发城等23个项目入选2017年全省服务业载体项目名单，总投资约1092亿元，年度计划投资146亿元。2017年全省共确定200个省级服务业载体项目，青岛市项目的数量、投资额及年度计划投资均位居全省前列。2017年全市服务业领域的市级重点项目共有89个，总投资3399.2亿元，以金融、商贸、文化创意、现代物流、会展、科技信息、总部经济等领高端服务业项目为主。1～8月份，青岛机场累计完成航班起降11.93万架次，同比增长6.88%，旅客吞吐量1541.79万人次，同比增长13.59%，货邮吞吐量14.75万吨，同比增长1.59%。其中，8月20日，青岛机场单日吞吐量首次突破8万人次，创出了通航35周年以来历史新高。前8个月，青岛机场国内旅客吞吐量1334.09万余人次，国际旅客吞吐量180.6万余人次。上半年，全市金融业实现增加值325.4亿元，增长8.3%，高于全市GDP增速0.6个百分点，金融业增加值占GDP增加值和服务业增加值分别达到6.4%和11.7%；上半年，新增

金融机构 6 家，全市金融机构总数 236 家。

2. 科技服务业发展速度明显加快，文化产业发展动力十足

上半年，全市纳入规模以上服务业统计的科技服务业企业 561 家，占全部规模以上服务业企业的 35.6%。其中，核心层企业 329 家，占 58.6%，外延层企业 232 家，占 41.4%。核心层企业营业收入 96.59 亿元，同比增长 17.4%，外延层企业营业收入 137.43 亿元，同比增长 12.8%。核心层企业营业收入增速分别高于全市规模以上企业营业收入和科技服务业营业收入 1.4 个和 2.7 百分点，高于外延层企业营业收入增速 4.6 个百分点。上半年，全市规模以上文化企业共实现营业收入 1293.4 亿元，占到全省营业收入的 1/4，省内龙头地位突出。产业发展提速换挡，同比实现了 15.2%的快速增长，较上年同期显著提升 8.8 个百分点，且增速领先于全国（11.7%）、全省（11.7%）平均增速 3.5 个百分点。其中，文化制造业实现营业收入 915.6 亿元，同比增长 10.4%；文化服务业实现营业收入 71.6 亿元，同比增长 17.2%；文化批发零售业实现营业收入 306.3 亿元，同比增长 31.8%。上半年，除文化信息传输服务类营业收入减少外，其余 9 个类别均保持增长。其中高于 15.2%平均增速的有 6 类：文化艺术服务类增长 41.8%，广播电视电影服务类增长 34.0%，文化休闲娱乐服务类增长 24.4%，文化用品生产类增长 18.0%，文化创意和设计服务类增长 15.9%，文化专用设备生产类增长 15.4%。

3. 商贸流通业加快发展，节庆消费保持稳定增长

1～9 月份，全市实现社会消费品零售额 3208.8 亿元，增长 10.2%，较上年同期提高 0.2 个百分点。乡村市场增速快于城镇，城镇消费品零售额 2677.1 亿元，增长 9.8%；乡村消费品零售额 531.7 亿元，增长 12.4%。基本生活类和消费升级类商品增长较快，日用品类、五金电料类和饮料类零售额分别增长 26.9%、14.9%和 23.4%；体育娱乐用品类、家用电器和音像器材类分别增长 30.6%和 19.4%。1～9 月份，全市居民消费价格（CPI）累计上涨 1.7%，比上年同期回落 0.7 个百分点；其中，食品价格下降 0.9%，非食品价格上涨 2.4%；服务价格上涨 3.5%，消费品价格上涨 0.8%。工业生产者出厂价格累计上涨 4.1%，工业生产者购进价格累计上涨 11.5%。节庆消费继续保持稳定增长势头，春节期间，10 家重点商贸企业（集团）实现销售额 5.3 亿元，同比增长 4%；6 家餐饮企业实现营业额 7469 万元，同比增长 3.7%，较上年提高 9.3 个百分点。国庆中秋长假期间，青岛市消费市场商品供应充足、品类丰富，生活必需品价格稳定，总体实现购销两旺，全市十家重点商贸企业（集团）实现销售额 14.5 亿元，同比增长6.2%，十家重点餐饮企业实现营业额 6548 万元，同比增长 5.8%。

4.旅游经济持续增长,假日旅游渐成热点

2017年以来,青岛市确定总投资2840多亿元、单体投资5000万元以上的在建和待建重点旅游大项目82个。旅游消费明显提升,随着供给侧结构性改革的不断推进,旅游产品供给体系不断完善,进一步刺激了国内游和城乡互动游的消费需求。2017年第一季度,全市累计接待游客1271.37万人次,同比增长8.42%;实现旅游消费总额211.38亿元,同比增长13.01%。上半年,接待游客总人数3573万人次,增长7%;实现旅游消费总额593.8亿元,增长13%。假日旅游持续增长,元旦假日期间,青岛市接待游客92.9万人次,实现旅游综合收入14.1亿元,同比分别增长10.2%和18.5%;春节假日期间,全市接待游客200.62万人次,实现旅游消费28.32亿元,同比分别增长13.96%和16.65%;清明小长假,青岛市接待游客达371.6万人次,实现旅游综合收入46.6亿元,同比分别增长14.3%和17.6%;"五一"假期,全市共接待游客443.9万人次,同比增长8.9%,实现旅游综合收入61.4亿元,同比增长16.1%;国庆期间,全市共接待游客609.3万人次,同比增长15.0%,实现旅游消费66.4亿元,同比增长18.0%。深入推进邮轮旅游发展,制订出台《青岛市建设中国邮轮旅游发展试验区实施方案》,组织举办世界旅游城市联合会邮轮分会理事会,截至6月底全市累计接待51个邮轮航次,约15万人次。

(四)加快建设具有国际竞争力的先进制造业基地,初步形成产业青岛新格局

1.工业创新发展政策发布,发展十大行动计划制定

2017年,市政府发布《青岛市加快推进工业创新发展转型升级提质增效行动方案》,围绕深化供给侧结构性改革,加快新旧动能转换,推动工业创新发展、转型升级、提质增效,提出实施工业创新发展十大行动:一是企业家梯队建设行动。完善企业家梯队建设机制,实施素质提升计划,优化成长发展环境。二是新一轮品牌强市行动。集中开展增品种、提品质、创品牌专项行动,推进"青岛标准"建设和品牌培育创建,完善品牌培育激励机制。三是企业创新能力提升行动。深化产业创新平台建设,推进关键核心技术攻关,加快提升工业设计水平,推进新一轮企业技术改造。四是节能减排专项行动。大力发展循环经济,推进企业、园区、社会"三个循环"。实施"工业绿动力"计划和重点节能工程,开展能效对标达标活动。五是企业管理升级行动。加快企业改制步伐,加大企业直接融资补贴力度,深化国有企业改革,加强企业精细化管理。六是市场出清行动。淘汰落后低效过剩产能,严控过剩行业新增产能,积极稳妥处置"僵尸企业"。七是重点产业能级提升行动。

加快工业产业新旧动能转换，培育发展战略性新兴产业，加强工业产业集聚区特色能力建设，加快发展服务型制造，扩大制造业开放合作。八是制造业与互联网深度融合行动。率先发展互联网工业，加快推进智能制造工程，统筹推进大数据产业发展。九是创新团队引才聚智行动。加强创新型人才培养，拓宽人才引进渠道，健全创新激励机制。十是政策服务保障行动。加大财税扶持力度和重点生产要素保障，优化企业发展环境，加强财源经济建设。

2. 工业经济稳步增长，青岛设计实现新突破

工业企业景气指数进入"较强景气"区间，第三季度全市工业企业景气指数为 154.7，较第二季度上升 6 个百分点。1～9 月份，规模以上工业增加值增长 7.4%，工业出口交货值增长 8.1%，增速同比加快 6 个百分点；工业用电量增长 9.6%，增速同比加快 5.3 个百分点。1～9 月份，全市规模以上高技术制造业和装备制造业增加值分别增长 11.9%和 11.7%，增速分别比全市规模以上工业高 4.5 和 4.3 个百分点。在装备制造业中，专用设备制造业、汽车制造业、电气机械和器材制造业分别增长 32.3%、26.6%和 12.5%。高技术含量的产品快速增长，智能手机产量增长 47.5%，环境污染防治专用设备增长 28.1%，城市轨道车辆增长 135.1%，新能源汽车同比增加 3.9 万辆。前三季度，全市战略性新兴产业实现产值 2738.6 亿元，增长 12.24%。上半年，全市民营市场主体达到 104.1 万家，占全市实有市场主体总量的 97.17%。经营规模接近过半，民营经济的增加值、税收和固定资产投资均接近或者超过了各类所有制经济总和的半数；全市民营经济新吸纳就业 28 万人，同比增长 20.1%，比上年同期提高了 12.7 个百分点，占全市新增城镇就业人口总量比重达到 75.5%。前三季度，全市规模以上工业企业中具有一定工业设计能力的企业达到 500 多家，工业设计机构 120 余家，已创建国家级工业设计中心 2 家、省级工业设计中心 11 家、市级工业设计中心 14 家，企业设计创新体系建设不断完善；青岛市累计获得中国优秀工业设计奖金奖、中国设计红星奖、美国 IDEA 奖等国内外工业设计大奖超过 200 件，正成为"青岛创造"的新名片，对推动全市新旧动能转换具有重要支撑作用。

3. 产业集聚规模逐步加强，市级重点项目进展顺利

上半年，青岛市百亿元级集聚区继续扩容，28 个集聚区产值过 50 亿元。其中，规模以上工业产值过 500 亿元的集聚区 1 个，为即墨纺织服装产业集聚区（505 亿元）；产值在 200 亿～500 亿元的集聚区 7 个，分别是黄岛家电电子产业集聚区（474 亿元）、黄岛石化产业集聚区（470 亿元）、胶州机电装备产业集聚区（418 亿元）、城阳高速列车产业集聚区（360 亿元）、即墨机械制造产业集聚区（292 亿元）、胶州家电电

子产业集聚区(236亿元)和黄岛汽车及零部件产业集聚区(201亿元);产值在100亿～200亿元的集聚区13个;产值在50亿～100亿元的集聚区7个。以上28个工业集聚区规模以上工业企业累计完成产值5046亿元,占全市工业集聚区产值的92.5%,是产业集聚区的主导力量。2017年,全市市级重点前期项目140个,总投资2957.7亿元。1～9月份,有77个项目提前开工建设,其中工业项目34个、服务业项目33个、其他项目10个。全年市级重点建设项目200个,总投资7629.2亿元。1～9月份工业项目新开工64个,竣工25个,开工在建86个,开工在建率98.9%;完成投资486亿元,完成年度计划投资的100.7%。服务业项目新开工42个,竣工13个,开工在建90个,开工在建率97.8%;完成投资704.7亿元,完成年度计划投资的93%。基础设施项目新开工2个,开工在建8个,开工在建率88.9%,完成投资263.1亿元,完成年度投资计划的90.3%。教育卫生等社会事业项目新开工7个,竣工1个,开工在建12个,开工在建率100%,完成投资79.5亿元,完成年度投资计划的116%。全年青岛市重点推进150个市级战略性新兴产业重点项目,计划总投资1503亿元。前三季度,新开工66个,累计开工119个,开工率达到79.3%;竣工或投产34个,实际完成投资301亿元。

4.品牌经济取得新发展,企业影响力进一步扩大

截至8月底,全市共有有效国内注册商标12.5万件,驰名商标135件,并拥有了一批像海尔、青啤等国内外知名品牌,有力地提升了青岛产品的市场竞争力。同时积极引导青岛企业充分利用马德里商标国际注册体系的便利优势到海外注册商标,实施国际化发展战略,全市马德里商标国际注册申请总量达2429件,成为马德里体系申请量排名第一的中国城市,被世界知识产权组织誉为“青岛现象”。在世界品牌实验室(World Brand Lab)公布的2017年《中国500最具价值品牌》排行榜中,青岛市入选2017年中国500最具价值品牌榜单的品牌分别为:海尔排名第3位,品牌价值2918.96亿元;青岛啤酒排名第22位,品牌价值1297.62亿元;海信排名第89位,品牌价值379.05亿元;双星轮胎排名第115位,品牌价值310.36亿元;澳柯玛排名第143位,品牌价值285.76亿元;赛轮排名第185位,品牌价值218.82亿元;崂山啤酒排名第189位,品牌价值205.66亿元;交运排名第279位,品牌价值141.18亿元;崂山矿泉水排名第293位,品牌价值127.45亿元;哈德门排名第404位,品牌价值60.91亿元;青岛银行排名第418位,品牌价值60.31亿元;青岛啤酒博物馆排名第421位,品牌价值60.18亿元;圣元排名第459位,品牌价值50.83亿元;华东葡萄酒排名第488位,品牌价值40.36亿元。

(五)加快建设国际贸易中心城市，初步形成开放青岛新格局

1. 外经贸实现快速增长，机电产品进出口结构持续优化

前三季度，青岛市外贸增势良好，实现进出口总值 3774.13 亿元，同比增长 19.6%，分别高于全国、全省 3 个和 1.6 个百分点。其中，出口额 2248.5 亿元，增长 8.4%，进口额 1525.6 亿元，增长 41.1%。进出口总值占全省比重达到 28.5%，青岛市在全省外贸中的龙头地位更加牢固。前三季度，全市外贸综合服务企业进出口总额 71 亿元，增长 1.3倍。其中，出口额 65 亿元、增长 2.2 倍。全市百强大企业合计贡献进出口增量 592.41 亿元，拉动全市进出口增长 18.8 个百分点。前三季度，全市对传统市场出口增长 10.2%，对“一带一路”沿线市场和自贸区市场出口分别增长 9.4%和 5.5%。前三季度，全市机电产品出口快速增长，对全市外贸增长起到了强劲的拉动作用。1～9 月份，全市机电产品进出口总额 1311.2 亿元，同比增长 14%。其中，出口额 1005.6 亿元，同比增长 18.4%；进口额 305.6 亿元，同比增长 1.4%。高新技术产品进出口总额 380 亿元，同比增长 15.5%。其中，出口额 233.1 亿元，同比增长24.6%；进口额 146.8 亿元，同比增长 3.4%。机电产品出口带动作用进一步增强，占全市出口比重达 44.9%，对全市出口增长贡献率达 89.7%，拉动全市出口增幅 7.5 个百分点。国有、外资、民营企业机电产品出口分别增长 35%、11%和 8.9%，一般贸易和加工贸易分别增长 10.5%和20.5%。传统市场和新兴市场出口额分别增长 18.2%和 11.1%，其中对欧盟、中国香港、日本出口额分别增长22.3%、57.6%和 25.3%。集装箱、手机、彩电、冰箱等 18 个重点商品出口实现过 1 亿美元，对全市机电产品出口增长贡献率达 83.7%。海信集团、海尔集团、海洋石油工程、乐金浪潮、电建三、马士基等 17 家重点企业出口额过 1 亿美元，合计拉动全市机电产品出口增长 14 个百分点，对全市机电产品出口增长贡献率达 93.7%。

2. 贸易便利化工作积极推进，通关效率明显提升

2017 年以来，全市切实履行《贸易便利化协定》，建立外贸发展联席会议工作机制，定期召开联席会议，设立 4 个工作督导组，深入辖区督促外贸发展和贸易便利化工作。在全国率先建立国家自贸区(FTA)战略地方经贸合作推进工作机制，重点建设政策知识培训、实施效果评价、对外谈判数据调研、复制推广创新研究和交流合作活动“五大基地”。实行备案信息共享互认，打造便利化贸易通道，原产地证企业备案成为省政府首项纳入“多证合一”改革的货物进出口环节备案事项。建立区域通关一体化协调中心，设立“自贸协定货物通关专用窗口”，实现企业通过“自贸窗口”一次性提交申报信息，简化海关手续、降

低物流成本，实现全国首个自贸协定公共服务平台上线运行，为企业提供全过程免费服务。2016 年，青岛市共对韩国、东盟、澳大利亚、智利、巴基斯坦等五大自贸区主要贸易伙伴，签发原产地证书金额 58.17 亿美元，享受关税优惠 3.22 亿美元，自贸区利用率达到 59.08%，比年初提升 23 个百分点。2017 年前三季度，全市共为 10 万批出口商品签发自贸协定原产地证书货值 35.7 亿美元，有关商品享受国外关税优惠 2.1 亿美元，出口商品自贸协定利用率达 50%，超过上年同期 10 个百分点。

3. 积极对接国家“一带一路”倡议，企业“走出去”步伐进一步加快

近年来，青岛市大力实施“走出去”战略，对外投资合作取得跨越式发展，境外经济实力不断增强，资源保障能力大幅提升，一批企业在开展国际化经营的进程中迅速成长，在全球资源配置和国际竞争力上取得明显进步。前三季度，青岛市对外承包工程货物出口增长 26.6%。其中，山东电建三公司、青建集团等企业“走出去”带动出口额 42.11 亿元，增长 34.9%。截至 2017 年 7 月底，全市累计核准或备案对外投资项目 1431 个，中方协议投资额 266.76 亿美元，分布在全球 99 个国家和地区。1～7 月份，全市新增备案对外投资项目 89 个、中方投资额 51.87 亿美元，中方实际投资额占全省比重达到 25.44%。1～7 月份，青岛市企业在“一带一路”沿线国家和地区投资项目 37 个，中方协议投资额 13.58 亿美元，占全市的 26.2%。截至目前，对“一带一路”沿线国家和地区累计投资项目达到 696 个，中方协议投资额 73.15 亿美元。1～7 月份，青岛市企业对外投资主要流向采矿业、制造业，分别占同期对外投资总额的 65.4%、17.9%；渔业资源开发增长较快，为上年同期的 118.8 倍。其中，山东中鲁海延远洋渔业有限公司在非洲加纳投资 2400 万美元设立公司开展渔业资源开发、食品加工、冷藏、进出口等业务。青岛市 6 个境外合作区纳入商务部重点境外经贸合作区项目库，占全省 14 个重点境外经贸合作区的 42.9%。1～7 月份，累计投资 2435 万美元，吸引入区企业 30 家，总产值 1.8 亿美元。欧亚经贸合作产业园区纳入上合组织贸易便利化工作组重点推介项目，进入实质推进阶段；海尔集团巴基斯坦旁遮普省青岛工业园、华通集团中柬青岛工业园、恒顺众昇印尼青岛综合产业园等园区建设顺利推进。

4. 跨境电商交易呈现良好势头，产业规模迅速扩大

2017 年以来，青岛市以推进跨境电商综试区为主线，着力构建跨境电商产业链和生态圈，全力推进外贸互联网化，培育“互联网＋大外贸”新型商业模式，跨境电商产业呈现良好发展势头。前三季度青岛市跨境电商交易额达到 158 亿元，全年有望突破 200 亿元大关，跃居全国同类城市前列，多项创新举措在全国推广。青岛市省级外贸新业态企

业达到34家，具有出口实绩的跨境电商企业350余家。目前，青岛市已建成近5万平方米的跨境电商专用仓库和4处跨境电商监管中心，形成涵盖保税备货、直购进口、一般出口和保税出口的全模式跨境电商业务体系。全市有近200家企业利用海外仓布局跨境电商业务，建成20余个海外仓，总面积超过15万平方米，位于美国、加拿大、德国、澳大利亚、新西兰、英国、日本、加纳、利比里亚、科特迪瓦等国。

5.实际利用外资增长迅速，投资结构进一步优化

在世界经济增长乏力、外国投资需求低迷的不利形势下，青岛市不断拓宽招商渠道，拓展投资领域，优化外资结构，创新投资方式，实现了利用外资量与质的同步增长。前三季度，全市实际使用外资64.8亿美元，增长10.3%。2017年前7个月，全市实际到账外资52亿美元，增长10%；新批外商投资项目388个，合同外资48亿美元。其中，全市新批及增资1000万美元以上项目166个，实现合同外资44.5亿美元，占全市合同外资的92.7%。同时，三次产业利用外资保持协调增长。前7个月，全市制造业实际使用外资31.08亿美元，占全市的59.98%，其中通用设备制造业实际使用外资11.02亿美元，专用设备制造业实际使用外资3.04亿美元，通信设备、计算机及其他电子设备制造业实际使用外资2.29亿美元。服务业实际使用外资18.14亿美元，占全市的35.01%。截至目前，来青投资的国家和地区近百个，覆盖全球主要经济体，青岛已经成为外商眼里最佳投资目的地之一，"投资青岛"扬名海外。

（六）加快推进新型城镇化建设步伐，初步形成城乡统筹新格局

1.农村集体产权制度改革顺利推进，集体经济组织取得新发展

2017年，市委出台《关于扎实推进农村集体产权制度改革的意见》，要求从加强集体资产管理、分类推进各类资产改革、发展壮大集体经济等三个方面全面提升改革的深度和广度，到2018年全面完成清产核资任务，到2020年基本完成农村集体产权制度改革工作，提前完成中央和省委确定的目标任务。2017年市委确定的1000个村的改制任务，实际通过改制决议的村2107个，完成清产核资和成员资格界定2103个村，完成股权量化的村1986个，量化资产109亿元，新成立集体经济组织1737个。截至9月底，全市累计启动、通过改制决议4891个村，占村庄总数的81.3%；完成清产核资村4808个，量化资产总额282.6亿元；完成成员资格界定村4724个，界定集体经济组织成员315.2万人；完成股权量化村4607个；成立经济合作社、股份经济合作社等集体经济组织4550个，占村庄总数的76%；各类集体经济组织累计分红达到10.8亿元。

2.农业生产保持稳定态势，远洋渔业发展迅速

前三季度，青岛市农业生产基本稳定，实现农林牧渔及服务业增加值273.1亿元，同比增长3.5%。其中，农业增加值166.0亿元，同比增长3.1%；林业增加值1.1亿元，同比增长4.0%；牧业增加值40.8亿元，同比增长4.6%；渔业增加值57.6亿元，同比增长3.1%；农、林、牧、渔服务业增加值7.6亿元，同比增长12.0%。全市蔬菜种植面积55.3万亩，同比增长2.3%；总产量194.7万吨，同比增长3.3%；单产同比增长1.0%。2017年以来，受畜禽产品价格波动、畜牧养殖场(户)关闭搬迁、进口畜牧产品冲击、饲料价格抬升等多重因素叠加影响，青岛市畜牧生产呈略降态势，主要畜牧品种存栏普遍下降。坚持产业园、科技园、创业园“三园同建”，截至6月底全市累计建成现代农业园区837个，其中国家级创业创新园区11个；累计建成粮油高产创建示范区108万亩，高效设施农业发展到80万亩，农业机械化综合水平达到86.3%。新发展现代农业物联网应用园26个，新建信息服务站126处，培育年交易额过1000万元农业电商企业10家，上半年农产品电商交易额达28亿元。全市规模休闲农业和乡村旅游经营主体达到737家、占全省12%，上半年接待游客1500多万人次，实现营业收入50多亿元。前三季度，全市水产品产量(不包括远洋)65.8万吨，同比减少4.9%；远洋渔业成为青岛市渔业生产的一大亮点。截至8月底，全市远洋渔业企业达到31家，发展远洋渔船164艘，作业渔船110艘，已批在建31艘，已批待建23艘。1～8月份，远洋捕捞产量8.3万吨，同比增长5.4%。

3.努力推进新型城镇化建设，县域经济迈上新台阶

2017年4月，《山东省城镇体系规划(2011—2030年)》正式发布，青岛和济南一起被列为核心城市，并将在济青聊和沿海两条城镇发展带中发挥重要作用。2017年以来，全市全面推进城镇化综合试点工作，深化小城市培育试点和省级示范镇改革，完善特色小镇评估体系，加快平度市南山镇、黄岛区泊里镇、胶州市李哥庄镇和莱西市姜山镇等新生中小城市试点建设，平度市南村镇被评为国家第二批特色小镇。崂山区晓望社区和黄岛区大泥沟头村入围2017中国美丽休闲乡村。前三季度，青岛县域四市生产总值实现2939.37亿元，占全市比重为36.8%；即墨、胶州、平度、莱西生产总值同比分别增长8.4%、9.3%、8.1%和7%；四市完成公共财政预算收入230.87亿元，占全市比重为26.7%；四市完成规模以上固定资产投资额2496.1亿元，占全市比重为42.6%；四市社会消费品零售总额实现1162.4亿元，占全市比重为36.2%。国家工信部所属的赛迪智库发布的《2017年中国县域经济百强白皮书》和“赛迪百强榜——县域经济100强(2017)”中，山东作为经

济大省有21个县市上榜，总量跻身全国前列。其中，青岛4个县级市毫无悬念地再次入围，即墨市第9位，胶州市第13位，平度市第33位，莱西市第36位，均位于百强县榜单的前50名、山东省的前10名，体现了青岛领跑全省的经济实力。

表4　2017年1～9月所辖4个县级市经济发展情况

所辖4市	GDP		规上工业增加值	三产结构	财政收入		固定资产投资		社会消费品总额	
	数值(亿元)	增长(%)	增长(%)		数值(亿元)	增长(%)	数值(亿元)	增长(%)	数值(亿元)	增长(%)
即墨市	982.35	8.4	9.4	4.6∶55.7∶39.7	80.97	8.44	759.8	7.1	320.4	8
胶州市	860.33	9.3	8.1	4.2∶54.5∶41.3	72.2	7.14	742.6	7.3	317.8	18.65
平度市	680.51	8.1	6.9	10.5∶56.3∶33.2	40.9	10.23	594.6	4.5	291.5	8.28
莱西市	416.18	7	6.3	9.9∶47.7∶42.4	36.8	4.98	399.1	−18.3	232.7	8.42
合计	2939.37	——	——	——	230.87	——	2496.1	——	1162.4	——
占全市比重	36.8%	——	——	——	26.7%	——	42.6%	——	36.2%	——

4.新能源发展势头强劲，高能耗行业降耗趋势明显

2017年以来，青岛市积极推进新旧动能转换重大工程，能源领域供给侧改革和需求侧管理都呈现积极变化，生态文明建设和绿色发展迈出新步伐。上半年，青岛市新能源发电累计8亿千瓦时，同比增长39.4%，占全市发电量的9.4%，比重提升2.9个百分点。其中，风力发电5.7亿千瓦时，增长34.9%；垃圾焚烧发电1.5亿千瓦时，增长48.7%；生物质发电0.8亿千瓦时，增长58.2%。上半年，工业企业累计消耗657.9万吨，同比下降4.9%；清洁能源上升明显，天然气累计消耗2.6亿立方米，增长23%；其他能源品种中，焦炭消耗65.4万吨，增长61.9%；热力消耗1230.6万吉焦，增长2.9%。高耗能行业新旧动能转换取得明显成效，一批新产品、新技术逐步站稳市场，一批耗能高、效益低、成长差的企业退出市场。上半年，六大高耗能行业综合能源消费量589.5万吨标准煤，同比增长2.3%，比第一季度回落6.3个百分点。其中，黑色金属冶炼及压延加工业能耗增长41.6%，石油加工炼焦业能耗增长10.6%，有色金属冶炼及压延加工业能耗下降

7.6%，化学原料及化学制品制造业能耗下降9.8%，非金属矿物制品业能耗下降3.5%，电力、热力的生产和供应业能耗下降2.9%。

(七)努力提升经济发展的财政融资能力，逐步形成支撑青岛发展新格局

1.城市各项财政收入增长迅速，资本市场融资能力显著提升

1～9月，全市完成一般公共预算收入865.3亿元，增长8.3%；税收收入619.9亿元，增长12.2%，占财政收入的71.6%。在财政收入增速放缓的情况下，通过向上争取、向外借力、向内挖潜，千方百计做大"资金池"，努力为全市发展提供强有力的资金保障。上半年，争取上级财政转移支付补助72.6亿元，争取地方政府新增债券发行额度151亿元，比上年增加38亿元。加强不同预算之间的统筹，将新增建设用地有偿使用费等政府性基金转列一般公共预算统筹使用，将国有资本经营预算调入一般公共预算的比例由19%提高到22%，进一步提高政府财力综合运筹水平。9月末，全市本外币各项存款余额15392亿元，增长7.7%，比年初增加719亿元。1～8月，全市保险业累计实现保费收入290.5亿元，同比增长24.0%。前8个月，全市新增上市公司3家，总数达到41家；新增新三板挂牌公司18家，总数达到113家；新增蓝海股权交易中心挂牌企业167家，总数达到722家。

表5　2017年1～9月地方财政收入情况表

指标名称	数值(亿元)	增长(%)
财政总收入	2383.3	15.34
一般公共预算收入	865.3	8.3
#税收收入	619.9	12.21
#增值税	226.5	38.78
营业税	0.98	−98.29
企业所得税	117.4	19.2
个人所得税	31.9	15.75
城市维护建设税	38.3	2.65
房产税	23.3	19.26
非税收入	245.4	−0.5
基金预算收入	344.5	24.39

2.固定资产投资力度不断加大，金融机构全面支持实体经济发展

1～9月份，全市完成固定资产投资5854.1亿元，增长8.3%。分

产业看，第一产业投资76.3亿元，下降24.4%；第二产业投资2332.7亿元，下降9.3%；第三产业投资3445.1亿元，增长26.1%，增速较上半年提升6.1个百分点。分领域看，基础设施投资946亿元，增长63.3%；高技术服务业投资245.2亿元，增长34%；房地产开发投资1031.3亿元，增长6.4%。9月末，本外币各项贷款余额14280亿元，增长11.4%，比年初增加1328亿元。上半年，全市房地产开发投资645.9亿元，同比增长12.2%，高于全省(10.1%)2.1个百分点。其中，住宅投资448.2亿元，同比增长14.8%，占全部开发投资的69.4%，占比较上年同期提高1.6个百分点；办公楼投资58.7亿元，同比下降3.7%；商业营业用房投资84.5亿元，同比增长48.7%；其他用房投资54.5亿元，同比下降19.4%。上半年，全市新增各项贷款1049亿元，占全省的28%，主要投向地铁、机场等基础设施，对外贸易以及制造业等领域。上半年，全市银行业机构制造业及批发零售行业贷款增量明显回升，贷款合计比年初增加242亿元，同比多增143亿元，占全部新增贷款的比重从年初的3.5%提升至22.7%；重点项目、科技金融、战略性新兴产业贷款上半年分别增加80.3亿元、64.9亿元和42亿元，分别增长13.3%、34.7%和22.5%，均高于贷款平均增速。1～8月，全市49家小额贷款公司贷款余额75.8亿元，“涉农”和小微企业贷款余额占94.5%；42家融资担保公司在保余额132.4亿元，其中融资担保余额68.6亿元，“涉农”和小微企业担保余额占87.5%；取得业务许可的32家民间资本管理公司，投资余额21.5亿元，其中89.2%的资金投向“三农”和小微企业。

表6 2017年1～9月份固定资产投资情况

指标名称	数值	同比增长(%)
1.投资项目数(个)	6059	-1.2
2.固定资产投资(亿元)	5854.1	8.3
#房地产开发投资(亿元)	1031.3	6.4
#住宅投资(亿元)	725.8	9.4
3.总投资过1亿元的项目数(个)(不含房地产)	1060	15.8
投资总规模(亿元)	9439.5	36.8
本年完成投资(亿元)	2773.1	40.5
4.总投资过10亿元的项目数(个)(不含房地产)	126	43.2
投资总规模(亿元)	6493.2	47.3
本年完成投资(亿元)	1519.5	62.6
5.第一产业投资(亿元)	76.3	-24.4

（续表）

指标名称	数值	同比增长(%)
6. 第二产业投资(亿元)	2332.7	－9.3
＃工业(亿元)	2312.2	－8.3
7. 第三产业投资(亿元)	3445.1	26.1
8. 建筑工程投资(亿元)	3581.5	14.2
9. 安装工程投资(亿元)	539.7	29
10. 民间投资(亿元)	3725.4	－4.5

3. 财政支出结构进一步调整，城市经济运行保障能力稳步提升

2017年通过当年预算安排的专项资金共计310.23亿元（不含地方政府新增债券安排部分），其中，一般公共预算安排269.88亿元，政府性基金预算安排35.9亿元，国有资本经营预算安排4.45亿元，注重合理安排农业、教育、社保、医疗等关系群众切身利益的财政支出，兜牢兜实民生底线，切实增强人民群众获得感和幸福感。前三季度，全市一般公共预算支出1124.1亿元，增长17.1%。其中，民生支出增速较快，社会保障和就业支出127亿元，增长35%；城乡社区事务支出269亿元，增长30.6%。上半年，全市各级财政用于民生方面的支出582.3亿元，占一般公共预算支出的75.2%，比上年同期增长28.1%，民生保障政策、市办实事项目得到及时足额保障。建立支持农业转移人口市民化的财政政策体系，为持有居住证人口平等享受就业、就医、养老、子女教育等基本公共服务提供了政策和资金支持。教育、医疗卫生、社会保障、节能环保等与GDP核算相关的8项支出完成579.8亿元，比上年同期增长24.1%。认真落实市人大常委会通过的地方法规，全市各级财政安排用于这方面的资金达到69.4亿元，比上年增长19.6%。上半年，青岛市社会保险基金收入完成295.84亿元，比上年同期增长20.1%；支出完成265.72亿元，比上年同期增长18.5%；纳入市级统筹的社会保险基金收入完成247.98亿元，比上年同期增长26.6%；支出完成231.76亿元，比上年同期增长27.3%。

表7　2017年1～9月地方财政支出情况表

指标名称	数值(亿元)	增长(%)
一般公共预算支出	1124.1	17.15
＃一般公共服务	115.3	11.61
公共安全	56.1	－0.85

（续表）

指标名称	数值(亿元)	增长(%)
教育	173.3	1.99
科学技术	17.9	43.09
文化体育与传媒	12.1	−0.87
社会保障和就业	126.7	34.97
医疗卫生	65.4	2.2
城乡社区事务	269	30.62
农林水事务	56.9	−1.87
基金预算支出	385.7	25.07

二、2018年青岛市经济发展预测

党的十九大报告指出：我国经济已由高速增长阶段转向高质量发展阶段，正处在转变发展方式、优化经济结构、转换增长动力的攻关期，建设现代化经济体系是跨越关口的迫切要求和我国发展的战略目标。2018年是全面贯彻党的十九大、山东省第十一次党代会、青岛市第十二次党代会精神的开局年，也是"十三五"规划的中期评估年，青岛市将会集中力量把自己的事情办好，以更大力度实施新旧动能转换重大工程，继续加快经济发展方式转变步伐，增强城市发展后劲，不断开拓发展新境界，为"十三五"规划的顺利实施奠定良好基础。

（一）继续深入实施创新驱动战略，全面引领经济发展方式的根本性转变

2018年，青岛市将将重点建设十大科技创新中心、布局面向未来产业的十大科技创新中心、搭建十大科技服务平台、实施十大科技创新工程，全面提升科技创新引领和支撑经济社会发展的能力。围绕产业链部署创新链，在高端装备、海工装备、海洋仪器仪表、智能机器人、石墨烯、海洋生物医药等战略性新兴产业领域，组织实施一批自主创新重大专项，加快基础研究和应用技术成果转移转化，提升产业技术创新能力。坚持以技术创新、产品创新、模式创新来改造和提升传统产业，加快信息技术、基因生物技术在传统农业、养殖业中的应用，发展现代生态农业。加快构建完整的技术转移、成果转化、企业孵化和创业服务体系，促进技术中介、科技金融、创业辅导、专业咨询等创业服务机构与"苗圃""孵化器""加速器"等创业服务载体的进一步结合，发展众创空

间等新型创业载体；进一步简政放权，提升行政效率，打造公共服务平台，完善配套扶持政策，营造有利于创新创业的公共服务和政策体系。进一步深入实施“千帆计划”，采取多种普惠方式鼓励科技型中小企业加大研发投入，加快壮大高新技术企业队伍；扩大研发费用加计扣除和后补助政策范围，引导企业加大研发投入；加大企业重点实验室建设力度，支持企业牵头组建产业技术创新战略联盟。支持新型专业研发机构和组织建设，鼓励研发、检测、认证等第三方服务外包发展，推进全市大型科学仪器设备共享平台与服务体系建设；着力推进国家海洋技术交易服务与推广中心建设，大力发展技术市场与中介机构，鼓励探索技术转移模式创新；依托国家知识产权局青岛专利代办处建设，引进培育各类专利中介服务机构，加快知识产权与专利服务业集聚发展；加快科技与金融融合发展，完善方式灵活有效、风险分散可控、覆盖科技企业成长全周期的科技金融体系。

(二)继续推动国家服务业综合改革试点建设，全面提升服务业综合竞争力

2018年，青岛市将加快发展金融、现代物流、现代商贸、现代旅游、科技服务、高端商务、文化创意、教育、健康养老、会展等十大现代服务产业，推动青岛西海岸新区和财富管理金融综合改革试验区等国家战略平台搭建，加快胶东临空经济区、邮轮母港城、金家岭金融聚集区、中信全国新财富总部、青岛环球金融中心、惠普软件全球大数据应用研究及产业示范基地等项目建设，突出服务高端化，促进服务业与制造业深度融合，尽快提升服务业辐射能力。推进物流、商贸、旅游等优势产业创新发展，发挥青岛港、利群、新华锦等重点企业引领作用，加快重点商圈、物流园区、旅游休闲度假区等建设，带动服务业转型升级。加快构建海陆空一体化的“大物流”体系，重点突破多式联运、连锁配送、城市共同配送、冷链物流等业态，全力打造东北亚国际航运枢纽。聚焦高端消费、电子商务和家庭服务，加快打造时尚消费聚集区、免税购物中心，培育特色化差异化电商平台，鼓励发展养老保健、美容整形等新的消费热点，加快建设山东半岛高端消费中心。重点推进崂山旅游体制改革，完善邮轮母港功能，发展邮轮经济、帆船游艇等高端旅游产业，争创国内最佳旅游目的地。突破财富管理、蓝色金融、交易平台建设、股权投资、融资租赁等核心领域，构建多元化金融机构体系、市场体系和融资渠道，打造中继型、创新型、特色型金融中心，加快国家财富管理综合改革试点。通过实施“互联网＋”引领、产业融合示范、平台经济开发、对外开放拓展、改革试点突破、载体建设支撑六大专项行动计划，推动生产性服务业加快创新发展，实现与先进制造业、现代农业在更高水平上有机融合。积极培育新业态、新模式、新机制，提升发展质量和效益，推动全市生活性服务业总体规模持续扩大，消费环境明显改善，质量治理体系日益健全。

（三）继续推进智能制造转型，全面建设“中国制造 2025”试点示范城市

2018 年，青岛市将以“四新”（新技术、新产业、新业态、新模式）、“四化”（产业智慧化、智慧产业化、跨界融合化、品牌高端化）为引领，围绕全省十大万亿元级产业布局，坚持增量崛起与存量变革并举、培育壮大新兴产业与改造提升传统产业并举，培育一批“航母级”产业集群和龙头企业。打造海洋新兴产业、新一代信息技术产业、轨道交通装备产业、智能家电产业、新能源乘用车产业、智能制造装备产业、生物医药产业、航空航天产业等高端智造基地。依托高新区“国家机器人高新技术产业化基地”，重点发展系统集成应用和核心部件及本体技术，争取建设全国最大的工业机器人产业基地。重点发展 3D 打印软件应用、材料制备、设备开发、关键器件研制及 3D 打印服务等产业，努力打造国内 3D 打印产业创新高地、制造基地和应用服务中心。加快形成芯片、器件、整机、软件和系统应用一体的智能家电产业链，提高数字家庭等产品的标准化、开放化和个性化水平，争取成为世界一流的智能家电研发中心和制造基地。依托南车四方股份、四方庞巴迪、四方有限等整车制造企业，以及高速列车系统集成国家工程实验室、北车四方研究所等研发机构，积极突破智能高速列车等关键领域和新型列控系统等关键技术环节，争取打造全国一流、链条完整的轨道交通装备设计制造基地。重点突破轿车整车及发动机、新能源汽车、特种汽车等关键领域，推进一汽大众华东生产基地、北汽新能源汽车、比亚迪新能源客车、申沃清洁能源客车等大项目，争取成为新兴的汽车制造及配套基地。建设海洋产业全球创新中心、高速列车全球创新中心，以及智能家电、橡塑材料、服装服饰智能生产与服务、食品生物四个全球创新网络重要节点，为智能制造体系建设提供重要支撑。

（四）继续构筑开放型经济新体制，全面提升青岛国际化城市建设水平

2018 年，青岛市将按照国家关于全面深化改革的统一部署，围绕拓展欧亚经贸合作，全方位融入“一带一路”“欧洲和亚太两大经济圈”，推进实施“全面对接欧亚，深化提升亚太，积极拓展非洲，全方位辐射全球”的经贸合作战略布局，统筹谋划和整体推进对外开放领域全面深化改革和法治建设，加快构建完善开放型经济新体制。推进实施外贸产业全链条联动发展，以货物贸易推进联动服务贸易发展，以服务贸易促进货物贸易转型升级。深入实施“走出去”战略，通过企业走出去开拓国际市场，创造外需带动出口。支持家电电子、纺织服装等优势企业走出去建设境外生产基地和加工装配基地，带动产业链配套产品出口。积极推动对外承包工程企业积极参与国际电力能源、高铁动车、公路桥梁、房地产开发项目建设，带动装备制造设备、建材等原材料出口。大力发展跨境电子商务，全面启动运行中国(青岛)跨境电子商务综合试验区，完善青岛保税港区产业园、青岛出口加工区产业园、黄岛产业园、红岛产业园、崂山产业园、市南产业园、城阳产业园、市北产业园、李沧产业园、即墨陆港产业园、胶州产业园等 11 个中国(青岛)跨境电商综合试验区重点产业园平台载体功能，进口形成集聚效益，重点推进海贸云商、新华锦锦贸通、阿里巴巴—达通青岛公司等一批示范企业加快发展，推动 B2B 跨境电商贸易跨越式发展。鼓励扩大先进技术、关键设备及零部件进口，通过消化、吸收、再创新，促进产业结构调整和产品技术升级。发挥董家口港口深水泊位优势，完善大宗产品中转储运等临港产业链，探索面向日、韩发展铁矿石保税仓储转口分拨业务。实施“扶优扶强”战略，引导有条件的外贸企业做大做强，提高外贸产业链整合能力、产品研发能力和外贸议价能力，增强核心竞争优势。

(五)继续加快新型城镇化推进步伐，积极探索统筹青岛发展新模式

2018 年，青岛市将以国家新型城镇化综合试点和中小城市综合改革试点为契机，继续推动土地城镇化向人口城镇化转变，在加快城镇化速度的同时提升发展质量。健全城乡发展一体化体制机制，促进城乡生产要素平等交换与合理配置、公共资源均衡配置、公共服务均等覆盖和城乡发展空间集约利用，逐步实现城乡规划、产业发展、基础设施、公共服务、社会治理和生态环保一体化，打造“以城带乡、产城融合”双轮驱动的全域统筹发展模式，构建城乡经济社会发展一体化新格局。适度提高新城区核心区开发强度，将西海岸新区、蓝色硅谷、红岛经济区等新城区打造成集聚新增人口的主体，优先布局部分公共服务机构和公共文化设施。县域四区市建成区完善综合功能，提高人口承载力，迈向中等城市。推进重点经济功能区与小城镇互动发展，重点建设鳌山湾组团、董家口、胶东临空经济区等城市功能组团。抓好李哥庄、南村、姜山、蓝村、泊里 5 个小城市试点镇建设，发展成产业发展、人口集聚、设施配套的新兴小城市。做强田横镇、铺集镇、明村镇、南墅镇等重点中心镇，分类发展以工业、旅游、商贸和农副产品加工为特色的 30 个左右特色强镇、产业重镇和文化名镇，成为服务农村、带动周边的综合性小城镇和农民工就地城镇化的重要补充。加快农村新型社区、配套产业园区和服务中心建设，有序推进农民就地城镇化。按照以产业化提

升农业、以城镇化带动农村的发展规律，通过农业生产向规模经营集中、工业企业向园区集中、农民居住向小区集中，大力发展农村第二、三产业，推进城镇化和产业化同步发展。构建农业经营体系，培育农业大户、合作社、经营公司，完善经营服务体系。创新多元化可持续的城镇化投融资机制，探索实行"负面清单＋特许经营""园区开发＋产业带动""自发自还＋风险基金"等新型开发模式。

(六)继续坚持绿色低碳循环发展，着力构建具备国际标准的循环经济体系

2018年，青岛市将着眼生态文明建设和绿色发展需要，以低碳、绿色技术创新和应用为重点，全面推进能源节约，构建新型产业体系，加快发展壮大节能环保产业。节能产业以节能家电和商用冷链技术装备、半导体照明、建筑节能材料和产品等领域为重点，环保产业以水处理、大气污染防治、海洋环境污染防治、功能性环保材料和涂料等为重点，资源循环利用产业以再制造、固体废物综合利用、海水淡化等领域为重点，节能环保服务业以合同能源管理服务、污染治理设施一体化运营服务、BOT等特许经营服务等领域为重点，攻克一批关键共性技术，实施一批装备技术水平在国内领先的产业化示范项目，形成一批拥有自主知识产权和国际竞争力的重大装备和产品，培育一批具有创新活力和成长潜力的骨干企业。加快关键技术研发和充电设施建设，积极推进新能源汽车的普及应用，大力发展新能源汽车产业。以风能、太阳能、生物质能、海洋能等产业为发展重点，加快推进新能源开发。积极建设国家新能源汽车产业制造基地、国家海洋新能源综合利用示范区和国家海洋生态文明示范区。建立并逐步推行碳排放统计、核算、报告制度，通过开展低碳认证和低碳标识引导低碳消费，推进低碳园区、低碳社区和低碳小城镇建设，制定并实施低碳人才职业培训计划。加快实施国家低碳城市试点，推进建设碳排放交易市场，加大节能减排力度，加强对投资项目能评、环评的事后监管，在部分重点行业建立"能效领跑者"制度。加快董家口国家循环经济示范区建设，推进生产工艺升级，在区域之间、企业之间、企业内部构建大中小三个循环网络，打造循环经济产业链。推进资源综合利用产业重点项目建设，重点打造青岛新天地静脉产业园等示范基地，引导培育企业发展资源综合利用产业，着力推进尾矿、建筑废物等大宗固体废物综合利用。

（作者单位：青岛市社会科学院）

2017～2018年青岛市民营经济与中小企业发展形势分析与预测

毕监武

民营经济是推动青岛市经济快速发展、促进市场繁荣和保障社会稳定的重要力量，是全市加快转变经济发展方式的生力军，在发展经济、促进创新、改善民生、增加就业、维护稳定等方面发挥着不可替代的作用。青岛市民营经济和中小企业保持持续快速增长并不断实现结构优化，是市第十二次党代会以来政策措施和新旧动能转换成果的直观表现。当前，贯彻落实党的十九大精神，必须下更大力气培育和发展市场主体，从而加快优化经济结构、转换增长动力，率先建设现代化经济体系，在经济新常态下走在前列。

一、2017年青岛市民营经济和中小企业基本情况分析

（一）发展现状

2016～2017年，面对复杂多变的国内外经济环境和下行压力，青岛市中小企业和民营经济工作不断适应新形势，实现新突破，保持良好发展势头，为现代化国际城市建设作出了重要贡献。

1. 市场主体数量增加，规模不断扩大

2016年，全市市场主体总量达到100.48万家，较2012年底增长103.81%，占全省市场主体总量的1/7，居全省首位，居副省级城市第四。其中，全市民营市场主体达到97.49万家，占全市各类市场主体总量的97.02%。到2017年8月，全市实有市场主体111.50万家，同比增长10.81%。其中，民营经济市场主体109.60万家，占市场主体总量的98.29%。全市市场主体注册资本（金）总额23094.5亿元，增长179.61%，占全省注册资本（金）总额的近1/5，居全省首位。累计实有农民专业合作社9906家，出资总额156.1亿元人民币。2017年，全市市场主体总量预计能增长15%，达到115万家。其中，各类企业总量

达到 46 万家，企业与个体工商户占比达到 40∶60。实施商事制度改革以来，全市平均每天产生 834 家新市场主体，每天新增注册资本 12.36亿元，远高于改革前的 393 家和 5.62 亿元。

2.增长速度快，经济贡献更加突出

2016 年，全市民营经济实现增加值 4470 亿元，占全市 GDP 的比重达到 44.7%。新吸纳就业 50.2 万人，占全市新增城镇就业人口总量的 73.9%。新登记市场主体 17.7 万家，平均每个工作日新诞生市场主体 708 家，新登记各类企业 268 家，较 2012 年分别增长 84.86% 和 152.83%。2016 年，青岛市每万人拥有市场主体数达到 1105 家，是全省平均水平的 1.5 倍，居全省第一，居副省级城市第四，2017 年预计每万人拥有市场主体数达到 1250 家，城市创业密度显著提升。全市民营工业企业涉及 36 个行业大类，其中电、石化、服装、食品、机械装备、电子信息形成千亿元级产业链。

3.创新能力强，品牌带动作用显著

科技型民营企业发展迅速，到 2016 年底，新创建 2 家国家技术创新示范企业和 4 个国家级、24 个省级、79 个市级企业技术中心；新培育 19 个省首台(套)技术装备、61 个青岛名牌产品和 132 个"专精特新"产品(技术)、61 家专精特新示范企业。有效注册商标总量达 8.8 万件，同比增长 18.2%；新认定驰名商标 30 件，中国驰名商标总量达到 123 件，荣膺全国首批"商标战略实施示范城市"称号。2017 年，启动青岛市商标品牌云基地建设，国家工商总局首批在青岛市设立了商标注册申请受理处，青岛市有效注册商标达 12.5 万件。强化与世界知识产权组织密切合作，全市马德里商标国际注册累计申请量达到 2429 件，位居全国同类城市第一。同时，编制青岛市广告产业 2017～2021 年行动计划，推动广告业"一体两翼"园区建设，国家广告产业园注册企业 612 家，广告业关联企业占比达到 68%。

4.出口稳步增长，"走出去"实现新跨越

到 2016 年底，已有 691 家民营企业在 84 个国家和地区设立投资项目 864 个，项目投资总额达 68.14 亿美元。境外投资项目形成了生产加工，资源开发，农业开发、研发、营销等多种形式互动发展格局。青岛实际利用外资累计超过 600 亿美元，有 126 家境外世界 500 强企业在青岛投资 248 个项目。2017 年前 8 个月，全市国际贸易总额达到 738.4 亿美元，同比增长 20.7%；利用国际资源取得新突破，招商引资规模进一步扩大，实际到账外资 60.6 亿美元，占全省的 53%，实际利用外资累计达到 265 亿美元；青岛与全球 215 个国家和地区有贸易往来，与国外 69 个城市结为友好城市或友好合作关系城市，成为中美、中英地方经贸合作示范城市。

5. 企业规模扩大，结构实现优化

“个转企、企升规、规改股、股上市”的组织形式升级链渐露端倪。2016年底，全市市场主体中企业与个体工商户占比为35∶65，企业占比同比提高3个百分点；全市各类企业中，公司制企业33.85万家，占比97.44％，较2012年底提高了110.64％。2017年，青岛市按照“抓市场主体的培育就是抓经济发展的基础”的要求，加大落地执行，着力推动“个转企、小升规、规改股、股上市”，为市场主体搭建起“成长发展阶梯”，预计会收到良好效果。

6. 政策逐渐配套，发展环境不断优化

青岛市加快推进证照整合步伐，在2017年9月1日实施“20证合一”基础上，推进“20＋N”模式，进一步降低制度成本，使“一照一码”成为企业走天下的唯一“身份证”；加快推进市场准入和退出改革，完善“三个一次”便民助企服务清单，确保群众和企业“少跑腿、多办事”。全面推进企业和个体工商户简易注销改革，简化退出程序，为新经济、新业态发展腾出空间；创新“互联网＋政务服务”模式，加快推进工商登记全程电子化和电子营业执照改革，自10月1日起开通覆盖全区域、全类型、全环节的网上登记系统，真正为企业降低办事成本。

（二）存在的矛盾和问题

青岛市民营经济和中小企业在2017年取得了较快发展，但也显露出一些制约发展的突出矛盾和问题。主要表现在：民营经济总量不足、规模实力偏弱，增加值占GDP比重低于全省平均水平；民营企业结构不优、活力不强，在技术含量高的行业领域分布较少，产业层次整体偏低；制约民营经济发展的体制性、政策性障碍还没有完全消除，发展环境不够宽松、服务意识还不到位，民营企业融资难、用地难、人才缺乏等问题尚未得到有效解决。民营经济发展不平衡和不充分，必然导致青岛市经济发展内生动力不足。贯彻党的十九大精神，应对当前国际国内经济环境的复杂局面和严峻挑战，必须坚定不移地加快民营经济发展，使之成为支撑青岛市经济持续健康发展的重要力量。

二、青岛市民营经济和中小企业发展预测

（一）青岛市民营经济和中小企业发展环境条件预测

1. 总体条件发生根本变化

过去5年历史性变革，整体发展站到了新的历史起点。形成了习近平新时代中国特色社会主义思想，踏上了决胜全面建成小康社会、开

启全面建设社会主义现代化国家的新征程，确立了未来中国发展进步的新目标。我国社会主要矛盾已经转化为人民日益增长的美好生活需要和不平衡不充分的发展之间的矛盾，对民营经济和中小企业发展提出的新要求，要深入领会丰富内涵，主动适应新时代中国特色社会主义的发展。

2.建设现代化经济体系的发展新窗口

我国经济已由高速增长阶段转向高质量发展阶段，正处在转变发展方式、优化经济结构、转换增长动力的攻关期，建设现代化经济体系是跨越关口的迫切要求和我国发展的战略目标。党的十九大报告再次明确和强调了以制造业为代表的实体经济在我国未来经济发展中的重要地位。因此，进一步深化制造业供给侧结构性改革必须将质量放在首位，这也是实现制造业由大到强的根本路径。民营经济和中小企业必须提升制造业发展质量，广泛应用新一代信息技术，大力发展互联网工业等先进制造业形态，支持传统产业优化升级、鼓励新兴产业创新发展，加快推进制造业新旧动能转换。贯彻落实新发展理念，“瞄准北上广，再奔上青天”，会加快青岛市经济布局优化、结构调整、战略重组，逐步会有80％以上的国有资本集中到先进制造业、大项目、蓝高新等重点行业和关键领域，这为推动民营经济和中小企业转型升级，发展混合所有制经济提供了大机遇。

3.深入实施创新驱动的战略大支撑

金融危机发生后，新一轮科技革命和产业变革正在孕育兴起，这必将给世界范围内的服务业发展和制造业转型产生革命性影响。为应对这一历史性变革，党的十八大确立了“创新驱动”发展战略，相继提出并实施互联网＋、中国制造2025等国家战略。党的十九大报告提出创新是引领发展的第一动力，是建设现代化经济体系的战略支撑。由于资源和要素条件的变化，我们必须适时改变在全球产业分工中更多处于中低端的状况，以提升和加强经济的整体竞争力。而要实现这一目标，创新是唯一的出路，尤其是在一些战略性产业领域中重大关键技术、前沿技术和共性技术的突破，将直接决定未来中国在国际竞争格局中的地位。全球科技创新发展态势的新变化以及国家发展战略的重大调整恰与我国民营经济发展形成历史性交汇，为我国民营经济迎头赶上提供好时机。

4.国家系列政策利好为民营经济发展提供更好保障

改革开放以来，民营经济地位逐渐提高，在促进经济增长、解决就业、提升创新能力等方面发挥了显著的作用，已经成为国民经济的重要组成部分。习近平总书记的“三个没有变”和“两个毫不动摇”为新时期我国民营经济健康发展指明了方向。党的十九大之后，国家将出台更多政策,鼓励民营企业依法进入更多领域,更好激发非公有制经济活力和创造力。山东省和青岛市也将以实际行动支持鼓励民营企业发展,先后出台一系列鼓励民营经济发展的政策措施。

5.区域协调发展为民营经济发展提供更广空间

城市地位显著提升,青岛成为国家沿海重要中心城市、"一带一路"倡议节点支点城市,城市国际影响力持续提升,国际城市建设迈出坚实步伐。青岛作为国家沿海重要中心城市的地位更加突出,为民营经济发展提供了更大的拓展空间和布局框架,有利于全市民营经济在新的发展平台上迅速壮大自身实力。

6.全国同类城市提供了可以学习借鉴的新经验

温州市政府出台举措加强小微企业创业创新园建设,鼓励各县指定国有独资性质的企业开发建设小微园并以出租方式运营,其对应的土地可以作价出资方式供应;对入驻企业进行资格审查、创新竞价方式,销售最高价不得超过3900元/平方米等。在出让过程中,当土地竞价溢价率达到一定比例(最高不超过50%)时,则无偿移交政府的小微园厂房,移交面积多者中标。移交政府的厂房,产权归政府所有。

宁波举全市之力试点"中国制造2025"。作为首个"中国制造2025"试点示范城市,宁波市将试点城市建设列为"一号工程"。该市正举全市之力打造制造、创新、人才、政策"四大新体系",聚焦发展八大细分行业(稀土磁性材料、高端金属合金材料、石墨烯、专用装备、关键基础件、光学电子、集成电路和工业物联网),并制定出台了15个重点细分领域三年攻坚行动计划以及加快集成电路产业发展等系列配套政策,着力培育形成一批新的千亿元级细分行业。

(二)2018年青岛市民营经济和中小企业发展预测

2018年,青岛市将全面对标深圳、苏州、武汉等国内民营经济发展先进城市,主要经济指标大幅度提升,民营经济成为经济社会发展的骨干力量和经济增长的主要源泉,在推动民营经济创业创新、转型升级方面继续走在全国同类城市前列。

1.总量快速增长

到2018年,全市市场主体总量将突破125万家,私营企业达到40万家以上,年均增长8%以上;注册资本(金)增长16%;私营企业与个体工商户占比达到45∶55,全市个体工商户和私营企业从业人员达到270万人以上、增长8%左右。每万人拥有市场主体数达到1250家。

2.质量明显提升

全市新增规模以上工业企业300家,新增规模以上服务业、限额以上批发零售和住宿餐饮业、上规模的资质内建筑业企业500家。全市民营经济三次产业结构调整为 3∶47∶50，民营经济各行业发展有进有退，传统产业和资源依赖性产业大幅减少，高科技与战略性新兴产业成为民营经济重要支撑。

3. 科技创新能力增强

全市高新技术企业将达到 1700 家，新兴产业领域销售收入达到 5000 亿元，民营高新技术产业产值占规模以上民营工业总产值比重达到 43%，占全市高新技术产业产值的比重提高 1 个百分点。

4. 资本结构优化

2018 年，新增境内外上市公司 6 家、新三板挂牌公司 35 家；在中国证监会排队待审的公司 15 家、在青岛证监局辅导备案的公司 30 家。民营经济的市场准入全面放宽，民间投资的领域和范围将进一步扩大。

5. 对外经济持续增长

民营企业对外贸易总额突破 1000 亿美元，服务贸易额增速在 15%以上，累计对外投资额达到 130 亿美元左右。对外承包工程营业额增长 5%左右。以跨境贸易互联互通区域合作为支撑，以双向投资贸易项目建设为带动，以境外经贸合作园区开发为载体，进一步拓展经贸合作新领域。

三、推动青岛市民营经济和中小企业发展的几点建议

（一）强化政策引导，建设大数据服务平台

1. 建设“创业青岛”民营经济服务平台

公开惠企政策、创新要素支撑、展现民企风采，为民营企业提供“一站式”政策引导服务。

2. 成立青岛市民营企业权益保护中心

建立诉求服务机制，并开通网上服务热线和专家门诊，帮助企业解决实际困难和问题。

3. 完善民营经济景气监测机制

每季度发放调查问卷，了解掌握民营企业的生存状态、运行动态、发展心态和环境生态，并形成民营经济景气监测分析报告，实施政策精准发力、助力企业创业创新。

4. 建立开办企业便利度评估体系

评估工作对接世行营商环境评价理念和标准，结合青岛市商事制度改革的实际，围绕全省各地开办企业过程中的重点、难点环节和《20 条》的贯彻落实情况，通过指标体系设计，调研、数据收集和评估，找出开办企业领域存在的问题，发现开办企业便利化“最后一公里”存在的

障碍，提出进一步深化开办企业领域便利化改革、优化营商环境的对策建议，在全国率先探索建立开办企业便利度评估的指标体系，并进行周期性的数据发布，成为地区间营商环境评估的重要标准。

5. 开展企业活跃度度评估工作

以青岛市不同行业领域的部分工商企业为对象，对青岛市新设立小微企业与其相关的政府部门涉企信息和采集到的生产经营活动信息，借助预先设定的模型算法和指标体系进行挖掘和分析，通过量化分析和加权汇总得到能够反映企业生存发展状况和整体活跃程度的数值。

（二）促进信息化和工业化深度融合，培育未来主导产业

1. 发挥互联网的平台作用

充分发挥互联网在促进产业升级以及信息化和工业化深度融合中的平台作用，引导要素资源向实体经济集聚，推动生产方式和发展模式变革。

2. 提高研发设计能力

运用互联网技术，面向系统集成设计技术，提升前端工程设计和基本设计能力。吸引欧美大企业和研发机构落户青岛，打造海洋工程装备研发平台。

3. 完善关键设备配套能力

运用互联网技术，突破海洋环境监测、系统成套试验和检测等技术，发展自升式平台升降系统、自动化控制系统、水下设备安装及维护系统等。引导海洋工程大院大所、制造企业建立产业联盟，打造产业技术创新链，引进配套企业。

4. 培育未来主导产业

运用互联网技术，依托海洋药源种质资源保存与开发平台、海洋天然化合物研究开发平台，以及蓝色硅谷海洋现代药物等公共创新服务平台，建设生物产业园区，打造国家海洋生物医药产业基地。实施重点企业培育工程，突破发展海洋药物、医药中间体、医用新材料三大产品系列。加快发展鱼胶原蛋白(肽)、甲壳质衍生物、藻蓝蛋白、溶菌酶、海洋贝类提取物等骨干产品。海洋化妆品领域，重点发展高品质特殊用途化妆品，加大对骨干企业支持力度，把明月海藻等企业提升到青岛名牌史上“五朵金花”的水平和影响力。

运用互联网技术，综合开发利用立体能源，打造国际知名的新能源生产基地和海洋能源研发，引进丹麦、德国、美国的海上风电核心技术，围绕叶片、齿轮箱、电机、控制系统和专用船舶5个领域开发重点产品，培育海上风电配套企业，建立研发、制造、安装和运营管理产业链条。

（三）推动转型升级，支持民营企业做大做强

1. 发挥企业科技创新主力军作用

集中筛选一批成长性好、创新能力强、科技含量高、发展潜力大的企业进行重点扶持。鼓励多元化主体投资建设孵化器和加速器，加快构建“创业苗圃—孵化器—加速器—产业园”的梯级孵化体系。大力发展新技术、新产业、新业态、新模式，促进产业智慧化、智慧产业化、跨界融合化、品牌高端化。

2. 引导扶持“个转企”

个体工商户转为企业后，允许保留原个体工商户字号和行业特点，其经营范围中涉及环保、卫生、食品药品监管等许可经营证件，且仍在有效期内，许可经营项目、经营场所不变的，可在转型升级企业中继续使用。对投资主体、经营场所、经营范围不变的“个转企”企业，在办理土地、房屋权属（固定资产）划转时，符合国家税收政策规定的，免征契税和免收交易手续费。

3. 完善法人治理结构

实施小微企业治理结构和产业结构融合升级“双升”战略，引导企业完善法人治理结构，提升转型升级能力。支持符合条件的企业直接注册成为股份有限公司，鼓励各类企业和公司改制成为规范化股份有限公司，特别支持“四上”企业改制成为股份有限公司。做好工业、服务业、批零住餐业、资质内建筑业规模以上企业规范化改制工作，按属地原则抓好工作落实。

4. 加大资本运作力度

全市层面建立股份制公司拟上市企业储备库和动态跟踪机制，为企业上市提供精准服务。与上海证券交易所、深圳证券交易所、香港联合交易所签署战略合作协议，采取具体合作措施，争取对青岛企业上市给予支持。对在国内主板、中小企业板、创业板上市的本市企业，在香港等境外首发上市的本市企业，实现“买壳”上市并将上市公司注册地迁至青岛的企业，给予必要的补助。

5. 支持企业集团化发展

贯彻落实新发展理念，“瞄准北上广，再奔上青天”，推动大企业集团发展走在前列，争取有更多进入“世界500强”“中国500强”“山东省100强”的制造业和服务业企业。

（四）率先探索商事登记制度，深化“放管服”改革

1. 进一步发挥企业家作用

要真正构建起“亲”“清”新型政商关系，政府官员同企业家之间既

要公私分明，也要亲密无间，通过现代技术手段，为企业和企业家提供优质、高效、务实的服务，切实帮助企业解决实际困难。进一步营造尊重企业家、爱护企业家的社会氛围。既要营造鼓励创新、宽容失败的政策环境和社会氛围，给企业家更多包容和鼓励，支持企业家专注品质、创新发展；也要通过政府平台加强对企业家的正面宣传，树立理解企业家、支持企业家、尊重企业家、爱护企业家的良好社会氛围。

2.探索商事登记制度有关重点改革

对于评估分析系统发现的问题及时跟踪解决，实现商事制度改革和涉企行政审批制度改革协同推进，按证照性质实行分类改革，解决商事主体"办证多、办证难""准入不准营"等突出问题，实现"准入"和"准营"同步提速。简化住所登记手续，完善"一照多址""一址多照"等改革配套管理制度，分行业、分业态释放住所资源，探索实行住所申报制，加强对住所申报制的管理规范。运用"互联网＋"，在全市推开全程电子化登记管理的改革，使企业可在网上办理，无须提交纸质材料进行商事登记，为企业注册登记提速增效。进一步优化窗口行政资源。要重视企业开办业务量激增和登记人员不足的矛盾，通过增编增人、购买服务等方式，增加登记工作人员数量，将更多的资源向登记窗口倾斜，尽量化解工作量大与人员少的矛盾。利用银行公共服务性强、人员素质优、网点网络多、拓展业务积极性高的特点，提供免费的商事登记导办服务，为商事登记导办服务开辟新的途径。

（作者单位：青岛市社会科学院）

2017～2018 年青岛市服务业发展形势分析与预测

赵明辉

2017 年以来，青岛市全面贯彻党的十八大和十八届三中、四中、五中、六中全会精神，认真学习贯彻党的十九大精神，全面落实市第十二次党代会精神，紧紧围绕建设国家重要的区域性服务中心的重大决策部署，以提高发展质量和效益为中心，以改革创新为主线，积极推进供给侧结构性改革，加快新旧动能转换，全力以赴推动服务业转型与跨越发展，取得积极成效。2018 年，按照党的十九大报告提出的支持传统产品优化升级，加快发展现代服务业，瞄准国际标准提高水平的要求，青岛市服务业转型升级的步伐将进一步加快，服务业增长的内生动力将持续增强，在加快建设宜居幸福创新型国际城市中将发挥有效推动作用。

一、2017 年青岛市服务业发展形势分析

（一）服务业发展现状

2017 年，青岛市加快国家重要的服务中心建设，积极推动服务业总量提升、功能完善、资源集聚、转型升级，全市服务业保持平稳较快发展态势，服务业对全市经济增长的贡献率不断提高。

1. 总量稳步增长，结构持续优化

青岛市服务业发展势头强劲。上半年，青岛全市规模以上服务业企业 1591 家，累计实现营业收入 629.3 亿元、营业利润 76.1 亿元，分别同比增长 16.2%、17.9%，保持了平稳较快发展，服务业对全市经济增长的贡献率超过 80%，有力支撑了全市宏观经济健康稳定发展。

服务业对经济发展促进作用增强。1～9 月份，全市规模以上服务业实现营业收入 1067.6 亿元，同比增长 16.7%，增速高于上年同期 8.7个百分点；营业利润 134.9 亿元，增长 24%。全市规模以上服务业

30个行业大类中，26个行业大类实现不同程度增长，其中，装卸搬运和运输代理、租赁等行业大类增速均在30%以上。

结构持续优化，现代服务业增势良好。上半年，金融业增加值325.38亿元，增长8.3%；房地产业增加值268.75亿元，增长10.1%；营利性服务业增加值504.09亿元，增长12.1%。1～5月，规模以上其他营利性服务业营业收入增长20.1%，其中软件和信息技术、科技推广和应用服务业分别增长22.1%和43.9%。前三季度，金融业增加值435.15亿元，增长8.1%；房地产业增加值351.6亿元，增长12%；营利性服务业增加值617.63亿元，增长15.4%。1～8月，规模以上其他营利性服务业营业收入增长21.9%，其中软件和信息技术、研究和实验发展、科技推广和应用服务业分别增长26.2%、32.6%和16.1%。

2. 改革不断深化，国家重要的服务中心建设取得新进展

获批的"十三五"国家服务业综合改革试点、全国物流创新发展试点城市、国家邮轮旅游发展实验区、董家口港口岸开放、国家服务外包示范城市等国家级试点工作进展较快；金融、物流、外贸、旅游等领域改革任务取得实质性突破；黄岛区、李沧区获批省级"十三五"服务业综合改革试点区，将在推进财富管理和贸易便利化、开展多港联动体制机制创新等方面进行积极探索，为全国、全省服务业改革提供经验。

3. 服务业投资后劲持续增强，投资结构调整优化，服务业能级提升

2017年以来，青岛市把新旧动能转换作为统领经济发展的重大工程，积极助力服务业能级提升。服务业投资持续领涨，投资产业结构进一步优化调整，成为支撑全市投资发展的重要力量。前7个月，第一产业投资62.3亿元，下降24%；第二产业投资1999.5亿元，下降2.7%。第三产业投资2535.3亿元，增长22.6%，增速快于全市投资增速13.3个百分点。三次产业投资结构由上年同期的1.9∶48.9∶49.2调整为1.4∶43.4∶55.2，其中，现代服务业投资1689.8亿元，增长23.2%，中国红岛国际会议展览中心项目、核建青岛科技园项目、中国科学院青岛科教园一期项目、青岛西海岸创智产业园一期项目等，提升了现代服务业投资品质，优化了投资结构。

上半年，1亿元以上新开工服务业项目一路领涨，成为带动全市大项目投资提速快进的强劲动力。1亿元以上新开工项目中，第一产业项目4个，同比减少1个，完成投资4.8亿元，同比下降24%；第二产业项目125个，同比增加8个，完成投资152.9亿元，同比增长43.2%；第三产业项目201个，同比增加22个，完成投资505.8亿元，同比增长22.8%。三次产业投资结构为0.7∶23.1∶76.2，青岛大项目投资产业结构率先迈向"服务经济"主导模式。

1～9月份，全市完成固定资产投资5854.1亿元，同比增长8.3%。

分产业看，第一产业投资 76.3 亿元，下降 24.4%；第二产业投资 2332.7亿元，下降 9.3%；第三产业投资 3445.1 亿元，增长 26.1%，增速较上半年提升 6.1 个百分点。分领域看，基础设施投资 946 亿元，增长 63.3%；高技术服务业投资 245.2 亿元，增长 34%；房地产开发投资 1031.3 亿元，增长 6.4%。

4.政策综合发力，服务业企业成本税负降低，赢利能力不断提升

随着青岛全面推进供给侧结构性改革步伐的加快，“三去一降一补”各项政策扎实落地生效，新旧动能持续转换推动全市经济发展平稳运行，积极因素不断增加。据市统计局 2017 年上半年调查数据显示，全市规模以上服务业企业降成本、减税负效果明显，赢利能力进一步提升，企业家对市场预期充满信心。上半年，全市规模以上服务业企业每百元营业收入中成本费用 87.49 元，较上年同期减少 0.55 元。企业成本费用低于全省平均水平 0.11 元。上半年，全市规模以上服务业企业税负率 2.81%，低于上年同期 0.23 个百分点，低于全省平均水平 1.09 个百分点。与上年同期相比，企业税负率下降的 7 个行业中，文化体育和娱乐业、物业管理和房地产中介服务业等 2 个行业税负率下降幅度在 1 个百分点以上。

从企业赢利能力看，1～6 月份，全市规模以上服务业企业营业利润同比增长 26.2%，较上年同期扭亏为盈，增速比第一季度提高 14.5 个百分点，高出全省平均水平 9.6 个百分点。企业利润率 12.60%，较上年同期提高 1.02 个百分点，较第一季度提高 2.24 个百分点。与上年同期相比，企业利润率提高的 7 个行业中，物业管理和房地产中介、教育、文化体育和娱乐业等 3 个行业增长幅度均在 3 个百分点以上。上半年，全市规模以上服务业企业成本收益率 14.4%，较上年同期提高1.25个百分点，较第一季度提高 2.78 个百分点。与上年同期相比，企业成本收益率提高的 6 个行业中，交通运输仓储和邮政业、物业管理和房地产中介、教育、文化体育和娱乐业等 4 个行业增长幅度均在 2 个百分点以上。

企业家市场预期信心不断增强。上半年，全市规模以上服务业企业景气调查结果显示，1600 家企业中，有 55%的企业家认为上半年企业自身经营状况处于“一般”水平；有 36.7%的企业家认为企业自身经营状况处于“良好”水平，比第一季度提高 3.0 个百分点。在第三季度企业经营状况预期上，有 54%的企业家认为自身经营状况仍将处于“一般”增长趋势，有 40%的企业家认为自身经营状况将处于“乐观”增长趋势。在第三季度行业运行情况预测上，有 55.5%的企业家对所从事的行业发展前景表示“一般”，有 38.9%的企业家对所从事的行业发展前景表示“乐观”。

5. 科技服务业快速增长，创新引领增强

科技服务业作为运用现代科技知识和手段向社会提供智力服务的新兴产业，既是现代服务业的重要组成部分，同时也对其他产业的发展具有显著的改造、促进和提升作用，具有人才智力密集、科技含量高、产业附加值大、辐射带动作用强等特点。在青岛市大力实施创新驱动发展战略、"三创"、新旧动能转换的大环境下，2017年青岛市科技服务业发展步伐加快，青岛市科技服务业迅速发展，全市规模以上服务业中的科学研究和技术服务业，企业数量稳步增加，生产经营快速增长，经济效益普遍提高，社会贡献不断增加，发展势头良好。

2017年上半年，全市纳入规模以上服务业统计的科技服务业企业561家，占全部规模以上服务业企业数的35.6%。全市规模以上科技服务业营业收入234.04亿元，同比增长14.7%。增长较快的行业主要集中在研发设计、精细化工服务、环保节能、消防安全服务、检验检疫服务等类型的企业。2017年1～4月，规模较大的前10家企业实现营业收入117.38亿元，占全部规模以上服务业企业的24.1%，同比增长47.9%，远快于全部规模以上企业营业收入15.7%的平均增速，对全部规模以上服务业增长的贡献率达到57.7%，拉动全部规模以上服务业增长9个百分点。

6. 把握新常态，满足新供给，生活性服务业品质不断提升

2017年，青岛市通过内外贸融合发展、现代消费经济驱动力不断增强，拓展消费新领域、培育消费新模式、激活消费新业态取得明显成效。1～5月，全市限额以上批发企业实现销售额1871.1亿元，增长33.5%；限额以上零售企业实现销售额559亿元，增长6.3%；限额以上餐饮业实现营业额21.6亿元，增长12.3%。培育商贸流通与外贸跨界融合商业新业态，举办2017青岛进口商品展等促销活动。实施扩大进口与促进消费相结合的政策机制，扩大国外安全优质消费品进口规模，1～5月，青岛口岸消费品进口额27.5亿元、增长17.5%。推进青岛口岸整车平行进口，进口数量居全国第二。获得供应链体系建设综合试点城市，市政府印发《关于加快推进商贸冷链物流发展的实施意见》，全面构建社会化、网络化、专业化的商贸冷链物流服务体系。推进"菜篮子"信息化体系建设，举办"农超对接""阳光食品工程"洽谈会，投放"菜篮子"政府储备商品1.52万吨，平抑物价保障民生。发展地铁商业新模式，李村、新都心、五四广场地铁商圈加速形成。促进总部商务区和商贸集聚区转型升级，增强时尚消费的聚集辐射能力，争创国际消费中心城市。推进农村电商"515＋X"工程与美丽乡村建设结合，完善农村电商公共服务体系，建立镇级公共服务中心45个、村级服务站960个。

上半年，全市社会消费品零售总额 2085.1 亿元，增长 10.2%，比上年同期加快 0.8 个百分点。其中，限额以上单位消费品零售额695.6 亿元，增长 8.9%。按经营单位所在地分，城镇消费品零售额 1744.2 亿元，增长 10%；乡村消费品零售额 340.9 亿元，增长 10.9%。消费升级类商品增长较快，家具类增长 25.1%，家用电器和音响器材类增长 18.5%，金银珠宝类增长 14.6%。全市限额以上批发零售业网上零售额 116.1 亿元，增长 15.0%，比第一季度加快 6.6 个百分点。

1～9 月份，全市实现社会消费品零售额 3208.8 亿元，同比增长 10.2%，较上年同期提高 0.2 个百分点。乡村市场增速快于城镇，城镇消费品零售额 2677.1 亿元，增长 9.8%；乡村消费品零售额 531.7 亿元，增长 12.4%。基本生活类和消费升级类商品增长较快，日用品类、五金电料类和饮料类零售额分别增长 26.9%、14.9%和 23.4%；体育娱乐用品类、家用电器和音像器材类分别增长 30.6%和 19.4%。

节庆消费继续保持稳定增长势头，春节期间，10 家重点商贸企业(集团)实现销售额 5.3 亿元，同比增长 4%；6 家餐饮企业实现营业额 7469 万元，同比增长 3.7%，较上年提高 9.3 个百分点。国庆中秋长假期间，青岛市消费市场商品供应充足、品类丰富，生活必需品价格稳定，总体实现购销两旺，全市 10 家重点商贸企业(集团)实现销售额 14.5 亿元，同比增长 6.2%，10 家重点餐饮企业实现营业额 6548 万元，同比增长 5.8%。

7. 服务业标准规范体系已初步建立，高标准打造服务业品牌成效显著

青岛市推动服务业标准化成效显著。2017 年以来，青岛市以创建“全国质量强市示范城市”为契机，围绕市民关心的热点、难点问题，多部门联合，深入开展服务质量提升工程，全市服务质量水平持续稳步提升。按照建设“全国质量强市示范城市”的总体要求，对全市 112 项服务业标准规范进行编制修订，初步构建起具有青岛特色、高水平的服务业标准规范体系。

通过创建品牌，高标准打造服务业发展名牌。相继出台并实施了《关于实施质量兴市战略的意见》《加快品牌经济跨越式发展的意见》《关于推进商标战略实施促进经济发展的意见》《青岛市著名商标认定和保护办法》等系列政策，从注册、运用、保护、管理等方面为全市实施商标战略提供有力保障。截至 2017 年第一季度末，全市累计培育服务业全国驰名商标 16 件、省著名商标 40 件、市著名商标 91 件、山东省服务名牌 131 个，数量均居全省之首。

(二)服务业发展“短板”

与先进城市相比，青岛服务业还有明显的“短板”，服务业内生增长的动力还有待加强。

1. 规模以上企业数量少、规模不大、赢利能力较弱

2017年上半年，青岛有规模以上服务业企业1591家，分别比深圳、杭州、南京少3611家、5083家、1900家、1290家；青岛规模以上服务业企业家均营业收入为0.39亿元，分别比深圳、杭州、南京少0.25亿元、0.55亿元、0.22亿元；规模以上服务业企业平均从业人员青岛为140人，分别比深圳、杭州、南京少136人、63人、67人；规模以上服务业企业的平均利润率青岛仅为12.1%，分别比深圳、杭州低11.8个、6.3个百分点，高于南京4.8个百分点。

2. 现代服务业比重较低、发展步伐有待加快

以信息传输、软件和信息技术服务业与租赁和商务服务业为代表的新兴的现代服务业占比低、发展慢。目前，青岛的服务业以交通运输、仓储和邮政业为主，占58%，而南方发达城市则以现代服务业为主。2017年上半年，青岛规模以上信息软件技术服务业企业仅有130家，分别比深圳、杭州、南京少914家、575家、377家；营业收入89.06亿元，同比增长10.8%，分别比上述城市慢15.8个、35.5个、6.1个百分点，占比为14.2%，分别低23.9个、43.2个、14个百分点。

青岛的租赁和商务服务业营业收入占比为13.4%，分别比深圳、杭州、南京低3.6个、0.4个、11.9个百分点。互联网和相关服务业占全部服务业比重，青岛仅为0.2%，而深圳为17.2%、杭州为21.7%、南京为8.9%。

二、2018年青岛市服务业发展形势预测

党的十九大报告指出，新时代的主要矛盾已经转化为人民日益增长的美好生活需要和不平衡不充分的发展之间的矛盾，未来的发展潜力将在与满足人民需求还存在距离的产业和领域。2018年，随着党的十九大精神的贯彻落实，国家对经济社会发展的各项政策支持力度将不断加大，居民消费结构升级加快，城镇化、农村现代化不断推进，人才红利、改革红利不断释放。青岛市服务业发展的潜力和空间将依然巨大。服务业在国民经济发展中的主导作用将会进一步增强，对国民经济的影响力将进一步加大，国民经济发展的“稳定器”和“助推器”的作用会更加凸显。服务业必将在青岛深化供给侧结构性改革、实现“十三五”规划目标中发挥更加重要的作用。

(一)服务业发展新动力持续释放,青岛市服务业将面临更加有利的发展环境

1.改革和政策支持力度进一步加大

服务业的快速发展,与政策效应的持续释放密不可分。近年来,国务院出台了《关于加快发展生产性服务业促进产业结构调整升级的指导意见》《关于加快科技服务业发展的若干指导意见》《关于大力发展电子商务加快培育经济新动力的意见》等一系列推动服务业重点领域加快发展的政策,推动服务业发展进入快车道。随着服务业在经济中比重的不断提高,宏观经济的协调性和稳定性进一步增强。从发展趋势看,全面深化改革、全方位对外开放和全面依法治国正释放服务业发展新动力和新活力;城乡居民收入持续增长和消费升级,为服务业发展提供了巨大需求潜力;新型工业化、信息化、城镇化、农业现代化协同推进,将极大地拓展服务业发展的广度和深度。

2017 年 10 月 17 日召开的全市服务业发展工作会议指出,推进服务业加快发展,事关全市新旧动能转换和民生持续改善。各级各部门要提高思想认识,把服务业发展放在更加突出的位置,抢抓服务业加快发展良好机遇,促进服务业转型升级,推动生产性服务业、生活性服务业和公共服务业协调快速发展。

2018 年,青岛市将进一步加快服务业改革开放步伐,改革政府引导方式和调控手段,破除制约服务业发展的体制机制障碍,推进以"市场主导＋政府引导"为目标的发展动能转换,加快实现服务业发展体系和发展能力现代化。

深化服务业综合改革。深化要素市场改革,全面落实服务产品出口退免税、高新技术企业减按 15%的税率征收企业所得税、小微企业免征增值税和减征企业所得税政策,设立现代服务业股权投资基金。深化重点领域改革,进一步争取财富管理金融综合改革创新试点政策,争取在前湾保税港区开展统一融资租赁行业管理体制改革试点,创建国家知识产权服务业集聚发展试验区和国家级中医药健康服务业综合示范区。

提升服务业对外开放水平。拓展开放合作领域,争取国家服务业扩大开放综合试点、国际航运税收政策、国际船舶登记创新试点,创建国家服务外包示范城市。大力发展服务贸易,实施服务贸易领域八大创新工程,2020 年服务进出口额占对外贸易总额比重达到 15%以上。扩大对外服务投资,支持优势企业践行"一带一路"倡议,引导金融机构为国际基建工程、装备制造产品和技术输出等提供融资支持。

优化服务业发展环境。建设法治化国际化营商环境,提升完善城市管理、人文环境、诚信体系、公共服务,引进国外知名大学、高端医疗机构和国际组织，制定符合国际规则的政策法规，形成与国际接轨的商事制度。加快公共服务领域改革，分类推进公共服务供给市场化改革，推动城乡公共服务均衡化，推进社会组织登记制度改革，推动政府向社会组织开放更多的公共资源和领域。

2. 规划引领作用将进一步增强

2018年及"十三五"时期，青岛市将加快建设"三中心一基地"，服务业将扮演极其重要的角色。《青岛市"十三五"现代服务业发展规划》提出，建设国家重要的区域服务中心，提升服务业现代化水平，"十三五"时期，建成以服务经济为主的产业体系，生产性服务功能明显增强，生活性服务质量明显提升，公共性服务水平明显改善；通过以服务经济为主体的动力机制转换和产业体系重构，切实将发展方式转到以现代服务业和先进制造业为"双引擎"的轨道上来；服务业增加值年均增速8.5%左右，服务业增加值占生产总值比重达到57%，"青岛服务"品牌基本树立，初步建成国家重要的区域服务中心。"十三五"规划描绘的美好蓝图，进一步汇聚了全市上下加快服务业转型、跨越发展的强大动力。

（二）国家重要的区域服务中心建设将深入推进，区域服务中心综合功能将进一步提升

2018年及"十三五"时期，青岛市将围绕国家重要的区域服务中心建设，主动融入全球服务分工体系，大力发展具有本土特色和比较优势的现代服务业，推动产业迈向高端，培育并逐步形成具有辐射带动竞争优势的区域服务中心。推动青岛西海岸新区和财富管理金融综合改革试验区等国家战略平台搭建，加快胶东临空经济区、邮轮母港城、金家岭金融聚集区、中信全国新财富总部、青岛环球金融中心、惠普软件全球大数据应用研究及产业示范基地等项目建设，突出服务高端化，促进服务业与制造业深度融合，尽力提升服务业辐射能力，区域服务中心综合功能将进一步提升。着力推进金融资源集聚和金融创新，到2020年，金融和大宗商品交易额超过4.5万亿元，对外贸易总额突破1000亿美元；着力提升中心城市功能，到2020年，总部机构突破500家，在青岛投资的世界500强企业突破150家；着力提升门户枢纽功能，到2020年，集装箱吞吐量超过2000万标准箱，航空旅客吞吐量达到2600万人，年入境旅游人数突破150万；着力提升创新创意功能，建设国家东部沿海重要的创新中心，到2020年，全社会研发经费占生产总值比重达到3.2%，每万人口发明专利拥有量达到25件；着力提升消费时尚功能，促进城市品质与城市价值双提升，到2020年，全社会消费品零售额达到6000亿元左右。

（三）现代服务业专业化水平将不断提升，发达的服务业产业体系将加快构建，服务业综合竞争力将全面提升

2018年，青岛市将加快发展金融、现代物流、现代商贸、现代旅游、科技服务、高端商务、文化创意、教育、健康养老、会展等十大现代服务产业。在金融业领域，加快财富管理金融综合改革试验区建设，到2020年，金融业增加值占生产总值比重超过8%。在信息服务业领域，以建设“智慧青岛”为目标，争取到2020年，软件业务收入达到2500亿元，信息服务业增加值占生产总值比重达到2%以上。在现代物流业领域，创建国家级物流示范园区、多式联运示范工程、物流创新发展试点城市，到2020年，现代物流业增加值达到1200亿元，物流总费用占生产总值比重降到13%左右。在科技服务业领域，将围绕科技创新和产业发展需求，加快社会化、专业化、网络化、国际化发展，在促进新技术、新产业、新业态、新模式应用，实现产业智慧化、智慧产业化、跨界融合化、品牌高端化，助推经济转型升级提质增效，加快新旧动能转化方面发挥重要作用，争取到2020年，科技服务业增加值占生产总值比重达到4.2%以上，技术交易额增长15%。在高端商务业领域，争取到2020年，高端中介服务业增加值占生产总值比重突破5%。总部经济，争取到2020年，总部机构突破500家，过1亿元商务楼宇超过100栋。会展业，争取到2020年，培育10个具有较高国际影响力的品牌会展活动，年举办展览总面积达到300万平方米。

（四）新兴服务业将蓬勃发展，成为青岛市服务业的新增长点

服务业的生命力和活力都源自创新，包括技术创新、业态创新和模式创新。新兴服务业态是现代经济发展的新动力、促进产业升级的主要手段。2018年，青岛将加快发展科技、信息、保险、健康、高端会展、高端影视文化、体育、中介服务等现代服务业新型业态，创新发展互联网金融、跨境电子商务、供应链物流等新型商业模式，大力发展共享经济，培育新的经济增长点。以共享经济为例，据2017年2月国家信息中心发布的《中国分享经济发展报告2017》显示，2016年我国分享经济市场交易额约为34520亿元，比上年增长103%，共有6亿人参与，比上年增加1亿人。随着出行、短租、医疗等领域多点开花，共享经济正在成为最活跃的创新领域。2016年分享经济企业的融资规模达1710亿元，比上年增长130%，各路投资者普遍看好分享经济的美好前景。平台经济、体验经济和共享经济等服务形态不断涌现，是2018年及以后青岛市服务业发展与创新的重要特点和趋势。

生活性服务业品质化水平将不断提升。打造东北亚国际贸易中心，到2020年，现代商贸业增加值占生产总值比重达到14%左右，全社会消费品零售额年均增长10%；建设国际化旅游目的地城市，争取到2020年，实现旅游业增加值占生产总值比重达6%；打造“影视之城”“音乐之岛”，到2020年，文化创意产业增加值占生产总值比重达到5%左右，集聚100家有制造发行资格的影视企业，每年生产制作影视剧100部(集)；与世界高水平大学合作建设一批非独立法人中外合作办学机构，争取到2020年，高等教育机构达到50个；健康养老服务业到2020年增加值占生产总值比重达到1.8%；体育产业到2020年增加值占生产总值比重达到1.8%左右。

跨境电商产业将呈现良好发展势头。2017年前三季度，青岛市跨境电商交易额达到158亿元，全年有望突破200亿元大关，跃居全国同类城市前列，多项创新举措获全国推广。2018年，青岛市以推进跨境电商综试区为主线，着力构建跨境电商产业链和生态圈，全力推进外贸互联网化，培育“互联网＋大外贸”新型商业模式，跨境电商产业将呈现良好发展势头。

(五)将加快推进“标准化＋”服务业发展步伐，积极实施“青岛服务”行动计划，打造“青岛服务”品牌

2018年，青岛市将深入实施“标准化＋”战略，打造具有国际水平的青岛服务标准和“青岛服务”品牌。深入实施已发布的112项生活性服务业和公共服务业标准规范，组织制定物流、金融、中介、工业设计等生产性服务业标准规范。重点抓好消费市场专项整治，制定、修订和实施餐饮、住宿、交通、旅游、文化娱乐、购物、物业7个领域服务标准，确保行业服务质量有明显提升。在供水、供热、供气等领域开展国家服务业标准试点。

将启动和实施“青岛服务”行动计划。围绕关系全市服务业发展的重点领域和关键环节，集中实施门户枢纽、财富中心、旅游胜地、购物天堂、影视之都、会展名城、养生福地、服务外包示范城市“八大行动计划”，助推青岛市服务业高端产业发展和服务功能提升。

(作者单位：青岛市社会科学院)

2017～2018年青岛市创新驱动发展形势分析与预测

吴 净

党的十九大报告明确指出，创新是引领发展的第一动力，是建设现代化经济体系的战略支撑。要瞄准世界科技前沿，强化基础研究，实现前瞻性基础研究、引领性原创成果重大突破，加快建设创新型国家。青岛市作为国家首批创新型试点城市，创新驱动城市发展取得明显成效，已顺利通过国家评估验收，正式迈入创新型城市行列。青岛市第十二次党代会提出建设宜居幸福创新型国际城市的发展目标，创新驱动在发展全局中的核心地位进一步凸显，创新已成为青岛发展的主旋律。

一、2017年青岛市创新驱动发展形势分析

2017年以来，青岛市深入实施创新驱动发展战略，进一步增强创新驱动作为新旧动能转换和内涵式发展的主引擎作用，以科技创新为引领，以人才智力为支撑，以产业创新为主导，加快创新要素集聚，强化提质增效，努力为全市新旧动能转换提供内生动力。

（一）科技创新中心建设顺利推进，为全市产业提质增效提供动力源

根据《"十三五"青岛市科技创新规划》，青岛市对接国家目标，立足科技创新，靶向产业发展，瞄准高端前沿，重点建设海洋科技、高速列车、橡胶材料与装备、智能制造、虚拟现实、科学仪器、新材料、生命健康、新一代信息技术、新能源汽车等十大科技创新中心，这是青岛市建成国家东部沿海重要创新中心的关键。

截至2017年8月底，全市已启动建设高速列车、智能家居、智慧生活、石墨烯、海洋生物医药等5个科技创新中心。高速列车创新中心以"三平台、两中心、一基地"为重点，打造整合全球轨道交通领域创新资源的产业集聚区。智能家居创新中心着力打造亚洲最大智能家居研发制造中心、国家级智能家居标准及检测中心。智慧生活科技创新中心

将打造青岛市智慧生活千亿元级产业集群。石墨烯创新中心致力打造完整的石墨烯技术创新体系和产业集群，到2020年，全市石墨烯产业规模达到300亿元。海洋生物医药创新中心将打造国际一流的海洋生物医药研发与转化平台。

（二）新产业新业态新模式不断壮大，为全市经济转型发展提供新动能

2017年以来，青岛市先进制造引领新型产业生态发展，支撑先进制造业基地建设。截至6月底，高技术制造业增加值同比增长11.7%，增速高于规模以上工业4.3个百分点。高速列车、海工装备、橡胶、电力等装备制造稳步发展，全市装备制造业增加值同比增长11.6%，占规模以上工业比重为46.1%。以高科技含量、高附加值为特征的新产品快速涌现，城市轨道车辆产量增长125.6%，智能手机增长65.9%。传统优势行业高端化生产加快，航空器充气橡胶轮胎外胎产量增长37.5%，光电子器件产量增长51.6%，化学纤维纱产量增长60%。

服务技术和新兴服务模式在制造领域应用不断加快，大规模个性化定制、网络众包、云制造等新型制造模式不断兴起，推动全市制造企业向生产服务型企业转变。基于大数据、移动互联网的服务产品创新、业态创新和商业模式创新，电子商务、互联网金融、远程教育等新型产业良性发展，催生出跨区跨境、线上线下、体验分享等新型消费模式，推动全市智能化、一体化、融合化高端服务业态发展。

（三）企业创新主体地位不断强化，创新资源配置中市场的决定性作用日益凸显

企业创新主体地位的强化，将促使更多的创新活动面向市场。国内外创新实践已表明，市场导向的创新活动比技术导向的创新活动更有效率，市场在创新资源领域发挥决定性作用，将促进创新资源配置达到最优化。2017年以来，青岛市加快培育和发展市场主体，针对“个转企”“小升规”“规改股”“股上市”等制定了具体指标和政策，鼓励企业立足自主创新，实施产学研相结合三位一体新模式，推动全市产业转型升级和经济发展。

截至6月底，青岛市新登记市场主体11.08万家，新增市场主体7.45万家，全市市场主体累计达到107.93万家，总量居山东省第一、全国同类城市第四。市直大企业实现营业收入同比增长22.2%，实现利润同比增长10.8%。国家研发费用加计扣除、高新技术企业减免税、研发服务机构税收等优惠政策落实力度加大。全市企业研发投入达到226.46亿元，占全社会研发资金的85.88%，接近深圳市90%的目标。

（四）高端创新资源加快集聚，全市原始创新能力不断提升

2017 年以来，青岛市加快推进各类创新平台建设，提升"中科系、高校系、企业系、国际系""四系"高端创新资源引进发展质量，加强国际科技合作。出台了高端研发机构引进管理办法，对高端研发机构的引进模式、范围和条件、经费管理与绩效考评等进行规范，为提升全市各类高端创新资源引进水平及建设质量提供政策保障。

截至 7 月底，青岛市有公办普通本科高校 7 所，国家驻青科研机构 25 家、省属科研机构 6 家。共有国家重点实验室 8 家、部级重点实验室 48 家、省级重点实验室 43 家、市级重点实验室 75 家。拥有国家级、省级、市级工程技术研究中心分别为 10 家、56 家和 201 家。2017 年度国家首批 14 个国别的政府间国际科技创新合作重点专项中，青岛市共有涉及智能制造、清洁能源、医药卫生等领域 12 个项目入围，占全部计划单列市入围项目数的 50%，居计划单列市首位，创新能力稳步提升。

（五）科技成果转移转化步伐加快，创新优势不断向经济优势转换

2017 年以来，青岛市紧紧抓住促进科技成果转化这条主线，出台了《科技成果标准化评价规范》《科技成果挂牌交易服务规范》《科技成果拍卖服务规范》《技术合同认定登记服务规范》等 4 项科技服务业规范，涵盖科技成果转化从开始到交易完成的所有关键环节，为推动全市科技成果转移转化市场化服务提供了制度保障。

截至 6 月底，青岛市实现技术交易 2078 项，技术合同成交额33.26 亿元，同比增长 5.87%。其中，先进制造、电子信息技术领域技术合同成交额分别为 14.89 亿元、10.23 亿元，居各技术领域第一、第二位，同比分别增长 3.11%、18.55%；海洋技术交易额 4.60 亿元，同比增长 127.61%。截至 7 月底，青岛市已建孵化器 1298 万平方米，同比增长 8.6%，投入使用 894 万平方米，同比增长 35.2%，拥有国家级孵化载体 94 家，居副省级城市第一，服务创业企业 6250 家次、创客 5.88 万人次。

（六）知识产权强市建设迈上新台阶，为全市创新驱动发展提供新引擎

2017 年以来，青岛市知识产权事业发展迅速，先后被批复为国家首批知识产权强市创建市、首批知识产权运营服务体系建设国家支持城市和首批知识产权综合管理改革试点，围绕知识产权公共服务能力建设、构建知识产权运营生态体系、建立专利导航产业创新发展运行体系、加强知识产权人才培养等多方面，发挥知识产权对供给侧结构性改革制度供给和技术供给的双重作用，为推动全市知识产权事业从数量规模型向质量效益型转变，加快发展知识产权密集型产业提供良好机遇。

截至6月底，青岛市国内有效发明专利拥有量为19944件，同比增长25.6%，专利密度为21.92件/万人。共申请PCT国际专利243件，占据山东省总申请量的“半壁江山”。全市国内专利的申请量为25312件，发明专利的申请量达到10517件，占据山东省的1/3。国内专利授权方面，青岛市在发明专利、实用新型和外观设计等三方面均居山东省第一，授权数量分别为2961件、6048件、1327件。

(七)创业投资和资本市场不断壮大，各类金融工具协同支持创新发展的良好局面逐渐形成

2017年以来，青岛市进一步落实科技金融专项政策，完善科技金融服务体系，创新科技资源配置方式，探索科技金融服务新模式，良好金融生态逐步形成。截至6月底，全市累计引导社会投入总规模63.63亿元，放大财政科技资金13.93倍，为139个项目提供了5.69亿元资金支持，为376家次企业提供了12.33亿元信贷资金支持。

高创资本作为青岛市政策性科技金融专营机构，按照政策性和市场化相结合的机制，围绕各创新环节，通过控股、参股、出资引导等多种资本运营手段，带动社会资本向创新领域集聚。2017年以来，高创担保新增农业银行、邮政储蓄、兴业银行、齐鲁银行等4家银行作为合作伙伴，稳步推进政策性担保业务，助力科技型中小企业创新发展。截至6月底，高创担保为63家企业提供2.13亿元信贷资金支持，“千帆企业”占全部担保企业的60.3%；累计授信额度达到29亿元，合作银行达到14家。全市有天使投资基金、孵化器种子基金、产业投资基金等各类基金累计30只，规模超过23亿元。

(八)引智引才环境不断优化，为全市创新驱动发展提供智力支撑

2017年以来，青岛市积极推进人才政策创新，研究制定了外籍雇员聘用管理暂行办法、顶尖人才认定和奖励资助实施细则、资深海归引进计划等引才新政。进一步优化人才公共服务，建立了人才服务联席会议制度，发放高层次人才“服务绿卡”50余张，深入推进外国人来华“两证合一”试点，启动运行国际人力资源服务产业园，推进院士专家创新创业园、博士创业园、留学人员创业园等创新创业平台建设，全市引智引才环境不断优化。

截至6月底，全市政策性扶持创业1.24万人，创业带动就业3.29万人。全市引进人才8.8万人，同比增长17.9%。其中，引进两院院士及相当层次的科学家11人；引进博士和正高职称人才844人，同比增长 13.7%；引进硕士、副高职称和高技能人才 7610 人，同比增长 25.4%；引进外国人才 3495 人。新增国家级高技能人才培养示范基地、齐鲁技能大师工作站各 1 个。

二、2018 年青岛市创新驱动发展预测

（一）国际国内创新发展环境

1. 全球范围内科技创新与产业变革交汇融合，重塑竞争发展新格局

当前创新创业已进入高度密集活跃期，人才、知识、技术、资本等创新要素在全球范围内加速流动重组，多节点、多中心、多层级的全球创新网络正在形成。科技创新成为各国实现经济再平衡、打造国家竞争新优势的核心。脑科学、材料基因组、量子计算等前沿科技领域呈现重大应用前景。信息网络、新材料、新能源、生物科技、智能制造等技术领域交叉融合，颠覆性技术不断涌现，其中以大数据、云计算、移动互联网等为代表的新一代信息技术向经济社会生活各领域广泛渗透，成为未来变革的重要引擎，科技与产业正向智能化、网络化、泛在化、绿色化、健康化方向融合发展。

2. 依靠创新转换发展动力，正成为适应和引领经济发展新常态的关键所在

经济发展新常态的特征是速度变化、结构优化和动力转换，其中动力转换是关键，其实质内涵是从要素驱动、投资驱动转向创新驱动，动力转换成功与否将决定速度变化和结构优化的进程与质量。我国科技创新已从以跟踪为主转向跟踪、并跑和领跑并存的新阶段，处于从点的突破向系统能力提升的重要时期。未来，我国将全面贯彻落实党的十九大决策部署，深入实施创新驱动发展战略，以科技创新为核心推动全面创新，加快建设世界科技强国，依靠创新创造新供给和新需求，促进经济提质增效和转型升级，构建发展新优势，逐渐形成以创新为主要引领与支撑的经济体系和发展模式。

3. 青岛市正步入建设国家东部沿海重要创新中心的新阶段

面对国际竞争新赛场，围绕国家战略，国内城市立足自身实际，陆续启动新一轮创新战略布局，抢占创新高地。上海提出建设具有全球影响力的科技创新中心，力争成为全球创新网络的重要枢纽和国际性重大科学发展、原创技术和高新科技产业的重要策源地。深圳提出建设创新能力卓越、创新经济领先、创新生态一流的国际科技、产业创新中心。武汉、重庆、杭州、天津等城市亦纷纷推出行动计划，提升创新能力。面对机遇和挑战，青岛市建设国家东部沿海重要的创新中心，将以

更加积极开放的姿态，增强创新资源配置能力，创造先发优势，谋求在全球和国内价值链中的有利地位。

（二）2018年青岛市创新驱动发展预测

1. 自主创新能力将进一步提升

一是源头科技创新供给继续向高标准、高质量迈进。2018年，青岛市将积极对接国家战略，发挥轨道交通系统集成、海洋物探及勘探设备、海洋水下设备试验与检测技术等国家工程实验室创新引领作用，加强基础研究前瞻部署，推进颠覆性技术创新。围绕建设国家东部沿海重要的创新中心行动计划，聚焦前沿科技，在人工智能、深空深海探测、纳米技术与材料、量子信息等领域和方向，进行前瞻性布局；在高速列车、智能制造、新一代信息技术、新材料、生命健康等方面，进一步提升科技研发能力，推动关键性技术突破。

二是科技基础设施和公共服务平台进一步完善。2018年，青岛市将积极引导和推进各级各类重点实验室、工程技术研究中心等研发基地平台的开放与融合发展，探索制度创新和市场化运营机制，建立跨平台协作机制，进一步强化平台的共性技术研发、中试、应用示范等功能，面向公众、企业、专业机构、政府等不同需求者提供个性化服务，实现科技资源数据集成统筹、开放共享与开发利用，服务支撑区域创新。推动高校院所、企业向社会开放科研基础设施和科研仪器设备。鼓励技术领先企业向产业联盟、标准化组织等提供基础性专利或技术资源，推动产业链协同创新。

三是不断融入全球化创新。2018年，青岛市将对接国家"一带一路"倡议，积极参与国际重大科技合作，建立和完善跨国科技创新对话机制，加强与国外高水平研究机构的交流，打造国际科技合作新空间。鼓励和吸引海外研发机构、技术转移机构、跨国公司在青建立研发中心、技术转移平台和国际科技合作基地。支持有条件的青岛企业参与跨国创新投资、并购，赴境外设立研发中心，主动融入全球创新网络，提高研发、制造等环节的国际化水平，提升国际竞争力。依托鳌山欧亚科技论坛、中泰两国政府间科技合作联委会等重大国际性科技交流活动，打造具有国际影响力的创新思想交流互动平台与科技创新成果展示、发布和交易平台。

2. 经济转型升级将更加依赖创新

一是新产业新业态新模式不断涌现与壮大。2018年，青岛市将顺应新一轮产业变革趋势，注重用新技术新产业新业态新模式创造新供给、激发新需求，推进产业智慧化、智慧产业化、跨界融合化和品牌高端化，切实提升实体经济创新力和生产力。聚焦3D打印、虚拟现实、人工智能、生命健康和脑科学等前沿领域，超前布局，孵化和培育一批新兴产业。立足增量崛起，以新兴、高端、蓝色为导向，依托重点产业园区及龙头企业，培育壮大电子信息、生物医药、汽车制造、轨道交通装备、航空航天装备等高端新兴产业。以发展智能制造、服务型制造、精品制造、绿色制造为主攻方向，打造“青岛制造”升级版。深入实施“互联网＋”计划，推进互联网、物联网、云计算等信息技术在工业、商务、物流、金融、旅游、文化、农业等领域的深度应用，加快发展数字经济、分享经济、电子商务、平台经济等新经济业态。

二是企业创新主体地位不断强化。2018 年，青岛市将继续营造公平、开放、透明的市场环境，培育更多的市场主体成为创新主体，塑造创新主体新优势。围绕企业开放式创新模式和运行机制，青岛市将进一步完善支持措施，鼓励企业建设高水平企业实验室、企业技术中心、工程技术研究中心等研发机构，建立自主技术创新体系，引导企业积极探索科技创新与商业模式创新结合点和实施路径。面向新一代信息技术、高端装备制造、生物医药等重点产业领域，支持领军企业运用并购重组、购买知识产权等方式提高创新整合能力，形成区域产业创新高地。壮大科技型中小企业群体，培育一批具有行业竞争力的“隐形冠军”。

三是传统产业升级改造稳步推进。2018 年，青岛市聚焦家电、机械装备、石化化工、橡胶轮胎、食品饮料、纺织服装等传统优势制造业，以智能化、绿色化、高端化、品牌化、服务化为重点，将加快创新要素集聚，不断激发传统制造企业创新活力、发展潜力和转型动力，推动制造业整体向中高端迈进。对于家电电子、橡胶新材料等具有较好产业基础的领域，如青岛软控股份有限公司为代表的轮胎智能制造及关键材料等，积极争取建设国家产业创新中心，探索创新成果改造提升传统产业的高效路径。

3.创新体制机制改革将进一步深化

一是制约创新型经济发展的壁垒不断破除。2018 年，青岛市将继续开放竞争性领域的市场准入，进一步理顺对服务业的管制，对涌现的新业态新模式创新管理模式，整合行政审批职能，加快简政放权步伐，降低制度成本，充分释放改革红利。继续推进政务公共数据资源开放应用，鼓励社会主体对政务数据资源进行增值业务开发。创新社会公共服务提供机制，鼓励政府以采购、承包、委托等方式向市场和社会组织购买公共服务，加大创新产品和服务的政府采购力度。针对跨界融合的新产品、新服务、新业态，探索建立部门协同动态监管体系。

二是市场对创新的驱动作用更加明显。2018 年，青岛市将进一步强化创新治理理念，尊重市场规律和创新规律，发挥市场配置资源的决定性作用，建立政府、市场、社会多元共治的创新治理模式，提升科技创新治理水平。进一步完善市场对技术研发方向、路线选择和各类创新资源配置的导向机制。引入市场化运作机制，探索产学研用合作新模式，由产学研各方组合成独立市场主体，围绕现实需求开展联合创新，并以经济效益来配置资源投入。开展以市场为导向的产业组织创新，探索建设创业咖啡、科技服务集成平台等新型产业组织，探索建立众筹、众包等虚拟产业组织的市场链接机制。

三是科技成果转化更加顺畅。2018年，青岛市将继续强化科技成果转移转化机制和服务能力建设，畅通科技成果转移转化链，促进创新效益提升，加快科技成果转化应用。构建科技成果深度信息发布和交流平台，强化科技成果信息的有效供给和共享，发挥各类科技成果转化服务机构的作用，为科技成果在青转化和本地成果"走出去"提供服务。完善科技成果转化的激励机制，强化研究开发、科技成果转移转化、产业化等环节创新政策的衔接配套。继续优化科研院所分类管理和服务，逐步建立现代院所治理体系。加强联动沟通，充分发挥中央在青科研院所的作用。

4. 创新创业环境将进一步优化

一是知识产权保护和管理进一步加强。2018年，青岛市将继续推进知识产权公共服务能力建设和知识产权管理改革，构建知识产权运营生态体系，提升知识产权创造、运用、保护和服务能力，推动知识产权强市建设。加强知识产权咨询及运营服务，推动专利技术的储备和流转，强化专利综合运用，促进知识产权价值最大化。推动各类知识产权服务机构成立服务联盟，加强与创新主体的对接交流。探索专利、商标、版权保护"三合一"体制，形成知识产权统一管理、集中管辖的管理体系。发展以知识产权保护为核心的司法鉴定、公证、律师等专业服务机构和团队，切实保护创新企业商业秘密、专利技术等领域的合法权益。

二是科技金融融合更加深入。2018年，青岛市将继续完善科技金融公共服务体系，以资金链服务创新链，创新科技与金融结合体制机制，构建与完善多层次、多渠道、多元化科技金融支撑体系，营造科技、金融、产业一体化的生态环境，形成科技与金融创新协同效应，支持全市产业升级和经济转型。发挥科技金融服务平台功能，完善科技创新信用体系建设，畅通科技金融服务链，促进金融机构与科技创新企业有效对接。加强财政科技专项分类管理，依托财政科技投入联动与统筹管理机制，加强各部门的创新投入与协同，优化整合科技创新财政投入体系。吸引和集聚国内外有实力的风险投资机构，通过早期风险补偿、投资奖励等措施鼓励面向科技创新企业进行风险投资。

三是创新创业氛围更加浓郁。2018 年，青岛市将继续着力完善创业政策，提升创业孵化服务能级，更好地激发各类人才创新创业创造活力，为创新创业竞相生长营造良好环境。优化人才激励、评价和流动机制，建立和完善各类创新人才发现、成长和集聚支撑体系。打造敢于创新、乐于创业的企业家精神，营造敢为人先、包容多元、尊重创造、宽容失败的公众意识。完善创新创业文化服务网络，打造一批创新创业文化品牌设施。积极营造创客发展环境，支持创客群体发展。

（作者单位：青岛市社会科学院）

2017～2018年青岛市港口物流业发展形势分析与预测

李勇军

党的十九大报告明确提出，要以“一带一路”建设为重点，坚持“引进来”和“走出去”并重，遵循共商共建共享原则，加强创新能力开放合作，形成陆海内外联动、东西双向互济的开放格局。

2017年以来，青岛市经济运行总体呈现平稳发展态势，结构不断优化，新旧动能转换有序推进，新经济蓬勃发展，质量效益明显提高，稳中向好态势持续发展。在此背景下，青岛港加快转型升级、创新发展，在持续强化装卸主业基础上，大力发展现代综合物流，创新推进金融、国际化、互联网“三大战略”，实现了港口物流业的持续健康发展。

一、2017年青岛市港口物流业发展形势

（一）货物、集装箱吞吐量增速居全国第三位

数据显示，2017年1～9月份全国规模以上港口累计完成货物吞吐量947311万吨，累计同比增长7.7%，增速较上年同期增加了5.5个百分点。与2016年全年3.5%的增速相比，2017年前三季度，我国港口整体保持较高水平的增长状态。根据过往3年港口月度吞吐量的变化规律及目前航运市场的回暖升温现象，预计第四季度我国港口货物吞吐量将持续增加。其中，沿海港口完成65398万吨，增长7.3%。得益于经济增速、外向型优势，长三角、珠三角的主要综合性港口吞吐量整体高于环渤海主要综合性港口。青岛港完成货物吞吐量38190万吨，居全国第6位，同比增长1.5%，增速居全国沿海港口第9位（表1）。

表1　2017年前三季度我国港口货物吞吐量排序

排名		港口名称	吞吐量(万吨)		累计同比增长(%)	
2017年1～9月	2016年1～9月		2017年1～9月	2016年1～9月	2017年1～9月	2016年1～9月
1	1	宁波舟山港	77060	69386	11.1	1.2
2	2	上海港	56183	52406	7.2	－3.1
3	3	苏州港(内河)	46150	42308	9.1	5.8
4	6	唐山港	42929	37995	13.0	3.7
5	5	广州港	41570	38261	8.6	3.1
6	7	青岛港	38190	37620	1.5	2.8
7	4	天津港	37799	41290	－8.5	3.3
8	8	大连港	34888	33575	3.9	0.1
9	9	营口港	28375	27722	2.3	2.3
10	10	日照港	27190	26413	2.9	4.5
11	12	湛江港	21792	19200	13.5	16.9
12	11	烟台港	21291	20082	6.0	6.5

1～9月份，全国规模以上港口完成外贸货物吞吐量301715万吨，同比增长6.9%，增速较上年同期加快1.9个百分点。外贸货物吞吐量持续增长，主要得益于以下几个方面的因素：第一，世界经济温和增长，国际市场需求持续复苏；第二，政策效应进一步显现，支持外贸发展的政策体系形成；第三，企业结构调整和动力转换加快，着力培育以技术、品牌、质量、服务、标准为核心的外贸竞争新优势；第四，国内经济稳中向好带动大宗商品进口量价齐升。同时在“一带一路”国家倡议下，长江及沿海水运网络不断加密，内河与沿海水路运输的经济优势逐渐显现，内贸货物吞吐量得到有效激发。其中，沿海港口完成269402万吨，增长6.4%。青岛港完成外贸吞吐量27578吨，同比增长8.7%。

受全球经济向好、国际贸易回暖等因素的影响，前三季度我国港口集装箱吞吐量保持较高增速，呈现持续大幅增长态势。1～9月份，全国规模以上港口完成集装箱吞吐量17688.99万标准箱，同比增长9.1%，增速较上年同期增加了5.6个百分点。其中，沿海港口完成15686.55万标准箱，增长8.2%。2017年前三季度，各个港口集装箱吞吐量排名变化不大，但各个地区的港口增速呈明显分化现象。因长三角和珠三角的经济外向型强于环渤海地区，1～9月北方港口集装箱吞吐量增速远低于南方港口，国内集装箱港口吞吐量呈现出“南强北弱”格局。另外受新航运联盟运行、航线大幅调整的影响，挂靠港进一步集中，部分港口如青岛港受影响较大，增速远低于上海港和广州港。长三角地区的港口吞吐量强势增长，上海港和宁波-舟山港在前三季度分别完成2989万标准箱、1875万标准箱，增速分别达到8.26%、14.20%；珠三角地区广州港和深圳港的竞争日趋激烈，深圳港和广州港分别完成集装箱吞吐量1895万标准箱、1483万标准箱，同比增速为5.6%、11.3%；但是环渤海地区港口集装箱吞吐量增幅微弱，增速较上年同期均有所下跌，青岛港、天津港、大连港的集装箱吞吐量分别为1374万标准箱、1146万标准箱、762万标准箱，增速分别为1.8%、4.6%、0.1%，较上年同期分别下降了2.2%、1.4%、1.4%（表2）。

表2　2017年前三季度我国规模以上主要港口集装箱吞吐量排序

排名		港口名称	吞吐量（万标准箱）		累计同比增长（%）	
2017年1～9月	2016年1～9月		2017年1～9月	2016年1～9月	2017年1～9月	2016年1～9月
1	1	上海港	2988.96	2760.99	8.3	0.8
2	2	深圳港	1895.29	1794.02	5.6	−1.1
3	3	宁波-舟山港	1874.83	1641.64	14.2	3.8
4	5	广州港	1483.27	1332.13	11.3	6.3
5	4	青岛港	1373.38	1348.67	1.8	4.0
6	6	天津港	1145.53	1095.35	4.6	6.0
7	7	大连港	761.75	760.65	0.1	1.5
8	8	厦门港	761.31	703.12	8.3	3.6
9	9	营口港	464.29	457.55	1.5	1.4
10	10	苏州港（内河）	441.36	396.35	11.4	5.6
11	11	连云港港	355.55	356.89	−0.4	−3.9
12	12	佛山港	290.76	233.96	24.3	2.1

（二）青岛港海铁联运量居全国首位

随着港口间的竞争日趋激烈，单纯依靠码头装卸货物来实现增量发展的传统模式越来越举步维艰。从国内外港口发展的成功经验看，现代物流对港口发展的推动作用在日益加强。在全程物流当中，港口发挥的枢纽和核心作用越来越明显，现代物流已经成为港口的新增长动力。

青岛港加速布局现代港口物流体系，以海铁联运发展为重点，通过纵向一体化发展，大力拓展“门到门”全程物流服务，港口装卸优势逐渐向港口物流产业链延伸。如今，港口主业正在由传统的“汗水经济”（码头装卸生产）逐渐向“智慧经济”（现代物流服务提供商）转型，并由此构建起健康可持续的赢利模式。

2016 年 12 月 23 日，胶州正式开通运行国内首条海铁联运跨境集装箱班列。这一班列从韩国仁川港始发，海运至青岛港，经中铁联集青岛中心站发运，班列由广西凭祥出境，抵达越南的同登、河内。运行初期为每周一列，年货运量可达 2000～3000 TEU。相比海运节省 50％的时间，比陆路运输可节省 1～2 天时间、降低 20％的运输成本。

2017 年 5 月，“青岛·西安关、检、港推动‘一带一路’物流供应链一体化备忘录”在青岛签署。青岛海关与西安海关、山东出入境检验检疫局与陕西出入境检验检疫局、青岛港与西安国际港务区分别签署合作备忘录，标志着丝绸之路经济带区域在通关、检验检疫一体化的基础上，启动物流供应链一体化。青岛港、西安国际港务区缔结友好港，联手出台政策，引导加密开行“西安—青岛”间货运班列，实现两港之间信息互通，打通青岛西安海铁联运大通道。青岛、西安两地海关、检验检疫等部门全力保障，打造两港之间“一单到底”全程全网联动的一站式通关监管模式，构建丝绸之路经济带和 21 世纪海上丝绸之路无缝对接的区域物流与供应链一体化服务体系。2017 年 8 月，满载 188 吨美国肉制品的首趟美国长滩港—青岛—西安肉类冷链专列抵达西安港。这批肉制品是通过海铁联运的方式，在美国加州长滩港装船，经青岛港中转后直接通过长安号运抵西安港的。这一“海铁联运＋冷链运输＋肉类口岸”的运输模式，是青岛港与西安港在缔结为友好港之后，两地海关、检疫、港口合作探索出的冷藏箱海铁联运新模式，创新了国内冷链物流运输模式，有效缩短了货物在途运输和通关时间，比传统方式节省 20％的运费。

2017 年，青岛港海铁联运线路新增黄岛至滕州、枣庄西两条班列线，完善了鲁南地区的布局。管外新开临汾班列。青岛港海铁联运集装箱班列线已有 32 条，其中省内班列 20 条，省外班列 8 条，过境班列 4 条，覆盖山东，辐射沿黄，直达中亚，基本形成了“横贯东西”的海铁联运物流大通道。

2015 年，青岛港完成海铁联运箱量 30 万标准箱，同比增长 36％，跃居全国港口首位，2016 年增至 48.3 万标准箱，同比增长 60％，继续居全国沿海港口首位。2017 年以来，青岛港海铁联运业务持续发力，前 5 个月共完成运量 26.3 万标准箱，同比增长 31％。预计全年海铁联运箱量将达到 60 万标准箱以上。以海铁联运为主要支撑的现代物流业务对青岛港利润贡献率超过 20％，成为港口逆势增长的稳健支撑和新旧动能转换的新引擎。

(三)加快董家口港区配套设施建设

为满足进口原油增长,为客户打造低成本、高效率物流通道需求,加快推进了董家口港区配套油品储罐建设。目前,286万方油罐已建成投产,港区原油年作业能力达到了2500万吨。董家口港区—潍坊—鲁中、鲁北输油管道一期工程投产通油,二期、三期工程在加快推进中,预计全部工程完工后可为广大客户节省物流成本30亿元,青岛港油罐贮备将基本覆盖山东省的地方石化企业,从而与山东省地方石化企业集群和青岛港董家口港区的30万吨原油码头实现联动发展,进一步释放董家口港区原油板块能力,推动山东省石化产业发展。青岛港是中国沿海最大的油品运输、中转、储存基地,接卸原油量居全国首位。

董家口港区疏港铁路工程在加快建设中,2018年将与青连铁路连调,构建功能完善、便捷高效的港口集疏运体系。一个升级版的新"青岛港"正在加速形成。

(四)全自动化码头投入商业运营

2017年5月,青岛港全自动化集装箱码头正式投入商业运营,标志着当今世界最先进、亚洲首个真正意义的全自动化集装箱码头具备了自动化全规模作业的能力,真正实现了全自动化码头从概念设计到商业运营,开创了全自动化集装箱作业的新时代。

全自动化集装箱码头位于前湾港区四期第5～10泊位,岸线长2088米,纵深784米,前沿水深20米,年通过能力520万标准箱,可停靠世界最大的20000 TEU以上的集装箱船舶,首期2个泊位已经投入运营。从2013年10月码头正式立项,到2017年5月投入商业运营,仅用3年多时间完成了国外同类码头需要8～10年的研发建设任务,建设成本仅为国外同类码头的75%左右,开创了低成本、短周期、高起点、全智能、高效率、更安全、零排放的"青岛模式"。全智能化码头采用物联网感知、通信导航、模糊控制、信息网络、大数据云计算和安全防范等技术,融合"五大系统"(码头操作系统TOS、设备控制系统ECS、闸口控制系统GOS、电子数据交换系统EDI和网站预约查询系统),自主构建起全球领先的智能生产控制系统全自动化码头的机械、车辆全部自动运转,智能化机械自动对集装箱进行装卸、堆存。后方生产控制中心的9名远程操控员可承担传统码头60人的工作量,减少操作人员约85%,提升作业效率约30%,码头设计作业效率可达每小时40自然箱,是当今世界自动化程度最高、装卸效率最快的集装箱码头。

青岛港全自动化码头的运营,坚持自主设计、自主研发、自主集成,构建了可推广复制、具有行业示范意义的"青岛模式"，在自动化、智能化方面引领第五代乃至第六代港口的发展方向。其中，依托青岛港集装箱作业、管理的先进经验，青岛港自主设计生产业务流程、规划码头总平面布局、建立指标体系和技术规格参数，低成本、短周期形成实施自动化码头系统总集成，构建了全球领先的自动化码头智能生产控制系统。

（五）提供"一站式"全程物流服务

青岛港积极布局全程物流，依托主业优势，统筹社会物流资源，构建物流链，全程配置码头装卸、运输、船代、货代、仓储等新服务，为客户提供"一站式"全程物流解决方案。

现代物流的发展反哺和促进着码头装卸这一主业。青岛港已构建"一带一路"海向、陆向大通道，为河南、山西、陕西、新疆等内陆地区提供"门到门"一站式全程物流服务，有效提高了物流效率。船舶代理、全程货代、场站业务、保税业务、期货交割业务、集装箱海运业务等也在蓬勃发展。

青岛港大力实施互联网战略，瞄准信息化、智慧化港口发展方向，打造以港口操作智能化、物流服务电商化、企业管理平台化为主要特征的智慧港口。

（六）建设青岛港物流电商营销服务平台

干散货公路疏运平台大幅节省了市提车在港时间，提高了效率；网上支付平台与30家银行实现网上代收付，加快形成了便捷高效、引领发展的"物流电商生态圈"。提升管理，完成全面预算管理平台与财务金蝶EAS系统对接，实现预算财务数据的自动提取；OA办公系统平台持续推进管理流程由"线下"向"线上"转变，网上审批功能得以进一步完善，管理水平得到持续提升。

（七）打造国际化码头运营商。

积极融入、服务国家"一带一路"倡议，与21个国外港口结成友好港，成功向缅甸皎漂港输出管理，在意大利瓦多利古雷港码头实现首次资本输出，与巴基斯坦瓜达尔港、阿联酋阿布扎比港等合作项目也在顺利推进之中。围绕码头运营、港口物流、港口金融等方面深化合作，与迪拜环球、马士基、国家开发银行、中非基金等签署了战略合作框架协议，实现联手发展。

二、2018年青岛市港口物流业发展趋势预测

(一)复制推广自由贸易试验区政策

近4年来,我国自贸试验区建设取得了显著成效,总体方案设计的366项国家有关部门任务,实施率超过90%。自由贸易试验区在口岸和港航领域有政策支持,但很多政策如启运港退税等在实际操作过程中的问题有待解决,这也阻碍了政策的进一步推广实施。已批复为自由贸易试验区的港口城市,正在抓住政策出台到全面推行的这一段"真空期",全力加强与口岸单位、港口上下游业务需求方的共同协调,抢占先机,争取尽早实现相关政策实操层面的突破,通过拓展港口功能和业务创新,提升港口服务水平和质量,提升港口市场竞争力,巩固与上下游企业的市场合作。同时,各地港口依据自身情况谋划发展汽车物流、冷链物流等专项物流业务,推动港口业务由单一装卸向专业化、精细化和全程化转变提升。

(二)港口服务功能将进一步拓展

青岛以及全国其他港口都在发挥自身在资金、土地、港口平台等方面优势,采取"前港后区"经营模式,与第三方共同开发临港产业项目。

随着港口在贸易中的地位增强,企业也在纷纷加快其港口物流功能的拓展。围绕集装箱开展的中转配送、流通加工、包装验货等物流增值服务发展势头良好,以集装箱为主要货种的港口大多成立了物流公司或集装箱公司专门开展集装箱物流业务。

冷链物流方面,大型港口企业旗下冷链物流公司已成为区域冷链物流经营主体,开展冷藏箱装卸、拆拼、配送、修理等服务。

(三)港口智能化水平不断提升

1. 港口信息化水平不断提高

各港口企业基本建成内部信息管理平台,对多货种或单独货种的生产运营业务系统基本实现统一管理。部分港口企业在第三方港航信息服务、电子商务服务中,将增添港口物流信息增值服务。

2. 港口装备智能化水平进一步提升

远程控制技术应用在部分项目得到运营,如采用RTG远程控制项目,司机在远控室内可同时操作多台RTG,进行集装箱远程装卸作业;由人机一对一配置提升到一对四配置,节约了人力资源成本。

3. 智慧型港口建设不断推进

港口企业普遍采用物联网技术增强货物风险控制能力，提高数据准确性和实时性，优化再造码头业务流程，提升码头操作效率。将在生产运营协同、综合物流服务、运营管控决策等领域，研究大数据、大管理、大服务在智慧港口建设的应用，运用“互联网＋”思维和物联网、云计算、移动互联网等新一代信息技术。

(四)海铁联运发展呈现良好势头

2017年4月，国家发展改革委、交通运输部、中国铁路总公司印发了《“十三五”铁路集装箱多式联运发展规划》。根据该规划，我国将统筹港口与铁路规划对接，加快推进疏港铁路建设及扩能，实现铁路与港口高效衔接，推进港站一体化，提高铁路集疏运比重，形成干支布局合理、衔接有效的铁水联运体系。青岛港有两个工程列入重点疏港铁路项目中，前湾(南)港区将规划建设黄岛站—南港区的港区铁路，董家口港区将建设董家口铁路支线。

为了进一步打通海铁联运物流通道，青岛港将继续与郑州、西安、乌鲁木齐等内陆枢纽城市政府及当地物流企业联手建设海铁联运中转基地，通过海铁联运通道建设，进一步开拓和巩固青岛港口的腹地和服务空间，为腹地客户架起与世界各地无缝衔接、高效运转的海铁联运“黄金通道”。

三、促进青岛市港口物流业发展的对策建议

(一)探索建设自由贸易港

党的十九大报告提出，“赋予自由贸易试验区更大改革自主权，探索建设自由贸易港”。与自由贸易区相比，自由贸易港将拥有更大的自主改革权，可进一步完善城市、地区功能，带动周边地区的经济发展。

探索建设自由贸易港，有利于在国际分工中居于更加优势的位置，助推青岛企业在价值链位置的突破与上移，加快转型升级，获取更多的国际贸易增量。通过自由贸易港的建设，可以积极探索与国际通行做法相符的管理制度，以港区为载体，进一步加强与各国各地区特别是“一带一路”沿线国家和地区的对接，在促进贸易和投资便利化的同时，构建更具活力的内外经济联动体系。

目前，多地正在酝酿建设自由贸易港，在部分地区先行先试的基础上，未来自由贸易港有望进一步扩围。青岛市应加大对自由贸易港的研究，借鉴国外自由贸易港成功经验，从实际出发设计切实可行的实施方案，争取自由贸易港落地青岛。

(二)发挥政府引导、监管作用

正确处理政府部门与市场的关系,充分发挥市场在港口物流资源配置中的决定性作用,积极发挥政府在港口物流发展中的引导、监管作用,推动资源配置依据市场规则、市场价格、市场竞争实现效益最大化和效率最优化,政府侧重于建立市场规则,提供市场公共服务,做到不缺位、不越位。政府应向各类港口物流企业提供无差别的公共基本服务和监管准则,包括规划布局、公司设立、行政审批、投资咨询、资质认证、财税业务、安全生产、环保绿化等行政服务。为配套产业的发展提供良好的政策和市场环境,根据港口优势和特点大力发展临港产业。政府部门应加大行政审批改革力度、监管力度和人员投入,建立港航、海事管理权力清单制度,推进综合执法,提高行政办事效率,节约企业成本。转变港航管理理念和服务方式,由侧重事前准入管理转变为侧重事中、事后管理,加强对市场主体的事中、事后监管。

(三)营造公平有序的市场环境

依法建立和维护市场环境,营造能够让各类企业进行充分竞争的港口物流市场空间,统一市场规范,公平对待各类企业,鼓励有序、充分的竞争。降低部分港口物流资源和服务领域的进入门槛,打破各项隐形壁垒,破除区域垄断,预防寡头垄断。建立保持企业竞争活力、维护市场竞争秩序的法规条例,保障公平竞争,加大对违法违规的处罚力度,提高违法违规成本,彻底整治偷逃税费、不符合安全运输,制止扰乱公平的市场经济秩序的投机行为。只有建立公平有序的市场竞争规则,才能避免在港口物流领域出现不正当竞争行为和市场垄断现象,从而使成本最低、效率最高、产出最大的企业能够在竞争中获得优势,推动优势企业不断进行技术革新,促进港口物流的健康有序发展。

(四)加快建设智慧港口

1. 进一步深化对智慧港口的研究

结合青岛港发展的特点和实际需要,进一步加强大数据处理技术、堆场作业调度的智能优化度技术、专家系统和人工智能技术、计算机仿真技术、远程监控与服务技术的研究,加大港口智能物流装备新产品开发与应用,为我国智慧港口发展打下坚实基础。

2. 拓展发展空间

利用智慧港口广域覆盖、跨境联通的网状供应链服务平台优势,对内积极探索实现“核心大港口＋内陆虚拟无水港”模式,把港口的高效率服务功能延伸到深远的内陆腹地,拓展新货源并拉动内陆经济向外向型经济发展；对外利用跨境联通的网状供应链服务平台，积极探索实施与海外知名港口和航运公司的战略合作与战略联盟，在发展中国家开展港口建设运营、管理等投资、服务输出，实现青岛港的“走出去”战略，引领全球港口智慧化发展。

（五）构建多元化功能平台

将电子商务平台深度融入现代港口物流行业，进一步建立多元化的物流信息服务系统。使用现代物联网信息技术，构建具有管理信息化、办公自动化、物流供应链一体化特征的辅助决策体系。

港口物流信息共享平台将港口企业、政府管理部门、航运企业、货代企业、货主等利益相关者连接起来，形成开放的有机整体，提供货物流转、单证交接、货物跟踪、提单发放、船期预告、市场行情、通关、堆场仓储、泊位使用等信息，实现网上订舱、网上报关、电子通关等“一站式”服务，通过互联网和港口物流信息平台、电子物流交易市场，自动完成与港口物流相关的活动以及涉及的其他业务，提升港口物流信息枢纽的功能地位。建立公开共享的港口物流信息资源平台，通过深层次数据挖掘和数据分析，不仅可以提高港口物流相关业务、企业信息传递速度，提升港口物流整体运营效率，而且有利于通过信息共享平台共享相关企业的港口物流资源，构建和健全企业信用网络，从而培育良好的商业信誉网络平台。

物流企业可利用电子订货系统、数据库、电子数据交换等信息技术，为货运交易双方提供中介服务平台，促进港口物流系统更加完善与便利。

（六）组建港口物流联盟

港口物流活动涉及环节多、过程复杂、参与主体多，各参与主体积极通过延伸自身的业务范围来追求利益最大化，参与主体之间存在着复杂的竞合关系，影响着港口物流链的竞争力和集群效应。

在经济全球化、分工专业化日益发展的情况下，一个企业很难依靠自身的力量完成所有的业务环节。因此，港口物流参与主体之间应形成合作共赢的发展理念，沿物流链、产业链上下游与相关企业开展联盟合作，建立稳定的合作关系，大力发展纵向一体化或横向一体化联盟，使港口、航运、铁路、公路、货代等企业间能够开展更加紧密、深层次的合作，共同努力推动港口物流规模化、集约化发展。

（七）发挥第三方物流优势

港口应顺应市场发展需求，港口物流企业应顺应市场发展形势，建立相应的第三方物流企业，充分发挥该主体的优势作用。港口物流服务主要包含货物集散、贸易、运输、信息服务等功能，港城物流企业可通过围绕自身输送的主要货物，组建一批可提供给国内外物流服务的第三方企业。借助这类专业定制服务的第三方物流企业，可在激烈竞争的市场环境下，获得更多发展机遇。

（作者单位：青岛市社会科学院）

2017～2018年青岛建设幸福宜居创新型国际城市分析与预测

王新和

2017年对青岛国际城市建设极具标志意义，突出表现在四方面：一是中国明确2020年要迈进"创新型国家"行列；二是党的十九大明确2035年中国要跻身"创新型国家"前列；三是中国创新整体水平加速提升——由2016年的排名第25位跃升至第22位，进而成为前34位"高收入(HI)"创新型国家中唯一"中高收入(UM)"国家；四是青岛市第十二次党代会报告明确提出青岛建设"宜居幸福创新型国际城市"目标——创新对青岛的重要性提到史无前例的高度。在此背景下，本文借鉴国内外重要研究成果，从城市现代化、宜居性与创新三大视角综合分析研究青岛2016～2017年度国际化水平，并预测2018年度发展态势。

一、2015～2016年度青岛国际化水平回顾

2015～2016年度青岛市国际化水平评估以深圳为对标城市，以城市现代化测评为基础，以城市国际化水平为主体，以城市国际化综合水平为目标的基本研究框架。具体而言，以"现代化水平＋国际化水平＝国际化综合水平"为测评标准。其中，"现代化水平"采用北京市统计局2009年发布的"中国发达城市现代化水平"指标体系；国际化水平采用深圳2014年发布的"国际化城市建设指标体系"以及科尔尼(A. T. Kearney)公司近年发布的"全球城市指数(Global Cities Index)"与"全球城市展望(Global Cities Outlook)"相关数据。经测评，2015～2016年度青岛国际化水平有三方面重要结论：一是现代化水平实质提升，首次超过中国发达城市"门槛"；二是国际化化水平中速(6%)上升；三是创新力不足以强势支撑全球城市竞争，未来排名呈退势。

二、2016～2017年度青岛现代化水平

城市现代化水平是城市国际化水平的重要内容和基础，分析研究青岛创新型国际城市建设状况须持续关注现代化水平。由2016年青岛（深圳）现代化水平比较（图1）可知，青岛除了“社会进步”一项“领域指标”比中国发达城市现代化平均水平低之外，其余三项“领域指标”均高出；从中国发达城市标准值达标水平看，2016年青岛达标79.93%，较上一年度提高3.67个百分点，这表明青岛现代化整体水平持续上升，从而进一步为建设宜居幸福创新型国际城市夯实基础。

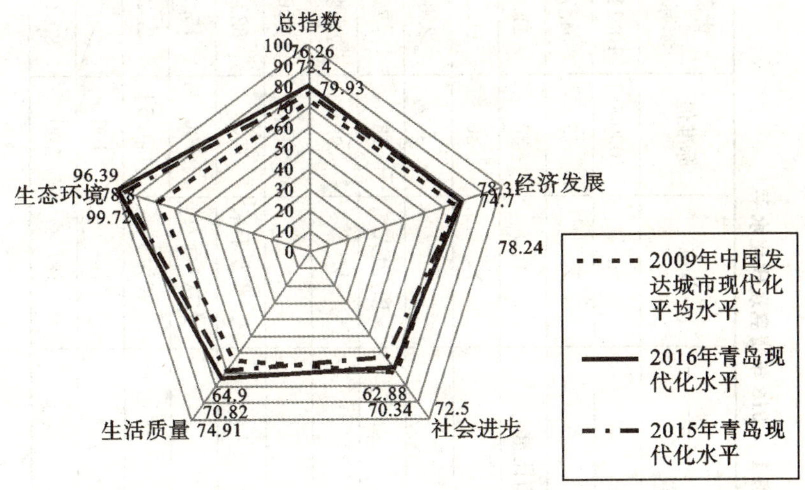

图1　2016年青岛（深圳）现代化水平与2009年中国发达城市平均水平比较

资料来源：根据表1数据编辑

三、2016～2017年度青岛宜居性

过去10年，世界一直充满动荡，内战、恐怖袭击和金融危机给世界各地生活质量带来压力，世界多数城市越来越不适合外国人和商务居住，城市宜居性变得越来越珍贵。从全球城市宜居性排名看，澳大利亚的墨尔本连续第七年位居世界第一，紧随其后的是奥地利的维也纳和加拿大的温哥华。像伦敦、巴黎、纽约和东京等顶级国际城市，因犯罪率、拥堵和公共交通问题而难以进入全球宜居城市的上游。相比之下，本文更有兴趣和责任考察青岛作为国际城市的宜居性。基于科学与实用目的，本文采用国内与国际两研究视角。

表 1　2016 年青岛现代化水平

领域层	要素层	指标层		单位	标准值	青岛实际值	权重	达标率（%）	领域达标（%）
		编号	实际测算代替指标						
经济发展（24）	发展水平	1	人均 GDP	元	100000	10011.3	7	100.00	78.24
	结构水平	2	第三产业增加值占 GDP 比重	%	75	54.73	3	72.97	
		3	高技术产品产值占工业总产值比重	%	30	41.7	4	100.00	
		4	服务贸易占外贸进出口比重	%	30	11..9	3	39.67	
	创新水平	5	研发经费占 GDP 比重	%	5	2.84	4	56.80	
		6	每万人专利申请授权数	项/万人	18	7	3	100.00	
社会进步（27）	人口结构	7	城镇化率	%	95	71.53	4	75.29	70.34
		8	每万人口大学生数	人	400	406	4	100	
		9	中心城区人口密度	人/平方千米	7000	8294	4	100	
	开放程度	10	每百人入境旅游比例	人次/百人	100	15.3	3	15.30	
	公平公正	11	城乡居民收入比	农为 1	[1,1.5]	2.43	4	51.44	
		12	社会安全指数	%	100	/	4	/	
		13	基本社会保险覆盖率	%	100	80.00	4	80.00	

（续表）

领域层	要素层	指标层		单位	标准值	青岛实际值	权重	达标率（%）	领域达标（%）
		编号	实际测算代替指标						
生活质量（27）	收入水平	14	人均可支配收入	元	40000	35680	7	89.20	74.91
	消费水平	15	恩格尔系数	%	20	30.03	4	66.60	
		16	居民文教娱乐支出占家庭支出比重	%	16	8.9	4	55.63	
	公共服务水平	17	每万人互联网用户数	户/万人	4500	>10000	3	100.00	
		18	轨道交通客运量	万人次	150000	5110	3	0.02	
		19	每千人医生数	人	4	3.04	3	76.00	
		20	每十万人拥有文化设施数	个	1.5	0.93	3	62.00	
生态环境（22）	资源节约	21	万元GDP能耗	吨标准煤	0.5	0.31	5	100.00	99.72
		22	万元GDP水耗	m^3	30	9.32	5	100.00	
	环境保护	23	生活垃圾无害化处理率	%	100	100	4	100.00	
		24	城镇生活污水处理率	%	100	98.60	4	98.60	
	环境质量	25	环境质量指数	%	100	100	4	100.00	
2016年青岛市现代化整体（绝对）水平（%）									79.93
2015年青岛市现代化整体（绝对）水平（%）									76.26

资料来源：《2017青岛统计年鉴》及网络公开数据

(一)国内视角

2016年6月14日,中国科学院发布《中国宜居城市研究报告》,青岛被评为中国最适合居住城市之首。该报告是以问卷调查的方式评估分析中国宜居城市指数综合评价结果和分维度评价结果。结果显示,中国城市宜居指数整体不高,平均值与中位数均低于居民基本认可值(60)。居民评价得分最高的依次是"公共服务设施方便""自然环境"与"社会人文环境";"城市安全"得分最低——交通安全制约最明显;环境健康性评价得分次低——雾霾污染评价最低;"交通便捷"评价相对较低——停车便利性和交通运行通畅性是居民不满意的症结所在。整体研判,"城市安全性、环境健康性和交通便捷性"已成为当前制约中国宜居城市建设三大"短板"。

虽然青岛综合评价得分居首,但是分维度评价表现参差。其中,"环境健康"与"自然环境"得分最高;"城市安全"次之;"交通便捷"与"社会人文环境"得分最低,未进入前十位。

表2　中国宜居幸福城市前十名(2016)

排名	中国城市宜居指数	中国城市宜居指标						中国城市幸福感
		环境健康	交通便捷	社会人文环境	自然环境	公共服务设施方便	城市安全	
1	青岛	厦门	厦门	深圳	深圳	上海	深圳	厦门
2	昆明	西宁	苏州	上海	上海	广州	北京	威海
3	三亚	银川	济南	广州	苏州	深圳	成都	宁波
4	大连	青岛	海口	成都	青岛	南京	南京	济南
5	威海	威海	银川	威海	南京	青岛	上海	苏州
6	苏州	长春	威海	济南	成都	北京	贵阳	福州
7	珠海	南京	石家庄	北京	杭州	成都	青岛	青岛
8	厦门	乌鲁木齐	昆明	南京	福州	济南	济南	长沙
9	深圳	昆明	南京	武汉	威海	昆明	厦门	南昌
10	重庆	深圳	长春	苏州	厦门	沈阳	苏州	三亚

资料来源:中国科学院发布的《中国宜居城市研究报告》(2016年6月14日)

(二)国际视角

2015年,"经济学人智库(The Economist Intelligence Unit)"《全球宜居城市排名报告》对全球140座城市宜居性进行评分,中国入选

10座城市(中国大陆8座),青岛位居国内(中国大陆)第8位(最后),居全球第98位。该报告将城市宜居性指标分为五类:稳定、医疗、文化与环境、教育和基础设施。

就青岛自身而言,"稳定"得分最高,"基础设施"次之;"保健"与"教育"得分最低,"文化与环境"得分次低。就青岛与中国大陆其他"八城均值"比较而言,超过"八城均值"只有"稳定"(＋1.9)一项,其他四项得分均低于"八城均值"。其中,差距最大的是"基础设施"(－13.1)和"教育"(－9.4),其次是"保健"(－6.3),最小的是"文化与环境"(－3.8)。换言之,"基础设施"与"教育"是青岛相对于国内其他主要城市的最大"短板"。

表3　经济学人智库对全球140座城市宜居性排名(中国入选城市)

城市	排名	总分	稳定	保健	文化与环境	教育	基础设施
香港	46	88.8	85	87.5	83.1	100	96.4
台北	60	83.9	85	83.3	75.2	100	85.7
北京	69	76.2	80	66.7	69.4	83.3	85.7
天津	70	76	90	66.7	65.3	66.7	85.7
苏州	71	75.5	90	70.8	60.2	66.7	85.7
上海	78	73.2	75	66.7	65	66.7	85.7
深圳	81	72.8	85	62.5	63.7	66.7	85.7
大连	85	70.9	85	62.5	62	66.7	75
广州	90	69.4	75	62.5	64.6	66.7	76.8
青岛	98	67.3	85	58.3	60	58.3	67.9
八城均值		72.7	83.1	64.6	63.8	67.7	81

资料来源:https://media.heraldsun.com.au/files/liveability.pdf.

(三)综合评价

对比国内外"城市宜居性"评价报告发现,中外对"城市宜居性"的指标选择呈现"多有交叉,稍有不同"的特征。"多有交叉"主要体现在双方都选择安全(稳定)、环境健康(保健)、社会人文环境(文化与环境)、公共服务设施(基础设施)等指标上,"稍有不同"主要体现在国内更强调城市交通便利,国外更看重城市教育上。其中,中外评价较一致的指标有城市安全(稳定)、社会人文环境(文化与环境);评价有所出入的指标有环境健康(保健)、公共服务设施方便(基础设施)——国内评价高,国外评价低。由于中国采取"问卷调查"的方式属于抽样试验并带有明显主观性，所以中外对“城市宜居性”评价结果的出入在所难免。尽管如此，两份研究报告对青岛“宜居性”释放出重要信息。

第一，尽管青岛宜居性在国内已上升到首位，但中科院研究组的评价方式因在指标设计和数据采集方面与国际流行标准并非完全一致而存在局限性，所以青岛建设国际城市不能过度看重或依赖此结果。第二，“经济学人智库”对青岛“宜居性”的评价相对于国内指标选择虽有“粗糙”之感，但鉴于其评价历史与评价指标的国际流行标准地位，青岛建设国际城市应更加重视其评价。第三，中国城市宜居性整体不高是国内报告的重要结论，也是青岛作为中国最宜居城市的真实价值前提。第四，青岛宜居性在国际排第 98 位进一步矫正青岛宜居性，进而应作为青岛建设宜居幸福国际城市的重要起点和依据。第五，基础设施、教育与交通便利度应是青岛宜居性的三大“短板”。

四、2016～2017 年度青岛国际化水平

城市国际化水平是国际城市研究考察的主要内容，本文主要利用世界上权威性的国际城市评级报告对青岛进行评估，它们包括“全球化和世界城市研究网络（GaWC）”发布的“世界城市名录 2016”（The World According to GaWC）；“科尔尼理咨询公司（A. T. Kearney）”发布的“全球城市指数 2016（Global Cities Index）”；“经济学人智库”发布的“全球宜居性报告（The Global Livability Report）”，等等。

（一）GaWC 视角看青岛国际化当期水平

GaWC 是运用连锁网络模型（Interlocking Network Model），根据现代新兴生产性服务业（Advanced Producer Services）评估国际城市。GaWC 的指标注重选用反映“现代新兴服务业”和“城市与世界城市网络的联系度”的指标，指标体系更趋向于反映包括财务、广告、银行金融、法律等特定领域的国际水平差距。在“2012 报告”中，GaWC 对全球 311 座国际城市的排名，青岛处于 HS 级，排名第 193 位；在“在 2016 报告”中，GaWC 对全球 361 座国际城市的排名，青岛上升至“γ^{+}”级（提升 3 个档次），排名第 143 位（上升 50 名）。尽管如此，青岛的“同类竞争城市——成都、南京、杭州、武汉、苏州”多有明显进步。其中，成都蹿升第 88 位；南京蹿升第 81 位；杭州蹿升第 71 位；武汉与苏州也首次进入名录，分居第 190 位与第 198 位。由此可见，尽管青岛当期排名（143）高于同类竞争者的均值（152）（表 5），但国内部分同类竞争城市的表现明显优于青岛令其压力倍增。

表4　2016年GaWC世界城市排名(部分中国城市)

排序	中国城市名称	国际排名		城市级别
		2016年	2012年	
1	香港	4	3	α^+
2	北京	6	8	
3	上海	9	6	
4	台北	36	40	α^-
5	广州	40	50	
6	深圳	85	110	β
7	成都	100	188	β^-
8	天津	113	162	
9	南京	139	220	γ^+
10	杭州	140	211	
11	青岛	143	193	
12	大连	160	237	γ
13	重庆	163	222	
14	厦门	171	249	
15	武汉	190		γ^-
16	苏州	198		
17	西安	209	290	
18	沈阳	213		
19	济南	221		HS

资料来源：Classification of cities 2016，http://www. lboro. comgawc-world2016t. html.

表5　2016年GaWC世界城市排名——青岛同类竞争者均值

排序	中国城市名称	国际排名		城市级别
		2016年	2012年	
7	成都	100	188	β^-
9	南京	139	220	γ^+
10	杭州	140	211	
11	青岛	143	193	
15	武汉	190		γ^-
16	苏州	198		
同类竞争者均值		152		γ^-

(二)“全球城市指数”视角看青岛国际化当期水平

“全球城市指数”是测度全球城市当期发展状况的分析工具，其指标体系分为两级：一级指标有5维，二级指标有26项。其中，一级指标包括商业活动(Business activity)、人力资本(Human capital)、信息交换(Information exchange)、文化经验(Cultural experience)与政治参与(Political engagement)，其权重采用专家打分方式，分别是30％、30％、15％、15％、10％。全球城市指数的目的是对世界最大城市的全球覆盖、绩效与发展水平给予深刻理解，并对比多样城市，对其共享力量与核心差异导出特定结论。2016年，“全球城市指数”在全球范围内选择125座有代表性的城市作为研究对象，青岛当期(2016年)排名第110位。(表6)此外，同类竞争者均值(104)(表7)高于青岛，表明青岛未来发展面临创新性竞争压力。

表6　2016年科尔尼全球城市指数排名(中国城市)

国内排名	中国城市	国际排名
1	香港	5
2	北京	9
3	上海	20
4	台北	43
5	广州	71
6	深圳	83
7	南京	86
8	成都	96
9	天津	94
10	武汉	107
11	大连	108
12	青岛	110
13	苏州	109
14	西安	114
15	重庆	113
16	杭州	115
17	哈尔滨	117
18	郑州	121

(续表)

国内排名	中国城市	国际排名
19	沈阳	122
20	东莞	124
21	泉州	125

资料来源:A. T. Kearney Global Cities 2016。

表7　2016年科尔尼全球城市指数排名——青岛同类竞争者均值

国内排名	中国城市	国际排名
7	南京	86
8	成都	96
10	武汉	107
12	青岛	110
13	苏州	109
16	杭州	115
同类竞争者均值		104

(三)综合评价

尽管GaWC与科尔尼的报告指标选择各有侧重,但是青岛国际化当期水平具有以下特征:国内排名在第10～11位之间;国际排名在第126～127位之间(取第110～143位之间的中位数)。除此之外,国内竞争者的"群体性"上升动力明显,青岛面临如何应对的难题。

五、2016～2017年度青岛创新水平

对国际城市而言,创新就是将创意转化为城市创新,并成为重要网络化现象。本文为了全面反映青岛年度创新水平,刻意借鉴国内外重要研究机构的研究报告,对涉及青岛部分予以分析归纳。

(一)由"中国城市双创竞争力报告"视角看青岛创新

艾媒咨询(iiMedia Research)成立于2007年,是全球领先的移动互联网第三方数据挖掘与整合营销机构,是中国第一家专注于移动互联网、智能手机、平板电脑和电子商务等产业研究的权威机构。2016年12月,艾媒咨询发布《2016年中国城市双创竞争力排行榜报告》,从经济、政治、人才、社会环境等角度出发,对中国各大城市创新创业竞争

力进行评估。评估模型由创新创业投入、创新创业氛围、创新创业主体和创新创业人才等维度构成，相关数据由艾媒咨询在政府、行业协会及第三方权威机构公布的数据信息中整理获得。（表 8）

表 8　2016 年中国城市双创竞争力报告排行榜（前 17 位）

排名	城市	双创投入	双创氛围	双创主体	双创人才	双创竞争力
1	北京	8.1	9.8	9.6	9.4	9.4
2	深圳	5.8	8.7	7.7	7.1	7.3
3	上海	8.2	10	7.6	5.9	7.2
4	杭州	3.7	9.2	6.9	5.4	6.1
5	广州	4.2	9	6.1	6.1	6.1
6	成都	2.7	6.7	5.8	5.3	5.3
7	天津	4.4	7.4	3.5	6.8	5.2
8	南京	1.9	8.3	5.2	4.9	4.9
9	武汉	2.7	7.7	3.8	5.2	4.5
10	西安	1	6	3.8	5.6	4.4
11	青岛	2	6.3	2.6	6.4	4.4
12	重庆	2.8	4.4	3.3	4.9	3.9
13	厦门	2.3	7.2	3.5	4.1	3.9
14	大连	2.2	5.7	2.9	4.6	3.8
15	长沙	1.7	6.9	2.5	3.8	3.3

资料来源：艾媒咨询（iiMedia Research）《2016 年中国城市双创竞争力排行榜报告》，http://www.iimedia.cn/47166.html.

由表 8 可知，青岛的“双创综合竞争力”国内排名第 11 位；其中，“双创投入”排名第 12 位；“双创氛围”排名第 12 位；“双创主体”排名第 14 位；“双创人才”排名第 4 位。相对于名单中的同类竞争城市杭州、成都、南京、武汉（缺苏州），青岛只有“双创人才”（6.4）一项高于同类竞争城市的均值（5.4），而其他三项均低于平均水平。（表 9）

表 9　青岛与同类竞争城市平均水平比较

排名	城市	双创投入	双创氛围	双创主体	双创人才	双创竞争力
4	杭州	3.7	9.2	6.9	5.4	6.1
6	成都	2.7	6.7	5.8	5.3	5.3
8	南京	1.9	8.3	5.2	4.9	4.9

（续表）

排名	城市	双创投入	双创氛围	双创主体	双创人才	双创竞争力
9	武汉	2.7	7.7	3.8	5.2	4.5
11	青岛	2	6.3	2.6	6.4	4.4
同类竞争者均值		2.6	7.6	4.9	5.4	5.0

（二）由“全球城市竞争力报告”视角看青岛创新

中国社会科学院（财经院）与联合国人居署共同发布《全球城市竞争力报告 2017～2018：房价，改变城市世界》，该报告从产出的角度运用经济密度指标与经济增量指标，测度全球 1007 个城市的竞争力指数，包括“经济竞争力”与“可持续竞争力”两类指标。从国内城市视角看，进入该报告前 100 位的中国城市有 18 座，青岛排第 15 位；从国际城市视角看，青岛“经济竞争力指数（分值为 0.6462）”排在全球第 85 位，“可持续竞争力指数（分值为 0.4202）”排在全球第 164 位。

表 10　青岛经济竞争力与全球竞争力国内外排名

经济竞争力排名				可持续竞争力排名			
国内排名	城市	分值	全球排名	国内排名	城市	分值	全球排名
1	深圳	0.9337	6	1	北京	0.6708	11
2	香港	0.8873	12	2	香港	0.6581	13
3	上海	0.8367	14	3	上海	0.6110	27
4	广州	0.8346	15	4	深圳	0.5761	35
5	北京	0.8102	20	5	广州	0.5746	36
6	天津	0.7866	23	6	台北	0.5255	57
7	苏州	0.7644	28	7	南京	0.4845	79
8	武汉	0.7310	40	8	天津	0.4735	93
9	南京	0.7261	44	9	杭州	0.4125	101
10	台北	0.7232	47	10	重庆	0.4545	114
11	成都	0.6775	62	11	武汉	0.4535	116
12	无锡	0.6697	68	12	成都	0.4315	148
13	长沙	0.6657	71	13	苏州	0.4227	160
14	杭州	0.6601	74	14	青岛	0.4202	164

（续表）

经济竞争力排名				可持续竞争力排名			
国内排名	城市	分值	全球排名	国内排名	城市	分值	全球排名
15	青岛	0.6462	85	15	长沙	0.4125	173
16	重庆	0.6464	86	16	郑州	0.3824	217
17	佛山	0.6319	91	17	佛山	0.3805	221
18	郑州	0.6151	99	18	无锡	0.3553	268

资料来源：中国社会科学院（财经院）与联合国人居署共同发布《全球城市竞争力报告 2017～2018：房价，改变城市世界》，http://www.nbd.com.cn/articles/2017-10-30/1157325.html.

从国内看，青岛经济竞争力（国内排名第 15 位）与可持续竞争力（国内排名第 14 位）基本相符，反映青岛“国内综合竞争力”基本处于第 14～15 位之间。从国际看，青岛经济竞争力（全球排名第 85 位）与可持续竞争力（全球排名第 164 位）脱节较大，反映青岛“国际综合竞争力”基本处于第 124～125 位之间。

（三）由“全球城市展望”看青岛创新

“全球城市展望”是测度全球城市远期发展趋势的分析工具，其指标体系也分为两级：一级指标体系有 4 维，二级指标有 13 项。其中，一级指标包括个人福祉（Personal well-being）、经济（Economics）、创新（Innovation）与治理（Governance），其权重为均权方式，即各指标权重均为 25%。“全球城市展望”主要关注影响城市未来竞争力的城市政策与实践，目的是通过指标的变化率对城市发展潜力进行前瞻与预测。该指数倾向测量长期成功的特征，如环境绩效、安全与创新能力。“全球城市展望”在全球范围内选择 125 座有代表性的城市作为研究对象，青岛远期（2026 年）排名第 92 位。

表 11　2016 年科尔尼“全球城市展望”排名（中国城市）

国内排名	中国城市	国际排名
1	香港	57
2	北京	42
3	上海	63
4	台北	23
5	广州	78

（续表）

国内排名	中国城市	国际排名
6	深圳	50
7	南京	60
8	成都	75
9	天津	61
10	武汉	68
11	大连	79
12	青岛	92
13	苏州	59
14	西安	85
15	重庆	90
16	杭州	69
17	哈尔滨	81
18	郑州	84
19	沈阳	71
20	东莞	82
21	泉州	77

表12　2016年科尔尼全球城市展望排名——青岛同类竞争者均值

13	苏州	59
7	南京	60
10	武汉	68
16	杭州	69
8	成都	75
12	青岛	92
同类竞争者均值		71

（四）综合评价

由上可知，青岛创新水平大体处于国内的第11～15位之间，与国际城市世界排名（国内第12位）基本吻合。换言之，青岛当前的创新水平基本上反映了青岛作为国际城市在国内和世界上排序。

六、2018年度青岛国际化水平预测与建议

(一)2018年度青岛国际化水平的预测

从最近4年对青岛国际化水平的持续研究研判，2017～2018年度青岛建设幸福宜居创新型国际城市在以下四方面取得进展：第一，幸福宜居性进一步向国际看齐，改善基础设施与教育品质将是发展重点。第二，现代化水平应企稳回升——本年度全球经济持续放缓已对青岛对外贸易产生负面影响，因此"经济发展"必须迎难而上，"社会进步""短板"必须得到决策者重视，将有所上升，希望能达到甚至超过"2009年中国发达城市平均水平"。第三，国际化水平应该有1～2位的上升空间，这主要取决于青岛创新驱动成效大小。第四，青岛在双创方面将有较大提升，从而有助于国际化水平整体提升。

(二)青岛建设"幸福宜居创新型国际城市"的建议

结合大数据趋势给国际城市发展带来的挑战与机遇，青岛应充分认识到"创新"对城市建设的重要性，积极从两方面做好准备。

1. 实施国际城市建设与"大数据趋势"战略对接

所谓大数据趋势包括物联网(Internet of Things)、智慧城市(Smart City)、扩增实境(Augmented Reality)与虚拟实境(Virtual Reality)、区块链(Block Chain)、语音辨识、人工智能(AI)、数位汇流(Digital Convergence)。这七项技术应用与推广很可能对国际城市未来发展方式与方向带来革命性影响，作为代表国家参与国际竞合的国际城市，青岛有责任也有能力聚合众智，将国际城市建设进程即时与大数据趋势战略对接，从而从根本上改变青岛在同类竞争者中创新力不足的窘境。

2. 重点打造满足创新型国际城市发展需求的平台

(1)推进城市"官产学研"网络合作平台。基于城市生态系统理念，积极推进"官产学研"网络合作平台。具体描述为，政府(官)制定政策机制吸引著名高校(学)以及与学校有联系的高素质企业(产)入市，伴随城市商业活动、信息交换、人力资本，积极引进和培养造就创新创业人才(研)，并与本市大公司甚至跨国公司(产)保持密切联系，是后者(产)从初创企业(研)寻求创新解决方案，并通过参与孵化器等方式促进其成长，进而为企业家(产)提供机会。

(2)积极在大数据趋势范围内推出本市的行业领袖。从国际城市创新经验看，把握住发展趋势的行业领袖对城市发展带来强大推力。

在此意义上，先进人才将主导商业开发，而高校恰是此类人才的最佳生产场所。例如，波士顿的生物技术研究，蒙特利尔的机器人及其衍生的创业生态系统与人工智能，莫斯科的大数据、云技术等IT工程师等等。鉴于此，青岛应积极在符合大数据发展趋势的范围内谋求推出本市的行业领袖，以期引领城市创新发展。

(3)积极打造文化吸引型区域双创中心。青岛可以结合城市海洋特色打造具有滨海特色的文化中心，以此吸引年轻人才来此创业，从而形成创新创业区域中心。对此，政府应提供适当资助以吸引创新型人才与跨国企业的注意与兴趣。

（作者单位：青岛市社会科学院）

2017～2018年青岛市资本市场发展形势分析与预测

周建宁

2017年，中国资本市场在强化监管与规范发展的轨道上继续平稳健康发展。2017年7月召开的全国金融会议，强调以强化金融监管、防范系统性风险为底线，完善金融机构法人治理结构，这标志着中国资本市场的"功能监管"与"行为监管"相结合的模式已具雏形。而以首次发行与上市工作（IPO）为核心为主线，国内的资本市场步入了健康规范发展的快车道，多年以来制约新股发行与上市的"堰塞湖"已经疏通。在此格局下，青岛市的资本市场以稳定规范发展为主基调，已逐步步入规范健康持续发展的快车道。2018年，青岛市将认真贯彻落实党的十九大报告提出的"增强金融服务实体经济能力，提高直接融资比重，促进多层次资本市场速度发展"的精神，促进多层次资本市场健康发展。

一、2017年青岛市资本市场发展状况分析

（一）2017年青岛辖区公司发行上市步入快车道

2017年对于青岛市公司的发行上市工作而言可谓是丰收之年。随着IPO工作步入正轨，经过多年的艰辛培育与发掘工作，青岛市公司的发行与上市工作终于呈现厚积薄发之势，继2016年后，再度实现了"加速跑"。随着青岛海利尔药业、利群股份、伟隆阀门及英派斯健康科技股份有限公司等4家公司的成功发行上市，截至2017年10月底，青岛市境内外上市公司已达到43家，其中境内上市公司为29家，境外上市公司为14家，累计融资额已超过540亿元，数量跃居山东省第一。

2017年1月12日，海利尔药业集团股份有限公司（股票简称：海利尔，股票代码：603639）首次公开发行A股上市仪式在上海证券交易所举行，首发共募集资金7.4亿元，国内农药行业再添A股成员。成立17年来，海利尔已经成长为国内农药制剂领域龙头企业之一，公司

定位为农药制剂、农药原药及中间体产业链完整的农药企业，目前公司在啶虫脒、吡虫啉等原药产品拥有行业定价权。近两年，该公司聚焦于农药战略大品和肥药融合，成效显著。其中草铵膦系列产品则借势百草枯的市场退出，已在市场形成品牌优势；嘉美特加肥站主打高端液体肥在全国各地纷纷开业；该公司大规模吡唑醚菌酯原药项目即将开车，采用全自动化生产线，借势吡唑市场红利期，有望成为公司2017年新的快速增长点。海利尔公司立足研发特色，借力国家级企业技术中心、院士观摩流动站、农业部重点研发实验室等研发平台，旗下产品先后获得"青岛名牌产品""山东名牌产品""中国农民最喜爱的农药品牌""中国市场公认十佳品牌""植保产品贡献奖"等称号，拥有良好的市场口碑。未来，海利尔将继续坚持以农药制剂为龙头、农药原药为先导的经营战略，继续强化公司中间体、原药和制剂一体化优势，致力于开发自主知识产权的新型化合物，增加前景广阔的农药原药品种，提高赢利水平和抗风险能力。

经过近5年的排队与漫长等待，青岛利群百货集团股份有限公司(601366)终于于2017年4月12日在上海证券交易所鸣锣上市，本次发行17600万股，共计募集资金15.5亿元人民币。利群股份是集百货零售连锁、商业物流配送、品牌代理运作、电子商务等多业态于一体的大型商业集团。募集资金将全部用于连锁百货、门店装修升级、城市物流配送、电子商务平台升级等项目。2011年，公司整合原利群旗下的零售、物流等板块资源，进行资产重组，同时，公司更名为"青岛利群百货集团股份有限公司"，公司在近几年的不断进取中，取得了跨越式的发展，目前，公司共拥有1万平方米以上的商厦40座，大型物流中心3处，品牌代理公司近10家，社区便利店40余家，总经营面积达到100余万平方米。从而基本形成了以利群商厦为旗舰店，地级购物中心为中心店，县级购物中心为中坚，中型超市、便利店为补充的商业零售格局，成为山东半岛地区大型商业集团的龙头。

2017年5月11日，青岛伟隆阀门股份有限公司(002871)实现了在深圳证券交易所的成功上市。本次发行前，伟隆阀门总股本为5100万股，本次共计发行1700万股，发行后总股本达到6800万股。公司本次募集资金2.2亿元，用于大规格及特殊用途阀门生产项目、技术研发中心建设项目。位于青岛即墨市蓝村镇的伟隆阀门，其前身为成立于1995年的青岛伟隆阀门有限公司，于2012年3月整体变更设立股份有限公司，注册资本为5100万元。伟隆阀门主要从事给排水阀门产品的设计、研发、生产和销售，为城镇给排水系统、消防给水系统、空调暖通系统以及污水处理系统等下游应用领域提供产品及解决方案。截至2016年12月31日，伟隆阀门的总资产为4.17亿元，净资产为3.2亿元。伟隆阀门共有5家全资子公司，其中境内3家。公司的实际控制人为范庆伟、范玉隆父子。董事长范庆伟直接持有公司87%的股份，范玉隆直接持有公司5%的股份，为公司第三大股东，二者合计直接持有公司92%的股份，范庆伟还间接持有公司5.82%的股份，父子二人合计直接和间接持有公司97.82%的股权，股权高度集中。继本次发行后，范庆伟父子仍直接和间接控制本公司73.36%的股权。

2017年9月15日，青岛英派斯健康科技股份有限公司(002899)成功登陆深圳的中小板市场，成为青岛市首家体育器材类上市公司。英派斯是一家专注于全品类、多系列健身器材开发、制造、销售及品牌化运营的健身器材品牌厂商。过去3年间，英派斯始终保持良好的发展态势，业绩稳步增长。公司本次共发行3000万股新股，募集资金总额4.82亿元，将用于健身器材生产基地升级建设、研发中心建设、国内营销网络升级、健身器材连锁零售和国外营销网络建设五大项目。

除2017年以来已成功上市的4家公司外，梯次推进、后备资源丰富也成为青岛市资本市场企业发行上市的一大特色，除已上市企业外，青岛市尚有青岛银行、青岛农商银行、中创物流等7家企业先后上报了中国证监会首次发行(IPO)申请材料，尚有12家企业在青岛证监局辅导备案。青岛市的重点拟上市企业超过100家，拟上市资源储备规模超过200家，已经形成厚积薄发之势。

(二)青岛市新三板挂牌企业达到115家，成为青岛青岛资本市场蓬勃发展的重要板块

新三板市场试点扩大至全国以来，青岛市政府全面加大政策扶持力度，开辟绿色服务通道，加大后备资源储备，做好企业培育工作，经过持续努力推进，青岛市企业新三板挂牌工作实现重要突破。

2017年9月6日，青岛北洋天青数联智能股份有限公司正式在全国中小企业股转系统挂牌，为新三板上市公司青岛企业的阵容再添一军。青岛企业扎堆登陆新三板，抢滩高地，成为青岛市资本市场独居的特色，尤其是8月份以来，凯美股份、金石教育、明日教育、英网股份、浩大海洋等企业纷纷登陆新三板。

2017年以来，青岛市的全国中小企业股份转让系统挂牌工作继续呈现稳步规范发展格局，挂牌企业广泛分布在蓝色经济、互联网+、高端制造、工业4.0、生物医药、新能源、新材料、节能环保、教育医疗、文化传媒、航空通信、现代农业等战略性新兴产业领域，成为推动全市经济转型升级和结构优化的重要力量。截至2017年9月底，青岛辖区的新三板挂牌公司已达116家，占全国新三板公司总数的1.03%，其中不乏海容冷链、高校信息、融汇通等新三板的优质成长标的。

青岛高校信息产业股份有限公司(870805.OC)是一家节能管控与财税服务的专业技术方案提供商和软件产品研发制造商,主营业务由节能管控及财税业务两大板块构成,涵盖节能减排、能耗监测、能效监管、财税信息化等领域。其子公司百旺金赋主营业务为增值税专用发票税控系统产品的销售及安装。自成立以来,公司集中优势资源在节能管控领域和财税领域深耕细作。节能管控业务以"高信管控一体化平台"和"高信多协议数据采集网关"为基础产品,以"重点用能单位能耗动态监管""企业能源管理""城市公共能源监管"及"园区能耗管控"为具体业务方向,涵盖了以城市能源管理、企业能源管理为代表的通用能源管理解决方案,以数字化企业、智能建筑、智能水利为代表的行业解决方案,以园区节能、热网远程监控为代表的自动化系统解决方案,并在多个行业和领域得到广泛应用,是其业务的主要发展方向。

青岛融汇通网络服务股份有限公司(870920.OC)的主营业务为商业银行自助渠道全业务流程外包服务(BPO),主要包括网点布局规划(APS)、网点(ESBK)租赁业务以及网点运行管理服务(包括 HMS 和 RCS)。可以提供的主要服务包括网点布局规划、ESBK 投资租赁和网点运行管理。在该领域已经拥有超过 10 年的经验,目前服务的 ATM 银行自助网点超过 600 多台,在行业内积累了良好口碑。

(三)青岛蓝海股权交易中心继续稳步健康发展,各类金融要素市场逐步完善

2014 年 4 月 18 日青岛蓝海股权交易中心有限公司开业后,蓝海股权逐步完善自身功能,提速发展。截至 2017 年 10 月底,青岛蓝海股权挂牌企业达到 737 家,挂牌展示企业 2024 家,蓝海股权交易挂牌企业涉及科学研究及技术服务业、制造业、居民服务业、批发及零售业等多个领域。其中不乏国内先进企业。

蓝海股权交易中心作为区域性股权交易市场,已成为国内资本市场一颗冉冉升起的新星,其发展速度不容小觑。中心主要服务于山东省行政区域内的中小微企业的私募股权市场,是多层次资本市场体系的重要组成部分,已经成为地方政府扶持中小微企业政策措施的综合运用平台。

(四)上市公司积极实施推进收购兼并、产业整合,以实现可持续发展

2017 年以来,青岛辖区的上市公司继续在并购整合、资本运作与产业推进方面加大工作力度,无论是产业整合、收购兼并还是资本运作都有新举措,以产业结构的调整与布局、转型发展,收购兼并来打造公司的核心竞争力。

青岛双星(000599)加大收购力度，有望成为全球领先的轮胎企业。青岛双星旗下产业并购基金拟收购韩国锦湖轮胎株式会社 42.01%股份。锦湖轮胎是韩国第二大轮胎生产企业，全球第十四大轮胎生产企业，企业全球化经营，其轮胎产品销往 180 个国家和地区，2015 年，锦湖轮胎的收入约 168 亿元，为双星的 5.6 倍，而青岛双星目前实力，不仅距离国际一线轮胎企业有较大差距，与国内一线轮胎企业有较大差距，就是与国内领先企业相比，也缺乏优势。而如果成功收购锦湖，青岛双星的竞争实力将会迈上一个新的台阶，不仅取得国内领先地位，在国际市场上也有望取得一席之地。

青岛金王(002094)继续化妆品全产业链布局，深耕渠道整合。青岛金王成立于 1997 年，原主营蜡烛出口制造。2013 年 9 月公司开始通过外延式发展进军化妆品市场，形成了以广州韩亚(品牌运营)、上海月沣(线下直营渠道)、杭州悠可(线上代运营)以及产业链管理公司(线下经销渠道)构成的全产业链布局，化妆品行业渠道价值凸显。从渠道到品牌，青岛金王推动自有品牌建设，形成了由自主品牌“蓝秀”“LC”(广州韩亚旗下)、植萃集(广州栋方研发、上海月沣代理)以及“肌养晶”“美津植秀”(上海月沣代理)构成的品牌矩阵，拥有国内领先产品开发及品牌运营能力，借助公司下属渠道资源推进品牌发展。线上线下渠道同步发展，电商代运营业务借势国际品牌影响力，直营业务背靠屈臣氏等优质连锁资源。2017 年 5 月，公司收购了杭州悠可剩余股权形成 100%布局，而杭州悠可深耕海外中高端化妆品(如雅诗兰黛)运营，多平台布局，赢利能力强，2016 年实现净利润 7405 万元，同比增长 100%；青岛金王通过上海月沣布局连锁专柜渠道，目前在屈臣氏等渠道拥有超过 700 个背柜遍布全国 30 个省市，从品牌总代理直接到终端消费者跳过层层加价，上海月沣毛利率超过 80%。青岛金王设立产业链管理公司，目前已经收购全国 30 家经销商，以嫁接公司品牌资源实现协同效应，发挥规模优势提高对于零售端的议价能力，未来将持续推进经销商资源整合。

海立美达(002537)更名“海联金汇”，实现了“智能制造”与“金融科技”双轮驱动。2017 年 7 月 6 日，公司发布公告，拟将公司更名为“海联金汇科技股份有限公司”。公司 2016 年完成了对联动优势的重大资产重组，2016 年 7 月 31 日正式进入金融科技产业领域，成功转型为“智能制造＋金融科技服务”的双主业经营企业，截至 2016 年末，联动优势的营业收入占到年度营业收入的 30%，营业利润占到年度营业利润的 95%，两个指标均超过了 30%，符合变更公司名称与证券简称的条件。在金融科技服务方面，公司的第三方支付业务超越预期，2016 年，公司的第三方支付业务交易规模超过 9000 亿元，同比增长超过了

125%，公司整合自有支付清结算＋大数据风控能力，搭建中立第三方金融云服务平台，2017年第三方支付交易规模及赢利均有望显著超越市场预期。在大数据服务方面，2016年，联动优势数据业务收入达到4309万元，较2016年增长732%，公司数据业务持续推进创新服务，2017年以来，已经成功与众多金融行业、运营商互联网行业及消费金融行业的各大中型合作伙伴建立业务合作关系，2017年数据业务有望实现快速发展。搭建消费金融云平台，设立小额贷款公司。海联金控的消费金融业务加速推进。2016年公司出资8000万元设立联牛小贷，持股80%；出资1.1亿元设立博辰小额贷款公司，公司整体持股55%，依托支付场景与数据优势，公司的小贷业务有望在2017～2018年实现快速发展，尤其是公司未来将布局互联网小贷业务，有望助力于公司的大数据业务。

特锐德(300001)实现“一体两翼”齐飞，充电运营效率持续推升。公司始终坚持“一体两翼”发展战略，以电力生态为主体，着力打造“充电生态＋多能生态网”，其中丹东、长春及调兵山等全球首例固体电蓄热调峰项目已经建成，能有效地提高东北电网消纳风电核电能力，缓解冬季热、电之间的矛盾。多种组合智慧供热方案有望在2017年冬供暖季实现其社会价值，并为公司带来新的业绩增量。在充电桩业务方面，公司累计投建充电桩17.7万个，上线运营10万余个，投建及运营数量均居行业第一。2017年内运营效率显著提升，日均充电量约达130万千瓦时，累计充电量超过3亿千瓦时。随着充电桩利用小时数的提升，日均充电量超过3亿千瓦时。随着充电桩利用小时数的提升，充电桩的投资回收期有望大幅缩短。公司在充电桩领域布局持续加速，云平台保持行业领先地位，APP注册用户数及月活数、加盟运营商个数，日在线订单数及日充电量稳居行业第一，特锐德不断进行充电桩上下游的延伸与合作，与北汽、长安、金龙、国轩高科、亿纬锂电能等强化新能源汽车生态，着力打造充电网生态合作平台。报告期内，公司在新能源汽车及充电业务实现营业总收入3.56亿元，毛利润0.6亿元，由此，公司在充电桩领域的布局卓有成效，该板块的营收将迎来快速增长。

（五）各类金融业态蓬勃发展，组成了全产业链生态体系

2017年以来，借助于青岛财富管理中心发展的良好契机，青岛市的各类金融业态得到蓬勃发展，已逐步构建成全产业链的生态体系，其中以金家岭金融区的发展最为引人注目。

青岛金家岭金融区以重点金融机构为抓手，完善金融生态体系建设、优化产业链条布局，多个产业链节点实现突破性进展。

在银行方面，青岛农商银行的总部于2017年第一季度正式迁址金

融区，其金融市场业务经监管部门批准成立青岛农商行金融市场中心，是全国农村商业银行中首家成立的分行级金融市场业务专营机构；北京银行则拟在青岛设立青岛分行，选址于杰正财富中心，经过紧张有序的筹备，拟于2017年11月份正式开业。

在证券方面，安邦旗下的世纪证券青岛香港东路营业部已完成落户金家岭，成为世纪证券在青岛设立的首家分支机构；而安信证券青岛分公司落户金融区，为省级管辖权限的分公司。

在保险方面，平安健康互联网股份有限公司在崂山区建成国内第一家真正意义上的互联网医院，将打造成为国家医改示范基地和“互联网＋大健康”财富创新中心；而注册资本20亿元的青岛首家人寿保险法人公司——青岛中建人寿保险公司正在报中国保监会审批中；注册资本12亿元的全国首家专业巨灾保险公司——中援保险即将完成批筹；华宇再保险等重点保险机构也正在快速推进中。

在新兴金融方面，青银金融租赁于2017年2月开业，公司由青岛银行、青岛汉缆、青岛港等投资发起设立，注册资本10亿元，是青岛市首家金融租赁法人金融机构；而晨鸣弄海融资租赁公司注册资本50亿元，上半年到位内资25亿元人民币、外资8000万美元；中信证券投资公司作为国内第一家金融另类投资公司，注册资本30亿元，拟将注册资本增加至140亿元；而青岛交通发展金融控股有限公司已完成落户，首期注册资本3000万元，是崂山区2017年首家落户的金融控股公司；新华锦集团财务公司是2017年青岛市唯一上报银监会审批的企业财务公司，银监会已同意其设立申请；而海信集团设立青岛海信商业保理公司，注册资本2亿元。

金融配套服务方面，金融区首家国家级信用评级中心、国资委下属的全国商业信用中心青岛办事处选址上实中心，填补金家岭区征信业行业空白；青岛市仲裁委下属事业单位青岛国际仲裁中心选址国旅大厦，已完成装修。

二、2018年青岛资本市场发展形势预测

（一）青岛金控即将诞生，青岛资本市场的“巨无霸”呼之欲出

在青岛国际投资有限公司的基础上组建青岛金融控股集团有限公司，注册资本达到75亿元，以整合青岛市的金控平台资源。

青岛国际投资有限公司成立于2013年5月，注册资本15亿元，是青岛市政府投资与支持运营的受托主体，也是政府创新型的国有资本投资运营平台，主要是“私募股权投资、财富管理和金融服务、资本运

作"平台。青岛国际投资有限公司成立后,发起设立了青岛市资产管理有限责任公司(AMC),注册资本10亿元,经营范围为:收购、受托经营金融机构和非金融机构不良资产;债权转股权,对外资产,资产证券化业务;资产及项目评估,破产管理、金融机构托管与清算等。此后,青岛资产管理公司又实施增资扩股,吸引新股东招商证券、青岛地铁等参股,成为全国首家设立的市级资产管理公司。

长期以来,青岛国信、青岛城投、华通集团等政府平台公司涉足资本市场,并分别组建了金融控股平台,成为青岛资本市场的一大特色。其中,成立于2014年底的青岛城投金融控股集团有限公司为青岛城投集团的全资子公司,注册资本25亿元,下辖青岛城乡小额贷款公司、青岛城投担保、融资租赁公司、汇泉财富公司及资产管理公司等,在业态布局方面最为全面,并以定向增发等模式投资入股了一系列上市公司,其中投资恒顺众昇(300208)持股比例达到17.95%、澳柯玛(600336)持股8.96%、江淮汽车(600418)持股比例2.28%、吉祥航空(603885)持股比例1.22%,这一系列投资上市公司的介入,不但加深了涉足资本的广度与深度,也加深了城投金控与这些上市公司的产业融合,形成协同效应。

(二)以中韩合作为契机,打造跨境财富管理试验区

在未来青岛市资本市场建设中,一个重大的课题就是跨境的财富管理。而2018年的青岛市跨境财富管理,将把握好金融创新与金融稳定的关系,分步实施。以近邻的韩国为突破口,打造中韩金融合作示范区,探索形成在全国、在国际上具有复制推广意义的经验做法,按照由"点"及"线"及"面"的路线逐步扩大示范效应,实现跨境财富管理面向亚洲、美洲直至全球的全面推进。

1.以中韩的FTA为契机,打造中韩合作新典范

助力打造韩国离岸人民币中心。推进中韩之间的货币互换、跨境人民币贷款、QDLP(合格境内有限合伙人)、QFLP(合格境外有限合伙人)的开展。围绕国内机构赴韩发行人民币债券、韩国在中国银行间债券市场发行人民币主权债等先行先试,探索跨境双向人民币资金池、跨国公司资金集中运营等政策创新,完善离岸人民币回流机制,扩大离岸人民币境内投资范围,助力韩国打造离岸人民币中心。

2.打造跨境财富配置中心

借助韩国首尔衍生品交易市场在世界的影响力,探索与首尔合作开发衍生品类财富管理产品,实现与韩国基金产品互认,搭建开放式全球财富管理平台。推动海外并购基金等专项投资基金发展,满足跨国企业全球资产配置需求。

3. 着力打造韩国资本的聚集中心

强化对韩招商，加快引进韩国大型金融机构和类金融企业。重点引进韩国资产管理公司、私人银行等专业性财富管理机构，加快引进总部型、功能型、创新型韩国金融企业，目前韩国新韩银行等已经入驻岛城并开展人民币业务，试点探索本地金融机构与韩国金融机构组建中韩合资证券公司、基金管理公司和区域性股权交易中心，将金家岭金融区打造成为未来韩国资本的聚集地。

（三）青岛市企业发行上市工作继续呈现良好发展态势

经过近年来的不懈努力，青岛市已储备了一大批优质的上市资源。除正在排队的青岛农商行、大牧人机械、海容冷链等待审外，尚有百洋医药、德才装饰、卓英社、青岛港等企业有望于2017年内陆续向中国证监会报送首发IPO的材料。2017年3月底，青岛国林环保科技股份有限公司发布预披露并申请登陆创业板。此前，国林环保于2015年7月28日在全国中小企业股份转让系统挂牌公开转让，将继海容冷链以后，有望实现从新三板成功转板上市。而脱胎于红领集团旗下制衣企业的酷特智能，也出现在上述11家的IPO排队企业的名单中。而酷特智能的董事长，即为红领集团创始人张代理。

青岛港布局“A＋H”架构。在拟IPO企业中青岛港的上市进程无疑备受关注。根据最新披露的辅导公告，青岛港业已经于2017年9月28日提交IPO发行上市申报材料，拟登陆上海证券交易所的主板市场。辅导机构表示：青岛港在现阶段需要解决的首要问题，包括招股书撰写、财务核查以及申报材料制作等事项。事实上，该公司2014年6月已在香港上市，本次回归主板，欲实现A股、H股同步上市。据辅导报告，在6月28日，中信证券对青岛港的相关人员进行了6个课时的辅导，并于当日组织了考试。辅导内容包括：国企改革的背景和方向；运用资本市场工具进行国企改革的方式及案例分享；上市公司与控股股东间同业竞争、关联交易及公司独立性规范；财务会计信息披露及内部控制体系规范，等等。

在内地上市后，青岛港将继青岛啤酒(600600)后，形成“A＋H”股架构，实现资本市场的双轮驱动。该公司拟申请首次公开发行A股并上市，发行规模不超过6.71亿股。另据相关财务数据，自2014年6月在港交所主板上市以来，青岛港2015年度和2016年度净资产收益率分别达15.1%和15.8%，均居中国沿海上市港口首位。而今，青岛港的A股上市之旅正顺利推进。青岛港在内地上市后，通过沪港通机制，可实现A股、H股联动。在这一架构下，该公司融资渠道将进一步拓宽，H股的流动性会进一步提高。如果青岛港在A股市场实现顺利融资，其经营能力、资产整合能力无疑都将再上一个台阶。

从拟上市地和辅导情况看，百洋医药打算在上海证券交易所上市，拟于 2017 年 11 月向中国证监会报送材料。

除青岛港、百洋医药外，青岛尚有 5 家企业未公布拟上市地。其中，德盛利主要从事立体车库设备制造，与此前刚刚披露招股书的潍坊企业大洋泊车属同一行业；而环山集团主要从事食品生产销售，乾程科技主要生产电气设备，德才装饰属于建筑装饰业，森麒麟则是橡胶轮胎制造商。

酷特智能、惠城环保、大牧人机械等也计划登陆深交所的创业板。其中，酷特智能主要从事定制服装的生产；惠城环保主要生产石油行业用化学助剂；大牧人机械是专业从事设计、生产、销售规模化与现代化畜禽养殖设备的高新技术企业。大牧人机械集产品研发、工程设计、制造、安装与服务于一体，主要产品包括全自动环境通风设备、环境控制设备、自动送料设备、自动饮水设备、粪污处理设备等。

截至目前，尚有国林环保、海容冷链等新三板企业出现在拟 IPO 排队企业的名单之中，尚有中创物流、征和股份分别上报中国证监会 IPO 申请材料，而尚客优连锁酒店也向香港联交所提交首发上市申请材料，数量为青岛市历年之最，尚有青禾人造草坪、威奥轨道交通等拟 IPO 企业尚处于规范过程中。至此青岛市境内外上市公司已呈现出厚积薄发之势。

（四）在政策利好的推动下，青岛股权投资基金和私募市场呈现良好发展态势

青岛资本市场的繁荣发展，离不开多方力量的推动，尤其是青岛本土创投机构奋发图强，取得了长足的发展，开始在资本市场崭露头角，青岛私募基金的数量迅速增加，规模逐年扩大，而助推企业进军资本市场的力量也在不断增强，截至 2017 年 7 月底，青岛在中国证券投资基金业协会登记备案的私募基金管理人 155 家，备案基金 268 家，管理规模达到 442.44 亿元，而 2015 年 12 月底时，青岛辖区私募基金备案基金数量仅为 80 只，管理规模为 167.95 亿元。

以拥湾资产为例，其作为青岛市最早从事私募股权投资基金管理的一家民营机构，8 年来建立了拥湾、五岳、天行健、秋实等多家旗下基金品牌，涵盖了私募股权投资基金、创投基金、并购基金、债券基金、夹层基金、美元基金等多层次的业务板块，而其投资的英派斯、东软载波等标的都已实现顺利上市，在资本市场收获甚丰。

［作者单位：中信证券（山东）有限责任公司］

青岛产业结构优化升级方向与路径研究

马秀贞

党的十九大报告第五部分首次提出“建设现代化经济体系”，这是中国发展战略目标的基本要求和发展跨越关口的必然要求。现代化经济体系主要由现代化的产业体系，现代化的城乡、区域协调体系，完善的市场经济体制，科技创新支撑体系，开放型的经济体系等构成。如何建设现代化经济体系？党的十九大报告具体部署五个方面：深化供给侧结构性改革、加快建设创新型国家、实施乡村振兴战略、实施区域协调发展战略、加快完善社会主义市场经济体制、推动形成全面开放新格局等，特别强调了“以供给侧结构性改革为主线”。可见，深化供给侧结构性改革在建设现代化经济体系中的首要的、特殊的地位。2016 年，中央对供给侧结构性改革的本质内涵和基本要求诠释为：供给侧结构性改革要解放和发展社会生产力，用改革的办法推进结构调整，减少无效和低端供给，扩大有效和中高端供给，增强供给结构对需求变化的适应性和灵活性，提高全要素生产率。

党的十九大报告进一步强调：“必须坚持质量第一、效益优先，以供给侧结构性改革为主线，推动经济发展质量变革、效率变革、动力变革，提高全要素生产率，着力加快建设实体经济、科技创新、现代金融、人力资源协同发展的产业体系，着力构建市场机制有效、微观主体有活力、宏观调控有度的经济体制，不断增强我国经济创新力和竞争力。”

青岛与全国相比，供给侧结构性问题有自己的特殊性，因此，青岛深化供给侧结构性改革，要贯彻党的十九大报告精神，结合青岛实际推进。“去产能、去库存、去杠杆、降成本、补短板”五大任务是近期工作重点，而根本是要解决中长期的结构问题，增强和培育经济增长的新动能，在实体经济和制造强市、高端产业和现代服务业、经济新动能和新经济增长点等方面进一步突破。本文基于供给侧结构性改革视角，旨在分析青岛供给产业及结构问题，并基于中央的精神和现代经济学学理，试图给出产业结构升级方向及改革路径。

一、青岛供给产业及结构存在突出问题

根据供给侧结构性改革近期“三去一降一补”的五大任务分析，青岛去产能、去库存、去杠杆矛盾不突出。如去产能方面，青岛“十二五”以来的聚焦转调创、发力蓝高新等工作本身是供给侧结构性调整、改革的实践探索，近年来过剩和落后产能化解淘汰步伐加快，目前代表性企业已完成淘汰落后产能目标；去库存方面，认真贯彻落实国家信贷和税收新政，多渠道多方式消化商品房库存，房地产库存总体处于合理区间。五大任务中，主要是降成本和补“短板”问题。而中长期的供给侧结构问题包括供给产业及结构、供给主体及结构、供给要素及结构、实体企业成本、政府公共服务及城市功能等方面。本文在此主要分析供给产业及结构即三次产业结构问题。

（一）青岛产业结构现状与特点

青岛市三次产业结构演变符合工业化进程中的一般规律和经济转型期阶段性特征，产业结构不断优化升级，服务经济为主的产业结构加快形成。

1. 第三产业比重持续上升，第一、二产业比重不断下降

“十二五”期间，三次产业年均增幅分别为 2.8%、9.7%、10.3%，其中第一产业增长相对缓慢，第三产业发展优势明显，年均增速比第二产业高 0.6 个百分点。三次产业增长速度不同导致产业结构发生显著变化，2016 年全市实现生产总值(GDP)10011.29 亿元，按可比价格计算，增长 7.9%。其中，第一产业增加值 371.01 亿元，增长 2.9%；第二产业增加值 4160.67 亿元，增长 6.7%；第三产业增加值 5479.61 亿元，增长 9.2%。2010 年以来，产业结构调整出现了两个关键节点。一是 2011 年第三产业占 GDP 比重首次超过第二产业，高 0.2 个百分点；二是 2013 年第三产业占 GDP 比重首次超过 50%，达到 50.1%。（表 1、表 2）。

表 1　全市生产总值和三次产业增速(单位:%)

年份	全市生产总值	第一产业	第二产业	第三产业
2010	12.9	1.4	12.6	14.4
2011	11.7	5.0	11.6	12.4
2012	10.6	3.2	11.5	10.5
2013	10.0	2.0	10.1	10.6

（续表）

年份	全市生产总值	第一产业	第二产业	第三产业
2014	8.0	3.8	8.5	7.9
2015	8.1	3.2	7.1	9.4
“十二五”平均增长	9.7	2.8	9.7	10.3
2016	7.9	2.9	6.7	9.2

表 2　全市生产总值构成(单位:%)

年份	全市生产总值	第一产业	第二产业	第三产业
2008	100	5.1	50.8	44.1
2009	100	4.7	49.9	25.4
2010	100	4.9	48.7	46.4
2011	100	4.6	47.6	47.8
2012	100	4.4	46.6	49.0
2013	100	4.3	45.6	50.1
2014	100	4.0	44.8	51.2
2015	100	3.9	43.3	52.8
2016	100	3.7	41.6	54.7

初步核算，2017 年上半年全市实现生产总值 5075.08 亿元，按可比价格计算，增长 7.7%。分产业看，第一产业增加值 172.76 亿元，增长 3.3%；第二产业增加值 2131.92 亿元，增长 6.6%；第三产业增加值 2770.4 亿元，增长 9%。三次产业结构为 3.4∶42.0∶54.6。

2. 第三产业成为拉动经济增长的主动力

“十二五”以来，全市长期依靠第二产业带动经济增长的局面被打破，第三产业对经济增长的贡献率超过 54%，对经济增长的贡献率明显提升，成为拉动经济增长的主动力。2015 年全市三次产业对经济增长的贡献率分别为 0.3%、23.7% 和 76.0%，2016 年进一步调整为 1%、18.9% 和 80.1，第三产业提高 4.1 个百分点，第二产业回落 4.8 个百分点，第三产业对经济增长的贡献率明显提高，产业结构进一步优化升级（表 3）。

表 3 2011～2016 年青岛市三次产业对经济增长的贡献率

年份	经济总量（亿元）	第一产业增加值（亿元）	第二产业增加值（亿元）	第三产业增加值（亿元）	第一产业贡献率（%）	第二产业贡献率（%）	第三产业贡献率（%）
2010	5666.2	276.99	2758.62	2630.58	6.0	39.8	54.2
2011	6615.6	306.38	3150.72	3158.5	3.0	41.3	55.7
2012	7302.11	324.41	3402.23	3575.47	2.6	36.6	60.8
2013	8006.6	340.5	3651.39	4014.67	2.3	35.4	62.3
2014	8692.1	349.62	3890.41	4452.07	1.3	34.9	63.8
2015	9300.07	363.98	4042.46	4909.63	0.3	23.7	76.0
2016	10011.29	371.01	4160.67	5479.61	1.0	18.9	80.1

3.现代服务业加快发展，占服务业比重不断提升

"十二五"以来，现代服务业发展加快，2015 年现代服务业增加值 2589.8 亿元，占服务业比重 52.8%，比 2010 年提高了 6.4 个百分点。2016 年以来，服务业与"互联网"深度融合，促进现代服务业快速发展，全年完成增加值 2958.2 亿元，增长 15.2%，占服务业比重提高到 54%。

服务业内部结构不断优化。金融、租赁和商务服务业、科学研究等现代服务业占比加大，住宿和餐饮、居民服务业、交通运输等行业占比回落。2015 年，全市现代服务业完成增加值 2589.9 亿元，同比增长 16.1%，占第三产业比重为 52.8%，比 2010 年高 4.0 个百分点；其中，金融业增长最快，年均增长 16.7%，比服务业高 6.3 个百分点，占第三产业增加值比重为 12.0%，比 2010 年提高 2.7 个百分点。传统行业中交通运输业回落最大，2015 年占第三产业比重为 13.3%，比 2010 年回落 3.0 个百分点。

2017 年上半年，金融业增加值 325.38 亿元，增长 8.3%，占第三产业比重 11.7%；房地产业增加值 268.75 亿元，增长 10.1%；营利性服务业增加值 504.09 亿元，增长 12.1%。1～5 月，规模以上其他营利性服务业营业收入增长 20.1%，其中软件和信息技术、科技推广和应用服务业分别增长 22.1%和 43.9%，成为现代服务业的突出亮点。

4.制造业规模总量大、基础雄厚

青岛先后经历了以"轻纺产业""家电电子""重化工业""蓝高新"为主导的四个阶段，有 4818 家规模以上工业企业梯队，有 10 条工业千亿

元级产业（其中家电、服装、食品、石化、机械装备、电子信息6条过千亿元，其余4条是汽车、轨道交通装备、橡胶、船舶），50个工业集聚区，502家市级以上企业技术中心，形成了涵盖37个工业大类、200多种主要工业产品的综合性工业产业体系。

（1）制造业总量、规模增长较大。2016年，青岛GDP跻身“万亿俱乐部”行列，全年规模以上工业企业完成工业总产值18280亿元，增长7.1%；2016规模以上工业增加值3604亿元，增长7.5%，占GDP比重为36.5%，制造业占工业比重超过97%。2016年，新华社报道组来青解码青岛的制造业，这样评价：青岛制造是中国制造的激情一页，从青岛制造的底气，人们看到了“中国制造”的雄心。

（2）制造业有品牌和品质。2016年青岛GDP在全国同类城市中排第7位，但工业增加值为第三，中国名牌数量、品牌企业数量，却是同类城市第一位。

（3）高端产业促进工业内部结构优化调整。“十二五”以来，装备制造业、战略新兴产业和高技术产业快速发展，成为引领工业增长的新引擎，工业内部结构不断优化升级。2016年，高新技术产业产值增长7.5%，占比为41.7%；装备制造业增加值增长7.7%，占规模以上工业增加值的比重为45.8%。

（4）产业集中度、集聚度持续攀升。从十大产业链看集中度，2016年十大新型工业千亿元级产业规模以上工业企业完成产值13840.2亿元，同比增长6.35%，占全市规模以上工业企业总产值的75.7%，高于上年0.7个百分点。从50个工业产业集聚区看集聚度，2016年第一季度全市工业产业集聚度首次突破60%；2016年前三季度50个工业集聚区规模完成工业产值8289亿元，2016年全年50个工业集聚区规模完成工业产值11480亿元，工业产业集聚度提高到62.8%。

（二）青岛产业结构存在的矛盾和问题

1.第三产业占GDP比重仍然偏低

青岛市经济正面临发展和转型双重压力，外部环境不确定性增加、国内结构性政策调整下行压力大，经济结构仍存在一定矛盾。第三产业占比仍相对较低，同先进城市相比，仍存在较大差距。尽管2016年全市第三产业占GDP比重提升到54.7%，仍远低于发达国家70%的比重；与“北、上、广、深”有很大差距，北京为80.3%、上海为70.5%、广州为68.56%、深圳为60.5%、杭州为61.2%（表4）。

表 4　2016 年青岛与先进城市主要经济指标比较

指标	单位	青岛	杭州	广州	深圳	上海	北京
全市 GDP	亿元	10011.29	11050.49	19610.94	19492.6	27466.15	24899.3
比上年增长	%	7.9	9.5	8.2	9.0	6.8	6.7
第三产业	亿元	5479.61	6768.26	13445.26	11785.88	19362.34	19995.3
第三产业增速	%	9.2	13	11.2	10.4	9.5	7.1
第三产业占比	%	54.7	61.2	68.56	60.5	70.5	80.3

现代服务业与区域性服务中心、国家中心城市的要求差距较大。从国际上看，纽约、伦敦、东京作为美国、英国、日本的服务性中心城市和国家中心城市，服务业高度发达，服务业比重均超过 80%。从国内看，中心城市的服务业总量和比重也高于青岛(52.8%)。2015 年，青岛服务业总量在 15 个副省级城市中排第 7 位，低于广州、深圳、杭州、成都、南京、武汉，远低于北京、上海；服务业比重排第 9 位，低于广州、西安、深圳、杭州、南京、济南、哈尔滨、厦门，远低于北京、上海(表 5)。

表 5　2015 年青岛与先进城市服务业比重对比表

国际城市	服务业比重(%)	国内城市	服务业比重(%)
纽约	80 以上	北京	79.8
伦敦	80 以上	上海	67.8
东京	80 以上	广州	59.9
旧金山	80	深圳	58.8
新加坡	80	杭州	58.2
香港	92.8	南京	57.3
汉堡	70	厦门	55.8
鹿特丹	75	济南	57.2

2. 现代服务业发展不足

从服务业看，内部结构虽然发生了较大的变化，但产业层次依然不高，现代服务业发展不足。

(1)传统服务业比重仍然较高。2015 年，在服务业中，增加值最大的是批发和零售业，为 1167.98 亿元，其次是交通运输、仓储和邮政业 654.72 亿元，再加上传统的住宿和餐饮业 94.02 亿元，三个行业占服务业的比重达到 41.1%，在副省级城市中比重最高，比第二的大连高 2.7 个百分点。

(2)与新型工业化、信息化、城镇化相适应的现代服务业规模不大。

2015年，信息传输、软件和信息技术服务业，科学研究和技术服务业，租赁和商务服务业等现代服务业所占比重均在5%左右。

(3)高创收服务业有待进一步提升。2015年，金融、科技服务、信息服务、文化创意、高端商务5个高创收服务业从业人员超过40万，实现全部税收262亿元，实现增加值1346亿元，分别占全市的15%、19%和21%。但与对标城市深圳差距较大(表6)。

表6　2015年青岛高创收行业与深圳对比表

	青岛	深圳
高创收行业占GDP比重	19%	29%以上
高创收行业从业人员占全市比重	15%	35%
软件企业	1251家	2018家
软件业务收入	1301亿元	4197亿元
文化创意产业增加值	350亿元	1029亿元

3.制造业产业层次、产业集中度有待提高

(1)产业层次、产业水平还需提升，产业新旧动能尚未转换。全市农副食品加工、纺织服装、石油化工、建材加工等传统产业增加值占工业比重超过50%，传统产业比重偏高。同时以现代电子信息、生物医药、高端制造、精细化工等为代表的高、精、尖技术产业规模偏小，比重不高。高技术产业增加值占工业的比重不到1/10，战略性新兴产业增加值占工业的比重仅到1/5。在战略性新兴产业中，高端装备制造和新一代信息技术产业两者产值占近七成；而新能源汽车、节能环保、新能源和生物四大产业合计占比略过1/10，其中新能源汽车产业不到1%的比重，产业分布明显不均衡。传统产业有待优化升级，新兴产业有待发展壮大，成为全市先导性和支柱性产业仍有一定距离。

(2)制造业产业集中度和先进城市比有差距。青岛市十大规模以上制造业产值占规模工业总产值的比重由2010年63.05%，上升到2015年71.8%，总体呈上升趋势，但与先进城市比仍有不小差距。深圳市制造业高度集中在电子信息产品制造业。2015年深圳市规模以上工业增加值6785.01亿元，其中，计算机、通信和其他电子设备制造业增加值4214.95亿元，增长10.6%，占规模以上工业增加值比重达到62.1%。重庆市制造业高度集中在汽车制造业和电子信息产品制造业，占其规模工业比重41%。2015年重庆汽车总产值4707.87亿元，占全市比重为22.0%。2015年重庆电子制造业总产值4075.56亿元，占全市比重为19.0%。显然，青岛市产业集中度与先进城市比尚有差距，是制约青岛制造业发展的一个重要因素。

(3)新兴产业发展不足。新兴产业、高端产业和新兴业态发展相对滞后。工业中新兴产业产值比重仅为20%左右。蓝色经济"蓝而不深"依然突出,海洋交通运输、滨海旅游、海洋渔业、水产品加工等传统产业占比达到50%以上,高端海工装备、海洋生物医药等新兴产业规模尚小。新业态、新模式发展不快,全市电子商务、跨境电商尚处于起步阶段,企业数量少、实力弱,没有在全国有影响力的网络平台。而2015年杭州市信息经济增加值达到2313亿元,增长25%,占全市GDP的23%,围绕电子商务、数字产业、云计算与大数据、物联网、互联网金融、智慧物流形成了完整的产业体系,并保持快速增长。

二、基于供给侧结构性改革的产业结构优化升级思路

(一)重点和任务:培育新主体,发展新产业,打造新动力

面对错综复杂的外部环境,国内经济发展进入"新常态",青岛经济表现出的很多问题与其他城市都有共同之处,但由于自身发展阶段及产业结构的差异,在综合考虑自身基础及优势的基础上,供给侧结构性改革的重点和方向应有所不同。一是从面临的紧迫任务看,青岛最紧迫的任务是存量调整和增量带动,就存量来说,完成产业搬迁后的转型升级、搬迁后老城区功能定位、新产业植入、产业新体系构建等产业升级;就增量来说,主要是培育新主体(企业)。增加新主体的数量,提高主体的素质和能力,激发主体的积极性和创造性,优化市场主体的结构等。发展新产业,开拓新的空间,形成新的模式,打造新动力。具体包括开发新技术、发展新产业、培育新业态、开发新区域、塑造新品牌、形成新模式等。增加要素的有效供给,包括增加劳动、资本、资源、环境、企业家、政府管理(政策)等的有效供给。

青岛市自2009年着力实施并进一步提升的"蓝色、高端、新兴"的高端战略,可谓新常态下供给侧结构性改革一种先行实践,为推进供给侧结构性改革提供可借鉴的方向、思路和路径。

(二)产业优化升级方向:推进构建发达的服务经济结构

青岛市已把建好"三中心一基地",作为青岛供给侧结构性改革的主打战役,"十三五"时期青岛转型发展、超越发展的重要抓手和建设国家沿海重要中心城市的关键支撑。成立"三中心一基地"建设工作领导小组和推进委员会,印发"三中心一基地"行动计划,并在市第十二次党代会报告中进一步强调建设"三中心一基地",推动经济转型升级。为此,一是以"三中心一基地"为载体、抓手,带动存量调整和增量扩大,加

快构建新型产业体系，促进经济加快向创新引领转变。二是依托“一谷两区”等园区平台，高端产业项目集聚发展，扩大有效和中高端供给，切实将青岛供给侧结构性改革落到实处。三是以实施制度创新、技术创新为核心的创新驱动战略，提升全要素生产率。长远看，“三中心一基地”将整合创新链、产业链、价值链等环节，成为青岛经济发展的新高地、新动力、新标杆，是青岛转型发展、赶超发展的重要抓手，也是青岛建设国家沿海重要中心城市的关键支撑。推动“三中心一基地”建设，必将使得青岛的供给侧结构性改革走向深入，促使青岛在世界城市体系和区域发展中的价值和影响力得到提升。

三、青岛产业结构优化升级路径

(一)区域性服务中心建设引领转型升级

产业升级包含产业间升级和产业内升级，产业间升级是后次产业不断跃升，即“三二一”次序发展；产业内升级是在产业内产业链由低附加值向高附加值的跃升，即向微笑曲线两端“爬楼梯”。总之，产业升级是向较高生产率和较高附加值的经济活动转移，包括产业创新与产业替代。发展服务业特别是现代服务业是促进产业升级的关键。

1. 加快区域性服务中心建设

坚持以金融、信息服务为核心，以全面提升现代服务业高端化能力建设为主导，以业态模式创新、形成辐射带动竞争优势为主线，加快建设国内重要的区域性服务中心。

提升五大功能，培育金融贸易、运筹决策、门户枢纽、创新创意、消费时尚五大服务功能，集聚全球金融要素、投资贸易市场主体，提升全球贸易重要节点功能和国际贸易运营与控制能力。

发展十大产业，重点发展金融、信息、物流、商贸、会展、高端商务等现代服务业，突破发展文化、旅游、体育、健康、养老等“五大幸福产业”，加快财富管理金融综合改革试验区建设，提升丝绸之路国际物流枢纽功能，建设国际重大会展集聚地、国际组织活动主办地，集聚影视企业和总部机构。

放宽市场准入。深化商事制度改革，开展市场准入负面清单制度改革试点。全面放宽民间资本市场准入领域，推进非基本公共服务市场化产业化、基本公共服务供给模式多元化。全面清理各类显性隐性准入障碍。全面清理各类前置审批、事中事后管理事项。规范中介服务、清理隐性审批，划清审批部门与中介机构职能界限，实行审批中介服务项目清单管理。破除行政垄断，放开自然垄断行业竞争性业务，实行以政企分开、特许经营、政府监管为主要内容的市政公用事业改革。

2. 深化综合改革

争取新一轮国家服务业综合改革试点，围绕五大服务功能推进改革。申请财富管理金融改革第二批创新试点政策。争创国家综合运输服务示范城市、国家自贸区航运创新政策试点、服务贸易创新试点。申建青岛自由贸易港区，争取构建国家开放型经济新体制试点城市。

(二)加快先进制造业创新提升强化竞争优势

坚持以蓝色、高端、新兴为导向，以发展互联网工业、高技术制造和装备制造业为主线，加快建设具有国际竞争力的先进制造业基地。打造率先发展的互联网工业融合创新中心，突出生产智能改造、产品智能升级、业态模式创新、产业生态构建等四个方面，建设软件定义的智能工厂，发展数据驱动的先进制造，打造互联网工业领军城市，到2020年，工业企业“两化”融合发展指数达到85。以高端化、智能化、集群化为方向，突出先进轨道交通装备、节能与新能源汽车、航空航天装备、智能制造装备等四个领域，加快扩链、强链、补链进程，到2020年，形成具有较强国际竞争力的千亿元级高端制造产业链。推进互联网、物联网、云计算、大数据等信息技术在工业领域深度应用，综合运用制造执行系统、企业资源计划、产品生命周期管理、智能平行生产管控等先进技术手段推进智能工厂建设。支持骨干企业搭建模块化、柔性化制造系统与价值交互平台，大力推广模块化、众创式、专属性等个性化定制业务。用足用好互联网工业发展基金，滚动推进互联网工业示范试点企业项目建设，以政府购买服务方式为企业提供订单式培训，开展职业技能培训券试点。实施新一轮制造业转型升级专项行动，围绕创新能力提升、标准质量品牌、制造服务转型、绿色升级再造、深度开放合作、企业梯队成长、军民深度融合、产业载体建设等八个领域，组织实施一批专项行动，推动青岛制造向青岛智造、青岛创造转型。

(三)基于消费需求新变化完善新环境、打造新设施

我国已进入消费需求持续增长、消费结构加快升级、消费拉动经济作用明显增强的重要阶段。以传统消费提质升级、新兴消费蓬勃兴起为主要内容的新消费，及其催生的新投资新供给，蕴藏着巨大发展潜力和空间。顺应跨界融合和消费升级趋势，应大力支持服务消费、信息消费、绿色消费和时尚消费发展。适应消费结构、消费模式和消费形态变化，系统构建和完善信息网络、充电设施、旅游休闲和健康养老服务等新消费基础设施建设，优化提升新需求发展环境。积极拓展国际消费市场，提升旅游目的地功能，重点发展滨海度假、海洋休闲、融合创新、

品质乡村和服务输出旅游，培育邮轮游艇、通用航空等高端旅游，增设进境免税店，争取国家品牌消费集聚区建设试点。优化农村消费环境，完善农村消费基础设施，大幅降低农村流通成本，充分释放农村消费潜力。开展国内贸易流通体制改革发展综合试点，推动内外贸融合发展。扩大对基础设施、城市空间综合开发、新技术新产品等领域的有效投资，引导资本更多投向智能家电、信息服务、电商微商、文化创意等消费型产业。

（四）基于互联网新时代发展新业态、新商业模式

运用信息网络等现代技术，推动生产、管理和营销模式变革，重塑产业链、供应链、价值链，改造提升传统动能，使之焕发新的生机与活力。以消费者为中心推动产品经济向服务经济、体验经济升级，推动新技术、新产业、新业态加快成长，以体制机制创新促进分享经济发展，建设共享平台，打造动力强劲的新引擎。培育大数据、网络传媒、卫星导航、虚拟现实、智能家居、工业物联网、互联网教育、新型节能服务、信用服务、工业机器人、三维（3D）打印、新能源汽车等新兴产业和业态，探索发展跨界应用、软硬结合、平台推广、异业联盟、跨界融合、集成创新、并购整合创新等新模式。完善科技金融组织体系，探索设立科技金融专营机构，大力推广知识产权质押贷款等创新产品，探索开展投贷联动试点。

（作者单位：中共青岛市委党校）

青岛工业发展现状、问题与对策研究

刘俐娜

近年来，青岛市积极应对诸多风险和挑战，真抓实干，稳中求进，转方式、调结构成为主导，工业经济结构调整加快推进，产业结构技术升级成效明显，工业总量持续扩大，工业质量与效益稳步提升，全市工业发展保持了良好发展态势，为全市经济可持续发展提供了有力支撑。2018 年，青岛市将认真贯彻落实党的十九大精神，按照党的十九大报告提出的加快建设制造强国，加快发展先进制造业，推动互联网、大数据、人工智能和实体经济深度融合要求，推动青岛市工业持续健康发展。

一、近年来青岛工业发展状况

(一)工业生产规模壮大，运行效益提升

2012 年以来规模以上工业年均净增产值 1124 亿元，产值年均增长10.0%。从企业规模看，2016 年，全市产值超 100 亿元工业企业 14 家，比 2011 年末净增 3 家；年产值过 10 亿元的工业企业 236 家，较 2011 年末增加了 111 家。2016 年，全市规模以上工业完成总产值1.63 万亿元，增加值比上年增长 7.5%，行业增长面为 84.2%。

2016 年全市规模以上工业企业实现利润 934.7 亿元，增长 6%。五年来利润年均增长 11.5%；全市的资产负债率为 57.9%，处于 40%～60%的合理区间，比 2011 年降低 0.3 个百分点；全员劳动生产率为 353073 元/人，比 2011 年增加 2839 元/人。从历年工业效益数据看，全市工业经济效益稳中向好，质量不断提升。、

(二)工业经济稳步增长基础得到巩固

1. 重点行业发展稳定有力支撑全市工业发展

2016 年，全市产出总量排前的十大行业共计完成产值占全市工业总产值的 67.3%，拉动全市工业总产值增长 4.8 个百分点。从 2016

年总量排前的十大行业看，2012 年来年均产值增速均保持在 8%以上，除汽车制造、电气机械和器械制造、计算机通信和其他电子设备制造业产值增速低于全市平均增速外，其他 7 个行业产值增速就高于全市平均增速。重点行业的稳定发展对全市工业生产起到了有力的支撑作用。

2017 年 1～9 月，前十大行业共计完成产值占全市工业总产值的 67.2%，拉动全市工业总产值增长 7.8 个百分点。

表 1　青岛市工业主要行业产值及增长率

指标名称	2016 年工业总产值(亿元)	2012 年来年均增长(%)
全市规模以上工业	16344	10.0
电气机械和器材制造业	1803	9.2
农副食品加工业	1504	10.5
金属制品业	1499	17.2
通用设备制造业	1264	10.8
铁路、船舶、航空航天和其他运输设备制造业	1263	12.1
计算机、通信和其他电子设备制造业	1151	9.8
橡胶和塑料制品业	1025	11.7
专用设备制造业	1011	14.6
化学原料和化学制品制造业	904	10.5
汽车制造业	885	8.4

2. 装备制造业稳定较快增长

2012 年以来，以电气机械及器材制造业、金属制品制造业等行业为代表的全市装备制造业生产稳定增长，实现了生产效益同步增长，装备制造业总产值年均增长 11.7%，高于规模以上工业产值年均增速 1.7个百分点。2016 年，规模以上装备制造业完成产值 9057 亿元，同比增长 7.2%，总量占规模以上工业的 49.5%，较上年提升 0.9 个百分点；实现主营业务收入 7906.8 亿元，同比增长 2.5%；实现利润 494.9 亿元，同比增长 4.5%。

2017 年 1～9 月份，规模以上装备制造业完成产值 6705 亿元，同比增长 12.4%，总量占规模以上工业的 49.7%，较上年全年提升 0.1 个百分点，拉动全市规模以上工业产值增长 6.1 个百分点。

(三)工业结构调整取得明显进展

1.战略性新兴产业引领工业转型升级

2012年以来,青岛市积极推进结构调整和转型升级,实施创新驱动发展战略,开拓发展新空间、激发新动力。新材料、生物、高端装备制造、新能源、节能环保、新一代信息技术、新能源汽车等战略性新兴产业快速发展,成为拉动我市工业发展的新引擎。2016年,全市规模以上工业战略性新兴产业完成产值3741.9亿元,同比增长12.7%,增幅高于规模以上工业5.6个百分点,产值占规模以上工业总产值比重达20.5%,比上年提升0.35个百分点,对规模以上工业贡献率为35%。2017年前三季度全市规模以上工业战略性新兴产业仍保持快速增长,完成产值2738.6亿元,同比增长12.4%,产值占规模以上工业总产值比重为20.3%,较上年全年提升0.5个百分点。

2.涉蓝工业蓬勃发展

近几年来,青岛市坚持蓝色引领、陆海统筹、重点突破,加快建设全国蓝色经济领军城市,已逐步成为我国重要的先进制造业基地和海洋新兴产业集聚区。2016年,全市海洋生物、海洋装备制造、海洋能源矿、现代海洋化工、海洋水产品精深加工等主要涉蓝工业行业完成产值4643亿元,同比增长18.8%,增幅高于规模以上工业11.7个百分点。

(四)产业集聚带动作用加强

1.集聚区建设稳步推进

近年来,产业集聚区作为加快工业转型升级的重要平台,通过强化工业定向招商,实施集约、集聚方式,引导产业链项目按行业分类落户相应工业园区,推动工业产业集聚区稳定健康发展。2016年,全市加大项目推进和基础设施建设力度,重点规划的50个工业集聚区运行平稳,集聚区规模以上工业企业达到2406家,完成工业总产值11480亿元,同比增长6.9%,产业集聚度上升到62.8%,比2013年提高14.5个百分点,集聚区对全市规模以上工业贡献率达到61.3%;实现利润总额499亿元,增长11.3%,高于全市增幅5.3个百分点。

2.十条千亿元级工业产业链不断壮大

近年来,青岛市工业突出高端、新兴和蓝色的理念,坚持一手抓规模,一手抓转型,优化产业布局,十条工业千亿元级产业链发展取得明显成效。2016年全市十条千亿元级产业链集聚3151家规模以上工业企业,完成产值13840亿元,同比增长13.5%,占全市规模以上工业总产值的75.7%。五年来,千亿元级产业链年均净增产值734亿元,为工业平稳增长、优化结构发挥了主要作用。

(五)高耗能工业得到有效控制

2016年，钢铁、建材、化工、有色金属、石油加工和电力热力生产供应等六大高耗能行业完成产值3108亿元，同比增长5.1%，较规模以上工业平均水平低2个百分点，占规模以上工业比重为17%，比2012年下降4.9个百分点。分行业看，除建材业产值增幅较高(增长10%)外，其余5个行业增幅均低于全市平均水平，其中石油加工业增长4.7%、化工行业增长3.7%、钢压延业增长4.7%、有色金属行业增长0.2%、电力业增长2.2%。

(六)工业科技创新能力逐步提升

2016年，全市规模以上工业企业研发人员5.7万人，同比增长8.9%，占从业人员的比重为6.0%，比上年提高0.9个百分点。研发经费内部支出234.9亿元，同比增长8.1%，研发强度为1.5%，比上年提高0.2%；研发活动主要集中在试验发展领域，经费达232.1亿元，比上年增长7.7%，占98.8%。2016年，规模以上工业企业发明专利申请6716件，同比增长36.3%，占专利申请的比重为61.8%，上升7.5个百分点。期末有效发明专利7897件，同比增长43.7%；全年实施新产品研发项目6805个，同比增长14.8%；新产品研发经费达226.1亿元，同比增长7.2%。实现新产品销售收入2651.1亿元，同比增长4%。核心技术及自主知识产权显著增多，创新产出水平提升，自主研发能力增强。

二、发展中面临的主要问题

近年来，青岛市工业虽取得了长足发展，但仍存在传统产业比重过大、新兴产业规模偏小，产业集中度较低、自主创新能力不强等问题。加快推进青岛市工业转型升级、调整优化存量、加快壮大增量、实现可持续发展，已成为当前青岛市工业转型发展的重要着力点。

(一)工业增加值增速逐年放缓

近年来，在加快产业转型升级，大力发展现代服务的同时，青岛市在工业发展上缺乏大项目支撑，工业增加值增速呈逐年放缓趋势。2016年，工业增加值增速仅为7.5%，在15个副省级城市中居第4位，副省级城市增速排名前3位的分别是西安(9.9%)、长春(8.3%)和大连(7.6%)。

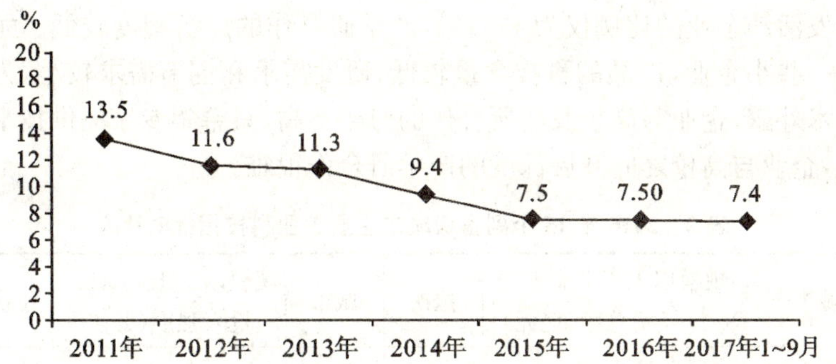

图 1　2011 年至 2017 年 1～9 月份青岛市规模以上工业增加值累计增速走势图

(二)高技术制造业行业分布“短板”明显，占比偏低

从 2012 年以来高技术制造业发展看，青岛市高技术比重低，结构不合理，“高技术”不高，产业内部行业发展不平衡，电子及通信设备制造业和医药制造业增加值占整个高技术制造业的近九成，仅电子及通信设备制造业占比就高达 77%，且其中半数为以电视机为主的视觉设备制造，行业分布“短板”尤为明显。2016 年高技术制造业增加值占规模以上工业的比重仅为 8.0%，分别低于全国、全省的 12.4%和8.8%。2017 年上半年高技术制造业增加值占比仅为 7.2%，分别低于全国(12.2%)、全省(8.8%)5 个和 1.6 个百分点。

从兄弟城市对比看，2016 年青岛市高技术制造业产值占规模以上工业的比重在 9 个城市中列第 8 位，规模明显偏低。深圳市比重最高，为 65.1%，据了解，该市高技术制造业主要集中在电子及通信设备和计算机及办公设备制造业，占到 90%以上。

(三)工业企业研发投入强度不高，合作广泛程度较低

2016 年，全市规模以上工业研发经费支出为 234.4 亿元，在副省级城市及计划单列市中均居第 2 位。排在首位的是深圳市 760 亿元，第 3 位是广州(231.7 亿元)，第 4 位是杭州(215 亿元)。深圳市规模以上工业研发经费支出是青岛市的 3.2 倍，以绝对优势排在首位。从规模以上工业研发投入强度(规模以上工业企业研发投入占主营业务收入的比重)看，2016 年，青岛市工业企业研发投入强度为 1.49%，在副省级城市中居第 6 位，排在前 5 位的分别是深圳(2.84%)、西安(2.07%)、厦门(1.98%)、济南(1.79%)、杭州(1.79%)。青岛与深圳相差 1.35 个百分点。

企业与高校、院所的横向联合是实现产学研合作的重要渠道。2016 年开展产学研合作的企业有 189 家，虽同比上升 37%，但其占有

研发活动企业的比例仅为17.1%，产学研合作的广泛程度较低。尤其是一些小企业，产品的科技含量较低，研发需求和创新需求较小，为防技术外露，企业与高校及院所合作的愿望不高，只希望专家提供技术指导，企业与高校之间开展深度的产学研合作很难。

表2　2016年15个副省级城市主要工业科技指标对比表

城市	规模以上工业企业R&D经费总额(亿元)	位次	城市	规模以上工业研发投入强度(%)	位次
深圳	760.0	1	深圳	2.84	1
青岛	234.4	2	西安	2.07	2
广州	231.7	3	厦门	1.98	3
杭州	215.0	4	杭州	1.79	4
宁波	184.9	5	济南	1.79	5
南京	142.9	6	青岛	1.49	6
武汉	134.7	7	大连	1.47	7
济南	102.4	8	宁波	1.39	8
成都	102.4	9	沈阳	1.23	9
西安	100.5	10	南京	1.15	10
厦门	96.3	11	广州	1.13	11
大连	88.7	12	成都	0.77	12
沈阳	67.3	13	长春	0.66	13
长春	63.7	14	武汉	—	—
哈尔滨	—	—	哈尔滨	—	—

(四)工业投资力度有待加大

从工业投资情况看，2012～2016年工业投资增速分别为32.1%、37.8%、14.1%、16.4%、11.6%，基本呈回落态势。2017年以来，工业企业投资意愿持续低迷，1～8月份工业投资下降6.2%，增速比上年同期回落14.1个百分点。其中，制造业投资下降7.9%，且结构堪忧，农副食品加工业、橡胶和塑料制品业、非金属矿制品业、金属制品业、通用设备制造业等传统行业投资份额居前，而装备制造业和工业战略性新兴产业投资分别同比下降3.1%和下降5.6%；全市计划投资5000万元以上工业项目1314个，比上年同期减少738个，完成投资1169.1亿元，降幅高达24.4%。另从新增企业看，2015年工业投资总量3145.8

亿元，2015年年报及2016年月报新开工投产纳入规模以上工业企业17家，2016年全年完成产值32亿元，过1亿元的仅有5家，工业投资回报明显偏低，有效产出不足，新增企业数量偏少，新增动力减弱。

（五）大企业配套不完整、核心系统配套偏少

近年来，青岛市引进了包含中车、一汽在内的多家制造业巨头。但是由于受技术、配套措施等方面的制约，青岛市部分产业的配套度不高，核心系统配套偏少，关联产业效应不强。例如，轨道交通装备产业本地产品配套率低，从配套企业数量看，本地配套企业仅占配套企业总数的1/3；从配套产品采购金额看，配套产品本地采购金额仅占35%，远低于株洲70%的本地配套率，核心系统配套偏少。以动车组为例，本地轨道交通企业仅掌握动车组九大关键技术产品中的5项，轨道交通装备制造及配套企业主要集中在整车制造领域，产业链并没有覆盖全部轨道交通装备领域，产业链的关联效应和辐射功能不强；汽车整车企业本地配套率平均为40%左右，零部件企业缺少具有较强竞争力的大型企业集团，配套产品相对集中在低附加值产品上。

三、对策建议

“十三五”初期，面对复杂多变的经济形势，认真落实党的十九大报告精神，确保青岛市工业平稳健康发展，提出以下几点建议。

（一）提升传统优质产业，做大工业产出存量

优化产业结构有利于促进有限资源的合理配置和增长质量的提升。在大力培育和支持新增市场主体发展的同时，要扶优、做强、做大现有存量工业企业。据统计，截至2016年末，全市规模以上工业产值过100亿元的有14家，过10亿元的236家，过5亿元的727家，合计产值占全市的64.9%，存量大企业是青岛市工业的重要支柱。要通过实施创业创新、加大政策支持、开展兼并重组等举措，鼓励企业加快技术改造和产品结构调整步伐，加快项目建设进度，依托新增产品或技术扩大企业产能，增强企业的市场适应能力和抗风险能力，依托资产的重新配置实现强强联合，增强企业的创新发展力和市场影响力，构建从“种子企业”到“领军企业”的良性发展梯队，争取更多的企业和行业规模过100亿元和1000亿元。

（二）加快制造向高端集聚，增强工业市场竞争力

立足装备制造业这一青岛最坚实的优势产业基础，突出高端，抢占

产业制高点。大力提高技术创新能力，走创新、内生增长的工业发展道路，将技改作为推动转型升级的主要路径，作为拉动经济增长的重要手段，同时，注重推进传统产业转型升级。着力培育高端展业，重点发展先进轨道交通装备产业、节能与新能源汽车产业、航空装备产业及智能制造装备产业。坚持高端化、智能化、集群化发展方向，加快扩链、强链、补链进程，打造技术领先、竞争力强的高端制造新高地。

(三)着力发展战略性新兴产业，优化工业结构

紧紧抓住国家发展战略性新兴产业规划和政策的有利时机，做大新兴产业规模设立转型资金，实施新兴产业创业投资计划，制定产业目录，明确发展重点，主攻高端技术，发展高端产品、突破高端环节。超前布局新一代信息技术产业、新材料产业、新医药产业及新能源产业。立足长远，突出高端、高效、高附加，突破关键核心技术，补足产业发展“短板”，打造促进动能转换、引领未来发展的新兴产业梯队。

(四)加大高新技术项目培育及科技转换

建议通过激励和扶持政策，引导高技术企业明确发展方向，增强自主创新意识，在提高企业核心竞争力的同时，带动行业创新驱动发展。坚持以项目为抓手，以科技为支撑，推动青岛高新技术企业开展重大科技项目创新和成果转化，加速传统产品升级换代，扩大高技术产品市场，做优做强高新技术产业为全市新旧动能转化积极助力。

（作者单位：青岛市统计局）

全面营改增对青岛房地产行业的影响分析

青岛市国家税务局课题组

党的十九大报告指出，坚持房子是用来住的、不是用来炒的定位，加快建立多主体供给、多渠道保障、租购的并举的住房制度，让全体人员住有所居。落实党的十九大精神，要综合运用多种手段推进房地产行业建房发展。2016 年 3 月 24 日，财政部和国家税务总局发布了财税〔2016〕36 号文，宣布自 2016 年 5 月 1 日起，在房地产等多个行业全面推开"营改增"试点，房地产被纳入增值税征收范围。

一、近年来青岛市房地产市场基本情况

在城镇化和去库存政策背景的高速推进下，青岛市 2016 年住房市场在新建商品住房、二手房交易市场中都创下价量新高。尤其在 2016 年下半年，随着各城市的限购政策陆续出台，大量房地产改善型需求、投资需求进入市场，青岛市住房市场不断升温，并将一路上涨的趋势延续到 2017 年。

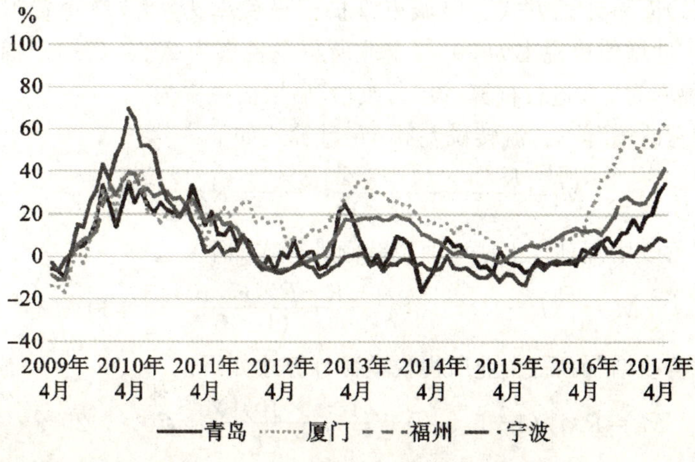

图 1　青岛、厦门、福州、宁波存量房均价同比走势（2009.4～2017.4）

青岛市2016年住房市场如火如荼的主要原因，除了对青岛市房地产市场预期的看好外，政策性因素如2016年山东省政府工作报告中提出的加快棚户区改造，提高货币化安置比重的要求；国务院批复青岛市城市总体规划文件，聚力发展西海岸国家新区、中国蓝谷核心区、胶东国际机场临空经济区等区域的规划安排等，提高了青岛市住宅的配套档次，间接促进了市场价格的提升。

二、全面营改增对房地产行业税负的影响

此次“营改增”政策在房地产行业的推开试点最为直接的影响就是房地产开发企业和存量房交易等环节的税负率情况。税负率和计税方式的变化也将直接体现“营改增”政策长期对市场的影响。

（一）“营改增”对房地产企业税负的影响

1. 房地产企业税负构成

“营改增”之前，房地产企业所涉及的主要税种包括企业所得税、土地增值税、营业税、城市维护建设、教育费附件、契税和印花税等。“营改增”之后，营业税变为增值税，因为契税、印花税占总税负比例较小，且受增值税影响较小，分析中不予考虑。

假设为房地产企业提供商品或劳动的主体与“营改增”之前相同，房地产销售对象为个人。因为对于个人来说，只要“营改增”前后房地产含税售价不变，“营改增”就不会影响购买者决策，所以“营改增”前后的含税收入应保持不变。

2. “营改增”前后房地产企业税负率变化

(1)简易计税方式。以城市维护建设税率为7%，教育费附加为3%，土地增值税税率为30%，企业所得税税率为25%，房地产销售营业税税率为5%进行核算，设“营改增”后增值税率为r。

“营改增”前后，流转税差额M_1计算式如下：

$$M_1=\frac{R\times r\times(1+7\%+3\%)}{(1+r)}-R\times 5.5\%$$

“营改增”前后，土地增值税差额计算式如下：

$$M_2=\left[(R-R\times 5.5\%)-\frac{R-R\times r\times 10\%}{(1+r)}\right]\times 30\%$$

“营改增”前后，企业所得税差额计算式如下：

$$M_3=R\times\left[(1-5.5\%)-\frac{(1-r\times 10\%)}{(1+r)}\right]\times 70\%\times 25\%$$

设“营改增”前后企业总税负相同，即令$M_1+M_2+M_3=0$。

化简易得，当 $r\approx5.26\%$时，“营改增”前后总税负相同。即当增值税税率低于 5.26%时，“营改增”之后缴纳增值税将比改革之前少。

(2)一般计税方式。与简易计税过程类似，同理，增值税按销项税额减进项税额方式征收计算。设“营改增”税率为 r，将取得土地使用权而支付价款和费用以及房地产开发成本之和占销售收入的比例为 u；销售费用、管理费用和财务费用之和占销售收入的比例为 v，且其中可以计算进项税额的三项费用占三者综合的比例为 w，纳入增值税税额计算式。

“营改增”前后，流转税差额计算式如下：

$$N_1=R\times\left[\frac{(1+10\%)\times(1-u-v\times w)\times r}{(1+r)}-5.5\%\right]$$

“营改增”前后，土地增值税差额 N_2 计算式如下：

$$N_2=30\%\times R\times\left[1-1.2u-v-5.5\%-\frac{1-1.2u-vw-(1-u-vw)\times r\times10\%}{(1+r)}+v(1-w)\right]$$

“营改增”前后，企业所得税差额计算式如下：

$$N_3=25\%\times R\times\left[1-u-v-5.5\%-\frac{1-1.2u-vw-(1-u-vw)\times r\times10\%}{(1+r)}+v(1-w)+N_2\right]$$

假设“营改增”前后企业总税负相同，即令 $N_1+N_2+N_3=0$。

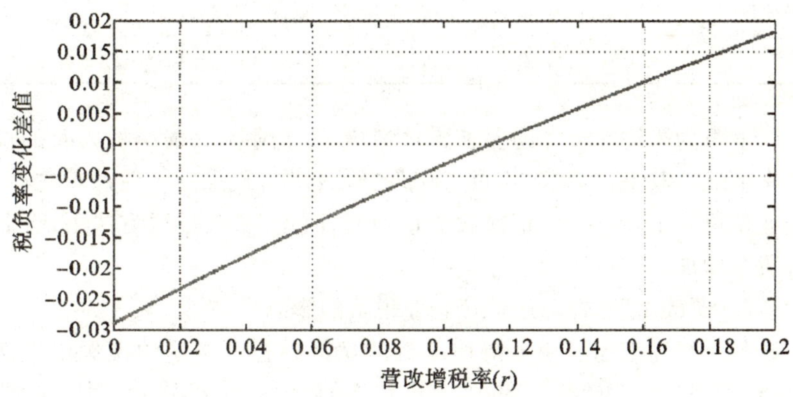

图 2 “营改增”税率变化对房企税负率的影响

图 2 描述了当“营改增”税率(r)发生变化时，“营改增”税负率差值的变化情况。由图及上式化简后易得，当 $r\approx11.39\%$时，“营改增”前后总税负相同。即当增值税税率低于 11.39%时，“营改增”之后缴纳增值税将比改革之前少。但这一分析过程仅描述了一种理想情况，即企业的各项运营指标符合上文中假设。而在实际上，在“营改增”政策

进入一般计税阶段，企业难以达到该实际情况。因此下表中将变化 u、v、w 三个参数，模拟企业税负率的变化（"营改增"后一般计税税负率）情况。

表 1 "营改增"前后房企税负率变化模拟结果

		u=20%	u=30%	u=40%	u=50%	u=60%
w=10%	v=10%	1.72%	1.20%	0.67%	0.14%	−0.39%
	v=15%	1.69%	1.17%	0.64%	0.11%	−0.42%
	v=20%	1.67%	1.14%	0.61%	0.08%	−0.45%
w=30%	v=10%	1.61%	1.08%	0.55%	0.03%	−0.50%
	v=15%	1.52%	0.99%	0.47%	−0.06%	−0.59%
	v=20%	1.44%	0.91%	0.38%	−0.15%	−0.67%
w=50%	v=10%	1.49%	0.97%	0.44%	−0.09%	−0.62%
	v=15%	1.35%	0.82%	0.30%	−0.23%	−0.76%
	v=20%	1.21%	0.68%	0.15%	−0.38%	−0.90%
w=70%	v=10%	1.38%	0.85%	0.32%	−0.20%	−0.73%
	v=15%	1.18%	0.65%	0.12%	−0.40%	−0.93%
	v=20%	0.98%	0.45%	−0.08%	−0.60%	−1.13%
w=90%	v=10%	1.27%	0.74%	0.21%	−0.32%	−0.85%
	v=15%	1.01%	0.48%	−0.05%	−0.58%	−1.10%
	v=20%	0.75%	0.22%	−0.31%	−0.83%	−1.36%

上表为采用综合考虑多项税负情况下，企业为一般纳税人时的税负率情况。其中，负数数值意为实现"营改增"，且采用一般计税之后，企业税负率下降；反之，正数数值意为"营改增"一般计税方法下，企业税负率增加。

3."营改增"对青岛房地产企业税负的影响

基于青岛市国家税务局所掌握的房地产行业企业的税额申报信息，整理部分企业的税负率在"营改增"前后的变化情况。其中，在"营改增"实施前（2014～2015 年），税负率的统计数据来源于各企业的"企业所得税年度申报表"中，第 1 项营业收入和第 3 项营业税金及附加，以第 3 项除以第 1 项，得到"营改增"实施前企业税负率。

在"营改增"实施后（2016 年 6 月～2017 年 5 月），税负率的统计数据来源于各企业的"增值税月度申报表"中，最后一个月的"本年累计"项。其中涉及销售额中"按适用税率计税销售额"和"按简易办法计税销售额”两项，以及税款计算中“应纳税额”合计一项。以“应纳税款”除以“按适用税率计税销售额”“按简易办法计税销售额”两项之和，得到“营改增”实施后企业税负率。

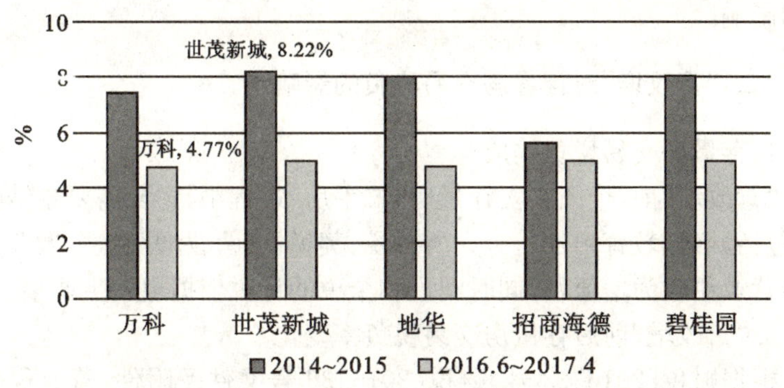

图 3　青岛市部分房企“营改增”前后税负率比较

上图中，选择了青岛市较有代表性的 5 家房地产企业：青岛万科房地产开发建设有限公司、青岛世茂新城房地产开发有限公司、青岛地华房地产开发有限公司、青岛招商海德置业发展有限公司、青岛城阳碧桂园房地产开发有限公司。

首先，“营改增”前的税负率（2014～2015 年），世茂新城税负率为 8.22％，为各企业中最高；“营改增”后的税负率（2016 年 6 月～2017 年 4 月），万科达到 4.77％，为各企业中最低；世茂新城在“营改增”前后的税负率差达到 3.24％，在各企业中税负率变化差异最大。

其次，除碧桂园外，其他房企均采用了简易征收（计税）形式。因此税率一定有所下降，也验证了上一段末对近一年内房地产市场存量现状的估计，即目前的在售的大部分项目的开工许可证在 2016 年 4 月 30 日之前，因此在“营改增”政策实施的初始阶段，房企的税负率应有显著的降低。

4.“营改增”对房地产企业税负影响分析小结

根据测算：若为简易计税方式，则企业税负率在“营改增”后必定下降；若为一般计税方式，则企业税负率在一般情况下也将低于“营改增”前。因此，在理论上，除企业发生了非房地产行业营业收入，企业的税负率将在“营改增”后下降。

从“测算模型”对房企税负率平衡点的核算，以及部分房企实际税负率上观察，结合房地产行业的行业规律（开工日期至可获预售、网签为 3～6 个月），以及房地产行业大力推进“去库存”的大前提、部分区域出台抑制投资性购房需求的限制“网签”等背景，“营改增”政策实行一年来，多数房企应仍处在对“老项目”的销售周期中，短期内看，营改增政策并未提高房企的税负率及成本，反而使企业成本略有降低，对平抑房价起到正向作用。这也符合该政策出台以规范房地产市场的本意。企业对政策的适应程度对于"营改增"是否可以充分发挥优势将起到重要的影响。

（二）"营改增"对存量房交易税负的影响

1. 存量房交易税负构成

"营改增"前，个人买卖存量房（二手房）过程中，主要需要缴纳营业税（包括城建、教育附加）、个人所得税、契税。"营改增"后，个人存量房交易营业税改为增值税，同时契税和个税的计税依据也发生调整。

2. "营改增"前后存量房交易税负率变化

根据财税〔2016〕23号、财税〔2016〕36号文件及附件《营业税改征增值税试点过渡政策的规定》，存量房交易税负的主要税收差异条件如下：房产交易是否满2年；房屋面积在90 m² 以上或以下；是否购房家庭唯一房产，或改善型需求；个人所得税的两种计税方式（北上广深，其他城市）。

其中，出于保持市场价格稳定的目的，"一线城市"个人所得税的计税方法与我国其他城市有所区别。由于该行为不具有代表价值，且有政策调控目的，因此不在本文讨论之列。

根据上述存量房交易税收政策变化，下表核算了"营改增"实施前后存量房交易税负率变化情况。由表可见，在我国除北上广深一线城市之外，在存量商品住房交易中，无论是否满足"交易是否满2年""房屋面积是否小于90 m²"，或是"是否家庭唯一住房"三个条件，"营改增"都将降低存量房交易税负成本。

表2 "营改增"前后对存量房交易税负率的影响

交易是否满2年/5年						√	√	√	√
房屋面积是否小于90 m²				√	√			√	√
是否购房家庭唯一住房			√		√		√		√
2016年初	营业税	5.60%	5.60%	5.60%	5.60%	—	—	—	—
	个人所得税	2.00%	2.00%	2.00%	2.00%	2.00%	—	2.00%	—
	契税	3.00%	1.50%	3.00%	1.00%	3.00%	1.50%	3.00%	1.00%
财税〔2016〕23号后	营业税	5.00%	5.00%	5.00%	5.00%	—	—	—	—
	个人所得税	1.00%	1.00%	1.00%	1.00%	1.00%	1.00%	1.00%	1.00%
	契税	2.00%	1.50%	1.00%	1.00%	2.00%	1.50%	1.00%	1.00%

(续表)

较2016年初		2.60%	1.60%	3.60%	1.60%	2.00%	−1.00%	3.00%	−1.00%
财税〔2016〕36号后	营业税	4.76%	4.76%	4.76%	4.76%	—	—	—	—
	个人所得税	0.95%	0.95%	0.95%	0.95%	0.95%	0.95%	0.95%	0.95%
	契税	1.90%	1.43%	0.95%	0.95%	1.90%	1.43%	0.95%	0.95%
较财税〔2016〕23号后		0.39%	0.36%	0.34%	0.34%	0.15%	0.12%	0.10%	0.10%

注:上表左起三行中,"√"表示满足该列表头条件;2016年初营业税纳税条件为"是否满5年",且是否有144 m² 普通住宅的判断,为简化表示,上表中有所省略。

相比而言,财税〔2016〕23号文对存量房交易税费的影响更为显著,若假设8种购房情况占比相同,则平均降低税费占房款的1.55%;而财税〔2016〕36号文"营改增"平均对存量房交易税费的减免占房款的0.24%。

3."营改增"对存量房交易税负的影响分析小结

综上,在"营改增"之后,存量房的交易税负普遍有所下降。其中,原存量房交易中的税负主要组成营业税的改革,对整体税负的下降效果相对显著。此外,区别于新房(房地产交易一级)市场,存量房市场的报价并不含税,因此,交易税负的下降有利于促进存量房市场交易活跃。

根据以上分析,在房地产交易二级市场,即新房销售市场中,"营改增"政策在目前阶段降低了企业税负成本,长期看来,有利于企业进一步提高内控,从而整体提升行业素质,加速行业整合;在房地产交易三级市场,即存量房(二手房)交易中,"营改增"政策降低了交易成本,将有利于盘活存量房交易市场。为进一步分析政策对房地产行业的影响,下面将深入分析,观察"营改增"对房地产交易市场的价格是否存在政策对市场形成的间接影响。

三、"营改增"对房地产价格的影响

结合2016年我国房地产市场价格快速上涨的背景,解析价格变化原因,并据此希望剥离"营改增"在2016年实施前后对房地产行业的短期影响机制及影响程度。

为剖析政策对市场的影响,需复盘政策出台前后时间段的宏观及微观市场情况。在"营改增"政策前后出台的政策包括银发〔2016〕26号、财税〔2016〕23号、财税〔2016〕36号,以及青岛市当地政策《关于保持和促进我市房地产市场平稳运行的通知》《关于进一步促进我市房地产市场平稳运行的通知》。

（一）干预影响模型的引入

1. 干预影响模型概述

干预分析模型是博克斯（Box）和泰奥（Tiao）于20世纪70年代提出的经济计量模型，主要用来定量评估干预事件（经济政策的变化或突发事件）等对经济环境、经济过程、经济结果的具体影响。

干预分析模型的基本变量为干预变量。一般情况下，干预变量可分为两种，一种是持续性的干预变量 S_t^T，即在某时点发生后，持续对后续时间产生影响，可使用阶跃函数表示；另一种是短暂性的干预变量 P_t^T，即在发生时点造成影响，不对其他时间产生影响，适用于以单位脉冲函数表示。

$$S_t^T=\begin{cases}0,\text{干预时间发生之前}(t<T)\\1,\text{干预时间发生之后}(t\geqslant T)\end{cases}$$

$$P_t^T=\begin{cases}1,\text{干预时间发生之时}(t=T)\\0,\text{其他时间}(t\neq T)\end{cases}$$

上两式中，T 表示干预发生的时间。易得下式：

$$(1-B)\times S_t^T=P_t^T$$

其中，B 为后移算子，即 $BS_t^T=S_{t-1}^T$。

干预时间一般情况下分为四种：突然开始，长期持续；逐渐开始，长期持续；突然开始，暂时影响；逐渐开始，暂时影响。一般情况下，房地产各类调控政策属于第二种，即逐渐开始，长期持续，即随着时间的推移，逐渐影响到政策干预的存在，因此，可将政策对市场的影响量 Z_t 表达为下式：

$$Z_t=\frac{\omega B}{1-\delta B}\times S_t^T$$

不难发现，当将政策开始干预时，将上式代入后移算子，干预影响模型的本质是一个自回归（Autoregressive）过程，上式也可被描述如下：

$$Z_t=\delta\times Z_{t-1}+\omega$$

2. 干预分析模型的建立过程

在分析房地产市场价格变化的章节里，研究过程中引入的是价格的同比变化曲线。而在本章节内，由于研究对象是价格的时间序列本身，引出在纳入干预分析模型时，分析对象是青岛市的新建商品住房价格和存量房价格行情。

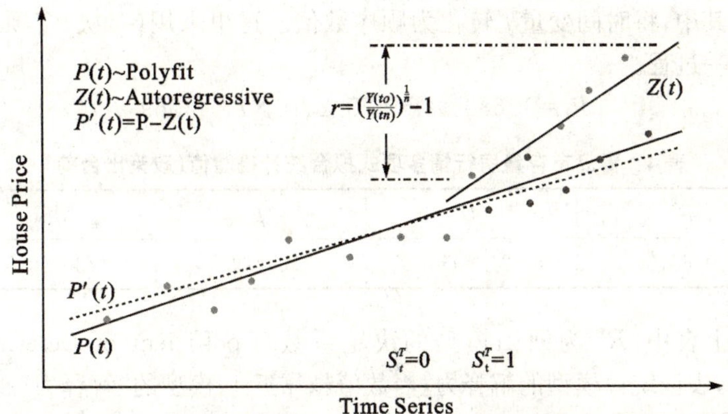

图 4　干预分析模型的政策解析机制

如上图所示，建模过程中可分为如下几个步骤：

(1)建立政策实施(发布)前的房价行情增长模型(拟合)。本章节中综合考量模型解释性和可行性，选用多元线性回归模型拟合房价行情增长模型，目的是模拟政策在未实施状态下的市场价格变化规律。如上图中 $P(t)$所示。

(2)建立自回归模型，将政策实施(发布)后的数值从房价行情中剥离。以真实行情减拟合行情，得到政策对房价影响的"影响值"，如上图中 $Z(t)$所示。

(3)在房价行情中剥离政策因素后，重新建立房价行情增长模型。将 $Z(t)$视为自回归过程，并求解自回归模型 $Z_t=\delta\times Z_{t-1}+\omega$。

(4)房价行情增长模型与政策影响模型耦合。将 $Z(t)$视为政策对市场的真实影响，并校正真实行情 P，得到校正后的行情曲线 $P'(t)=P-Z(t)$。

(5)测算政策对房价的影响程度。依据校正后的拟合函数，可推演无政策发布和政策在实施后两种情况下的价格复合增长率 r_0 和 r。

为精简篇幅，简化模型求解过程，下文中将以青岛市住房市场为例，以干预分析模型分析政策出台前后的房价行情变化，继而在微观分析过程中省略部分分析步骤。

(二)干预分析模型拟对青岛市住房市场价格的测算

选定 2014 年 4 月至 2017 年 3 月为研究期，并设置干预变量

$$S_t^T=\begin{cases}0,\text{政策集中发布之前}(t<2016\text{ 年 }3\text{ 月})\\1,\text{政策集中发布之后}(t\geqslant 2016\text{ 年 }3\text{ 月})\end{cases}$$

1. 对青岛市存量房市场交易价格的测算

首先通过多项式拟合青岛市存量房市场，建立政策实施(发布)前的房价行情 P_t 增长模型(拟合)，研究期为 2014 年 4 月至 2016 年 2

月。其中，将时间变量 t 转化为顺序数值。这里采用(二次)多项式拟合这一过程。

$$P_t = 1.6805 \times t^2 - 75.2416 \times t + 11969$$

表 4　青岛市存量房行情多项式拟合统计检验值(政策出台前)

R^2	F	p	MSE
0.6816	21.4056	0.0000	17302.0351

上表中，R^2 为回归模型的决定系数(Coefficient of Determination)，表征统计模型的解释力，当数值越靠近 1，模型的“解释力”越优。该模型的 R^2 约为 0.68，考虑到为多项式模型，该模型已具备一定的解释力。

F 值是模型联合假设检验(Joint Hypotheses Test)结果，p 值是 F 检验值对应的概率，在模型设定 0.05 的显著性水平下，$p<0.05$，拒绝 H_0 假设，上述模型 F 值约为 21.41，查表可得通过 F 检验，模型成立。

MSE(Mean Squared Error)是由模型残差平方和 RSS(Residual Sum of Squares)除以模型自由度得到，表征模型拟合结果与实际数值的差异，数值越大，拟合效果看起来越差。由于模型中采用的单价数值较大，并未进行其他处理，因此该数值仅有横向比对意义。

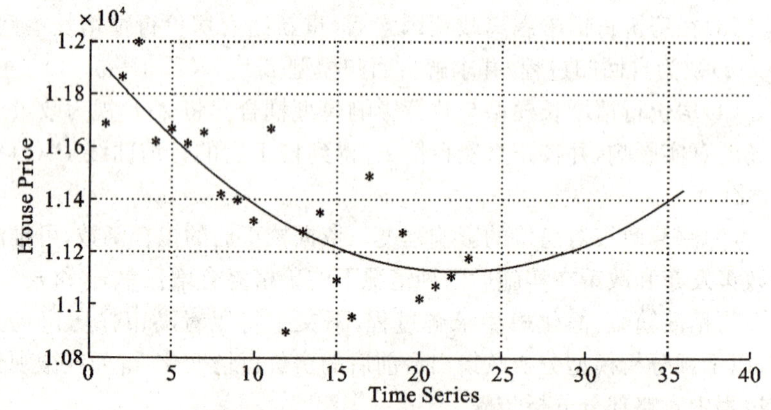

图 5　对青岛市存量房市场行情的多项式拟合(P_t)

以通过统计检验的拟合曲线，模拟“营改增”政策发生后的市场趋势如上图所示。再以“营改增”之后的青岛市存量房行情减去模拟预测值，得到政策的影响数值。

将影响数值视为自回归过程，建模过程中将进行平稳性检验等过程，不再赘述。

$$Z_t = 1.1497 \times Z_{t-1} + 105.65$$

表 5　青岛市存量房市场干预函数自回归结果统计检验值(政策出台后)

R^2	F	p	MSE
0.74735	29.58044	0.000285	159029.9529

之后,进行多元线性模型和自回归模型的耦合,该过程易得,不再赘述。耦合后得到拟合函数如下:

$$P_t'=1.9119\times t^2-82.9034\times t+12010+Z_t$$

在得到完整序列后,可模拟计算若无政策情况下的市场月均增长率 r_0,以及从政策实施后(2016.3～2017.3)的月均复合增长率 r。

$$r_0\approx 0.2984\% \qquad r\approx 1.8685\%$$

即,在青岛市的存量房市场供需背景下,首付比例降低、购房纳税成本降低的政策出台后,导致青岛市存量房在 2016 年 3 月至 2017 年 3 月的月均增长率从月均环比 0.3%增长至约 1.9%。

2.对青岛市新房市场交易价格的测算

通过干预分析模型计算青岛市新房市场交易价格在政策出台前后的变化情况。为简化过程,以下建模只列举关键信息。

表 6　青岛市新房价格干预分析模型信息

检验值	模型/数值
—	$P_t=4.026\times t^2-183.6866\times t+11532$
R^2	0.9087
F	99.5463
p	0.0000
MSE	23007.3711
—	$Z_t=1.1447\times Z_{t-1}+72.3051$
R^2	0.9562
F	218.5366
p	0.0000
MSE	19112.6457
—	$P_t'=4.0597\times t^2-184.5975\times t+11536+Z_t$
R^2	0.9048
F	156.7725
p	0.0000
MSE	32241.8941
—	$r_0=0.65\%$
—	$r=2.08\%$

3. 测算结果小结

通过干预分析模型的分析结果可以了解到 2016 年 3 月前后的政策集中出台对于青岛市房地产新房和存量房交易价格的影响。

之所以在测算过程中区分存量房市场和新房市场，是因为新房销售价格均为含税价格，即购房者缴纳的房款中已经包含了税费，因此新房销售价格的变化中，税费降低政策并没有直接体现在（或影响于）对价格的预期。而在存量房交易市场中，价格包含交易税费成本，在青岛市的存量房市场中，税费一般由买方全部支付，因此，存量房价格变化的市场预期中既包含了对首付占比降低的市场预期，同时包含了税费降低的市场预期。

这里不妨假设青岛市新房市场和存量房市场的房屋供给可比，从商品类别及各项属性配比角度，均可满足市场需求，则在新房市场中，首付降低政策将月均涨幅由 0.65％提升至 2.08％，累积“贡献”了 1.44％；而在存量房市场中，首付降低和税收降低两类政策累积贡献了 1.57％。因此可推测，减税政策对青岛市房产交易价格的月均涨幅贡献了约 0.13％。

若再从税费成本角度考量，引用第二部分的分析结果，财税〔2016〕23 号文平均降低税负 1.55％，而财税〔2016〕36 号文降低税负 0.24％，则在将税负成本映射涨幅贡献，月均涨幅贡献中，“营改增”的财税〔2016〕36 号文的贡献程度仅占 13.4％，月均环比涨幅贡献仅为 0.02％。

综上所述，从市场长期发展的角度看，“营改增”政策的确降低了税负，兑现了行业税负“只降不升”的承诺，并进一步完善了我国税制结构，提高了房地产企业的财务监管要求。但从短期市场来看，“营改增”政策与其他利好政策在 2016 年进一步促进了市场价格的高涨，使市场中投资性需求和改善型需求集中释放，首次购房置业难度提高。

（三）“营改增”对房地产价格影响结论

在通过时间序列模型难以分析集中性发布文件的情况下，本文将银发〔2016〕26 号文件、财税〔2016〕23 号文件、财税〔2016〕36 号文件同时视为推动房地产市场交易的正向政策信号，通过引入政策干预影响模型，分别研究了青岛市新房市场和存量房市场，并通过政策对不同市场的差异表现，剖析税收成本下降，市场价格的影响程度。

在 2016 年的市场背景下，财税〔2016〕36 号的发布，一方面降低了房地产开发企业的税负率，并通过政策指引对房企自身素质提出了高的要求；另一方面履行了降低购房成本的政策要求，存量房交易较财税

〔2016〕26 号文件后，又减少了 0.1%～0.39%。

此外，对于房地产市场主体（房地产企业）而言，增值税按照销项税额减去进项税额方式征收，在管理费用、财务费用、销售费用总和占销售收入比例达到一定比例，且有相当部分可抵扣的前提下，“营改增”政策有益于引导开发商控制成本和利润率，并督促房地产企业规范税务风险内控管理，从而加快市场主体优胜劣汰，加速供给侧改革。

尽管房地产业推行“营改增”政策是我国完善税收体制的必要工作，对规范房地产行业有着重要作用，但在 3 月底的时点发布，在房地产市场供需失衡的情况下，“营改增”难以避免地成为市场需求端的“利好政策”之一，间接影响了 2016 年上半年火爆的房地产市场。以青岛市为例，财税〔2016〕23 号和 36 号文的税负降低政策使存量房市场价格月均环比增幅提升了 0.13%。

虽然市场价格不断上涨，但市场中并未出现“有价无市”的现象。在市场交易活跃的情况下，进一步引发了房地产企业对土地市场政府的预期。因此，房地产企业不断加大拿地力度，高溢价土地成交频现。以青岛市为例，自 2016 年 2 月起市场愈发活跃，至 9 月，热点土地以低于附近二手房价价格 2000 元/平方米的楼面价成交。同质楼盘以市场比价，新房价格和二手房价格互相比对，形成了市场价格的螺旋式上涨。直至各城市限购政策出台后，市场才得到了有效的控制。

四、对策与建议

（一）地方政府应采取的对策

分析得出：假设房企的各项运营指标稳定，“营改增”后，房企的税负预计将减少 25%；而在存量房交易环节，若房价及成交量保持稳定，较“营改增”前预计减少约 28%。地方政府面临较为严重的税收流失的情况。对此，地方政府应采取相应措施。

1. 适用过渡性政策，注重开辟新财源，培养地方主体税种

尽管“营改增”政策已经推进多年，但在改革初期各方面还不够成熟，应重视“营改增”初期的过渡政策。初期营业税改增值税的收入，可在短期内一定程度上纳入地方政府的财政收入，有利于当地财政收入的平衡，也有利于当地政府在一定程度上更多地给予小企业提供相关的财政补贴，这在一定程度上减少了当地财政的负担。同时，地方政府应借助“营改增”东风，加快发展第三产业，涵养地方税源。

2. 加强房地产行业监管，抑制房价快速增长

房价是民众关注的热点问题，地方税收的流失和土地供应政策决

策给地方政府造成了较大的决策难度。同时，房价的快速上涨不断提高民众改善居住水平的成本，潜在地增加了局部市场的房地产金融风险。

因此相关部门可考虑从土地招拍挂环节就引入市场交易信息，结合宏观尺度的数据分析，指导楼盘价格定位、统筹安排建设及出售交易许可。摸清市场库存，以及真实首次购房需求和改善型需求情况，以实现供需相对平衡，从而抑制房价快速上涨。

（二）"营改增"对房地产企业提出的要求

1.完善税务风险内控管理体系

此次"营改增"政策的全面实施，将进一步促进房地产开发企业的行业整合，企业的税务筹划和管理能力将成为房地产企业核心竞争力的组成部分。

"营改增"作为我国现行税制的重大改革，对每个企业的生产经营都将产生较大影响。企业需自上而下加以重视，加强相关培训工作，财务人员应熟悉"营改增"的有关政策，并相应调整会计核算方法，提高会计核算水平；加强部门间配合，制定或修订相关制度，特别是在政策实施初期做好过渡期工作，使企业的进税额得到有效抵扣，并做好相应的税务筹划。

2.规范房地产行业业务流程

"营改增"在房地产业、建筑业的实施，改变的不仅是企业计税方式和财务核算方式，更多的是对企业招投标、采购、财务销售等方面的一系列影响，进而对房地产行业的链条生态带来深刻变化。尤其对于当前建筑业内常见的"挂靠"和"资质借用"等存在的财务管理并不规范，将对房地产企业带来较大的抵扣压力。

在此背景下，房地产企业在选择施工企业、材料供应商时，应通过招投标方式，根据施工企业资质、报价，材料供应商产品质量、规模等因素综合考虑，并把开具增值税专用发票作为选择条件之一，从源头上把关。另外，房地产企业应尽量减少零星用工，以避免无法取得增值税专用发票现象。

2018

社会篇

2017～2018年青岛市社会发展形势分析与预测

于淑娥

2017年，青岛市以供给侧结构性改革为主线，加快推进新旧动能转换，积极因素不断增多，经济社会发展总体保持了总体平稳、稳中有进的态势。居民收入稳步增长，社会民生持续改善。前三季度，青岛市实现生产总值（GDP）7983.8亿元，按可比价格计算，增长7.5%。其中，第一产业增加值265.5亿元，增长3.3%；第二产业增加值3381.8亿元，增长6.6%；第三产业增加值4336.5亿元，增长8.6%。三次产业结构为3.3∶42.4∶54.3。前三季度，全市实现一般公共预算收入865.3亿元，同比增长8.3%。前三季度，全市一般公共预算支出1124.1亿元，同比增长17.1%。其中，城乡社区事务支出269亿元，同比增长30.6%；社会保障和就业支出127亿元，同比增长35%。10件33项市政府市办实事总体有序推进，城镇新增就业、居民医保待遇提高、补充医保、产前筛查、燃煤锅炉超低排放改造等项目已完成或超额完成年度目标任务。

一、2017年青岛市社会建设取得显著成效

（一）城乡居民收入稳步提高，消费能力同比提升，消费价格温和上涨

前三季度，城镇居民人均可支配收入35318元，同比增长8.3%；农村居民人均可支配收入16673元，同比增长7.7%，分别高出GDP增长0.8个和0.2个百分点。

前三季度，全市实现社会消费品零售总额3208.8亿元，同比增长10.2%，较上年同期提高0.2个百分点。乡村市场增速快于城镇，城镇消费品零售额2677.1亿元，增长9.8%；乡村消费品零售额531.7亿元，增长12.4%。基本生活类和消费升级类商品增长较快，日用品类、五金电料类和饮料类零售额分别增长26.9%、14.9%和23.4%；体育

娱乐用品类、家用电器和音像器材类分别增长30.6%和19.4%。

前三季度，居民消费价格(CPI)累计上涨1.7%，比上年同期回落0.7个百分点。其中，食品价格下降0.9%，非食品价格上涨2.4%；服务价格上涨3.5%，消费品价格上涨0.8%。工业生产者出厂价格累计上涨4.1%，工业生产者购进价格累计上涨11.5%。

(二)社会事业投入持续增加，公共服务能力不断增强

前三季度，全市实现一般公共预算收入865.3亿元，同比增长8.3%。前三季度，全市一般公共预算支出1124.1亿元，同比增长17.1%。其中，城乡社区事务支出269亿元，同比增长30.6%；社会保障和就业支出127亿元，同比增长35%。

2017年，青岛市在扶贫、环保、医疗卫生、社会保障和就业等方面加大财政投入力度，民生得到持续改善。上半年，全市民生支出582.3亿元，占全部支出的75.2%，增长28.1%，民生政策、市办实事项目得到及时足额保障。上半年，市财政安排扶贫专项资金5.5亿元，支持贫困村、经济薄弱村年内全部“摘帽”，打赢扶贫攻坚战。将城乡低保标准分别提高到每人每月660元、490元，为低保对象发放救助资金3.5亿元。安排10.2亿元支持城镇新增就业31.2万人。统筹46亿元用于主城区棚户区改造和发放公共住房补贴。1.3亿元财政资金用于支持提高居民医疗保险待遇。建立实施补充保险制度，将41种特殊药品、医用耗材等纳入补充医保支付范围，3.4万患者受益，节省医疗费1.5亿元。2017年，市财政安排残疾人救助专项资金1.85亿元，较上年提高12%。

1.继续实施就业优先战略，新增就业保持稳定

2017年，青岛市以实施高校毕业生就业创业促进计划为抓手，推进大学生就业联盟建设，组织开展2017年大学生创业精英“BEST计划”，搭建精准对接服务新平台和创业孵化载体建设，拓展就业渠道，完善精准服务，强化困难帮扶，城乡就业局势稳定。前三季度，全市新增城镇就业59.7万人，占年计划的199%。

(1)平台建设亮点纷呈。前三季度，完成20个专业技术服务平台项目现场核查；国家级创业孵化载体累计达到94家；服务创业企业8827家次、创客87652人次，分别占年计划的176.5%和109.6%。

(2)创业扶持和技能帮扶取得新成效。继续全面实施大众创业工程，加大创业扶持力度，实现城乡一体化、同城同待遇。将失业人员自主创业的补贴标准提高到最高3万元，创业担保贷款额度提高到45万元，小微企业创业担保贷款最高300万元。前三季度，全市政策性扶持创业1.6万人，占年计划的106.7%；完成技能培训帮扶9903人，占年

计划的99%。

(3)新型职业农民培训进展顺利。前三季度,完成新型职业农民技能证书培训13181人,占年计划的87.9%。

(4)推行"精准帮扶"模式,促进就业困难人员多渠道稳定就业。前三季度,全市认定就业困难人员19704人,通过各种渠道实现就业17047人,就业率88.15%,完成实现就业困难人员就业1.5万人目标任务的113.6%。认定零就业家庭278户,全部实现动态脱零。

鼓励就业困难人员灵活就业,对从事灵活就业的就业困难人员,给予每人每月300元的灵活就业社保补贴。截止到9月底,就业困难人员灵活就业3765人,占就业困难人员就业数的22.1%。鼓励用人单位吸纳就业困难人员就业,对各类用人单位招用就业困难人员就业,符合条件的,可享受用人单位吸纳就业社会保险补贴和岗位补贴。企业性质的社会保险补贴标准为每人每月816.04元,个体工商户社会保险补贴标准为每人每月639.28元,岗位补贴标准每人每月200元。前三季度,青岛市共发放用人单位吸纳社会保险补贴1.8亿元,就业困难人员实现正规就业13192人,占就业困难人员就业数的77.4%。

2.优化城乡教育资源配置,义务教育均衡发展取得新成效

2017年,青岛市以省教育综合改革试验区建设为抓手,继续推进教育综合改革,取得新成就。

(1)改革更加规范。进一步修改完善了《关于公布青岛市教育综合改革试点单位的通知》《关于印发青岛市教育综合改革试点项目管理办法》,并与部分试点单位签订《青岛市教育改革试点工作备忘录》,教育综合改革更加规范。

(2)中小学食堂标准化建设顺利。2017年前三季度,80所中小学食堂标准化建设全部开工,其中61所已建成并达标,占年计划的76.3%。

(3)创建家庭教育普及工程取得明显成效。2017年前三季度,创建示范家长学校和社区"父母学堂"各30所,举办家庭教育专题讲座289场,培训家庭教育指导师370人,分别占年计划的30%、144.5%和185%。

(4)义务教育均衡发展有效推进。截止到9月底,100所农村义务教育薄弱学校改造全部开工,其中59所已主体完工,占年计划的59%。加大对农村学校音、体、美、英语及信息技术这五科教师的补充力度,各区(市)音体美等学科教师2017年全部配齐。

3.社会保障制度更加完善

2017年,青岛市继续探索完善社会保障制度体系建设,推广"智慧养老""创新养老"等养老新模式,搭建养老服务行业及养老产业发展交流、合作平台。例如,成功举办2017中国(青岛)国际养老产业与养老

服务博览会，邀请国内外专家学者围绕养老服务中遇到的热点、难点问题，举办了4场精彩的论坛及学术交流活动，取得了较好的效果。

（1）完善养老救困助残体系，建立社区失智老人照护示范中心。截止到9月底，2处已完成装修和设施配备；2处已完成装修，正在进行设施配备；另外6处正在按要求进行装修施工和设施配备。

（2）低保制度更加完善。自2017年4月1日起，城市低保标准由每人每月650元提高到660元，农村低保标准由每人每月470元提高到490元，市区实现低保标准统筹；正在研究制定低保标准动态调整机制。截止到9月底，全市共保障城乡低保对象8万户、12万人，发放低保救助资金6.1亿元。

（3）住房保障步伐加快。截止到9月底，已完成住房保障5893套（户），占年计划的98.2%。其中，实物配租2393套，租赁补贴3500户。

（4）启动实施职工大病保险制度。自2017年1月1日起，山东启动实施职工大病保险制度，坚持以人为本、保障大病的原则，不断完善补偿标准、保障范围等政策，逐步建立与基本医疗保险、大额医疗费用补助等制度紧密衔接的职工大病保险制度。

4.敬老助困出台新政策，受益人群得到更多实惠

2017年，青岛市继续出台新政策，加大医疗救助制度落实力度，敬老助困工作不断创新发展。截止到6月底，全市医疗救助困难居民71407人，“一站式”即时结算医疗救助资金15242万元，救助人数和资金较上年同期分别提高22%和80%。对医疗救助后自负费用仍然较大的，民政部门给予临时困难救助，上半年已对8352户困难居民发放临时救助金2501万元。因其成效突出，在9月份全国社会救助工作推进会上作典型发言。

（1）出台特困人员救助供养标准。9月，《青岛市民政局 青岛市财政局关于制定我市特困人员救助供养标准的通知》（青民救〔2017〕15号）发布，对青岛市特困人员救助供养标准进行规范。明确了特困人员救助供养标准包括基本生活标准和照料护理标准，对集中供养的特困人员和分散供养的特困人员的基本生活费用与照料护理费用拨付办法及标准进行了详细规定，并建立供养标准备案制度，新标准自2017年10月1日起执行。

（2）评选2017年度青岛市“敬老文明号”并公示。经过推荐和评审，青岛市评选出交运集团青岛汽车总站等80个单位为2017年度青岛市“敬老文明号”并进行公示，以此推进全社会的敬老爱老。

5.便民利民工程进展顺利，城乡环境得到进一步改善

2017年，青岛市继续推进社会建设城乡一体化，各项工程进展顺利。

（1）城乡居民居住条件进一步改善。截止到9月底，启动棚户区改

造43588套(户)，占年计划的90.8%；节能保暖改造完成95万平方米，占年计划的47.5%。

(2)城乡居民出行条件得到改善。截止到9月底，推进贫困村、偏远村通公交(客车)工作，累计开通调整公交线路32条，实现182个行政村通公交(客车)，占年计划的93.8%；加快公交都市创建，累计开辟调整220路、370路、631路、913路等14条公交线路，占年计划的70%；正在进行12处公交港湾式车站施工招标，启动绿化和杆线迁移等工作；2处公交场站已开工建设，6处正在开展前期工作；完成市区公交专用道建设56.2千米，占年计划的102.2%。公共停车泊位建设已建成或主体完工6200个，占年计划的82.7%。

(3)面向公众开放1000所中小学体育场地，市民健身更方便。《青岛市中小学体育场地设施向社会公众开放工作实施方案》正式发布，《方案》规定，到2017年底，实现具备条件的1000所中小学体育场地设施全部在非工作日向社会公众开放。市民可以在非工作日到周边中小学体育场地锻炼，共享学校教育资源。

(4)强化城乡生态环境治理有效推进。截止到9月底，已完成水清沟河、李村河下游、朱家洼明渠、胶州护城河支流、西流峰河支流等11处黑臭水体整治，占年计划的78.6%；燃煤锅炉超低排放改造已完成能源热电第一热力、第四热力、青岛啤酒二厂等47台锅炉改造，占年计划的117.5%；新能源公交车更新已完成项目招标，自10月份起陆续将车辆采购到位；农村卫生厕所改造已完成36.1万座，占年计划的72.2%。

6.健康青岛建设稳步推进

(1)提升食品安全保障水平。前三季度，完成食品安全定性定量检测62348批次，占年计划的95.9%；继续星级农贸市场创建，每月汇总公布上月测评成绩和满意度调查结果，并组织第三方机构进行实地测评。

(2)医疗改革迈出新步伐。一是加强城乡医疗卫生服务，提高居民医疗保险待遇。自2017年1月1日起，城乡居民医疗保险参保人员按照新政策享受待遇。截止到9月底，全市共有740.15万人次(161.74万人)享受相关医疗保险待遇。二是建立实施补充医疗保险制度，自2017年1月1日起，城镇职工、城乡居民医疗保险参保人员按照新政策享受待遇。截止到9月底，全市共有116956人次享受相关保障待遇。三是开展产前筛查高风险和临界风险孕妇免费基因检测或诊断服务，自6月1日起，全面启动项目服务和报销工作。

7.提升公共安全保障能力

(1)居民家庭民生综合保险。截止到9月底，市南区、市北区、李沧区、崂山区、黄岛区已基本完成保险项目，其余区(市)正在开展政策修订、招标采购有关工作。

(2)电梯安全应急和监控中心建设有效推进。截止到9月底，已完成电梯应急处置服务平台招标，采集电梯信息4.3万余台，正在开展人员培训工作。

(3)应急救护证书培训稳步展开。截止到9月底，已完成“第一响应人”应急救护员培训18168人，占年计划的90.8%。

(三)社会民生重点项目精彩纷呈

2017年，社会民生领域的市级重点项目共有13个，总投资315.7亿元，主要集中在教育、医疗领域。其中，黄岛中国科学院青岛科教园总投资38亿元，平度青岛农业大学创新创业基地续建项目总投资30亿元，高新区青岛市民健身中心总投资28亿元，胶州上海东方医院青岛分院总投资13亿元，市南市立医院二期工程门诊住院楼总投资9亿元。截止到9月底，教育、卫生等社会事业项目新开工7个，竣工1个，开工在建12个，开工在建率100%，完成投资79.5亿元，完成年度投资计划的116%。

1.4个项目投入使用

截止到9月底，市级重点公共服务项目山东大学青岛校区图书馆、青岛中学幼儿园部、青岛中学九年一贯制部、青岛中学中学部4个项目已投入使用，建成面积35万平方米。其中，位于即墨鳌山卫的山东大学青岛校区图书馆项目，总建筑面积8.16万平方米，是日均可接待读者1万人次的现代化图书馆。位于高新区的青岛中学(幼儿园部、九年一贯制部、中学部)是国内首所混合制、非营利性民办学校，从2017年起开始招生，2018年或将扩大招生。市优抚医院、青岛防灾减灾市级示范中心项目已完成安装装修，正在进行室外配套工程施工。

2.9个民生项目有序开工，建设顺利

截止到9月底，总建筑面积5.26万平方米的青岛大学医学教育综合楼、总建筑面积1.22万平方米的市儿童福利院、总建筑面积0.63万平方米的国家文物局水下文化遗产保护中心北海基地一期项目正在有序推进，力争年内建设完工。市体校综合训练比赛馆、市民健身中心、市水上运动中心、国家级青少年足球训练中心、平度奥体中心、市射击运动中心等6个项目进展顺利。市立医院东院二期、市创业就业实训基地、青岛大学科技研发中心等项目正在按计划有序推进，年底实现阶段性建设目标。

(四)四区三市农村整治稳步推进，城乡环境有效改进

2017年，青岛四区三市农村整治计划发布并实施，完成后城乡环境将有效改进，美丽乡村建设呈现新气象。

(1)崂山区。开展卧龙、观崂、慕武石三个社区排污综合整治和河东社区排污综合整治及自来水工程以及毕家南山道路两侧环境综合整治工程。截止到5月底，总投资800万元、对北宅街道峪上路等4条共4.24万平方米农村公路进行路基整修、沥青罩面、公路附属设施完善、简易绿化及有关标志标线等大中修改造工程，已完成初步设计和概算编制；对卧龙社区开展"洁美社区"环境整治提升工程，已经提交项目建议书并得到批复，初步设计概算基本完成。积极开展农村厕所改造，截止到5月底完成598座。

(2)城阳区。加快推进农村居住环境整治，环卫一体化管理提标扩面工程正在有序推进，由环卫公司托管街道辖区内道路、绿地卫生保洁及垃圾清运工作，实现全覆盖、无缝隙。全力推进农村厕所改造工程，截至5月底完成777座。

(3)黄岛区。截止到5月底，圣瓦伦丁庄园改造提升项目、观光桥建设和薰衣草、玫瑰栽植项目完成；藏南镇驻地旅游主题公园项目完成土石方回填、廊架建设。

(4)即墨区。2017年计划实施农村无害化卫生厕所改造4万座，完成200个村庄村内供水管网提升改造。截止到5月底，新开工6000座。蓝村镇大埠后、栾埠村沟塘清淤浆砌工程形象进度达到85%；农村规模化供水改造工程已经审定预算控制价，正在发布招标公告；院上、水牛涧小流域综合治理工程已开工建设。积极开展村庄社区绿化提升建设，指导各乡镇开启村庄绿化建设，并完成工程量的100%。

(5)胶州市。截止到5月底，北片区韩家村污水处理厂完成地上附着物征收补偿工作，正在进行围墙施工，其他项目正在推进中。推进碧沟河整治工程，已完成清理河道及两侧垃圾3900立方米、河道清淤3.7万立方米。注重特色风貌村镇保护建设，胶北街道玉皇庙村传统村落保护发展规划已上报省建设厅备案，大店太平寺修建项目正在施工中。

(6)平度市。截止到5月底，完成农村改厕2.6万余座；美丽乡村建设示范村创建已开工建设；农村村庄污水处理站已完成13个试点村庄初步设计方案；特色小镇旅游路已开始建设。

(7)莱西市。截止到5月底，农村改厕工作有序推进，厕具招投标工作顺利完成，已进入公示期。加强乡村绿化建设，村庄绿化工作已完成80%，共栽种樱花等乔灌木240万株。逐步配套完善镇村污水管网，院上镇、沽河街道等镇(办)污水管网工程共铺设排污管道3000米。传统特色村落双山村、渭田村完成整治任务50%。

(五)加大政策和资金扶持，文化产业发展成效明显

2017年，青岛市认真落实《关于推进文化创意创业创新发展的意

见》，组建市文化创意产业创新发展基金，修订完善相关政策，形成政策合力，营造良好文化生态，文化创意产业发展出现新亮点。文化创意产业载体建设取得重大进展，进一步提升文化街、国际动漫产业园、国家广告产业园、数字出版基地等园区建设水平。加快市级重点文化产业项目建设，包括总投资100亿元的国际领先的影视产业基地建设。

1. 文化经贸交流平台建设亮点多

(1)6月成功举办中国创新设计文化展暨2017中国(青岛)工艺美术博览会。本届博览会突出文化创意与工艺美术等相关行业的跨界融合，首次在全国工美行业展会倡导"版权推动创新"理念，明确"以文化引领为动力，以版权战略为支撑"的发展方向，带动工艺美术行业从传统的"技艺"向全新的"创意"转型发展，促进版权贸易的多元化交流，将工艺美术文化产业推向全新的发展时期，搭建一个技艺交流和产品交易的平台，推动工艺美术行业传承创新转型升级。博览会期间，中国工艺美术协会同期举办"金凤凰"创新产品设计大奖赛(青岛赛区)活动，还专门开辟中国工艺美术中青年设计人才展示专区，为行业中坚力量提供更多发展机会；为全面提升版权公共服务平台的品牌价值，博览会还设立多项服务区域，不仅为参会企业与创作者提供版权登记、版权咨询服务，而且为消费者提供珠宝鉴定以及与大师面对面交流的机会，从而为特色化品牌服务平台建设夯实基础，为文化大繁荣、版权大融合的工艺美术行业带来巨大成效。

(2)成功举办首届"青岛国际时尚文化论坛"，"青岛文化时尚产业创新中心"揭牌。100余位国内外时尚文化界知名人士和时尚文化产业巨头、国际设计大师、专家学者参加此次论坛，探讨国际时尚文化产业发展趋势、发掘时尚商业奥秘、传播时尚精致文化、分享设计创新理念，呈现了一场时尚文化界顶级思想碰撞。这是继2014年成功举办首场中国论坛后，嘉宾们首次踏出北京和上海，走进青岛等中国新兴时尚区，势必将引领世界潮流的时尚文化、时尚教育、设计能量融入青岛，有力提升青岛在业内的影响力，同时对国际时尚文化领域的交流与互动等都会产生积极影响。此次论坛对青岛的时尚文化、时尚教育、时尚产业等领域的发展产生极大的推动作用，进一步提升了城市国际时尚影响力。

2. 青岛市老年活动中心建设进展顺利

青岛市老年活动中心位于市北区南昌路96号，背靠北岭山，建筑面积19569.61平方米，设有教学楼、活动楼、综合楼等三大功能区域，建成后将成为老年人休闲娱乐、教育培训、比赛展示的重要场所。项目总投资14899万元。截止到9月底，该项目教学楼进入室内精装修施工，综合楼和活动楼正在进行二次结构施工。

3. 青岛市防震减灾市级示范中心项目收尾

青岛市防震减灾市级示范中心项目建设地点位于黄岛区大涧山以北、薛家岛大洼社区东侧，经多次论证，最终确定项目用地总面积10.26亩，总建筑面积9500平方米，总投资7997.5万元，项目建成后将成为青岛市地震应急指挥枢纽，主要建设内容包括地震科普中心、防震减灾公共服务中心、震害防御中心、示范推广中心、地震预警中心等。截止到9月底，正在进行节能等单项验收。

4.国家文物局水下文化遗产保护中心北海基地一期3月封顶

该项目占地33.7亩，建筑面积6331平方米。作为我国北方唯一的国家级水下文化遗产保护基地，国家文物局水下文化遗产保护中心北海基地一期主要面向黄海、渤海约45万平方千米海域，开展水下文化遗产保护工作，与水下遗产保护中心南海基地南北呼应，形成"一南一北、双翼齐飞"的战略布局。

5.文化体育设施建设取得新进展

截止到9月底，智慧书亭已在团岛和地铁五四广场站启用2台，并实现线下通借通还；地铁3号线李村站、青岛站、青岛北站、双山站、地铁大厦站新投入运营的5台已采购到位，正在进行设备调试。

6.文化遗产保护呈现新亮点，即墨丰城镇雄崖所村上榜"2017最美古村落"

古村落是我国乡村历史、文化、自然遗产的"活化石"和"博物馆"，是中华优秀传统文化的重要载体和中华民族的精神家园。第十三届文博会上发布"2017最美古村落"榜单，青岛即墨丰城镇雄崖所村榜上有名。

（六）人才建设多措并举，结构进一步优化

2017年，青岛市继续研究制定引才新政，创新选人用人机制，进一步优化引智引才环境，搭建高水平有特色国际交流合作平台，人才工作取得新进展，为全市经济社会发展注入新活力。

1.积极推进人才政策创新，人才总量不断攀升

突出"高精尖"导向，研究制定顶尖人才认定和奖励资助实施细则、外籍雇员聘用管理工作意见等引才新政，进一步优化引智引才环境。截止到9月底，全市引进各类人才11.7万人，同比增长9.4%。其中，引进博士和正高级职称人才1357人，同比增长12.9%；硕士、副高级职称和高技能人才1.18万人，同比增长16.4%。引进外国人才4720人。

2.以改革推进高层次和高技能人才培养

稳步推进职称制度改革，创新基层专业技术人员评价标准，下放中小学教师职称中级评审权。创新实施博士后培养留青计划，提高建站资助及安家补贴标准。出台高技能人才评选工作管理办法，完成振超技能大奖评审，推进"名师带徒"、新型学徒制试点，国家级技能领军人

才数量居全国同类城市前列。

3. 以活动为载体，创新体制机制，搭建人才引进培养平台

举办第10届海外高层次人才座谈会暨海外院士青岛行活动，33名院士集中签约青岛国际院士港。创新举办第17届蓝洽会、"百所高校千名博士青岛行"活动，成功举办2017国际城市管理青岛年会、全球智库创新（青岛）年会，搭建高水平有特色国际交流合作平台。连续第六年入选"魅力中国——外籍人才眼中最具吸引力的十大城市"。优化人才公共服务。建立全市人才服务联席会议制度，发放高层次人才"服务绿卡"50余张。在全国率先完成外国人来华工作许可"两证合一"试点。启动运营国际人力资源服务产业园，推进院士专家创新创业园、博士创业园、留学人员创业园等创新创业平台建设。

（七）社会管理创新迈出新步伐

1. 社会组织规范化管理

2017年9月，为改进行政管理方式，提高行政管理效能，进一步规范社会组织管理，促进社会组织健康有序发展，青岛市民政局印发《青岛市社会组织"双随机一公开"抽查办法（试行）》。

2. 网络预约出租汽车经营服务规范化管理出新政

2017年1月1日，《青岛市网络预约出租汽车经营服务管理暂行办法》开始实施。鼓励符合条件的车辆转为网约车服务，大大满足市民出行需求。同时，规定网约车的车辆要转变使用性质、取得道路运输证，从业人员要通过考试，取得从业资格证，提升网约车服务规范和质量。

二、2018年青岛市社会发展形势预测

2017年第四季度，青岛市将以习近平新时代中国特色社会主义思想为指导，认真践行党的十九大提出的以人民为中心的发展理念，将高质量完成年初拟定的包括10项33件市政府市办实事在内的各项改革和建设目标任务。2018年，青岛市将以满足人民日益增长的美好生活需要为出发点和落脚点，继续深化社会领域改革，加大民生领域投入，提高保障和改善民生的水平，创新社会治理，着力改善城乡环境，使人民群众的获得感进一步提升，使人民对美好生活的向往和期待得到更大满足。

（一）将持续增加社会事业投入，公共服务能力不断增强

1. 继续实施积极的就业政策，全力促进就业工作

制定公共就业服务能力三年提升计划。通过提升公共就业服务能

力，丰富服务供给，改进服务手段，提高服务效果，满足用人单位和劳动者多层次多元化的就业创业服务需求，实现更高质量的充分就业。一是实施新一轮促进就业政策。将结合贯彻落实国务院、省政府对创业工作的新要求，紧密对接新旧动能转换重大工程，以解决现存问题为导向，在支持新兴业态发展、促进创业与产业融合、深化商事制度改革、壮大市场主体、营造创业环境等方面出台一揽子政策，进一步优化创业环境。全面落实创业担保贷款相关政策，进一步加大创业担保贷款力度，促进创业担保贷款政策调整和小微企业创业担保贷款政策及时落地，着力解决创业者及小微企业融资难、融资贵问题。二是对全市3000家企业进行用工监测，准确掌握被监测企业经营状况、用工情况、岗位需求、智能化替代人工等情况，更好地为企业提供人力资源服务，为政府决策提供依据。三是加快推进青岛市创业就业实训基地项目建设，高质量完成阶段性目标。青岛市创业就业实训基地双子楼工程位于山东路15号，项目总占地面积1.6万平方米，主要功能为提供高端创业用房、创业孵化用房、创业服务大厅、创客驿站、创业指导训练室、创业成果展示区、报告厅、会议室及办公室、人才交流服务用房等创业服务设施以及其他配套服务设施。预计2018年完成阶段性目标。

2.医疗卫生服务体系建设将有新成果

一是强化院前急救网络体系建设。正在进行急救车辆、车载医疗设备和通信设备招标采购，2017年10月底前开标；正在进行站点建设、人员招聘和培训等工作。二是开工建设市第八人民医院东院区。正在进行项目土石方整理工程招标，2017年10月底前开标。三是市立医院东院二期，2017年年底完成内外精装修的95%，2018年6月份正式投入使用。新门诊住院楼投入使用后，市立医院东院将新增床位550张，进一步提升青岛市就医环境和医疗服务水平。

3.社会保障更加完善

60周岁以下残疾人意外伤害保险已完成项目招标采购，2017年10月份与中标保险公司签署采购合同，正式起保。

4.城乡居民出行条件将进一步得到改善

一是完善交通标线和隔离护栏建设。正在进行招标采购，2017年10月下旬开标。二是地铁建设快速推进。青岛地铁2号线将于2017年底通车，同时在建的有6条地铁线，地铁6号线一期工程环评已通过专家评审，工程预计2017年开工，2021年建成试运营。今后5年，青岛建成运营的地铁线将达到6条。

(二)民生大项目将加快推进

2017年第四季度和2018年，青岛市将全面加强项目调度服务，全力抓好大项目招商，通过深化“放管服”改革、推行“互联网＋审批服务”、构建项目审批“绿色通道”等举措，提升项目审批服务质量。同时，加强项目要素保障，进一步推动青岛重点大项目建设再造新动能。

1.4 个市级重点项目有望 2017 年底完工

市优抚医院、青岛防灾减灾市级示范中心、市儿童福利院、国家文物局水下文化遗产保护中心北海基地一期项目将在前期建设基础上继续加快推进，有望 2017 年底建设完工。

2.6 个重点项目有望 2018 年交付使用

为保障第 24 届省运会顺利举办，新建场馆 6 处，分别为市体校综合训练比赛馆、市民健身中心、市水上运动中心、市国家级青少年足球训练中心、平度市奥体中心、市射击运动中心。其中，市体育运动学校综合训练比赛馆项目正在进行二次结构砌筑；市民健身中心、市射击运动中心项目正在进行安装装修和室外配套施工；市国家级青少年足球训练中心项目新建公寓楼正在进行外墙保温施工，改造项目已基本完成装修；市水上运动中心、平度市奥体中心项目正在进行主体建设。6 个场馆预计在 2017 年内实现基本竣工，确保 2018 年 3 月全部交付使用，按时服务于省运会赛事。

3.青岛市公共卫生中心建设项目 2017 年内开工

市公共卫生中心建设工程新建建筑面积 9.9 万平方米，包括市民健康体验中心、公共卫生检测检验中心、公共卫生临床中心，同时对现有业务用房进行改造，购置实验室设备、大型医用设备和信息化系统。估算投资 8.9 亿元，建设工期 4 年。市公共卫生中心将建设成为集疾病防控、卫生应急、健康管理、临床救治和科研教学于一体的综合性医疗卫生机构，为维护人民健康、加快建设宜居幸福创新型国际城市作出新的更大贡献。

（三）文化产业将有新发展

1.青岛市老年活动中心预计 2018 年投入使用

青岛市老年活动中心项目占地面积为 15505 平方米，包含教学楼、综合楼、活动楼三大功能区域。其中，活动楼将配套建设羽毛球场、排球厅、健身房、棋牌室、阅览室、多功能厅（舞厅、展厅）、剧场和游泳馆等文体娱乐设施，免费向全市老年群体开放。另外，项目内规划修建上山通道，未来老年朋友可以从项目内部直接到项目北侧的北岭山森林公园进行室外活动，极大地扩展了老年活动中心的活动范围。

2.青岛防震减灾市级示范中心项目 2017 年内将完成全部建设工作

项目投入使用后，将具备防震减灾工作监测预报、震害防御、应急救援、科研推广和宣传教育等五大功能，成为技术先进、设施齐全、功能完善的防震减灾综合示范、服务基地。

3. 青岛大学科技研发中心项目预计2018年建成

该项目位于青岛大学中心校区，总建筑面积5.42万平方米，由两栋17层塔楼、裙房及地下室组成，通过底部两层联系形成整体。建成后将主要服务于海洋新材料研究院等7个研究院的科研工作，成为高水平创新人才培养、高新技术研究和成果转化的重要基地。

4. 海尔·2017青岛国际马拉松11月举办

作为青岛首个国际马拉松赛事，青岛马拉松吸引来自美国、德国、俄罗斯、英国、肯尼亚、港澳台等20个国家和地区的近2万名跑友参赛。2017青岛马拉松比赛路线设置几乎涵盖青岛所有名胜景点，全面展示了青岛红瓦绿树、碧海蓝天的优美风光和帆船之都的独特魅力，赛道特色为“山海城特色”。赛事不仅成为宣传推介青岛的重要窗口，还有助于推动全民健身运动和经济社会发展，切实增强市民的获得感、荣誉感、自豪感。

5. 文化创意产业发展平台建设将进一步扩大

7月首届“青岛国际时尚文化论坛”的举办，成功引入“青岛国际时尚文化论坛”，有力提升了青岛在业内的影响力，同时对国际时尚文化领域的交流与互动产生积极影响。在此基础上，作为活动的联合主办方，青岛市文广新局将携手中科文旅产业发展有限公司，与意大利有关方面及米兰时装周主办方共同探讨有关合作，于2017年10月份举行“当青岛牵手米兰”国际时尚文化周活动。在为期一周的活动期间内举办国际设计师高峰论坛等系列活动，同时举办“时尚文化产业博览会”，拉动全产业链经济的发展，并计划发起百亿元规模的“青岛文化创意产业发展基金”，推动青岛文化与时尚创意产业的发展。

6. “荟文化·悦青岛”2017青岛市民文化艺术节将如期举办

近年来，青岛市深入落实国家关于文化发展的战略部署，在经济实力不断增强、发展质量明显提升的同时，文化的自觉、自信和自强正在成为更为雄厚扎实的“青岛软实力”。目前，青岛全市共有公共图书馆13个、文化馆13个、博物馆82个、国办美术馆3个、剧场9处、电影院56家，镇、街道综合文化站129处，村、社区文化活动室实现全覆盖，构建了覆盖城乡的四级公共文化设施网络，基本形成15分钟文化圈。市民“五王”大赛、小品进社区等5个文化项目获省政府“文化创新奖”。2017年，青岛在全国公共文化服务效能建设现场会上作典型发言。丰富多彩的文化惠民活动，让青岛有了可亲可近可以触摸的温度。

“用文化凝聚城市力量，用艺术点亮百姓梦想。”为期三个月的“青岛最嗨，我秀精彩”2017青岛市民文化艺术节于10月11日开幕。艺术节以“荟文化·悦青岛”为主题，组织开展“欢动青岛”“书香青岛”“诗韵青岛”“光影青岛”和“创意青岛”五大版块、25 项具体活动。此届市民文化艺术节打破以往政府包办所有活动的做法，以文化艺术节为平台，积极发掘、培育和鼓励多元社会主体参与，探索活动项目社会化、专业化运作的新模式，体现“政府主导、社会支持、各方参与、群众得益”的办节方针。

（四）城乡整治有序推进，城乡环境将得到进一步改善

1.“大干 100 天”市容秩序整治提升大会战将全面展开

为着力解决市容秩序管理中存在的突出问题，打造“洁序净美”的城市市容环境，自 11 月 3 日起，至 2018 年 1 月底，在全市范围开展“大干 100 天”市容秩序整治提升大会战。在巩固前期市容秩序专项整治成果的基础上，持续深入提升，进一步破解市容秩序热点难点问题如占路经营、露天烧烤、乱贴乱画、地桩地锁、流浪犬……促进市容面貌焕然一新，进一步提高市民群众的满意度和幸福感。

2. 四区三市农村整治工作将按预定目标继续推进

预计到 2017 年底，全市将基本实现农村无害化厕所全覆盖。这项工程完成后，农村环境将有效改进，同时将带来可观的经济效益。以青岛西海岸新区铁山街道上沟村为例，经过“修旧如旧”等一系列整治，挖掘历史遗迹、风土人情、风俗习惯、非物质文化遗产等人文元素，把文化融入村庄建设中，对杨氏族谱进行续谱，对村庄民居进行修复和立面改造，对部分闲置房屋按照修旧如旧的原则进行民宿改造，整理了一批历史典故、传说，提升了村庄的文化内涵。作为百年老村的上沟村已经成为一处山清水秀的“江北水乡”。预计将为上沟村带来游客及旅游收入的双增长，游客将由 2016 年 7.2 万人增长至 10 万人，旅游收益也将从 150 万元增长至 180 万元。

（五）继续深化落实人才体制机制改革

坚持“党管人才”原则，紧密结合新旧动能转换重大工程对人才的需求，深化人才发展体制机制改革，实施更加积极开放有效的人才政策，大力集聚各类人才。加快推进顶尖人才集聚，做好顶尖人才认定和奖励资助工作。支持青岛国际院士港建设，发挥顶尖平台聚才作用。推进人才公共服务体系建设，实行人才服务清单制度，畅通高层次人才服务绿色通道，优化人才发展服务“软环境”。

（作者单位：青岛市社会科学院）

2017～2018年青岛市加快农业新旧动能转换形势分析与预测

沙剑林

为认真贯彻落实习近平总书记对山东提出的"在全面建成小康社会中走在前列"的指示和李克强总理"希望山东在新旧动能转换方面发挥关键作用"的要求，2017年，根据山东省委、省政府部署，青岛市全面启动了新旧动能转换重大工程，加快农业新旧动能转换是其中的一项重要内容。经过多年不懈努力，青岛农业农村发展已进入新的历史阶段，农业的主要矛盾已经由总量不足转变为结构性矛盾，主要表现为普通农产品阶段性供过于求和优质农产品供给不足并存，小生产与大市场矛盾突出，农业资源环境压力加大，农民收入增长乏力。为解决这些突出矛盾和问题，青岛市紧紧围绕深化农业供给侧结构性改革这条主线，走质量兴农的路子，加快推动农业新旧动能转换，通过大力发展农业新技术、新产业、新业态、新模式，推动实现产业智慧化、智慧产业化、产业融合化、品牌高端化。

一、2017年青岛市加快农业新旧动能转换形势分析

（一）取得的成绩

2017年4月28日，山东省委、省政府召开全省新旧动能转换重大工程启动工作电视会议，动员部署全省新旧动能转换工作。青岛市委、市政府迅速行动，跟进落实，部署开展重大课题调研、重大规划编制、重点工程申报和重要政策梳理。市农委抓住这一有利时机，把加快农业新旧动能转换作为青岛农业实现由大到强转变的必由之路，切实转变工作思路，以农业大项目建设为载体，推动农业新旧动能转换取得扎实成效。

1.聚焦三个发展，明确加快农业新旧动能转换的思路

青岛市立足资源禀赋，借鉴先进经验，确定了加快农业新旧动能转

换的主攻方向和目标：调整优化农业结构，着力推进融合发展、绿色发展和创新发展，打造中国东部沿海都市现代农业发展样板区、先行区和示范区，为青岛全面建成小康社会提供基础支撑。一是调整优化农业结构。落实《青岛都市现代农业发展规划(2016—2020 年)》，面向城市未来和农业长远发展，按照“一轴三片、四区多点”思路，搭建全新的都市现代农业总体框架布局，为新一轮大发展奠定坚实基础。以大沽河流域为生态中轴，以东部崂山、北部大泽山、南部大小珠山为三大生态间隔片区，搭建青岛农业生态体系，建设“城市绿肺”和“城市氧吧”。在平度南部、莱西南部、即墨北部、胶州西南部以及黄岛西北部和西南部等资源丰富、粮食生产优势明显的区域，重点打造 100 万亩粮食生产功能区。在城区周围、城镇近郊、大沽河流域沿岸等地势平坦、水土资源丰富、区位优势明显的区域，重点打造 100 万亩高效设施农业生产功能区。在平度、莱西等优势区域，重点建设现代畜牧业发展区。以深海养殖、海洋牧场和远洋渔业为重点，建设现代渔业发展区。在全域培育高端农业精品区、示范区、标准园区、农产品加工业产业集群，形成产业合理布局、农林牧渔协调发展、生态环境相宜的良好格局。二是推进融合发展。坚持产业联动、要素集聚、技术渗透、体制创新，加大新型经营主体培育力度，重点发展壮大家庭农场、农民合作社、农业龙头企业，加快培育多元化产业融合主体。坚持产业园、科技园、创业园“三园同建”，在全市建设一批现代农业创业园，打造现代农业示范区。把创意农业摆在战略性高度，对传统农业生产方式、经营方式和农村面貌等进行现代化改造，发展出更多适应人民物质文化生活需求的产品、服务或经营模式，拓展农业发展新天地。三是推进绿色发展。绿色是农业的本色，加快绿色发展是推动农业新旧动能转换的基本要求。坚持保护与治理并重，大力发展资源节约型、环境友好型农业，促进农业资源利用方式由高强度利用向节约高效利用转变。实施农业标准化战略，以优质、安全、绿色为导向，以农产品为单元，以生产过程为主线，完善贯穿农产品产地环境、生产过程、收储运销全链条的质量标准体系。突出品牌高端化，编制品牌发展规划和实施方案，提升品牌农业发展水平。四是推进创新发展。发挥科技第一生产力作用，围绕提升农业的质量、效益和竞争力，加快调整农业科技创新的方向和重点，从注重数量为主向数量质量效益并重转变，从注重种养为主向种养加、资源环境等全过程、全要素转变。积极创建国家现代农业产业科技创新中心，打造集研发、孵化、示范、推广、贸易于一体的特色农业产业技术创新链条。

2. 突出载体打造，谋划推进一批重点示范区建设

一是打造国家现代农业示范区。重点发展粮食、特色园艺、蓝色渔业、都市型现代畜牧业、农产品加工业和休闲观光农业六大特色优势产

业，实施农业基础装备水平提升、生产功能区建设、农产品质量品牌提升、种业振兴、产业整合发展、新型经营主体培育、互联网＋现代农业、农业科技创新驱动、耕地质量提升、生态保护和提升等重点任务。根据农业部最新发布的数据，青岛都市现代农业综合发展指数为78.54，位居全国第七，较上年提升1个位次。

二是创建可持续发展试验示范区。以保证农产品质量安全、改善农业生产生态环境和提高农业资源利用率为目标，积极创建国家农业可持续发展试验示范区，重点实施农业面源污染综合防治、水肥一体化、耕地深松整地、农药化肥减量增效、秸秆综合利用、绿色高产创建和可持续发展试验区建设等项目。整建制创建国家农产品质量安全市。2017年以来，国家和省、市三级地产农产品检测合格率达99%；青岛华睿弘光3万立方米大型生物质能源项目竣工投产，全市发展水肥一体化达到15.2万亩、累计28.9万亩，实施低毒低残留及生物农业补贴66万亩，完成深松整地107万亩，实施保护性耕作120万亩，化肥、农药施用总量保持零增长；规模养殖场粪污处理设施配建率从77.5%提高到88%，莱西市通过国家级畜牧业绿色发展示范县验收。

三是创新建设农业"新六产"综合示范区。全域创建农业"新六产"综合试验区，推进三次产业跨界融合，推动农业多要素集聚、多产业叠加、多领域联运、多环节增效。黄岛区和即墨市被列为国家整建制推进三次产业融合发展试点县。农产品加工业持续壮大，国家、省和市级重点龙头企业分别达到9家、37家和235家，其中销售收入过100亿元的3家，过1亿元的110家，主要农产品加工转化率达到70%以上，产值规模占规模以上食品工业总产值的75%，居副省级城市前列。1～9月份，农产品出口额260.7亿元、增长10.3%，稳居全国城市第一位。青岛瑞昌棉业赞比亚项目获批国家境外农业合作示范区，全国仅18个。

3.强化项目带动，十大重点工程初见成效

一是优势农业功能区建设工程。稳步推进粮油功能区、高效设施功能区和特色农产品优势区建设，农业产能持续提升，主要农产品有效供给保障有力。预计全年粮食播种面积733万亩，同比增长1.8%；单产444千克，同比增长5.0%；总产326万吨，同比增6.8%。启动建设30万亩粮油生产功能区和30万亩高效设施农业生产功能区，建成粮食绿色高产高效创建示范区50万亩，示范区内粮食亩产量达到1225千克。

二是青岛国际种都建设工程。组织青岛农业大学、山东省花生研究所等46家单位成立青岛市现代种业联盟。以青岛（移风）国际蔬菜花卉种子产业园为载体，国际种都核心区基础设施建设和配套服务日趋完善，项目引进成果初现。全市建成农作物良种繁育基地20万亩，引进农作物新品种138个，主要农作物良种覆盖率达到98%。

三是现代农业产业园建设工程。积极推进现代农业产业园、科技园、创业园“三园同建”，逐步将其打造成为新型经营主体“双创”孵化区。累计建设过1亿元农业项目31个，总投资258亿元；累计建成现代农业园区891个，其中，市级农村创业创新园区35个，国家级创业创新园区11个，带动8万多农民就近创业、户均增收20%以上。以园区为主要载体，休闲旅游农业品质升级，全市新增国家级休闲农业和乡村旅游项目3个、省级5个，8个休闲农业精品景点入选国家休闲农业和乡村旅游景点名册，全市规模休闲农业和乡村旅游经营主体达到737家、占全省12%，举办农业节会80余个，年接待游客2831万多人次，营业收入191亿元，受益农户达11.2万多户。

四是高端畜牧业发展工程。以点带面、三级联创、全域共建畜牧业绿色发展示范区。现代畜牧业示范园区、养殖小区、标准化养殖场建设扎实推进，主要畜禽标准化规模养殖稳步提升。青岛雪龙食品公司澳洲肉牛屠宰厂项目建成投产，环山千亩农牧产业示范园、青岛正大420万只肉鸡产业、青岛隆铭4000头肉牛养殖基地、波尼亚4亿元肉品精深加工及生物发酵饲料等一批重点畜牧业项目有序推进。

五是“蓝色粮仓”建设工程。积极推进中国北方（青岛）国际水产品交易中心和冷链物流基地、中国水产科学研究院深蓝渔业创新研究院、青岛国信蓝色硅谷项目以及马来西亚北方农渔业产业园、塞内加尔达喀尔渔业基地、几内亚比绍渔业基地等海外项目建设，实施“引、增、稳、控”渔业发展方针，努力打造全国一流的水产良种繁育基地、水产健康养殖基地、渔业资源养护基地、远洋渔业生产基地、水产加工出口基地、水产冷链物流基地，建设环境友好型、质量效益型、创新引领型、统筹发展型“蓝色粮仓”。

六是生态林业发展工程。积极推进“绿满青岛”国土绿化、“守护绿水青山”生态建设提质、“一业一策”动能转换等六大行动，重点推进青岛北部绿色生态屏障区建设和森林城市创建活动，发展优势特色经济林；培植壮大林业“新六产”，促进林业与旅游、教育、文化、康养等产业深度融合，培育新型林业经营主体和服务主体；落实生态红线保护制度，严厉打击破坏森林资源违法犯罪行为，实现绿色发展。

七是农业科技装备工程。积极创建国家现代农业产业科技创新中心，开展现代农业关键技术创新，推进农业技术集成、创新要素集聚、龙头企业集群、特色产业集中，强化旗舰型、创新型龙头企业的带动作用。建立“创新团队＋基层农技推广队伍＋新型农业经营主体”的新型农业科技服务模式，农业科技进步贡献率达到67%，高出全国平均水平11

个百分点。以整建制创建全国主要农作物生产全程机械化示范市和实施“中国制造2025”为契机，加快推进农业全程全面机械化，落实农机购置补贴1.2亿元，预计全市农机总动力达到707.9万千瓦，主要农作物耕种收机械化率达到91%，主要指标位居全国同类城市前列。

八是智慧农业推进工程。深入实施“互联网＋现代农业”行动计划，开展农村电商示范创建，培育首批示范镇15个，新建益农信息服务站300处、累计达到716处，培育年交易额1000万元以上的农业电商企业49家，农产品电子商务交易额达58亿元。

九是质量兴农工程。坚持“质量兴农、品牌引领”，整建制创建“国家农产品质量安全市”，加强农产品生产经营主体管理，推进标准化生产，健全质量安全监管体系，整体提升青岛市农产品质量安全水平。建成运行农产品质量安全监管平台、国家农产品质量安全风险评估实验室和市级农业行政执法指挥平台，完成农产品质量安全检测46.3万多批次。制定发布“青岛农品”整体形象标识，新认证“三品一标”农产品130个，评选出岛城最喜爱区域公用品牌11个、农产品品牌30个，胶州大白菜、大泽山葡萄和马家沟芹菜被评为“2017年最受消费者喜爱的中国农产品区域公用品牌”。崂山茶品牌价值达到9.71亿元，亩均收益居全国第三。

十是新型经营主体培育工程。实施专业大户培植、家庭农场培育、农民合作社规范、龙头企业提升、社会化服务体系建设等五项工程。全市农民专业合作社发展到1.2万多家、百亩以上家庭农场和种植大户6100多家。深化国家新型职业农民培育整体推进示范市建设，大力培育农业工匠，新型职业农民技能证书培训连续第四年被列为市办实事，新建农民田间学校50处，累计培训超过1.5万人。

（二）存在的问题

1.农业综合效益仍然相对较低

一方面，生产成本处在“上升通道”，人工、农机、农电作业等费用持续上涨，种子、化肥、农药等投入品价格节节攀升。与之相对应的是，市场粮价低位徘徊，小麦、玉米等大宗农产品国家补贴有所下调，导致农业综合效益相对不高。

2.传统农业经营方式仍占较大比重

当前，“小农经营”与大生产、大流通、大配送矛盾仍未从根本上解决。青岛人均耕地1.05亩，全市承包农户共116万户，户均经营耕地5.3亩。生产规模小，新技术新品种推广难，大农机耕作未能得到充分施展，传统生产方式仍占较高比重，土地流转市场化、经营规模化水平与先进地区仍有较大差距。

3. 农业资源环境约束趋紧、态势未变

青岛是水资源匮乏城市，人均占有水资源 247 立方米，仅是全国平均水平的 11%。青岛现有耕地 790 万亩，但有效灌溉面积仅占耕地总面积的 61%。海产品和畜禽小而散的传统养殖方式仍然存在，种植业大量使用不可降解的地膜，地膜和药物残留、动物粪便、工业和生活垃圾污染等，使农业生态保护和农村环境建设的任务非常艰巨。

4. 政策支持力度有待加大

加快农业新旧动能转换涉及面广，无论是在专项规划引领、重点项目支持还是要素投入支撑、工作联动机制等方面都有待加强，支持农业新旧动能转换的财政补贴、信贷担保、主体培育、有效激励、风险防控等政策体系都有待进一步健全。

二、2018 年青岛市加快农业新旧动能转换趋势预测

党的十九大报告提出了实施科教兴国战略、人才强国战略、创新驱动发展战略、乡村振兴战略、区域协调发展战略、可持续发展战略、军民融合发展战略的要求，就贯彻新发展理念、建设现代化经济体系作出具体部署，为青岛加快农业新旧动能转换指明了方向。2018 年，青岛市将深入贯彻落实党的十九大精神，大力实施乡村振兴战略，按照产业兴旺、生态宜居、乡风文明、治理有效、生活富裕的总要求，深入推进农业供给侧结构性改革，大力发展都市现代农业，全面深化农村各项改革，加快推进美丽乡村标准化建设，力争在加快培育农业农村发展新动能、推动农业农村发展率先走在前列上取得新突破，为把青岛建设得更加富有活力、更加时尚美丽、更加独具魅力作出农业农村应有的贡献。

(一)农业科技装备建设将进一步加强

按照“把中国人的饭碗牢牢端在自己手中”的要求，加强农业产能建设，确保粮食安全。一是推进农业功能区建设。落实农业功能区制度，划定 100 万亩粮食生产功能区、100 万亩高效设施农业生产区，完善粮食主产区利益补偿机制。推进畜牧养殖向优势产区集中，全面完成禁养区养殖户搬迁任务。坚持控猪稳禽、大力发展牛羊兔等草食畜牧业，巩固提升生猪、肉禽、奶牛、肉牛、肉兔、肉羊、蛋禽七大优势产业，打造千亿元级畜牧业产业链。二是加强农业科技创新和推广。推进青岛国际种都建设，以青岛（移风）国际蔬菜花卉种子产业园为核心，打造国内一流种业研发创新中心、种子种苗繁育中心、种业交易物流中心、种质资源保护中心、种子质量检测中心，将青岛市打造成为中国北方国际种都。深入开展农业科技展翅行动，加快农业科技创新体系建设，完

善农业科技创新联盟，壮大农业产业技术体系创新推广团队。开展绿色高产高效创建，采取政府购买服务方式，支持各类社会力量参与农业技术推广。大力培育新型职业农民，提升现代农业发展水平。三是加强农机装备建设。创建国家主要农作物生产全程机械化示范市和平安农机示范市，加强经济作物机械化、粮食烘干、航空植保等中高端农机装备建设，大力提升农机装备水平。发展农机装备制造业，打造中国智能农机小镇。四是发展现代农业示范园区。建设国家现代农业示范区，推动现代农业产业园、科技园、创业园"三园同建"，以现代农业产业园为依托，加大招商引资力度，推进农业大项目建设，加快农业转型升级。

（二）农村三次产业融合发展将进一步深化

围绕产业链、价值链、供给链"三链重构"，培育农业新产业新业态，提高农业综合效益。一是加快发展农产品加工业。实施农产品加工业转型升级行动，推动农产品加工业从数量增长向质量提升、要素驱动向创新驱动、分散布局向集群发展转变，支持农产品精深加工、发展冷链物流，重点打造平度、莱西粮油加工区，即墨、平度、莱西畜产品加工区，胶州食品加工区，黄岛海产品加工区等产业聚集区。扩大农业对外开放，推进农产品出口，保持农产品出口第一市地位。二是加快发展休闲观光农业。依托山、海、河、库、林等资源禀赋和传统村落乡村旅游景点资源优势，开展"春夏秋冬"系列农业游活动，打造大沽河沿线、滨海沿岸和崂山、大泽山、藏马山"两带三山"乡村旅游产业带，培育一批集采摘体验、农业科普、休闲观光于一体的农业公园和3A景点标准的美丽乡村，促进农业与休闲旅游、教育文化、健康养生等深度融合。三是加快发展互联网＋现代农业。深入实施"互联网＋农业生产、经营、管理、服务、创业"行动，促进农业与信息化深度融合。加快发展农产品电子商务，大力培育农产品电商平台企业和农村电商服务企业，打造农村电子商务示范县、特色电商镇和电商示范基地、示范企业。提升"农业科技110"综合信息服务能力，以农产品质量安全监管、农兽药基础数据、新型农业经营主体和农产品市场信息为重点，建设农业大数据中心，将主要农业生产养殖、屠宰加工企业和农兽药企业等纳入信息化监管。四是支持农民就业创业。突出发挥农民工、中高等院校毕业生、退役士兵和科技人员等返乡下乡人员作用，落实财税、金融、用地、用电等扶持政策，鼓励返乡下乡人员领办创办一批新型农业经营主体，参与农村电商平台建设，引导和发展一批生产经营型、农产品加工型、生产服务型、生活服务型等新产业新业态。

（三）农业可持续发展水平将进一步提升

坚持“绿水青山就是金山银山”理念，推行绿色生产，构建人与自然和谐共生的农业发展新格局。一是加强农业面源污染治理。按照“一控两减三基本”的要求，健全农业高效节水制度、农业投入品减量使用制度、农业废弃物资源化利用和无害化处理制度、废旧地膜和农药废弃包装物回收处理制度，加快推广水肥一体化、绿色防控等技术，实现化肥、农药施用总量零增长，农作物秸秆、畜禽粪污综合利用率大幅提升。二是推进农业标准化生产。制定修订农兽药残留、畜禽屠宰、饲料卫生安全、冷链物流、畜禽粪污资源化利用等国家标准和行业标准。培育发展无公害农产品、绿色食品、有机农产品和地理标志农产品等产品认证，建设一批符合国际标准的出口农产品生产基地。三是加强农产品质量安全全程监管。按照“四个最严”的要求，坚持源头治理、标本兼治、全程控制的思路，建成国家农产品质量安全市，健全质量追溯、检测、执法体系建设，完善农产品市场准入和产地准出制度，确保质量安全不出问题。加强农业安全生产，健全重大动物疫病防控体系，有效防控重大动物疫病和人畜共患病。推进农牧结合，构建农牧结合生态循环种养模式，全域创建畜牧业绿色发展示范区。四是大力发展品牌农业，实施农业品牌战略，支持农业经营主体创建国家、省、市级知名农产品品牌，做大特色名特优农产品地方品牌，培育具有区域优势特色和国际竞争力的农产品区域公用品牌、企业品牌和产品品牌。

（四）农业农村发展活力将进一步激发

以确权赋能为目标，压茬推进农村改革，拓展改革的范围和深度，不断激发农业农村发展活力。一是加快推进农村集体产权制度改革。继续坚持把全域村庄和全部资产纳入改制范围，把好清产核资、资格界定、权益分配和民主公开“四关”，落实集体经济组织成员收益分配权、建立集体资产保值增值长效机制，让农村“沉睡的资产”活起来。二是深化农村土地“三权”分置改革。稳定农村土地承包关系，建立全市统一的土地承包经营管理信息系统。建立健全农村土地承包纠纷调解仲裁体系。采取颁发农村土地经营权证等形式，平等保护经营主体依法取得的土地经营权。规范农村产权交易，实现涉农区（市）农村产权交易市场建设全覆盖。运用好农村土地承包经营权确权登记颁证成果，鼓励通过土地流转、服务带动、股份合作、委托经营、村集体统一经营等，发展多种形式适度规模经营。三是发展壮大新型农业经营主体和服务主体。加快构建政策体系，引导家庭农场、农民合作社、农业服务组织、农业产业化龙头企业等规模经营主体健康发展。持续推进农民合作社、家庭农场示范创建行动，实行市级示范认定和名录管理。支持发展农民合作社联合社或联合会，鼓励发展集循环农业、创意农业、农事体验于一体的田园综合体。通过引进大型农业龙头企业、培育规模以上农业企业等，发展一批销售收入过1亿元的农业加工龙头企业，延长农业产业链条。四是健全农业社会化服务体系。培育多元化农业服务主体，探索建立集农技指导、信用评价、保险推广、产品营销于一体的公益性、综合性农业公共服务组织。大力发展农机作业、统防统治、集中育秧、加工储存等生产性服务组织。支持农业产业化龙头企业和农民合作社开展农产品加工流通与社会化服务，带动农户发展规模经营。五是完善农户与新型经营主体利益联结机制，支持农民以土地、林权、资金、劳动、技术、产品为纽带，开展多种形式的合作与联合，引导小农户步入农业现代化轨道。积极开展土地经营权入股农业产业化经营，发展股份制和股份合作制经营，推行"保底收益、按股分红"，构建让农民分享加工流通增值收益的利益联结机制。

(五)美丽乡村建设将更加彰显魅力

按照"望得见山，看得见水，记得住乡愁"的要求，大力推进美丽乡村标准化建设，全面改善农村人居环境，为农民建设幸福家园。一是持续推进"十百千"美丽乡村标准化创建行动。按照生态美、生产美、生活美、服务美、人文美的要求，坚持规划引领、突出特色、产业发展，每年创建10个农村新型示范社区、100个美丽乡村示范村、1000个达标村，改善和提升农村基础设施和人居环境。二是推进农村社区化服务规范提升。健全完善农村社区服务体系，推进基本公共服务、经营性服务、互助性服务下沉，健全服务队伍，完善服务制度，强化保障措施，打造有人服务、有章可循、有事能办、运转高效、群众满意的服务"三农"主阵地，努力实现便民、利民、富民目标。三是推进农业产业扶贫。围绕做特做优当地主导产业，实施农业园区带动、农民合作社带动、农业龙头企业带动等，支持经济薄弱镇(村)、贫困村(户)发展优质、高效、生态、安全的种养产业，加快脱贫步伐。四是发展农村集体经济。支持村集体经济组织通过资产租赁、异地建设发展物业经济，通过山林、"四荒"地等资源发包、入股发展资源经济，通过开展来料加工、乡村旅游等发展服务经济，增加村集体收入。

(作者单位：青岛市农业委员会)

2017～2018 年青岛市交通运输发展状况分析与预测

柳 宾

党的十九大报告明确提出了建设"交通强国"的目标，这既为交通事业发展指明了方向，也对其发展提出了新的更高的要求。2017 年，青岛市抢抓交通运输发展黄金时期，以打造"一带一路"综合枢纽城市为目标，以纵深推进项目建设攻坚和公交都市创建行动为抓手，全力服务宜居幸福创新型国际城市建设，交通运输各项事业持续发展。

一、2017 年青岛市交通运输发展状况分析

（一）深入实施项目建设攻坚行动，全域交通网络进一步完善

1. 公路

一是高速公路建设进展顺利。截至 6 月底，新机场高速公路项目一期工程先期实施段已完成主体工程前期设计、施工图批复及施工监理招投标等工作；济青高速改扩建、龙青高速龙口至莱西段等高速公路建设项目、董家口至五莲高速公路项目前期工作积极推进。

二是 2016～2017 年普通国、省道安全生命防护工程稳步实施，截至 6 月底，已完成总工程量的 50％。

三是"四好农村路"建设快速推进。上半年完成农村公路大中修工程 40 千米、连通和网化工程 20 千米；农村公路安全隐患整治重点向危桥改造和村道延伸。

2. 铁路

一是济青高铁青岛段建设取得新进展。济青高铁全长 307 千米，项目总投资约 600 亿元，其中青岛市境内正线长 35.4 千米。上半年，济青高铁青岛段征迁工作基本完成，拆迁企业 90 家、民房 315 户，为施工单位移交建设用地 2750 亩；7 月 29 日，正式开始铺轨；截至 9 月底，已完成总工程量的 72％，所有跨河桥梁架设完毕，胶东机场隧道（包括

跨原胶济铁路的下穿隧道)施工全部完成。

二是青荣、青连、董家口疏港、潍莱等铁路境内段的征迁建设协调推进。截至8月底,青连铁路青岛段完成总体建设进度的80%;潍莱铁路青岛段征地拆迁已经做好启动准备;青荣城际铁路青岛段概算清理工作基本完成。

3.海港

2017年以来,青岛市加快推进《青岛港口总体规划》修编,开展青岛港功能布局规划和港城空间布置研究。2017年2月,青岛港成为全国4个获得验收评价优秀等级的港口之一,获国家"绿色港口"荣誉称号。

一是加快推进中科院海洋研究所大科学工程航道疏浚等3个项目建设和7个项目前期工作,完成董家口港区原油码头至原油储罐一期入库段管道工程3个项目竣工验收。

二是青岛港董家口液体化工码头工程通过竣工验收。该工程位于董家口港区董家口嘴作业区危险品港池北侧岸线,为董家口港区第一座液体化工品码头,工程新建3万吨级和2万吨级液体化工品泊位各一个,岸线长度为453.8米,年设计通过能力260万吨。投入使用后将进一步完善港口功能、提升竞争力。

三是青岛港全自动化集装箱码头正式投入商业运营。前湾港区四期第5～10泊位均设计为全自动化码头,岸线长2088米,纵深784米,前沿水深20米,年通过能力520万标准箱,可停靠世界最大的2万标准箱以上的集装箱船舶。2017年5月,首期2个泊位投入运营,标志着当今世界最先进、亚洲首个真正意义上的全自动化集装箱码头已经具备自动化全规模作业能力,进一步提高了集装箱码头运营能力和效率,为集装箱业务的持续发展释放了空间。

四是董家口港—潍坊—鲁中、鲁北输油管道一期工程实现全线贯通。该工程起始于青岛港董家口港区海业摩科瑞油品罐区,终于潍坊市滨海新区滨海末站,全长236千米,于6月29日实现全线贯通。

五是青岛港即墨港区挂牌运营。7月19日,青岛港即墨港区正式挂牌运营,通过"即黄"小循环专列,使国际陆港与青岛港实现物流、信息等资源无缝隙对接,既可缓解青岛港的疏运压力,又可让国际陆港成为具有码头进出口功能的胶东半岛地区重要的综合性内陆港区。该港区设立运营后,将实现进出口"直通直入的模式",即墨市有关出口企业的商品可在陆港就地通关出口,经"即黄"小循环专列直达前湾港前沿码头,大幅减少通关环节,降低通关时间,从而降低企业物流成本,大大提高企业竞争力。

4.空港

一是青岛机场再增7个停机位。为了满足日益饱和的机位需求,通过实施停机位扩容，青岛机场新增设7个机位并于6月12日正式启用，停机位由原来的63个增至70个，不仅优化了青岛机场运行保障资源，提升了老机场的效率，也为新老机场顺利过渡奠定了基础。

二是新机场建设工程顺利实施。2017年上半年，青岛新机场航站区总体进入钢结构和二次结构施工阶段，其中A、B指廊已率先完成钢结构网架提升，完成高铁、地铁影响区主体结构施工总量的30%。

三是"智慧机场"建设加快推进。为推进青岛"智慧机场"建设进程，升级旅客办理乘机手续、登机"一站式"快捷通关体验，2017年以来，青岛机场陆续上线自助托运行李系统、自助登机系统。其中，自助行李托运系统实现了旅客自助选座位、打印登机牌、行李条、托运行李等全程自助乘机服务；自助登机系统则是完全由旅客持登机牌进行自动扫描、通过登机口。加之已经运用较为成熟的自助值机设备，形成了青岛机场旅客服务信息化全链条，旅客办理值机、登机等手续更加便捷，排队等待时间进一步缩短。

(二)深入实施物流产业升级行动，运输产业进一步提升

1. 交通运输服务持续优化

一是加强标准规范。贯彻落实青岛市海运业和航空产业发展实施意见，出台航空运输主业财政支持政策，深化青岛国际航运服务中心建设，加快青岛国际港航大数据基地、港航产业发展基金、现代港航综合信息平台、港航产业发展基金、港航联合商品贸易场、港航产业发展联盟和美洲航运指数推进工作。发布实施《青岛市公交线路优化导则》等地方性标准规范，青岛市高速公路综合服务标准化试点获批"国家级"标准化试点项目，《高速公路服务区服务管理规范》被立项为山东省地方标准。

二是落实便民政策。完成鲜活农产品运输"绿色通道"惠民通行、重要节假日和重大活动交通保障任务；上半年梳理公布21项交通运输公共服务事项，取消6项涉及群众办事创业证明事项，审批服务事项"只跑一次腿"的三级网办达到100%，"零跑腿"的四级网办达到14.6%以上。打造智慧交通，深化青岛交通运输公共服务中心建设，1月5日青岛交通APP正式上线运行，该APP整合了市区路况、实时公交查询、周边出租车查询、地铁、高速路况、服务区、收费站、加油站、火车时刻、琴岛通、旅游信息、出行规划、航班动态、机场大巴、船期查询、客运站、汽修站、停车场、驾校、快递查询、天气、公共厕所等20余项服务功能，涵盖了青岛市公交、地铁、自驾车、出租、铁路、航空、长途客运等7种出行方式，为市民出行提供一站式综合查询服务，截至6月底，访问量已达到约10万人次。

三是加强行业监管。1～6月份，修订形成行政处罚裁量基准509项，查处超限超载车辆2700余辆、客运车辆违章300起，对行业企业开展检查并督促整改安全生产隐患。

2.交通运输服务业实现新增长

一是铁路运输持续增长。2017年前三季度，青岛铁路客运量2442万人，同比增长18.4%；货运量4610万吨，同比增长11.6%；客运周转量744902万人千米，同比增长18.4%；货运周转量1401318万吨千米，同比增长11.6%。其中，春运期间，青岛火车站和青岛北站共计发送旅客145.3万人次，同比增长24.2%；暑运期间，青岛火车站和青岛北站共发送旅客384万人次，同比增长27.6%。

表1 2017年1～9月份青岛市铁路客货运量统计表

月份	1月	4月	5月	6月	7月	8月	9月
客运量(万人)	238.9	282.3	287.7	251	333	351	260
货运量(万吨)	520.6	503.8	517.5	539	508	513	499
客运周转量(万人千米)	72864.5	86101.5	87748.5	76586	101382	107268	79331
货运周转量(万吨千米)	158262.4	153155.2	157381	163643	154675	155983	151452

资料来源：青岛统计信息网(缺2、3月份)。

二是海上运输稳中有序。2017年以来，青岛市进一步加快建设海上国际集装箱班轮航线，上半年新增11条集装箱航线。1～9月份，青岛港实现货物吞吐量38190万吨，同比增长1.5%，其中实现外贸货物吞吐量27578万吨，同比增长8.7%；实现集装箱吞吐量1373.38万标箱，同比增长1.8%。

表2 2017年1～9月青岛港吞吐量统计表

月份	1月	2月	3月	4月	5月	6月	7月	8月	9月
货物吞吐量(万吨)	4502	3804	4380	4257	4267	4270	4270	4225	4215
外贸货物吞吐量(万吨)	3269	2672	3153	3096	3099	3092	3196	3068	2933
集装箱吞吐量(万标准箱)	161.88	133.78	155.58	153.58	148.89	155.76	155.11	153.82	154.98

资料来源：中国港口网。

三是钢铁联运快速发展。截止到7月底，青岛港国际集装箱班轮航线已达160多条，居中国北方港口之首；集装箱班列线路达32条，其中省内班列 20 条、省外班列 8 条、过境班列 4 条，覆盖山东，辐射沿黄，直达中亚，基本形成了“横贯东西”的海铁联运物流大通道。1～7 月份，青岛港海铁联运箱量完成 40 万标准箱，同比增长 51%，继续保持全国沿海港口首位；中铁集装箱青岛中心站完成到发量 27.8 万标准箱，同比增长 38.2%。

四是空中航线及客货运量稳步提升。2017 年 3 月，青岛开通至吉隆坡航线；7 月，实现了至莫斯科的客运直航航线。至此，青岛流亭国际机场已开辟国际航线 19 条，可通达 10 个国家的 15 个城市。1～8 月份，青岛机场累计完成航班起降 11.93 万架次，同比增长 6.88%；旅客吞吐量 1541.79 万人次，同比增长 13.59%；货邮吞吐量 14.75 万吨，同比增长 1.59%。暑运期间（7 月 1 日～8 月 31 日），青岛机场累计完成航班起降 3.32 万架次，旅客吞吐量 454.2 万人次，创复航 35 年以来的历史最高；其中，8 月 20 日单日吞吐量首次突破 8 万人次，创历史新高。

表 3　2017 年 1～9 月青岛航空客货运量统计表

月份	1月	4月	5月	6月	7月	8月	9月
航空旅客吞吐量（万人）	165.89	184.35	200.55	196.9	221.68	238.88	203.59
航空货邮吞吐量（万吨）	1.85	1.89	2.06	2.09	1.74	1.86	2.21

资料来源：青岛统计信息网（缺 2、3 月份）。

（三）深入实施公交都市创建行动，市民出行品质进一步优化

1. 常规公交

一是深化改革。实施城市公共汽电车供给侧改革一揽子政策，完成换乘优惠政策实施一周年效果评估，建立公交线网常态化调整机制。6 月 1 日，《青岛市公交线路优化导则》（以下简称《导则》）颁布，并于 7 月 1 日正式实施。《导则》建立了青岛市公交线网优化的一套指标体系，对快线、干线、支线在线路形态层面的功能定位、线路范围、长度、站距、非直线系数、行驶道路，以及运营服务层面的线路服务时间、发车间隔和线网关系层面的与其他线路重复率、与轨道线路的重复站点数等，进行了详细而切合青岛市实际的规定，对促进青岛交通和谐健康发展、打造青岛标准和国际化创新型城市有着重要意义。

二是加快公交基础设施建设。上半年开辟调整 7 条市区和 10 条城乡公交线路，施划 7 千米公交专用道，迁移 20 处拥堵站点，建成 14 组智能候车亭，完成 12 处港湾式车站建设方案和 914 辆新能源公交车

更新采购方案编制，加快推进2处公交场站前期工作，市区6547辆公交车全部实现智能查询和远程调度。截止到7月底，市内六区公共汽电车日行驶里程103.2万千米，相当于每天绕地球赤道跑约26圈；其中，市内五区（不含黄岛区）公共汽电车日行驶里程74.6万千米。同时，加快建设公交智能化应用示范工程，提升市区公交智能化、信息化水平，探索开通"互联网＋公交快车"，早晚高峰时段快速疏散客流，方便市民日常出行。

三是新能源公交车推广应用取得明显成效。截止到8月底，全市新能源公交车2917辆（其中纯电动2357辆、插电式混合动力560辆），其中，中心城区1564辆；已建成换电站7座，换电工位25个，可满足750辆纯电动公交车的换电需求；建成充电站60余座、充电桩680余个，可满足2000余辆电动公交车充电需求。

四是城乡公交一体化加快推进。1～9月份，为解决贫困村、偏远村公共交通问题，累计开通调整公交线路32条，实现182个行政村通公交（客车），占年计划的93.8%。

2. 轨道交通

一是地铁3号线运行平稳。2017年1月19日，地铁3号线全线开通试运营满月，《地铁3号线全线开通试运营交通影响评估报告》显示，全线开通试运营后首月客运总量突破440万人次，日均客运量14.2万人次，最高日客运量17.5万人次；日均客流量最大的3个车站分别为李村站（3.77万人次）、青岛站（3.22万人次）、五四广场站（2.98万人次）。乘车早高峰为7:00～9:00，客运量3.08万人次，占全天客运量的22.8%；晚高峰为17:00～19:00，客运量3.1万人次，占全天客运量的23%。全日断面客流呈"纺锤"形，最大断面在敦化路站至错埠岭站间，其单向最大断面日均客运量为3.5万人次。青岛站至青岛北站方向平均运距为9.56千米，青岛北站至青岛站方向平均运距为9.43千米。截止到8月底，地铁3号线安全平稳通车8个多月，日均客流量达到20余万人次，总载客量已经突破4000万人次。

二是多条地铁线路同时在建。9月底，青岛共有6条地铁线路（1、2、4、8、11、13号线）在建，总里程约305千米。其中，1号线全线82个工点中有75个进入实体建设，实体开工率91%；土建完成26%，过海段开挖完成77.1%。2号线东段（李村公园站至芝泉路站）已于8月21日开始空载试运营。11号线已实现轨通，其中正线铺轨118.43千米；全线土建完成99%，供电工程完成87%，机电工程完成77%，公共区装修完成60%，设备区装修完成79%，外装饰装修工程完成88%，弱电专业完成67%。13号线一期工程主体结构施工已全部结束，正在开展土建工程验收；二期工程土建完成69.5%，高架段主体结构施工完成约90%，地下段正在进行主体开挖及初期施工。此外，4号线、8号线也已进入施工阶段。

3.出租汽车

一是继续深化出租汽车行业改革。为贯彻落实全面深化改革的决策部署，积极稳妥推进出租车行业改革，合理疏导价格矛盾，促进本市出租车行业持续健康发展，自6月1日起，青岛市区普通型巡游出租车由9元调整为10元，礼宾型(含未更新的豪华型)巡游出租车仍为12元，基价里程3千米不变；超过起步里程后，普通型巡游出租车由现行每车千米1.40元调整为2元，礼宾型(含未更新的豪华型)巡游出租车由现行每车千米1.90元调整为2.50元。

二是规范网络预约出租汽车(以下简称"网约车")发展。为加强对网约车的规范管理，青岛市依据国务院办公厅发布的《关于深化改革推进出租汽车行业健康发展的指导意见》和交通运输部等7部委颁布的《网络预约出租汽车经营服务管理暂行办法》，制定了《关于深化改革推进出租汽车行业健康发展的实施意见》《青岛市网络预约出租汽车经营服务管理暂行办法》和《关于查处非法营运行为涉及私人小客车合乘认定的意见》3个文件，并于2017年1月1日正式实施，行业发展依法依规的格局逐步恢复。截止到8月中旬，青岛市取得经营许可的网约车平台公司有5家(滴滴、神州、首约、曹操、易到)，已有4304辆车办理网约车运输证，3549名驾驶员办理网约车驾驶员证。

二、青岛市交通运输发展趋势

贯彻落实党的十九大提出的建设交通强国的要求，国家明确提出到2020年基本建成安全、便捷、高效、绿色、经济的现代综合交通运输体系的奋斗目标，这标志着交通运输事业进入了快速发展的新阶段。与此相适应，青岛市提出了到2020年建设成为东北亚国际航运综合枢纽、东北亚国际物流中心和国家综合交通枢纽的目标。根据规划，"十三五"期间，青岛市将突出海、陆、空港和信息港多港联动，构筑陆海空一体、地上地下有机结合的综合交通体系，实现与山东省内主要城市间2小时、市域内1小时通达。

(一)铁路网络更加完善，铁路枢纽城市初步建成

"十三五"期间，青岛市将建成开通青连铁路、济青高铁、潍莱高铁和董家口疏港铁路等项目，新增铁路287千米，达到666千米，同比增长75.5%，使青岛由铁路末端变为铁路枢纽；到"十三五"末，将建成以青岛站、青岛北站、青岛西站、红岛站为枢纽，济青高铁、青连铁路、胶济

客专、青荣城际、潍莱高铁为主要干线的铁路网。

1. 济青高铁将于2018年底通车

按照计划，济青高铁将于2018年6月份开始联调联试，年底正式通车。由此将实现济南至青岛1小时直达，烟台、威海、日照等城市2小时到达。同时，济青高铁接入济南新东站后，通过京沪高铁与北京、上海方向连接，通过石济客专与石家庄、太原等城市连接，从而与华北、华东、东北及部分西北地区连接；通过济聊城际铁路与国家规划建设的京九、郑聊客专连通，实现与中原、华中、华南、西南和部分西北地区的连接。青岛与全国各大城市的联系将更加便捷、更加畅通。

2. 青连铁路将于2018年底建成

作为我国黄海沿海地区青岛至上海高速铁路运输通道的一部分，青连铁路开通后，青岛至上海间的铁路运输距离可由现在的1400千米缩短至800千米，时间可由现在的7小时缩短至4小时。青连铁路的建成，在进一步优化和完善东部地区铁路网布局的同时，还将成为我国东北地区经山东半岛至华东沿海地区间便捷的大能力铁路运输通道。

3. 董家口疏港铁路将打通铁路运输南北大通道

董家口疏港铁路位于黄岛区泊里镇南部沿海，线路自青连铁路董家口站北端疏解引出，经董家口南站至董家口港区内装卸作业区，全长15.78千米，预计2018年上半年建成通车。董家口疏港铁路与青连铁路相连，将打通铁路运输南北大通道，大大提升董家口港的集疏运能力，对于董家口港逐梦世界级大港、提升东北亚航运枢纽功能具有关键作用。

4. 潍莱高铁将使平度、莱西市民出行更为便捷

潍莱高铁线路起自济青高铁潍坊北站，终至既有的青荣城际铁路莱西北站，其中新建铁路长度122千米，速度目标值为350千米/小时；全线共设潍坊北站、昌邑南站、平度北站、莱西北站4座车站。该项目是省内“三横”快速铁路网的“中部通道”，预计2019年建成。依托这条高铁线路，平度、莱西两地市民出行将更加方便。

5. 莱(西)荣(成)高铁将开工建设

莱荣高铁是山东省“五纵三横”快速铁路网规划的重要组成部分，是山东省最重要的“中横”铁路大通道，正线全长202.38千米，设置莱西北、莱阳南、海阳、乳山、文登南、荣成6个车站，计划于2018年上半年开工。建成后，青岛到威海将缩短至1小时左右，青烟威三大半岛城市之间的“1小时”经济圈将真正形成。

(二)港口建设加快推进，港航运输能力将进一步增强

1. 区域性国际邮轮母港将初步建成

国务院印发的《"十三五"旅游业发展规划》明确提出，要支持包括青岛在内的有关城市开展邮轮旅游。根据《青岛市建设中国邮轮旅游发展实验区实施方案》，到 2018 年，青岛将完成国际邮轮港综合规划，并完善邮轮港基础配套设施建设，力争达到年进出港邮轮 200 艘次，进出港游客超过 30 万人次，跻身中国重要国际邮轮港行列，成为中国北方邮轮中心城市；到 2020 年，基本实现邮轮港片区的规划目标，初步建立产业体系健全、服务管理规范、经济社会效益明显的邮轮经济格局，力争达到年进出港邮轮 400 艘次，进出港游客超过 60 万人次，形成独具青岛特色的邮轮旅游发展模式，建成东北亚区域性国际邮轮母港。

2. 前湾港区功能将进一步完善

根据将青岛前湾港区打造成东北亚集装箱枢纽港的规划目标，前湾港将加快集装箱生产由北岸向南岸适度转移的步伐，同时保持矿石、煤炭为主的散杂货适度发展。此外，还将在前湾港区新建 2 个 5 万吨级汽车专用码头，新增 60 万辆汽车吞吐能力。

3. 董家口港区建设将加快推进

按照西海岸新区总体规划，到 2020 年，董家口港区的吞吐能力将跻身世界前三，成为名副其实的世界超级大港。预计到 2024 年，将实现再造一个西海岸新区经济总量的目标，港口吞吐能力达到 3 亿吨，基本建成国家循环经济示范区和第四代物流交易港。今后几年，董家口港将围绕"打造现代化新港城，成为国内干散货集散中心和能源运输中转基地"的目标，加快建成以矿石、煤炭、原油为主的大宗散货集散基地；同时，将建成大型散杂货交易平台、大型能源中心、重要的能源储运中心、交易中心等。

（三）新机场建成启用，青岛将成为区域航空枢纽

根据中国民用航空局、国家发展和改革委员会与交通运输部共同编制的《中国民用航空发展第十三个五年规划》，青岛被确定为区域航空枢纽之一，青岛新机场空管工程作为机场配套也被列入国家空管强基工程重点实施项目。这为青岛新机场建设奠定了坚实基础。

1. 青岛胶东国际机场建设全面推进

按照原定计划，胶东国际机场将于 2017 年主体攻坚，2018 年安装调试，2019 年验收转场，2021 年全面运营。到 2025 年，胶东国际机场的旅客吞吐量将达 3500 万人次、货邮 50 万吨。届时，这里将成为国家级关键交通节点、面向日韩地区的区域门户机场、环渤海地区的国际航空货运枢纽机场。

2. 新机场综合交通中心将全面建成

青岛新机场综合交通中心（GTC）是全国首个集高铁、地铁于一

体，穿越航站楼并在地下设站的"全通型、零换乘"交通中心。根据计划，济青高铁将穿过机场并设机场站，新建自胶州北站经机场至红岛站的铁路交通走廊，连接正在建设的青连铁路、青荣城际铁路和已运营的胶济客专；同时，将在改造升级青银高速、204 国道、正阳路、胶州湾高速以及沈海高速、滨河路、双元路的基础上，规划建设机场西高速和机场高速，规划建设中的主城区地铁 8 号线和西海岸 R9 线、蓝色硅谷 7 号线也将接入新机场。

3. 空中航线数量将不断增加

根据计划，青岛将在 2017 年第四季度陆续开通至悉尼、伦敦、洛杉矶的洲际直航航线，全面实现至欧美澳地区的多点空中对接；并将开通至泰国甲米、至柬埔寨暹粒和金边的客运航线以及至印尼巴厘岛的客运直航。此后，青岛将根据形势发展的需要，继续完善空中航线网络布局，增强航线网络的通达性。

（四）公交都市初步建成，市民出行环境进一步优化

根据《青岛市公交都市创建工作实施方案》和《青岛市创建公交都市五年行动计划（2014—2018 年）》提出的目标，到 2018 年，青岛市将建成国内领先的国家公交都市示范城市，中心城区公共交通机动化出行分担率将提高到 60%，公共交通站点 500 米覆盖率达到 100%；万人公交车拥有量达到 25 标台，公交车辆中纯电动车比例达到 28.5%，公交车辆进场率达到 100%；公共交通乘车一卡通使用率达到 80%，公交专用单行线道路设置率达到 35%，市民的出行将更便捷、乘坐更舒适、换乘更方便，更具幸福感。

1. 公共交通基础设施建设加快实施

一是城乡公交线网将进一步优化。随着公共交通基础设施的不断完善，公交线网将持续优化，不断减少重复线路，提高公交线网的可达性及乘用比例，实现节点与线网、线网与场站等环节的有效衔接，使公交资源达到最优配置和充分利用。同时，"村村通公交"将加快实施，公交车辆的投放将不断增加，公交线路也将不断延长和开辟，镇、村居民的出行需求将最大限度地得到满足。

二是地铁网络将逐步完善。根据计划，未来五年，青岛将陆续开通 8 条地铁线路，其中，地铁 2 号线东段将于 2017 年底通车、西段将于 2019 年开通，2 号线东段与 3 号线在五四广场和李村商圈实现两次换乘，通车后将使青岛主城区东西南北全面贯通；11 号线和 13 号线将分别于 2018 年上半年和下半年开通；2020 年开通 1 号线，该线整体为南北走向，开通后将形成贯通青岛市南北的快速轨道交通走廊；2021 年开通 4 号线和 8 号线，其中 8 号线是连接胶东国际机场、北岸城区、东

岸城区的快速骨干线；2022 年开通 6 号线和 14 号线，其中 14 号线起自胶州北站，向北进入平度中心城区。至此，青岛全域轨道交通网络将初步形成。

2. 公交信息化水平将不断提高

《青岛市交通运输信息化"十三五"发展规划》明确提出，"十三五"时期，青岛市将通过建设公交行业监管平台、城市轨道交通运营监管系统，深化完善出租汽车智能管理服务系统、网络预约出租汽车监管平台等措施，不断提升公共交通治理能力。到 2020 年，要实现全市重要交通走廊公交车辆卫星定位系统覆盖率达到 100％，轨道交通客流数据共享率达到 100％，出租车智能管理服务系统覆盖率达到 100％。

（作者单位：青岛市社会科学院）

2017～2018年青岛市就业创业形势分析与预测

宋　平

2017年以来，通过落实就业创业政策，完善就业服务，全市就业形势稳中向好。2017年1～9月份，全市城镇新增就业59.7万人，其中，本市城乡劳动者就业32.8万人，外地劳动者来青就业26.9万人。9月末，城镇登记失业率为3.19%。

一、2017年青岛市就业主要形势分析

（一）全市就业持续增加，外来劳动者增速较快

1～9月份，全市城镇新增就业59.7万人，同比增长15.4%，环比（与1～6月份相比，下同）回落0.9个百分点，其中，本市城乡劳动者就业同比增长12.1%，外地劳动者来青就业同比增长19.8%。外来劳动者中，初次来青就业14.2万人，同比增长14%，占53%；大专及以上学历13.5万人，同比增长22.4%，占50.2%，表明青岛市城市吸引力逐步增强。

（二）服务业吸纳就业扩大，制造业增幅缩窄

1～9月份，全市城镇新增就业中，服务业吸纳就业36.9万人，同比增长15.3%，环比提高2.5个百分点，占61.8%，与上年同期持平。其中，吸纳就业居前三位的商务服务业、批发零售业和居民服务业同比分别增长22.1%、8.2%和14%；房地产业吸纳就业11.4万人，同比增长21.5%；制造业吸纳就业16.6万人，同比增长9.9%，环比回落6.9个百分点，占27.7%，所占比例降低1.4个百分点。

（三）新增城镇失业人员减少，城镇登记失业率降低

1～9月份，新增城镇登记失业人员7.5万人，同比下降10.8%，其

中，解除、终止劳动合同的人员同比下降 11.3%。9 月末，城镇登记失业率为 3.19%，同比降低 0.11 个百分点，环比回落 0.02 个百分点。

（四）人力资源市场供需基本平衡，招聘工资快速增长

从用工需求看，1～9 月份，全市人力资源市场用人单位提供岗位 38.2 万个，同比增长 11%；求职 35.5 万人，同比增长 10%，求人倍率 1.08（每 100 名求职者对应的岗位数是 108 个）。从招聘工资看，1～9 月份，全市人力资源市场平均招聘工资 3796 元/月，同比增长 17.9%。其中，制造业平均招聘工资 3627 元/月，同比增长 13.9%；服务业平均招聘工资 3498 元/月，同比增长 15.7%。

（五）民营经济就业比重加大，港澳台及外商企业就业增长

1～9 月份，全市城镇新增就业中，民营经济吸纳就业 44.6 万人，同比增长 19.1%，环比回落 1 个百分点，占 74.6%，所占比例上升 2.3 个百分点。港澳台及外商企业吸纳就业 6.5 万人，同比增长 1.6%，环比回落 7.1 个百分点，占 11.8%，所占比例降低 1.5 个百分点。而国有集体企业吸纳就业 5.6 万人，同比下降 0.8%，环比缩窄 2 个百分点，占 9.5%，所占比例降低 1.5 个百分点，但从 9 月份单月看，国有集体企业吸纳就业同比增长 8.9%。

二、2017 年青岛市就业创业工作推进情况

按照“稳就业、促创业、防风险、兜底线”的总体思路，全力推进就业创业工作。

（一）注重政策落实

青岛已经实现就业创业政策一体化，本市城乡劳动者、外地户籍高校毕业生和常住人口均可同等享受就业创业政策。好的政策关键在于落实，关键要取得实效。2017 年以来，以市政府名义对各区（市）就业创业和职业培训政策落实情况进行实地督查，针对督查发现的个别区（市）出台贯彻性文件不及时、落实就业创业政策不到位、创业孵化载体建设进展缓慢以及就业创业资金预算支出管理等方面存在的突出问题，向各区（市）政府进行通报，明确整改时限，督促政策落实。同时，加快落实《国务院关于做好当前和今后一段时期就业创业工作的意见》，结合新旧动能转换重大工程的实施，起草了《关于助推新旧动能转换做好就业创业工作的实施意见》，制定实施新一轮就业创业政策。

(二)注重平台建设

一方面,加快公共就业服务平台建设。按照全省统一部署,着力推进标准化、信息化、一体化"三化"建设,将就业备案、失业登记、资金补贴申报等28项就业创业和职业培训业务,全部通过青岛就业网办理。另一方面,加快创业平台建设。率先构建起国家和省级、市级、区(市)级、街道(镇)级四级创业孵化奖补体系,给予最高500万元奖补。率先创建国际院士港、院士创业园、博士创业园(城阳园区和市北园区2处)、留学归国创业园、高层次人才创业中心等高端创业载体,累计引入近百个海内外院士、博士创业团队,2017年上半年引进7个院士创业团队。截至2017年9月底,全市创业孵化基地91家,孵化载体面积达到328万平方米,在孵企业4556家。

(三)注重保障民生

坚持问题导向,千方百计解决群众最关心的现实问题。一是降低失业保险费率。按照省统一部署,自2017年1月1日起,阶段性降低失业保险费率,每年为参保单位和职工减负约4亿元,惠及全市10.8万家参保单位、194.3万参保职工。二是提高公益性岗位从业人员和协保人员补贴待遇。将社会公益性岗位综合补贴提高到1810元,协保人员生活补助提高到1080元,全市有4480人受益。三是深入推进农民工三项行动计划。以农民工工作联系会议办公室名义下发通知,对全市农民工3年三项行动计划实施情况进行专项督查。目前,涉及青岛市农民工技能提升、权益保障、公共服务的职业培训人数、劳动合同签订率、农民工参保率、农民工随迁子女在输入地平等接受学前教育比率等量化指标,均提前完成省、市政府确定的目标任务。

(四)注重风险防控

结合党风廉政建设和业务风险防控工作需要,在全国率先出台就业创业政策风险防控办法,明确了各类就业创业政策的适用范围、风险防控原则及责任划分、政策风险点和防控办法,建立资金预拨清算制度、资金支出审批制度、岗位责任负责制度以及线上线下联动机制、第三方调查机制等10项监督措施,构建起就业创业政策风险防控长效管理机制。2017年上半年,国务院第四次大督查第九督查组来青督查、财政部国家双创示范基地督查组对青专项督查,以及青岛市委巡查组对市人社局的工作巡查中,就业创业政策和资金管理没有发现任何问题。

三、2018 年青岛市就业创业形势预测

当前，青岛市经济正处于新旧动能转换的关键时期，经济下行压力依然较大。同时，新技术、新产业、新业态、新模式对就业创业工作提出的挑战日益增多，形势更加严峻复杂。

（一）就业创业环境

从就业情况看，存在“两个没有根本改变”和“两个更加艰巨”的问题。“两个没有根本改变”，一方面，就业总量矛盾和结构性矛盾相互交织、更加复杂的基本态势没有根本改变。据测算，青岛市全年城镇新增就业约 70 万人，就业总量矛盾与结构性矛盾并存且更加复杂。另一方面，青岛高校毕业生就业形势依然严峻的局面没有根本改变。据预测，2017 年青岛高校毕业生就业总量将达 10 万人，比上年增加约 8000 人，为历年最高，但适合大学生的就业岗位有减少趋势，就业岗位、劳动薪酬与大学生的期望存在较大落差。“两个更加艰巨”，一方面，化解过剩产能、淘汰落后产能、“僵尸企业”退出与退役军人安置等多种因素相互叠加，对稳定就业带来较大压力。另一方面，政策不落实和工作不到位等问题没有得到根本解决，制约了工作的推进提升。个别区（市）存在着就业创业资金配套不到位，政策落实基本靠吃市里资金老本的问题。此外，工作人员能力水平不足的问题更加凸显。2016 年，尽管在山东省就业目标责任考核中获得优秀等次，但工作人员政策熟悉度、调查数据质量两项得分均低于全省平均水平。

从创业情况看，与先进城市和发展要求相比，还存在“两高三低”的问题。“两高”，主要是融资成本和场地租赁费高。创业者融资门槛高、成本贵、渠道窄的问题仍比较突出，政策性担保贷款担保方式单一，社会风险投资机构规模小、市场运作不规范。创业者场地租赁费占经营成本的 50%以上，增加了初始创业人员、离开创业孵化基地（园区）人员的创业难度。“三低”，一是创业项目的层次偏低。创业者从事的业态，大多数集中在商贸、零售、餐饮等技术含量低的传统产业，创新、高端的创业项目比较少。这些项目市场竞争力弱、产业化水平低，导致创业实体科技含量低、产品附加值低，创新能力不足。二是产业配套率偏低。企业当地配套率比较低，外地配套造成物流成本高、配件衔接能力不强，在一定程度上降低了青岛企业的市场竞争力。三是创业参与率偏低。城市的整体创业氛围不浓，创业意识不强。

(二)党的十九大对就业创业工作提出新的要求

党的十九大对新时代坚持和发展中国特色社会主义作出全面部署，对人力资源社会保障工作提出了新的更高要求。要站在新的历史起点，把握新的历史方位，全面准确贯彻落实党的十九大赋予的各项目标任务，切实把党的十九大对就业创业工作的安排部署落到实处。

1.坚持以人民为中心的发展思想，把握事业发展方向

党的十九大报告强调，带领人民创造美好生活，是我们党始终不渝的奋斗目标，增进民生福祉是发展的根本目的。保障和改善民生要抓住人民最关心最直接最现实的利益问题，既尽力而为，又量力而行，坚持人人尽责、人人享有，坚守底线、突出重点、完善制度、引导预期，完善公共服务体系，保障群众基本生活，不断满足人民日益增长的美好生活需要，使人民获得感、幸福感、安全感更加充实、更有保障、更可持续。这为做好新时代人力资源和社会保障工作指明了方向，提供了根本遵循。要把思想统一到"以人民为中心的发展思想"上来，把人民对美好生活的向往作为一切工作的出发点和落脚点，坚持"发展为了人民、发展依靠人民、发展成果由人民共享"，不断加大就业创业领域的改革创新和政策落实，打造服务民生新亮点，提高人民幸福感和满意度。

2.全面落实党的十九大赋予人社事业目标任务，把握工作布局定位

党的十九大报告提出"要坚持就业优先战略和积极就业政策，实现更高质量和更充分就业。大规模开展职业技能培训，注重解决结构性就业矛盾，鼓励创业带动就业。提供全方位公共就业服务，促进高校毕业生等青年群体、农民工多渠道就业创业。破除妨碍劳动力、人才社会性流动的体制机制弊端，使人人都有通过辛勤劳动实现自身发展的机会"，对就业创业、职业培训和公共就业创业服务提出了新的更高要求。要把思想和行动统一到党的十九大的重要判断、重大部署上来，深刻认识就业是最大的民生，把党的十九大对就业工作提出的新任务、新要求，与对人力资源社会保障工作提出的目标任务相对接、相结合，全面布局，整体推进，持续加大就业创业、职业培训、公共就业创业服务等领域的改革创新，以分管领域的工作创新，推动人力资源社会保障工作的整体跃升。

3.深入贯彻党的十九大对就业创业工作具体要求，提升工作发展水平

对党的十九大提出的"坚持就业优先战略和积极就业政策，实现更高质量和更充分就业"、"大规模开展职业技能培训，注重解决结构性就业矛盾"、"鼓励创业带动就业"、"提供全方位公共就业服务，促进高校毕业生等青年群体、农民工多渠道就业创业"等重要论断、重大部署进

行理论性、前瞻性深入研究，进一步明确各项目标任务的时代背景、科学内涵、指标体系、推进措施，进一步把握工作规律性，增强工作预见性、主动性和针对性。同时，创新研究手段，通过政府购买服务、借助国内外知名智库等方式，使各项工作始终沿着先进思想和先进理念引领的方向前进。

（三）就业创业形势预测

1. 重点群体就业创业将提升到新的高度

一是做好高校毕业生就业工作。继续把高校毕业生就业摆在就业工作的首位，建立在青高校就业服务工作站，完善“精准帮扶”行动。积极与教育部门、在青高校联系，共建离校未就业高校毕业生实名数据库。加强青岛市大学生“创业快车”服务平台建设，创新实施青岛市大学生创业培育“海鸥行动”计划。实施高校毕业生基层成长计划，让高校毕业生“下得去、留得住、干得好、流得动”。二是做好化解产能过剩分流职工安置工作。通过鼓励企业内部安置、强化就业创业服务、公益性岗位托底等措施，保障化解产能过剩分流职工得到有序安置，力争做到转岗不下岗、转业不失业，确保不发生群体性事件，确保不发生区域性失业风险。三是做好就业精准扶贫工作。积极推进5.08万名农村贫困人口就业与社会保障精准扶贫工作，做好对口扶贫劳务对接。加强与对口帮扶省市的对接，全面完成对口扶贫和城市扶贫各项任务。四是做好就业困难人员就业工作。开展就业困难人员就业援助月活动，确保就业困难人员就业率保持在85%以上，确保零就业家庭“动态消零”。五是配合有关部门扎实做好退役军人等群体就业创业工作。

2. 大众创业工程将深入推进

一是完善创业孵化平台。将创业平台载体建设列为市政府就业目标责任书中的重要内容，通过示范引领，提升创业品质和内涵，提高创业带动就业能力。二是完善创业投融资平台。研究设立市级大众创业投资引导资金，为初创企业和创业者提供股权投资、融资担保等服务。完善创业担保贷款政策，做大创业贷款规模。三是完善创业服务平台。以市政府名义组织“创业青岛”优秀创业项目遴选、大众创业展博会等创业活动，营造良好创业氛围。四是大力推进返乡创业工程。全面落实市政府办公厅《关于实施返乡创业工程 促进农村增收致富的实施意见》，通过完善政策、强化落实、跟进服务，培育更多返乡创业实体，为更多农民工提供家门口就业机会。

3. 公共就业创业服务将得到进一步加强和改进

新形势下，劳动力市场深刻变化、社会多元化和劳动诉求多样化，对公共就业创业服务提出了新的更高要求。要以满足服务对象日益增长的多元化需求为目标，加强公共就业创业服务“供给侧”和“需求侧”的统筹和对接，努力打造更加优质高效的公共就业创业服务。一是推进标准化。青岛市已实现城乡就业创业服务均等化，公共服务“从无到有”的问题已经解决，下一步要围绕“标准化＋”战略实施，开展就业创业领域的标准化服务，提升城乡劳动者享受公共服务的质量。二是提高精细化。要细分服务对象，对去产能过程中需安置职工、高校毕业生、农村转移劳动力、就业困难人员等不同群体的特点和诉求，因人施策，因群体施策，提供有针对性的公共服务。建立政府购买公共服务机制，引入专业机构、咨询机构、行业协会等社会力量，提供专业化服务。三是用好信息化。信息化是大势所趋，也是就业创业事业发展的重要契机。实施就业创业大数据战略、“智慧就业”工程，加快推进与“互联网＋”、大数据等现代信息技术的融合，加快推进青岛创业云平台建设，对“互联网＋”形成的新型就业形态，主动研究、主动服务，支持劳动者以自由就业、网络创业等形式实现就业。

（作者单位：青岛市人力资源和社会保障局）

2017~2018 年青岛市体育事业发展形势分析与展望

丁金胜

党的十九大报告指出："广泛开展全民健身活动，加快推进体育强国建设，筹办好北京冬奥会、冬残奥会。"这体现出党对体育事业的重视程度。体育事业是指在社会生活中，以一定的目标、组织、系统活动为基本框架，在国家体育管理部门领导下，由国家财政支持生产或创造具有公益性、福利性的公共产品、物质产品或精神产品的组织单位的集合。体育事业的发展不仅能够促进经济的发展和社会的进步，同时也是促进社会稳定、提高人民生活质量的重要手段。2017 年，在市委、市政府的正确领导，市人大及其常委会监督和社会各界的关心支持下，青岛市体育工作取得了可喜成绩，实现了群众体育、竞技体育、体育产业协调发展，走在了全国的前列。

一、2017 年青岛体育事业发展基本情况

（一）群众体育蓬勃开展

2017 年青岛市广泛开展全民健身活动。巩固"政府主导、部门协同、社会参与"的全民健身格局，依托迎新年万人健康跑、全国群众登山健身大会、社区健身节、万人畅游汇泉湾、全国徒步大会青岛站、沙滩体育节全民健身"六大板块"，连续举办和承办青岛市体育大会、青岛市徒步大会、全国全民健身操舞大赛、万人健步行、"百县篮球、千乡乒乓球、万人象棋"赛。足球、帆船、游泳、羽毛球等体育项目进校园，特色体育学校建设效果明显。2017 年，青岛市举办市级以上全民健身活动 40 余项，区（市）级活动 300 余项，社区级活动 1000 余项，直接参与群众近 400 万人次。

到 2017 年 9 月，青岛市拥有全民健身场地设施达到 8600 多处，健身辅导站点达 5100 余个，社会体育指导员达 2.3 万人，基本建成城市

“8分钟健身圈”，实现农村全民健身工程全覆盖，全市经常参加体育锻炼的人数占48.5%，国民体质检测达标率为96.1%。全民健身组织体系逐步完善。到2017年9月，青岛市全民健身辅导站点达到4720处，各级社会体育指导员每万人拥有量达到21名。全市民办非企业体育协会达到50家，拥有民办非企业体育俱乐部268个，在体育项目推广普及、体育公益、体育培训及赛事活动组织中发挥了积极作用。

(二)竞技体育成绩显著

2017年，青岛市竞技体育屡创新佳绩。在2017年举办的第十三届全运会上，夺得23枚金牌、25枚银牌、12枚铜牌，金牌总数和奖牌总数列全省17市首位，创青岛市参加历次全运会最好成绩，为实现山东省全运会“三连冠”作出了重要贡献。

青岛市现有8个体育训练单位，开展27个训练项目，在训运动员1500余人。竞技体育队伍建设得到加强。围绕青少年体育的普及与提高，青岛市加大市(区)体校建设，推动业余训练体系不断完善。建成7个国家级、13个省级高水平体育后备人才基地，向省以上专业队输送高水平运动员总计201人。40名运动员入选国家队，并在男子乒乓球、女子举重、女子柔道、女子赛艇等项目上具备奥运夺牌实力。

(三)体育产业规模不断扩大

青岛市出台《青岛市人民政府关于加快发展体育产业 促进体育消费的实施意见》《青岛市人民政府办公厅关于加快发展健身休闲产业的实施意见》《青岛市体育产业发展规划(2014—2020)》等指导性文件，为体育产业健康发展提供了有力的政策支持。青岛市率先建成山东省青岛体育用品展示中心；开展省级扶持资金项目和省级体育产业基地创建工作，先后有4个项目和2个单位入围省级扶持资金项目和省级体育产业基地；体育产业增长率达到12%。2016年，青岛市体育产业增加值159.66亿元，占当年GDP的1.60%，年增幅超过20%，居山东省首位，并涌现出一批具有国际国内竞争力的优秀企业和闻名于世的比赛项目，有力地支撑起青岛体育产业的发展。

青岛市重点体育基建项目有序推进。将市民健身中心列入政府首批PPP项目库；推进市射击运动中心、市水上运动中心、市网球运动中心、市体校二期综合训练馆等工程的论证、立项和选址工作；加速青岛市国家级青少年足球训练中心建设和弘诚体育场改造进程；协助各区(市)新建、改建体育中心(馆)；完成山东省青岛国家篮球足球学院的用地测绘和概念性规划。积极推进国家级体育产业园、体育特色小镇和北京体育大学分校(国家航海运动学院)项目规划选址和建设工作。

2017年，青岛奥帆中心被评为国家级体育旅游示范基地，即墨温泉田横镇入选全国首批体育特色小镇试点项目。

2017年，青岛英派斯健康管理公司入选全省首个国家级体育产业示范单位，并于9月在中小板挂牌上市，成为我国体育健身器材创业第一股。青岛体育竞赛表演业实现大发展。成功举办世界休闲体育大会、国际马拉松赛、亚洲滑冰邀请赛、世界柔道大奖赛、全国自行车冠军赛、全国短道速滑锦标赛、亚洲橄榄球锦标赛、全国动力伞冠军赛等40多项省级以上大型赛事。2017年，青岛市加大对体育社团扶持力度，出台了职业体育俱乐部扶持奖励办法。

(四)全面推进第24届省运会筹备工作

山东省第24届运动会是全省综合性运动会，时隔32年再度落户青岛，为全面做好各项筹备工作，青岛市成立了先期筹备办公室，认真做好筹备工作的谋划，为赛事筹委会的成立和各项筹备工作的推进奠定了坚实基础。目前，已从全市各相关部门抽调人员组成筹委会21个工作部门。通过召开定期调度会和不定期现场督导的方式，及时解决筹备过程中遇到的困难，加快新建和维修场馆的建设进程，全面推进各项筹备工作。至2017年9月，青岛市民健身中心等6处新建场馆项目均已完成主体施工，青岛大学体育馆等10处场馆维修加快推进，并将于2018年3月全部完工并交付使用。

(五)全力推进“帆船之都”“足球名城”城市品牌建设

青岛市坚持引进高端帆船赛事与帆船普及相结合，全面提升“帆船之都”的国际知名度和影响力。先后引进克利伯环球帆船赛、沃尔沃帆船赛、世界杯帆船赛等国际知名帆船赛事，2017年举办了国际极限帆船系列赛和CCOR城市俱乐部国际帆船赛，并举办青岛国际帆船周·青岛国际海洋节等赛事节庆活动。同时，广泛开展“帆船进校园”和“欢迎来航海”全民帆船普及活动，全市建立帆船特色学校107所，年均培训青少年帆船运动员2100余名。青岛市积极响应国家“一带一路”倡议，开展21世纪海上丝绸之路“中国·青岛”号帆船航行暨北冰洋创纪录航行，推进与海上丝绸之路沿岸国家和地区的商贸、旅游、文化和体育合作，宣传和推介青岛作为山东半岛蓝色经济区领军城市的综合优势，推进与上述国家和地区的体育人文交流。青岛市被国际帆船联合会授予“世界帆船运动发展突出贡献奖”“十年御风城市奖”。

青岛是全国闻名的足球之城，也是全国首批亚足联“中国展望”足球试点城市、中国足球发展试点城市。青岛市依据《青岛市足球事业十年发展规划(2015—2024)》《关于加快青岛“足球名城”建设的意见》等政策，拟订了足球改革发展实施方案和足球协会改革方案，并列入市政府常务会议研究日程，开工建设了青岛国家级青少年足球训练中心。2017 年青岛市开展城市联赛、五人制足球联赛、中老年足球赛等群众性足球赛事近 5000 场，举办各级各类足球培训班 30 期。积极促成黄海俱乐部与巴塞罗那俱乐部合作，引进西班牙巴萨足球培训学校落户青岛。青岛市青少年和群众性足球受到中央深化改革领导小组的肯定和赞扬。

二、青岛市体育事业发展存在的主要问题

（一）全民健身公共服务体系有待完善

1. 全民健身公共服务体系城乡发展不协调

青岛市全民健身事业的发展在城市与农村之间存在较大差异。不管是场地设施的数量、布局，还是设施利用率农村较城市明显落后。2017 年，青岛市投资 2 亿多元，配建公益性健身设施 3855 处；投资 12 亿元建成青岛黄金海岸健身长廊、李村河健身长廊、唐岛湾运动公园等一批全民健身精品工程；投入 5000 多万元，在居民社区建成 107 个小型健身中心，全天候对市民免费开放。各区（市）投资 20 余亿元，建设各具特色的健身中心和场地设施，实现全民健身设施“量的扩张”和“质的提升”。例如，城阳区投资 4.7 亿元，建设了市民运动公园、百姓乐园等全民健身设施，较好地为群众提供多层次、全方位、多元化的健身服务。但是在青岛乡镇地区，2017 年全民健身投入少，总投资只有 4.2 亿元，仅占青岛市区全民健身投资的 1/4。且在乡镇地区大多投资建设的是社区小型健身场所，并没有大型的健身精品工程。这样的投入无法满足青岛市乡镇地区人民的健身运动需要。

2. 群众日益增长的体育需求与公共体育资源不足的矛盾

近年来，虽然青岛市致力于全民健身组织与网络的建设，但体育公共资源依然满足不了群众日益增长的体育需求。除场地数量少外，还存在以下原因：一是体育场馆与设施的布局不合理，资源利用率低。青岛市虽然人均体育场地面积在不断提高，但一些大型的体育场馆，如国信体育场、天泰体育场、弘诚体育场等还是以承办大型赛事为主，且多离居民区较远，百姓很少真正享受到这些场馆带来的福利。二是青岛市政府各部门间缺少必要的沟通与合作，体育场馆开放与利用不足，造成资源的浪费。各部门间权责界限不清晰，分工不明确，场馆的维护事宜待明确。损坏的器材不仅不能满足市民健身的需求，有的甚至还存在危险。各部门相互推诿责任，场地器材的维护责任迟迟不能落实，造

成大量健身资源的浪费。

3.全民健身缺乏有效指导

至2017年，全市拥有各级社会体育指导员2万余人，而根据青岛市统计局数据，青岛市常住人口为909.7万，青岛市体育局公布的经常参加体育锻炼的人数为441.77万左右，即48.6%，相比之下，社会体育指导员实在是少得可怜，且目前青岛市社会体育指导员并未纳入法制化轨道，对社会体育指导员的管理也存在诸多问题，真正能在一线为群众提供指导的社会体育指导员更是少之又少，且服务质量有待提高。由此可见，青岛市社会体育指导员的数量远远不能满足市民体育活动的需求，全民健身活动缺乏有效的指导。

(二)竞技体育项目发展不均衡

1.竞技体育成绩不均衡

在2017年第十三届全运会上，青岛市共有150名运动员参加了23个大项、103个小项比赛。历时13天的比赛，青岛市运动员共在田径、射箭、皮划艇、赛艇、篮球、排球、橄榄球、羽毛球、帆船、国际式摔跤和铁人三项11个大项23个小项获得23枚金牌(集体项目和三大球项目均按1枚奖牌计)，以及25枚银牌、12枚铜牌，奖牌总数为60枚。相对于第十二届全运会30.5枚金牌、24枚银牌、23枚铜牌的成绩存在一定的差距。虽然铜牌数目增多，但是金牌数量明显下滑，下滑项目主要集中在田径、射击、游泳、举重等传统优势项目，其中举重项目下滑明显。此外，足球、篮球和乒乓球这“三大球”发展存在“瓶颈”，其中青岛双星篮球俱乐部2014～2015赛季获得CBA常规赛季军后，每个赛季的成绩都出现一定的下滑，2016～2017赛季，青岛双星篮球俱乐部下滑到第12名。而青岛中能足球俱乐部在2014年降入中甲联赛后一直未能冲击中超成功。

2.竞技体育后备人才培养机制不灵活

高水平运动员和教练员存在结构性短缺，仍需完善后备人才培养激励机制；体育选材城乡差距大，生源质量得不到保证；“体教结合”不落实，校园体育和竞技体育缺少融合，学训矛盾仍然突出；青少年体育组织、场地和设施建设有待加强；体校建设、体育科研、“科训医管”一体化进程需加快推进；人才选拔、培养市场化程度不高，引进世界级高尖运动员和教练员力度不够；体育社团承担竞赛项目有待规范，竞赛组织管理还需加强。

(三)体育产业发展没有形成核心竞争力

1.体育产业从业人员素质偏低，专业化程度不高青岛市缺乏熟悉金融、财会、税制、营销、策划和中介等方面的体育经营管理人才，而青岛市的高等院校极少有培养这方面人才的计划。而且青岛市体育人才链有很大的封闭性，其他领域的人才很难进入体育产业领域。青岛市缺乏的体育产业人才有三类：一是负责体育产业、体育市场规划、监管职能的行政干部；二是高素质的体育企业家和体育经纪人；三是体育营销人才和体育产品研发人才。这严重制约了青岛市体育产业的发展。此外，青岛市体育健身、中介服务、体育产品售后服务、体育信息缺乏市场化和国际经营的经验与能力，与发达国家存在不小的差距。在经济全球化越来越发达的今天，青岛市的体育产业面临营销体系不完善和管理水平落后的严峻局面。

2.体育产业结构不均衡，地区发展不均衡

青岛市的体育产业存在这样一种现象：由于竞技体育具有社会轰动效应，所以政府对竞技体育更加青睐；群众体育投资的社会效益短时间内无法体现出来，其在政府财政中得到的投资相对有限；而企业追求利益最大化，也会把在竞技体育产业投入更多的资金。目前青岛市竞技体育产业发展壮大，而群众体育产业得不到充分的投资支持。群众体育产业和竞技体育产业发展不协调，使青岛市体育产业的发展陷入低效益的困境中。此外，由于受经济、社会、资源等因素的限制，青岛市体育产业城乡差距十分明显。在青岛市区体育产业渐渐成为投资热点，发展十分迅速，体育产业的消费水平较高。而在青岛乡镇地区，体育产业尚未形成规模，体育产业的消费水平低，体育产业地区发展不均衡。

三、青岛市体育事业发展方向与措施

党的十九大是一次不忘初心、牢记使命、高举旗帜、团结奋进的大会，在我们党和国家的发展进程中具有极其重大的历史意义。国家体育总局提出，要深刻认识党的十九大胜利召开的伟大历史意义，全面把握新时代新使命新思想新征程的思想内涵，切实把思想和行动统一到党的十九大精神上来，更加牢固地树立“四个意识”，坚决维护以习近平同志为核心的党中央权威和集中统一领导，坚定不移走中国特色体育强国之路。要深刻学习领会分两步走全面建设社会主义现代化国家的新征程。必须深入思考、精心谋划2020年到2035年、2035年到21世纪中叶(2050年)的体育强国建设目标，清醒认识中国体育在全面建成小康社会、基本实现社会主义现代化、建设社会主义现代化强国中承担的光荣使命，把体育事业摆到中国特色社会主义伟大事业的全局中去谋划、去推动、去落实、去担当。这对青岛市未来体育事业的发展指明了方向。

（一）推动群众体育迈上新台阶

1. 广泛开展群众性体育健身活动与竞赛

青岛市根据其山、海、城特点，突出"运动青岛、健康城市"主题，大力打造全国群众登山健身大会青岛站暨青岛市全民健身登山节活动、青岛市体育大会、青岛市智力运动会、沙滩体育节、国际武术节、毅行（徒步）健身大会、国际马拉松、崂山100公里山地越野赛、自行车公开赛、拳击赛、社区体育节、畅游汇泉湾、全民健身操舞、企业运动会、"青岛球王"系列公开赛等在国际国内有影响力的品牌赛事。组队参加全国智力运动会、山东省全民健身运动会。建立各类体育社会组织组队参赛机制，加快非奥项目发展，促进人才队伍建设，逐步形成项目推广普及优势。广泛开展不同层次、不同类型的全民健身活动，保持体育锻炼人数逐年增加。

2. 加强全民健身基础设施建设

青岛市将继续资助各区（市）实施和完善"五个一"工程（综合体育场、体育馆、游泳馆、全民健身中心、体育公园）建设；资助每个镇（街道）建设一个中型或小型的市民健身活动中心；继续实施城市社区室内外结合的小型社区健身中心项目；配套农村新型社区健身设施，结合社区实际建设情况，打造"风雨无阻"型农村社区健身中心；完善黄金海岸健身长廊健身设施，打造西海岸新型健身休闲区域；推广可拆卸游泳池项目，在有条件的街道、镇建设可拆卸游泳池。

3. 健全全民健身组织网络

青岛市将强化各级政府全民健身领导小组职能，统筹开展本辖区的全民健身工作。积极推动市、区（市）和街道（镇）、社区（村）四级全民健身组织建设，完善市、区（市）、街道（镇）三级体育总会，协调和指导各级体育协会的建设。全面推进体育社会组织党建工作，完善体育社会组织的工作评价和监督体系，加大政策扶持和业务指导力度，提高体育社会组织依法开展活动的能力，积极推动各类体育俱乐部发展。切实推进城乡基层体育健身组织的规范化建设。各区（市）每年至少建立8个以上全民健身辅导站点，健身辅导网络辐射到所有社区、村庄。

4. 加强社会体育指导员和全民健身志愿者队伍建设

青岛市将建立健全市、区（市）社会体育指导员协会。加强社会体育指导员队伍业务培训，加强培训基地设施配备及师资队伍建设，加强社会体育指导员管理，促进社会体育指导员培训及管理工作制度化、规范化、科学化。完善表彰激励机制和经费投入机制，为社会体育指导员工作创造必要的条件。加强宣传，营造社会体育指导员工作良好舆论氛围。

5. 广泛开展老年人、职工、残疾人等人群体育活动

建立与老龄社会相适应的老年人体育工作体制和运行机制，坚持把增强体质、提高健康水平、丰富精神文化生活作为老年体育工作的重点。加大对老年体育健身设施的投入，使全市经常参加体育锻炼的老年人数比例达到65%，达到《国民体质健康测定标准》的老年人比例占70%以上。加强职工体育工作，推行工前(间)广播体操制度，鼓励厂矿企业建立体育俱乐部和业余体育队伍，在群众基础好的项目上率先推出职工联赛，并逐步推广。加强对残疾人体育活动的指导服务，提供相应的活动健身场所，不断满足残疾人健身需求。

6. 加快体育社会组织的改革与发展

青岛市将加快体育社会组织规范化、市场化建设。加强行政监督和指导，为其提供良好的发展空间，开创政府与体育社会组织共同提供体育产品和服务的新路子。加大体育社会组织自我改革和建设的力度，整合资源，建立体育社会组织办公中心，设立发展基金。

7. 加强国民体质监测，指导群众科学健身

青岛市将进一步完善各级国民体质监测中心(站点)，开展城乡居民日常体质检测和科学健身指导活动，宣讲科学健身知识，传授科学健身方法，指导群众科学健身。坚持每年体质检测8000例以上，并于次年上半年向社会发布，为市民科学健身提供依据。完成第四次全国国民体质监测和全民健身活动状况调查工作任务。加强全民健身科学研究，促进科学健身成果的转化。

(二)促进竞技体育可持续发展

1. 优化项目调整布局

青岛市将着眼于国家奥运和省全运战略，进一步优化人才优势，做好项目发展规划。深入普及田径、游泳、帆船项目；加大皮划赛艇人才培养输送力度；加强“三大球”项目发展，继续推进亚洲足球青岛展望计划，积极探索实践符合青岛实际的足球发展新思路和管理模式；参照国家级、省级标准努力建设市级高水平体育后备人才基地；加大对市级选材网络的政策支撑，加强评价标准体系量化建设；落实对职业足球、篮球和羽毛球等俱乐部的扶持和监管工作，争取在全国各级联赛中创造好成绩。

2. 畅通竞技体育人才培养输送渠道

青岛市要全面实施“体教结合”，健全联席工作运行机制，有效整合各方面资源，加强各级体校、青少年俱乐部、体育传统项目学校、体育特色项目学校建设，加大资金投入和政策扶持。推进体育与教育、高等院校的密切结合，建立多元化的运动员出路保障架构。每年从市体彩公益金中列支部分专项资金，扶持青少年体育发展，不断扩大规模。

3. 大力加强青少年体育工作

青岛市将提高中小学生体质健康水平；抓好中小学"阳光体育"活动，确保在校学生每天1小时体育活动时间落到实处；大力加强青少年体育俱乐部建设，积极争创国家、省级青少年体育俱乐部；加强各级各类青少年体育培训机构监管；深入开展体育进校园活动，推动足球、篮球、帆船、跆拳道、击剑、射箭等俱乐部在校园开展项目推广活动，致力打造一批体育特色学校。

4. 加强运动员、教练员和体育科研队伍建设

青岛市将健全不同学历层次办学体系，不断改善办学条件，确保每个运动员依法接受文化教育；积极与相关部门配合，完善就业安置、伤病防治、社会保险等运动员保障工作机制，努力实现运动员社会保障全覆盖，进一步做好退役运动员就业安置。加强教练员队伍建设，优化结构，建立项目教练团队，在部分项目试行训练科目分解，提高训练精细化程度，确立教练员目标责任制和奖惩激励机制，全面推行竞聘上岗、岗位培训制度，提高教练员队伍的业务水平和综合素质。搭建体育科研服务平台，以市体育运动学校为依托，成立青岛市体育科研中心，编配科研人员，开展科学训练规律研究，为科学选材、运动训练、创伤防治、运动营养、心理指导、运动监控等提供技术支撑，加快推进"科训医管"一体化建设。

（三）加快体育产业发展

1. 着力发展健身服务业和竞赛表演业

鼓励和引导社会资金投资健身服务业，建立多种所有制投资主体并存、高中低档健身休闲企业互补的健身服务网络。提高大型体育场馆的经营开发水平，增加社会效益和经济效益。承办好全国10公里路跑联赛、全国橄榄球锦标赛、全国短道速滑联赛、全国科研类航空航天模型锦标赛、全国公路自行车赛、国际马拉松赛、世界柔道大奖赛（青岛站）、崂山100公里山地越野赛、铁人三项、亚洲大众体操节等国际国内赛事，提高青岛知名度，进一步培育体育竞赛表演市场。充分发挥市体育竞赛管理中心的作用，积极引进举办高层次、高水平的体育竞赛，完善体育赛事市场化运作机制，市区联动，努力打造国内外具有较大影响力和本土特色的品牌赛事。

2. 积极打造运动休闲产业

青岛市将充分利用其自然环境、人文资源和地理优势，以创建全国、省级运动休闲示范区为抓手，培育创建设施齐全、各具特色的运动休闲区。大力引进民间资本，发展体育与农业观光、旅游等相关产业结合的复合运动休闲业。借助奥帆城市的资源，整合市南区、崂山区、黄

岛区等的海滩、滩涂、海岛及海上资源，积极开发海上帆船帆板、游艇、水上滑翔、潜水、沙滩运动、海岛探险、海钓等运动，大力发展海洋运动休闲产业；依托崂山区、城阳区、黄岛区、即墨区、平度市的自然资源，积极开发登山、野营、穿越、滑雪等休闲运动，拓展登山滑雪运动休闲产业链；借助大沽河改造工程，大力发展龙舟、漂流、钓鱼、极限运动、自行车等河流休闲运动；注重莱西后休闲时代的运动休闲城市持续建设，依托莱西市、胶州市、即墨区等地湖泊、湿地资源。

3.发展体育用品制造销售业

借助区位优势，依托"环渤海经济圈"和青岛市打造先进制造业基地的有利条件，加快体育用品业的培育和发展。引导体育用品制造企业资产重组和规模扩张，鼓励体育用品生产企业做大做强，发挥英派斯、双星等大型体育用品生产企业的龙头作用，组建企业集团，积极筹建标准化体育用品工业园区，集聚产业资源，加速产业整合，壮大产业集群；鼓励体育用品制造企业进行技术改造和科技创新，提高研发能力；支持体育用品制造企业实行品牌战略，争创名牌产品和著名商标，开发具有自主品牌和自主知识产权的新产品，打造名品、精品和拳头产品。引进和借鉴销售行业的先进经营模式，重点发展连锁经营、体育用品大卖场、网络销售，提升体育用品销售业的规模和水平；借助重大赛事、节庆举办一定规模的具有青岛特色和影响力的国际体育用品博览会，协助企业开拓国内外市场。

4.整合资源拓展体育产业领域

青岛市将设立体育产业发展基金，扶持优势项目，扩大体育产业总体规模，推动体育产业集团发展壮大。整合全市体育、旅游、文化等资源，促进体育产业与其他产业深度融合，实现资源利用效益最大化。重视和推进体育文化创意、体育旅游、体育会展、体育传媒、体育科技等新兴产业的发展。加强对体育组织、体育赛事和活动名称、标志等无形资产的开发，加大对相关知识产权的保护力度。积极推广知名体育产品，不断提高品牌效应，提升市场价值。鼓励发展体育中介组织，大力开展技术指导、信息咨询等中介服务。充分发挥专业中介组织在赛事筹划推广、人才流动、组织保障等方面的作用。

5.稳步发展体育彩票业

加强体彩公益性宣传，着力提升销售渠道质量，加快非实体渠道建设，构建规范化、立体化的体育彩票销售网络，拓展宣传渠道，提升营销水平。健全风险防范机制，加强规范化管理，确保体育彩票业健康发展，为社会公益事业及青岛体育事业发展多作贡献。

（作者单位：青岛市社会科学院）

2017～2018年青岛市社会保障事业发展形势分析与展望

孙启泮

2017年，青岛市认真贯彻落实中央和山东省的决策部署，坚持稳中求进工作总基调，以供给侧结构性改革为主线，以提高发展质量效益为中心，加快推进新旧动能转换，全市经济运行总体平稳、稳中向好，积极因素不断增多。深化社会保障制度改革，青岛市为率先全面建成小康社会，着力保障和改善民生，促进全市社会保障事业全面、协调、可持续发展，各级社会保障部门深入贯彻落实中央、省决策部署，在市委、市政府的正确领导下，加快建立以社会保险、社会救助、社会福利为基础的社会保障体系，各项工作取得了显著成绩。

一、2017年青岛市社会保障事业发展的基本形势

2017年1～6月份，机关事业单位养老保险制度改革，非营利性民办学校教师养老保险与公办学校教师同等待遇试点得到稳步推进；全国率先实施补充医疗保险制度，全市社会保险运行平稳，参保范围不断扩大，基金征缴持续增长，各项社保待遇按时足额发放，当期社保基金收支总体保持平衡。

（一）青岛市社会养老保险发展情况

2016年末，全市社会保险基金收入566.8亿元，同比增长24.7%，支出495.8亿元，同比增长14.5%，惠及全市820多万参保人。各类社会保险待遇水平持续提高。

深化社会保障制度改革。一是稳步推进机关事业单位养老保险制度改革，出台了《青岛市机关事业单位工作人员养老保险制度改革实施办法》。《实施办法》依据国家和山东省有关规定，对参保单位和人员范围、缴费基数、缴费比例、个人账户、职业年金、养老待遇计发、退休办理进行明确。根据《实施办法》，纳入此次改革的群体是按照公务员法管

理的单位、参照公务员法管理的机关(单位)、事业单位及其编制内的工作人员。二是推进非营利性民办学校教师养老保险与公办学校教师同等待遇试点。青岛市财政局会同市教育局、市人社局等部门,出台《关于贯彻鲁政办发(2015)57号文件做好非营利性民办学校教师养老保险与公办学校教师同等待遇试点工作的通知》,决定在青岛非营利性民办学校开展教师参加机关事业单位养老保险试点。市财政根据学校缴费规模,对参加试点的非营利性民办学校给予补助。

养老保险待遇水平稳步提高。连续12年提高企业退休职工养老金水平,月人均增加189元,共惠及76.3万人,2016年全年为全市企业离退休人员发放养老金共计248.6亿元,同比增长11%。持续提高居民基础养老金,每人每月增加到150元,为全省最高标准,政策惠及99万城乡居民,2016年全年共发放居民养老金27.8亿元,同比增长4.9%。

社会保险运行总体平稳,各项待遇按时足额发放。截至2016年12月,青岛市企业职工基本养老保险参保人数423.75万人,城乡居民基本养老保险参保人数295.42万人。基本养老保险基金收入360.2亿元、支出335.6亿元。工伤保险基金收入7.07亿元、支出4.75亿元。全市基本医疗保险参保人数825.94万人,基金支出141.86亿元。

(二)青岛市医疗保险发展情况

2016年,青岛市出台《关于完善居民社会医疗保险筹资机制有关问题的通知》,建立居民医保个人缴费标准与全市居民人均可支配收入相衔接的机制,到“十三五”末实现居民医保并档运行。为此,青岛市于2017年度开始调整居民医保个人缴费标准,调整后,一档缴费成年居民每人缴纳370元,二档缴费成年居民、少年儿童每人缴纳175元,大学生每人缴纳110元。青岛市建立合理、稳定、动态增长的筹集机制,筹资标准与社会经济发展、城乡居民收入相联系。在提高政府财政补贴标准的同时,适当提高个人缴费比重;逐步缩小各类参保居民之间的筹资差距。

“三险合一”医保制度运行平稳,医保城乡统筹的改革红利不断释放,2016年全年医保基金为参保人支付住院、门诊大病、门诊统筹、护理保险等医保统筹待遇共计117.5亿元,同比增长26.3%。

2016年12月1日,青岛市发布《青岛市人民政府关于建立补充医疗保险制度的实施意见》。从2017年1月1日起,青岛在全国率先实施补充医疗保险制度。建立补充医疗保险制度,目的是以现行的基本医疗保险、大病医疗保险制度为基础,努力突破现行制度无法解决的实际问题。其中全民补充医保覆盖全民,全市810万参保职工和城乡居民人人可以享受补充医保待遇。企业团体补充医保和个人补充医保为自愿选择。在个人缴费方面，2017 年全体参保人暂按每人每年 20 元的标准缴纳补充医疗保险费，既体现个人义务又不加重缴费负担。重特大疾病患者所需特药特材由 9 种扩大至 41 种，覆盖病种及保障额度均居全国首位，2017 年上半年为 8.2 万人次参保患者支付基金1.9亿元。完善社保经办服务。推进医保异地联网结算，跨省异地就医直接结算定点医疗机构至 2017 年 6 月增至 28 家。

长期医疗护理保险制度政策覆盖范围扩大到广大农村地区，解决了城乡失能人员的护理难题。2016 年，青岛成为国家长期护理保险首批试点城市，并加大了向农村扩面力度，农村失能老人享受护理保险待遇的人数同比上升 30%，2016 年全年共为 2 万多名失能老人支付护理保险待遇近 3 亿元。青岛市还丰富了护理服务形式，在医疗专护、护理院护理、居家护理的基础上增设社区巡护。

2016 年 12 月 29 日发布的《关于将重度失智老人纳入长期护理保险保障范围并实行“失智专区”管理的试点意见》规定：按照总量控制、方便群众的原则，经有关护理服务机构自愿申请、专家评估、协商谈判，确定 6 家护理服务机构为“失智专区”试点单位。在全国率先将重度失智老人纳入长期护理保险范围，150 余名失智老人进入“失智专区”享受人性化照护。

大病医保救助继续发挥托底保障作用，2016 年救助重特大疾病患者 14 万人次，资金支出近 3 亿元。积极发挥医保在医改中的基础性作用，深化医保支付方式改革，加快医疗服务价格调整，控制不合理医疗费支出，保证了医疗费结构调整基本符合改革预期。进一步加大对重特大疾病的精准保障，报销比例和保障额度双提升，把针对恶性肿瘤、致贫返贫灾难性疾病及部分罕见病的特殊药品耗材共计 41 种纳入保障范围，品种、数量和覆盖病种居全国之最。

2017 年个人缴费标准：一档缴费，成年居民每人缴纳 370 元（比 2016 年增加 20 元）；二档缴费，成年居民、少年儿童每人缴纳 175 元（比 2016 年增加 45 元），大学生每人缴纳 110 元（比 2016 年增加 10 元）。财政补贴：一档缴费，成年居民每人补贴 560 元（维持原标准）；二档缴费，成年居民、少年儿童和大学生，每人补贴 480 元（比 2016 年增加 40 元）。总筹资标准：一档缴费，成年居民每人 930 元（比 2016 年增加 20 元）；二档缴费，成年居民、少年儿童每人 655 元（比 2016 年增加 85 元），大学生每人 590 元（比 2016 年增加 50 元）。“十三五”期间，青岛市将逐步统一居民医保缴费标准，实现居民医保“一制一档”，提高参保人待遇保障水平。另外，正常参保缴费的全市社会医疗保险参保人，均可按规定享受基本医疗保险、大病医疗保险及新出台的补充医疗保险待遇。

2016 年末全市基本医疗保险参保人数为 825.94 万，基金支出 141.86 亿元。

(三)青岛市失业保险发展情况

2017 年青岛市进行失业保险金的调整，是在综合当前经济社会发展状况的基础上，主要考虑物价上涨、最低工资标准和城市居民最低生活保障标准以及失业保险基金承受能力等因素。青岛市所辖区域失业保险金标准从每人每月 950 元上调至 1000 元。这是青岛市 2007～2016 年期间第 10 次提高失业保险金标准。

2016 年末，全市参加失业保险人数为 194.3 万，全年累计领取失业保险金的人数为 8.43 万。全市城镇登记失业率为 3.17%。

(四)青岛市工伤保险发展情况

青岛市工伤保险工作起步于 1995 年。《工伤保险条例》实施以来，特别是近年来，青岛市本着对当前有用，对长远有利，促进工伤保险制度更加公平合理的原则，持续推进工伤保险政策、管理、服务的创新，工伤保险工作有序健康发展。推进建筑业参加工伤保险“同舟计划”。完成全民参保登记计划。

2016 年末，全市工伤保险基金收入 7.07 亿元、支出 4.75 亿元。

(五)青岛市生育保险发展情况

根据《关于机关事业单位生育保险纳入市级统筹有关问题的通知》，2016 年 1 月 1 日起，全市用人单位均按缴费基数 1%的比例为本单位全部在编在职工作人员缴纳生育保险费。职工个人不缴纳生育保险费。职工随用人单位整体参加生育保险后，缴费次月起，其符合国家计划生育政策生育或者实施计划生育手术的费用纳入统筹支付范围。用人单位整体参加生育保险后，对于新招入的职工，所在单位应当按照规定办理参加生育保险登记，并为该职工连续足额缴费一年以上，按照规定享受生育待遇。

为在青岛市贯彻落实“全面两孩”政策，进一步完善生育保险制度，提高出生人口素质，合理减轻参保生育妇女医疗费用负担，根据《中华人民共和国社会保险法》和国务院《女职工劳动保护特别规定》，2016 年青岛发布《关于生育政策调整实施期间生育保险有关问题的通知》，青岛市自 2016 年 1 月 1 日起，符合规定生育子女的夫妻，除国家规定的产假外，增加产假 60 天，享受生育津贴。

（六）青岛市社会救助发展情况

2016 年 12 月 15 日，青岛发布《加快推进社会救助体系建设的意见》，健全以最低生活保障制度为基础，特困人员供养、受灾人员救助、困难居民医疗救助、教育救助、住房救助、就业救助、临时救助制度为补充的青岛市社会救助体系，确保困难群众得到实惠。提出完善最低生活保障、特困人员供养、受灾人员救助、困难居民医疗救助、教育救助、住房救助、就业救助和临时救助等 8 项制度，并将加强社会力量参与作为一项基本内容，“8＋1”社会救助制度体系基本框架得到进一步健全完善。该意见称要完善最低生活保障制度，最低生活保障以家庭为单位，对符合认定标准的家庭给予最低生活保障。获得最低生活保障后生活仍有困难的老年人、未成年人和重度残疾人，实行分类重点救助。区（市）政府对符合条件的住房困难的最低生活保障家庭、分散供养的特困供养人员给予住房救助。城镇住房困难标准和救助标准，由区（市）政府根据本区域经济社会发展水平、住房价格水平等因素确定并公布。

全面实施新的医疗救助制度，大幅提高救助力度，扩大救助覆盖面，全面实现青岛市困难居民医疗救助“一站式”即时结算，使符合救助条件的困难居民缓解了因病陷入困难的“不能承受之重”，实现“应救尽救”目标。截止到 2016 年 12 月底，全市共医疗救助困难居民 9 万人，发放医疗救助金 3.1 亿元，其中“一站式”即时结算困难居民医疗救助资金 2.23 亿元，大病特殊救助 8637 万元，救助人数比 2015 年同期提高 138%，救助资金比 2015 年同期提高 80%。住院和门诊大病治疗费用，在医保大病保险、大病救助和民政医疗救助之后，低保家庭成员个人自负金额仅占医疗总费用 2.34%，低保边缘家庭成员自负 3.67%，其他家庭成员自负 24.5%。对医疗救助后自负费用仍然较大的，给予临时救助，对 13972 户因病致贫困难居民发放临时救助金 3920 万元。

全市统一提高城乡低保标准。青岛市 2016 年 3 月出台了《关于调整我市城乡居民最低生活保障及农村五保供养等标准的通知》，自 2016 年 4 月 1 日起，城市低保标准由每人每月 620 元提高到 650 元，农村低保标准由每人每月 420 元提高到 470 元，农村五保集中供养标准由每人每年 10440 元提高到 11640 元，分散供养标准由每人每年 5220 元提高到 5820 元，新的城乡低保标准及农村五保供养标准在全市各区（市）同步实施。截止到 12 月底，全市共保障城乡低保对象 8.7 万户、13.3 万人，其中城市 1.8 万户、3 万人，农村 6.9 万户、10.3万人，支出城乡低保资金 8.7 亿元，比 2015 年同期增长 4.8%。

2017 年上半年，青岛市对 71407 人实施医疗救助，支出资金 1.5

亿元，救助人数较上年同期增加22%，支出同比增长80%，困难群众的获得感明显增强。

（七）青岛市社会保险基金发展情况

2017年上半年，全市社会保险基金收入完成295.84亿元，比上年同期增长20.1%；全市社会保险基金支出完成265.72亿元，比上年同期增长18.5%。

表1　2017年上半年市级社会保险基金预算收入情况

单位：万元

项目	收入
企业职工基本养老保险基金	1275261
保险费收入	1185481
财政性补贴收入	19575
其他收入	70205
机关事业单位养老保险基金	348745
保险费收入	259882
财政性补贴收入	86991
其他收入	1872
城乡居民基本养老保险基金	2366
保险费收入	540
财政性补贴收入	1776
其他收入	50
城镇职工基本医疗保险基金	535847
保险费收入	527820
其他收入	8027
城乡居民基本医疗保险基金	112741
保险费收入	37871
财政补贴收入	74717
其他收入	153
工伤保险基金	37396
保险费收入	34871
其他收入	2525

（续表）

项目	收入
失业保险基金	63435
保险费收入	61226
其他收入	2209
生育保险基金	104026
保险费收入	53944
财政补贴收入	49877
其他收入	205
合计	2479817

表 2　2017 年上半年市级社会保险基金预算支出情况

单位：万元

项目	支出
企业职工基本养老保险基金	1211699
基本养老金支出	1166192
丧葬抚恤补助支出	30228
其他支出	15279
机关事业单位养老保险基金	313892
基本养老金支出	308421
其他支出	5471
城乡居民基本养老保险基金	4099
基本养老金支出	4049
其他支出	50
城镇职工基本医疗保险基金	520183
统筹基金支出	353505
个人账户基金支出	166678
城乡居民基本医疗保险基金	87959
待遇支出	87954
其他支出	5
工伤保险基金	20882

（续表）

项目	支出
待遇支出	20807
其他支出	75
失业保险基金	58414
失业保险金支出	26046
医疗保险费支出	73
丧葬抚恤补助支出	70
职业培训和职业介绍补贴支出	236
其他支出	31989
生育保险基金	100491
剩余保险金支出	100491
合计	2317619

二、2018年青岛市社会保障事业发展展望

（一）青岛市社会保障体系建设将进入一个崭新的时代

中国特色社会主义进入了新时代，青岛市社会保障体系建设也将进入一个崭新的时代。“全面建成覆盖全民、城乡统筹、权责清晰、保障适度、可持续的多层次社会保障体系。全面实施全民参保计划。完善城镇职工基本养老保险和城乡居民基本养老保险制度，尽快实现养老保险全国统筹。完善统一的城乡居民基本医疗保险制度和大病保险制度。完善失业、工伤保险制度。建立全国统一的社会保险公共服务平台。统筹城乡社会救助体系，完善最低生活保障制度。坚持男女平等基本国策，保障妇女儿童合法权益。完善社会救助、社会福利、慈善事业、优抚安置等制度，健全农村留守儿童和妇女、老年人关爱服务体系。发展残疾人事业，加强残疾康复服务。坚持房子是用来住的、不是用来炒的定位，加快建立多主体供给、多渠道保障、租购并举的住房制度，让全体人民住有所居”是党的十九大提出的要求，也是青岛市社会保障体系建设的目标。

青岛市社会保障体系的建设和完善将以习近平新时代中国特色社会主义思想为指导，稳步推进和扎实工作，切切实实地实现理论上的丰满、实践上的可行，为人民带来福祉。

（二）养老服务业健康发展中加快转型升级

青岛市60岁以上老年人口占总人口比重已超两成，对养老、社会保障和劳动力供给等带来较大压力。近年来，市委、市政府积极施策，对标“老有颐养”，精准发力，确保老龄事业健康发展，并不断转型升级，提升了老年人的获得感和幸福感，为全面建成较高水平的小康社会和宜居幸福创新型国际城市奠定了良好基础。

老年人居住房的改造。按照《老年人建筑设计规范》对老年人的住房进行改造，使其符合老年人的生活习惯和生理要求，并从行业标准逐步过渡到国家强制标准。

紧急援助呼叫系统和远程医疗系统。政府应该通过财政拨款资助老年人在居住房安装直接连通120和110的紧急援助呼叫系统以及能够连通社区医院或社会资本投资的医院，推进健康管理信息化建设。通过远程医疗，老年人在家中可以定期通过监测仪器将自己的健康数据通过网络或移动设备上传至社区医院或其他医疗服务机构，在那里有专门的平台储存和分析老年人的健康状况，并由医生作出相应诊断。

互联网+养老。运用互联网发展的新阶段，借助智能化的互联网技术为社区居家养老服务。规划建设统一的养老服务信息平台，引入互联网、热线电话、物联网、大数据等技术，整合养老资源，实行统一管理和服务。利用O2O商业模式，通过线上线下的交易方式（如网购、外卖、快递、家政服务）方便老年人的生活，扩展老年人的生活能力。

精准养老。精准养老就是对不同的老年人群体有着不同的政策和措施。需要政府和社会合理区分养老和助老，对完全没有生活能力又无经济来源的鳏寡孤独的老年人，政府应负起完全的养老责任，而对于能够独立生活或者半自理、半失能老人以及即使完全失能老人但有经济来源的老人，政府对其有助老的责任，即通过提供各种条件帮助这些老年人安度晚年，实现社会养老可持续、社会成本最小化、社会效益最大化。

居家养老服务的个性化。居家养老并不是仅仅使老年人能够活着，而是使每一个老年人不仅物质上得到满足，而且精神上得到愉悦，融入社会的发展中。这就需要养老服务中心服务的是老年个体而不是老年群体。因此，不管是制定政策还是养老服务中都要针对不同老年人的需求，提供相应的养老服务。大力发展活跃在养老服务中心的社工组织和社工。

系统筹划提升养老水平。在相继出台《青岛市促进医养结合服务发展若干政策》《关于加快推进养老服务业发展的实施意见》的基础上，2017年1月，市政府制定下发《青岛市优待老年人规定》，对高龄津贴、养老机构建设、医疗保险、意外伤害保险、健康体检、交通出行、门票优惠、学习健身、法律援助等优待老年人具体内容和保障措施作出了系统性筹划和安排，在构建"老有颐养"城市的重大战略部署中发挥重要作用。

（三）探索"互联网＋社会救助"新常态，助推社会救助水平提升

社会救助作为社会安全网的重要组成部分，保障着弱势群体的基本需要。在移动互联网、云计算、大数据为标志的新一代信息技术不断取得突破和应用创新下，社会救助正面临新的挑战与机遇。

建设"互联网＋"平台实现社会救助的精准化。以经济核对为基础，提高低保识别精准度。建设居民家庭经济状况核对系统，实现公安、民政、工商、公积金、人社等部门的数据对接。以寻亲系统为支撑，增强临时救助实效性。开通救助管理信息系统，所有站内救助人员信息均第一时间录入系统，增强被救助人员信息时效性；以信息共享为依托，促进低保扶贫相衔接。利用家庭经济状况核对系统，实现贫困人口数据与低保、五保等数据的实时共享，扶贫部门可掌握已脱贫的低保户情况，及时对脱贫人员进行销号。同时，对符合条件的贫困户通过低保网上审批系统逐级办理，确保应保尽保、应扶尽扶。加大网络建设，增加孤儿、优抚等信息数据管理功能，同时利用信息化网络共享技术，整合一批"互联网＋"服务，推进民政、扶贫办、残联三部门间的数据共享，为救助对象构建完整的救助档案，检验核对各部门救助对象数据信息，构建社会救助信息共享中心，打造"互联网＋社会救助"服务体系。

（四）长期护理保险制度在推进中不断改进和完善，重要性日渐突出

按照中央关于建立长期护理保险制度的决策部署，人社部于2016年6月27日印发文件，选择2省、15市开展试点。力争在"十三五"期间，基本形成适应我国社会主义市场经济体制的长期护理保险制度政策框架。青岛成为第一批试点城市之一，尽管还存在许多需要研究和应对的问题，但在筹资机制、保障范围、制度标准、运行管理等方面均有所收效，取得预期成效。失能老人的经济负担切实减轻，制度架构初步搭建，综合社会功能得到发挥，在拉动就业创业、发展养老产业、支持家政服务业、改善家庭生活质量等方面发挥效用。

试点过程中暴露的问题有助于长期护理保险制度不断完善。在试点初期以医保基金为主要筹资来源，同步研究建立个人、单位、政府等多元筹资机制，从长远发展来看建立独立的筹资渠道、账户和多元筹资机制更可持续。在待遇支付方面，对符合规定的长期护理费用，基金支付水平控制在70％左右的支付比例是可行的。支付方式可以根据护

理机构、护理服务和服务提供人员的差别，采取按床日、按服务时长、按服务包等多样方式。

（五）加快全民医保制度定性化、制度化建设

习近平新时代中国特色社会主义思想突出强调了以人民为中心，坚持把人民对美好生活的向往作为奋斗目标，将增进人民福祉作为国家发展的根本目的，同时明确我国社会保障改革与发展的目标就是全面建成覆盖全民、城乡统筹、权责明晰、保障适度、可持续的多层次社会保障体系。继续深化医保制度改革，为个体的稳定安全的医疗与健康预期提供有力的制度保障。

在坚持权利义务相结合、提供基本保障、可持续等原则下进一步深化改革，加速推进城乡统筹，进而覆盖全民。理顺管理体制、统一经办机制，改变部门分割的格局，建立统一的社会保险公共服务平台和医保信息系统，让所有参保人享受平等的医疗保险服务。加快制度整合，用一个制度覆盖全民，消除医疗保险的“碎片化”现象。加快完善全民医保制度的配套机制，支持商业健康保险与慈善医疗的发展，构建多层次的医疗保障体系。

（作者单位：青岛市社会科学院）

2017～2018年青岛市科技成果转化形势分析与预测

李京禄

纵观人类发展历史，科技进步是决定人类生存形态与产业形态的最重要的因素，比如从渔猎时代到农耕文明，从农耕文明到工业文明再到信息时代，每一次大的技术进步都使人类的文明跨上一个更高的文明层级。尤其是近现代以来，科技创新已成为一个国家、一个城市综合竞争力的决定性因素。而在整个科技创新过程中，科技成果的转化是“最后一公里”，成果转化是否顺利很大程度上决定着科技创新活动的成败。

党的十九大报告强调，创新是引领发展的第一动力，是建设现代化经济体系的战略支撑。习近平总书记高度重视科技成果转化工作，他强调指出：“科技创新绝不仅仅是实验室里的研究，而是必须将科技创新成果转化为推动经济社会发展的现实动力。”全国人大常委会在2015年修订了《促进科技成果转化法》，国务院随后出台了《促进科技成果转移转化行动方案》，2016年7月份召开的省委十届十四次全体会议，专门研究部署科技创新工作，并制定出台了《关于深化科技体制改革加快创新发展的实施意见》，这都为深入实施创新驱动发展战略，进一步促进科技成果转化工作提供了有力的制度支撑。青岛市要继续保持创新发展、持续发展、领先发展，就必须始终把科技创新摆在城市发展的核心位置，就必须始终高度重视并不断加强科技成果转化工作。

一、青岛市科技成果转化工作基本情况

近年来，青岛市科技工作坚持以科技成果转化为主线，加快构建“源头供给—转化服务—产业培育”工作链条，全面贯彻科技成果转化法律法规，深化科技体制改革，努力实现三个转变，即创新理念从“小科技”向“大科技”转变、创新主体从“小众”向“大众”转变、资源配置从“小投入”向“大投入”转变，着力营造良好创新生态，科技创新对经济社会

发展的支撑引领作用进一步凸显，科技成果转化技术交易额2016年首次突破100亿元达到104亿元，国家级技术转移机构由2家增至14家，副省级城市排名由倒数第一升至第五。同时，取得一批国家试点示范。青岛市是全国唯一同时承担国家技术创新工程试点和国家创新型试点的城市，承担了国家首批知识产权示范城市、国家首批科技金融结合试点城市、国家小微企业创业创新示范城市、国家知识产权运营服务试点城市、国家海洋技术转移中心、全国科技服务业区域试点等试点示范。获批建设国家知识产权局青岛专利分理处，成为继深圳、苏州之后全国第三个设立分理处的城市（其他均设在省一级）。青岛高新区作为重要组成部分，获批建设山东半岛国家自主创新示范区。

（一）加快科技体制改革，促进科技成果转化法落地实施

1.加强法律宣传贯彻

将《科技成果转化法》学习宣传纳入普法规划和年度计划，切实抓好贯彻落实。一是市科技局会同市委组织部举办全市领导干部科技成果转化专题培训班，邀请剑桥大学、山东大学等高校知名专家专题授课和座谈交流。二是以高校院所和科技企业为重点，通过科技活动周、世界知识产权日等活动进行广泛宣传。三是利用行风在线、网络问政、新闻发布等形式和各类新媒体手段，在全市着力营造浓厚的创新创业氛围。

2.强化政策引导

认真落实《深入推进科技创新发展的意见》《关于实施“千帆计划”加快推进科技型中小企业发展的意见》《加快众创空间建设 支持创客发展的实施意见》《促进科技和金融结合风险补偿补贴专项资金实施细则》《高新技术企业认定补助实施细则》《创业创新领军人才计划实施细则》等文件，全面落实科技型中小企业研发投入补助、高企认定奖励等8项扶持政策，累计入库企业1898家。2017年上半年为高企减免上一年度所得税26.2亿元，为893家企业落实研发费用税前加计扣除政策，加计扣除额36.22亿元，享受政策的企业数和加计扣除额分别增长90.4%和48.5%。加大对区（市）的支持力度。2016年拨付小微企业创业创新发展资金2亿元，用于支持各区（市）围绕小微企业创业创新基地城市示范，结合区域特色和自身优势，开展创业创新基地创建、公共服务体系建设及融资环境建设等方面工作。2017年度，中央引导地方科技发展专项资金在地方创新项目示范方面共支持650万元。

3.深化管理改革

一是调整财政科技资金投入方向和方式，重点投向成果转化、平台建设以及人才引进，综合采用“拨、投、贷、补、奖、买”，撬动各类社会资

本支持创新创业，2016 年带动社会投入超过 50 亿元。推进科技计划管理改革，围绕十大科技创新中心建设，试点将科技项目立项权和资金分配权下放给相应的创新联盟等平台组织。2017 年上半年，拨付科技惠民专项、知识产权专项、千帆计划专项、应用研究专项、创新孵化专项、创新平台专项、人才发展专项、高端研发机构引进专项、科技创新中心建设专项、科技创新高层次人才团队引进资金等合计 3.9 亿元。二是探索科技资金管理改革，围绕科技创新中心建设，试点将项目立项权和资金分配权下放相应平台组织。三是加强项目事中事后监管，利用科技计划信息系统，实现全过程监管和可追溯查询。四是拓宽科技奖励申报渠道，建立提名制，加大对创业奖和人才团队的授奖比例，实行异地评审，强化社会监督，确保公开透明。

（二）加快高端资源集聚，提高科技成果转化源头供给

1. 打造高端创新平台

全国首个国家实验室试点——青岛海洋科学与技术国家实验室全面启动运行，在去行政化、法人治理结构等管理体制方面大胆改革、先行先试，为全面推进国家实验室建设提供有益借鉴。获批全国唯一国家技术创新中心——高速列车创新中心，加快构建全球技术协同创新体系，努力打造世界高速列车创新高地。截止到 2017 年 6 月底，全市拥有国家工程技术研究中心 10 家，计划单列市第一；企业国家重点实验室 7 家，副省级城市第二。

2. 打造高技术产业基地

积极推动山东半岛自主创新示范区建设，进一步加快政策先行先试，释放创新创业活力，促进特色产业集聚和融合发展。抓好国家虚拟现实产业基地、智能仪器仪表产业基地、特种海工装备产业基地、微电子产业园、生物制造产业基地、新能源产业基地、国家海洋基因库等建设。

3. 强化高端人才支撑

通过引进中科院院所、知名高校、知名企业和海外研发机构，创新人才引进模式，集聚了一批海内外高层次人才和团队，规模近 4500 人，其中两院院士 26 人（柔性引进），国家杰出青年 27 人，国家“千人计划”38 人，中科院“百人计划”37 人，10 人入选青岛市创新创业领军人才计划。出台青岛市科技创新高层次人才团队引进办法，引进顶尖人才团队 2 个，市、区两级给予每个团队 1 亿元财政资金支持。

（三）加快科技服务提升，打通科技成果转化通道

1. 加强孵化服务

打造“众创空间—孵化器—加速器”创业孵化链条，截止到 2017 年

6月底，全市孵化器累计竣工1332万平方米，投入使用894万平方米，入驻企业7200余家。国家级孵化载体96家，居副省级城市首位。建立"联络员—辅导员—创业导师"三级辅导体系，2016年组织创新创业大赛、路演、论坛等各类活动4000余场，聚集和服务创客11万余人次。

2. 拓展技术转移服务

加快建设全要素的技术交易市场，进一步完善"政府、行业、科技中介、技术经纪人"四位一体服务体系，着力培育源于高校院所"有根"的技术转移机构。全市技术经纪人和技术转移机构分别达到512人、127家。国内首推科技成果挂牌交易规则，建立常态化交易机制，累计挂牌科技成果4024项，成交466项，成交额8.4亿元。加快国家海洋技术转移中心建设，支持专业领域分中心建设。国家海洋技术转移中心成立8个分中心并运营良好。2017年上半年，全市技术合同成交额33.26亿元，其中，海洋技术交易额4.6亿元，同比增长127.6%。

3. 深化科技金融服务

围绕科技创新链条和科技企业发展的不同阶段，逐渐形成"智库基金—成果转化基金—专利运营投资基金—孵化器种子基金—天使投资基金—产业投资基金"的科技股权投融资链条。随着该链条各个环节基金规模的不断扩大，可以较好地满足科技企业的股权融资需求。截至2017年8月31日，累计组建基金30只，规模超23亿元，共为150个项目投资6.2亿元。加大科技信贷支持，市科技局引导各区（市）设立专项资金与社会担保机构共同出资80%，合作银行承诺出资20%，以4∶4∶4∶3或4∶4∶2的模式组建各区（市）准备金池，有效引导和调动社会资金参与对科技型企业的融资支持。共组建13个覆盖全市的科技信贷风险补偿准备金池，可为企业提供17.9亿元信贷资金支持。截止到2017年6月底，共为103家企业提供3.2亿元信贷资金支持。全国首创专利权质押保证保险贷款"青岛模式"，累计为60家企业提供2亿元信贷支持。

4. 强化知识产权服务

获批建设中国知识产权维权援助中心、国家知识产权信息利用分中心。国家知识产权局青岛专利分理处开业，崂山区成为全国第9个国家知识产权服务业集聚发展试验区，西海岸新区等4区（市）获批国家知识产权示范区（市）。设立首只1亿元专利运营引导资金，组建橡胶化工等5个专利联盟，海尔纳入全省首批关键核心技术专利群试点。全市专利代理机构38家，居全省首位。青岛专利执法绩效考核连续两年在全国排名第一。国家知识产权示范城市年度考核由2012年副省级城市第9名跃升至2016年第2名。

5. 完善科技综合服务

科技大数据平台为创新主体提供“一站式”服务，访问量超过150万人次。促进大型科学仪器开放共享，入网设备3074台套，累计为6500家次企业提供服务。科技文献共享服务平台收录各类文献4.7亿条，全部免费向社会开放。通过科技服务入园区、公益培训等活动服务5000余人。

（四）加快新兴产业培育，促进科技成果转化为现实生产力

1.加快科技创新中心建设

靶向产业升级和新旧动能转换，突出科技成果转移转化，重点建设海洋药物、石墨烯等十大科技创新中心，布局建设脑科学、深空深海探测等面向未来的科技创新中心。按照“成熟一个启动一个”的原则，先期启动海洋生物医药创新中心改革试点。

2.推动骨干企业持续创新

海尔开启“人人创客”模式，获批全国首批双创示范基地（全国7个），并与软控同时被确定为国家首批专业化众创空间示范（全国17个）。海信坚持“技术立企”，企业国家重点实验室运行模式作为全国三个典型上报国务院。中车四方列入国家计划管理改革试点，牵头承担高速磁浮交通研究，获国家4.3亿元经费支持。软控国家橡胶与轮胎工程技术研究中心被确定为全国唯一创新试点。特锐德“互联网、车联网、充电网”新三网融合技术全球领先。

3.强化科技惠民

在农业科技领域，加快大沽河流域国家农业科技园区建设，西海岸新区获批省级农业高新区。昌盛日电国内首创光伏农业科技精准扶贫新模式，《焦点访谈》两次报道，习总书记亲临视察公司在宁夏的光伏农业科技园并给予充分肯定。医学健康领域，围绕痛风、肿瘤等常见病、多发病开展临床应用研究。海信和青大附院自主研发计算机手术辅助系统，多项关键技术国际首创，全国30多家三甲医院成功实施辅助手术1000余例，在国家“十二五”科技创新成就展上引起较大反响。围绕食品安全、公共安全、大气污染防治等领域，开展多项示范工程，科技惠民作用充分显现。

二、青岛市科技成果转化工作存在的问题

促进科技成果转化，是实施创新驱动发展的关键环节，是深化科技体制改革的重点任务。近年来，青岛市科技成果转化工作稳步推进，实现较大突破，但与先进地区相比仍有一定差距，主要表现为：

一是科研与经济结合亟须加强。科技体系在一定程度上相互分

割，相近产业或者关联产业内的企业之间及科研机构尚未整合成专业化协作和联合研发转化体系，导致科技成果有效供给不足。部分科研人员、高校教师科研选题与青岛本地资源、产业特点结合不紧，导致用户急需的科技成果生产不足，引进的成果难以成熟、配套，科技研发、成果转化与经济社会发展结合的力度还需加大。

二是相关法规政策和体制机制亟须完善。全市出台的相关政策和措施的引导与放大效应还不明显，技术类无形资产定价难，价值评估流于形式的现实难题，影响了单位转让科技成果的积极性；境外科技成果转化处置审批环节多，影响了转化时效性；科研评价存在"重研发，轻转化""重基础，轻应用""重论文，轻专利"等问题，应用技术研发和科技成果转化没有得到应有的重视。

三是产学研合作形式还不紧密。青岛市高校、院所科技成果相当一部分是实验室成果，实现商业化转化还需要进行中试提高技术成熟度。由于高校、院所自身中试熟化条件有限，投资商和企业对尚未完成产品化开发的成果投资意愿较低，导致科技成果在向市场转化的过程中，存在关键环节投入缺位的问题。企业与高校、院所的合作主要为技术咨询、技术引进、委托开发等形式，技术入股、风险投资、利润分成等新的紧密合作形式还不多，高校、院所更愿意转让技术、获取利润，企业与高校之间尚未形成利益共享、风险共担机制。

四是企业承接科技成果转化能力不强。青岛市企业研发投入质量不高、结构不优的问题普遍存在，表现为研发投入强度低，科学研究和原始创新活动弱化，开展研发活动的企业比例低，整体没有进入内生增长、创新驱动发展阶段。多数企业尤其是民办企业规模较小、科技意识不强、劳动者素质不高，技术创新和科技成果转化能力弱，难以吸纳科研成果进行中间试验并用于生产。

五是促进科技成果转化的服务体系尚需优化升级。青岛市科技成果转化模式单一，社会化科技投资机制不健全，中间试验、工业性试验基地少，缺乏成果转化的风险分担机制。各区（市）的科技服务业起步晚，技术中介、咨询、评估等服务机构数量少、服务能力弱，权威的科技成果价值评估、投融资咨询、信用评价等机构较为缺乏。

三、2018 年青岛市科技成果转化发展趋势预测

党的十九大提出实施创新驱动发展战略、深化科技体制改革，明确要求提高科学研究水平和成果转化能力，抢占科技发展战略制高点。今后一段时期，青岛市科技成果转化工作面临的机遇和挑战并存。从机遇来看，国家实施海洋强国、军民融合、创新驱动等重大发展战略带

来新利好，新修订的国家促进科技成果转化法、国务院出台的《促进科技成果转移转化行动方案》和青岛市出台的相关政策，将推动科技创新和成果转化释放出更新活力。从挑战来看，国内外仍处于经济下行趋势，企业转型升级、新旧动能转化任务艰巨；区域间的竞争不断加剧，对重大项目、领军人才和创新资源的争夺日趋激烈；此外，土地、资源、能源和环保的刚性约束也越来越严格。这就倒逼全市科技体制机制改革创新，在科技成果转化利用、创新载体建设、科技服务业发展等关键环节先行先试，打通成果转化这个"中梗阻"，最大限度地激发科技第一生产力、创新第一动力的巨大潜能。

一是进一步加强组织领导，强化企业转化科技成果的主体作用。建立完善科技成果转化目标管理责任制和监督评价机制，夯实各级政府职责，强化部门协调配合。围绕重点产业建设，成立领导小组、专家小组或研发中心，培育并依托龙头企业或示范基地，有计划地组织一批产业技术集成与工程化研发活动，开展一批重大科技成果集成转化行动，推动科技与产业融合，促进产业升级壮大。完善利益共享、风险共担合作机制，建设和完善以企业为主体、市场为导向、产学研相结合的科技创新体系，引导和支持创新要素向企业集聚，努力把企业推向创新主战场，使企业真正成为创新活动的主体、成果运用的主体和研发投入的主体。要继续维护和发展市场在创新创业中的决定性地位，特别是为中小微企业创造好的条件。

二是加强科技人才队伍建设，不断优化人才创新创业环境。重视中科系、高校系、企业系、国际系等高端创新资源的引进，进一步推进"人才强市"战略，营造重才育才的良好环境。完善科技人员培养、引进、评价、激励机制，鼓励科技人员参加职后教育培训；鼓励企业加强业务培训和职称评聘工作，努力提高科技人员福利待遇水平；对引进的高端科技人才在配偶就业、子女入学、社保接转等方面提供方便；加大对突出贡献人才的奖励力度，特别是对学科和技术领军人才、拔尖人才，要舍得投入、舍得成本、舍得给政策，真正做到"引得进""用得好""留得住"，努力搭建尊重、包容、宽松的创新创业环境。按照新修订的法律和政策的规定，大胆改革科技成果类无形资产处置方式、收益分配机制，鼓励和引导技术人员以技术成果参与分配或创业，培养一批专家型企业家队伍。

三是完善多元化投入保障机制，激发企业创新原动力。坚持问题导向，将破解科技成果转移转化的融资难作为着力点，注重政策引导，加快建立"政府财政科技投入＋担保贴息＋产权质押＋股权融资＋风险投资＋保险"的科技金融体系，吸引更多的社会资本进入科技创新和科技成果转化领域。加大财政性科技经费投入，有效整合项目、集中资金、聚集财力，建立重要科技成果转化专项基金，支持重点项目、优势产业、龙头企业转化急需的重大科技成果。认真落实科技型企业优惠政策，鼓励企业加大科技创新的投入力度。

四是加快高水平创新创业平台建设，提升科技成果就地转化水平。要把各类科技创新平台建设好，着力提升各类工业园区的质量和档次，完善基础设施和功能区建设，使之真正成为企业自主创新的“基地”、创新成果转化的“桥梁”。要着力完善科技创新合作平台，不断拓展产学研合作对接的深度和广度，使企业与科研院校形成利益攸关的共同体，努力在合作研发、技术成果转化等科技要素集成上取得新的突破。大力发展技术交易市场、科技风险投资公司等中介服务组织，完善服务功能，积极推进知识产权资本化。推进国家海洋技术转移中心、国家专利技术（青岛）交易中心建设，培养专业科技经纪人团队，提高科技成果转化率，让科研成果“用起来”。

五是优化科技创新环境，着力强化中间环节。要抓好科技创新政策落实，加大对区（市）科技成果转化的扶持力度。围绕企业最关心、最能得到实惠的具体问题，根据国家有关规定，结合实际情况，制定和完善相关政策措施，重点支持共性技术、关键技术和高新技术产业化等重大产学研合作项目，使企业不断做大做强。要着力加强科技成果转让市场、生产力促进中心、科技评估、咨询、风险投资等中介服务机构建设，发挥中介服务机构对技术转移和扩散的桥梁纽带作用；着力加强科技成果转化信息平台建设，拓宽成果转化的信息渠道；着力加强中间试验和工业性试验基地等研发平台建设，促进科技成果成熟配套、落地生根。

（作者单位：青岛市人大常委会）

青岛市促进城镇新增就业研究

张维克

党的十九大报告强调指出:“就业是最大的民生。”“要坚持就业优先战略和积极就业政策,实现更高质量和更充分就业。”促进就业,既有利于促进经济社会全面健康可持续发展,也有利于消除社会贫困现象和缩小贫富差距,保持社会稳定。青岛市坚持实施就业优先发展战略,把稳定和扩大就业作为第一位的工作,把大众创业作为拉动就业的重要抓手,把技能培训作为就业创业的关键助力,不断加大各种公共投入,完善政策体系,强化政府在推进就业过程中的责任,就业工作呈现新面貌。

一、青岛市促进新增就业基本状况分析

青岛市始终高度重视就业问题,将促进就业作为事关民众生活质量改善、事关社会稳定的大事紧抓不放,通过深化就业体制改革,采取各种措施优化就业环境,完善基础设施建设,形成与产业结构相一致的就业结构,为实现充分就业和更高质量就业奠定牢固的基础,推动了城镇新增就业的持续发展,使每个具备劳动能力的社会成员都尽可能地达到各尽其能、各获其岗、各司其职、各得其所的状态。

(一)良好的就业环境不断完善

所谓就业环境,是指人们在实现就业的过程中所处的经济社会环境与就业的难易程度。就业环境对实现就业具有直接的促进作用,主要包括经济发展水平、基础设施建设和就业服务等方面。近年来,在新成长劳动力的就业、农村富余劳动力的转移就业、下岗失业人员再就业这三类问题“三碰头”的就业压力下,青岛市牢牢抓住经济发展这个主线不放松,采取有力措施改善就业环境,健全和完善政策措施,开创了就业的新局面。

1. 经济持续发展拉动就业作用明显

在研究经济发展与就业增长的相互关系方面,奥肯定律和新古典

经济学中的索洛模型是较有代表性的。奥肯定律描述了经济增长率与失业率之间的关系。该定律表明失业率与国民生产总值增长率之间呈反向变化，即二者存在负相关关系，经济的高增长率伴随着低失业率，低增长率伴随着高失业率。当经济增长率高于2.25%时，经济增长每增加1个百分点，失业率就会下降0.5个百分点；当经济增长率低于2.25%时，经济增长每减少1个百分点，失业率就会上升0.5个百分点。而失业率与其带来的国民生产总值损失之比率是1∶2.5，即失业率每增加1%，实际国民生产总值会减少2.5%左右。尽管各国经济增长率和失业率之间的数量变动关系不尽相同，但经济增长与就业同向变动、与失业反向变动的关系，已为许多国家的经济实践所证实。新古典经济学中的索洛模型指出，经济发展可以促进就业的增长，而就业增长又反过来促进经济发展，两者之间存在一种"加强效应"。

总体上看，经济的发展能够拉动就业，经济发展水平越平稳越高，带动就业增长的效果就明显，就业弹性系数就越高，而就业的持续增长又能够保持经济的健康发展，两者是相辅相成、互为促进的关系，是一种"加强效应"。在宏观经济下行、就业压力巨大的现阶段更应该看到，保持经济持续增长速度对于保就业、保稳定都是至关重要的。这一点，可以从改革开放以来我国实现了经济与就业双双增长的历程得到有力的证明。

从国家层面看，1980～2009年，我国经济保持了高速增长，经济和就业均呈现持续增长的趋势。就总量而言，1980年的GDP为4546亿元，2009年跃升至340507亿元。就增长率而言，1980～1990年的GDP年均增长为9.2%，1991～2000年为10.5%，2001～2009年为10.5%。其中，1984年的增长速度最快，高达15.2%；1990年增长最慢，为3.8%。与经济快速增长相对应，我国就业人数也持续增加，就业总人口由1980年的42361万人上升至2009年的77995万人，共增加35634万人，平均每年增加1188万人，年均增长率达到2.1%（图1）。

党的十八大以来，国家不断强化政府在推进就业过程中不可替代的责任，深化就业体制改革，加大公共投入，积极的就业政策取得了较大成就，每年城镇新增就业人数大致在1300万人左右：2012年为1266万人，2013年为1310万人，2014年为1322万人，2015年为1312万人，2016年为1314万人，就业大局总体上保持稳定。而从城镇登记失业率来看，大致控制在4%上下：2012年为4.1%，2013年为4.1%，2014年为4.09%，2015年为4.05%，2016年为4.02%（图2）。

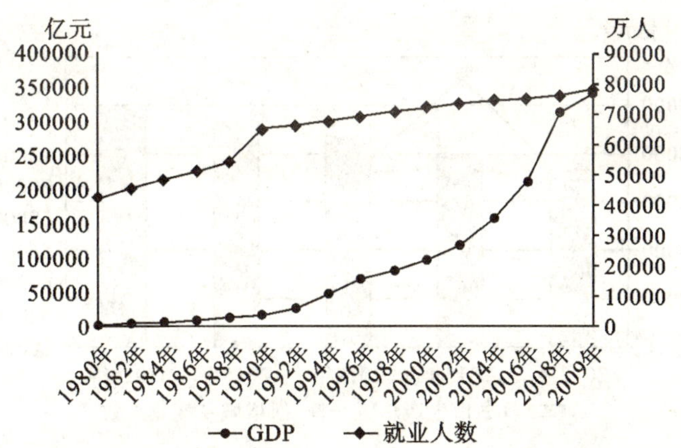

图 1　1980～2009 年我国 GDP 和就业人数变化趋势

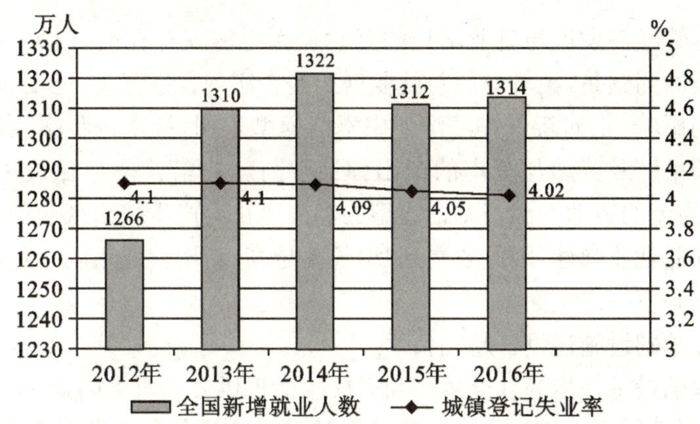

图 2　2012～2016 年全国新增就业人数和城镇登记失业率变化

从青岛市看，持续的经济增长和综合实力的不断上升，的确对就业有明显的拉动效果。五年来，青岛市的经济发展不仅增长速度较快，平均在 8.0%以上，而且总量日益增大，2012 年为 7302.11 亿元，2013 年为 8006.60 亿元，2014 年为 8692.1 亿元，2015 年为 9300.07 亿元，2016 年为 10011.29 亿，成为全国第 12 个总量跨越 1 万亿元的城市。与此相对应的是，为避免那种“高经济增长，低就业增长”的“GDP 至上”的片面发展观，青岛市积极实施就业优先战略，完善就业政策支持体系，努力实现经济发展与就业增长的良性互动，并以市政府一号文件下发《关于实施就业优先战略行动，进一步做好新形势下就业创业工作的实施意见》，从就业与经济互动融合、促进重点群体就业、加强职业技能培训等 5 个方面出台 25 条政策措施，全力促进就业创业，全市城乡新增就业人数每年保持在 66 万人以上：2012 年新增城乡就业 699699 人，2013 年为 765116 人，2014 年为 703540 人，2015 年为 661730 人，2016 年为 679711 人(图 3)。

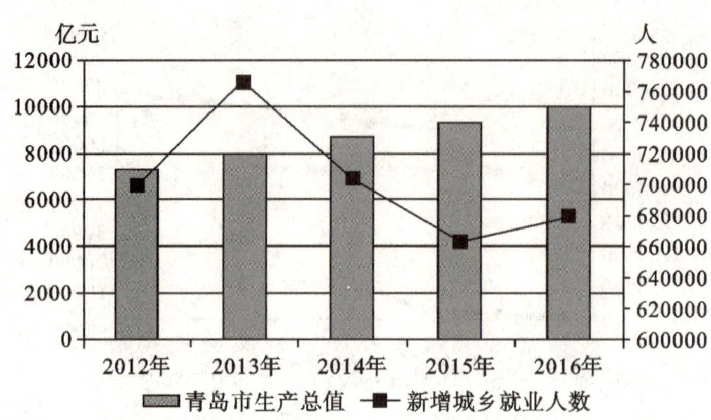

图 3　2012～2016 年青岛市生产总值和新增城乡就业人数变化

尽管经济发展与就业增长的互动关系是客观存在的，但另一个不能忽略的问题是，经济发展与就业增长是否实现良性互动，还受到多种因素的影响，正如新古典经济学中索洛模型表明，技术进步率、资本投入增长率以及劳动与资本的产出弹性都与就业增长率存在负相关关系，因为节约劳动型和资本密集型的经济增长会产生挤出就业的效应，从而降低就业弹性，因此要看到“增长率越高、新增就业率就一定越高”的观点并不一定全面。

2. 基础设施建设日趋完备

基础设施是指为社会生产和居民生活提供公共服务的物质工程设施，是用于保证国家与地区经济社会活动正常进行的必要的公共服务系统，是促进就业不可缺少的基础条件。尽管由于各地的情况千差万别，目前还难以用量化形式来衡量基础设施建设与就业之间的直接关系，但完备的基础设施对促进就业的作用却是公认的，具有公认的“乘数效应”，即能带来几倍于投资额的社会总需求、国民收入和就业机会。以美国为例，20 世纪 30 年代，为了应对空前的经济大萧条，美国总统罗斯福推行了著名的“罗斯福新政”，其中很重要的一项政策就是政府主导大规模基础设施建设。这些基建项目，不仅为后期美国经济的大发展打下了坚实的基础，而且扩大了就业规模，增加了民众收入。可见，基础设施作为经济社会发展的基础和必备条件，建设好了可以为发展积蓄能量、增添后劲，创造就业机会，而建设滞后则可能成为制约经济社会发展与增加就业的“瓶颈”。

通过改革开放 30 多年来的快速建设，青岛市基础设施有了翻天覆地的变化。截至 2012 年，青岛市建成区面积达 374.64 平方千米，城市平均每天供水量 117 万吨，城市全年实际用水量 3.7 亿吨；城市使用液化气、煤制气、天然气的总户数达到 136.93 万户，全年供应液化气总量

5.97万吨,供应煤制气总量7999万立方米,供应天然气总量68922万立方米,城市气化率达到100%;年末供热面积达到10503万平方米;市区公共汽、电车线路263条,共有营运的公交汽、电车5397辆,全市共有出租汽车9693辆。同时,青岛全市公路通车里程超过1.6万千米,其中一级公路超过1100千米,高速公路达到728千米,在全国同类城市中保持首位,全市公路密度达到146千米/100平方千米,作为主要交通要道的胶州湾海底隧道和胶州湾跨海大桥更是在促进经济社会的发展中发挥着不可替代的重要作用,制约城市的交通问题初步得到解决。

作为中国东部沿海重要的经济中心城市和港口城市,青岛市已成为沿黄流域和太平洋西岸重要的国际贸易口岸和海上运输枢纽,与世界上130多个国家和地区的450多个港口有贸易往来,港口吞吐量跻身全球前十位。青岛港客运站是旅客水路进入青岛的主要通道之一,通航国内多个港口城市,开通了青岛至韩国仁川、韩国釜山、日本下关三条国际定期航线。青岛航空港也是山东省内乃至全国最繁忙的机场之一,开通了10多条国际(地区)客货航线,与国内47个大中城市通航。总体而言,青岛市现有的基础设施已接近国际经济中心城市的水平,不仅市政基础设施完善,城市服务功能完善,而且生态环境优美,绿树成荫,享有"碧海蓝天、红瓦绿树"的美誉,获得"国家卫生城市"和"国家园林城市"等称号,并成为中国唯一入选"世界最美海湾"的城市,也是中国最具幸福感城市,治安良好,犯罪率低,整个社会呈现和谐稳定的状态。应该讲,这些完备的基础设施为实现充分就业和更高质量就业提供了不可替代的条件。

(二)合理的产业结构与就业结构基本形成

根据"配第—克拉克定理",在产业结构方面,随着经济发展和国民收入水平的提高,劳动力首先由第一产业向第二产业转移;当人均国民收入进一步提高时,劳动力从第二产业向第三产业转移。1980～2009年我国就业结构的变化情况是:劳动力由第一产业向第二产业和第三产业转移。我国第一产业的从业人员比重由68.7%下降至38.1%,第二、三产业的从业人员的比重分别由18.2%和13.1%上升至2009年的27.8%和34.1%。这种变化趋势说明,我国产业结构与就业结构变动的大体方向是一致的。青岛市近五年来的就业工作取得较为明显的成就,不仅体现在就业规模持续扩大,城镇登记失业率一直控制在3%左右的较低水平,而且三次产业结构不断进行调整,使得就业结构更加合理优化。2014年,青岛第三产业就业人数首次超越第二产业,跃居首位,第三产业占主导的就业体系形成。

1. 合理的产业结构基本形成

产业是经济发展的核心，产业结构往往决定着一个城市经济发展的方向，代表着一个城市的产业发展水平。青岛市产业结构科学，主要表现在三次产业之间的构成较为合理，梯次有度，产业集聚度和产业链完整度比较高，既有核心龙头企业发挥带动作用，也有众多中小企业进行上下游配套，同时相关服务业能够协同跟进，人才、技术、金融等要素支撑也有充分保障，相关企业愿意来、留得住、能壮大，从而形成资源要素集聚、集约、集中的产业集群优势。2012 年，全市实现生产总值(GDP)7302.11 亿元：第一产业增加值 324.41 亿元，第二产业增加值 3402.23 亿元，第三产业增加值 3575.47 亿元，三次产业结构为 4.4∶46.6∶49.0。到 2016 年，全市实现生产总值 10011.29 亿元：第一产业增加值 371.01 亿元，第二产业增加值 4160.67 亿元，第三产业增加值 5479.61 亿元，三次产业结构为 3.7∶41.6∶54.7(图 4)。

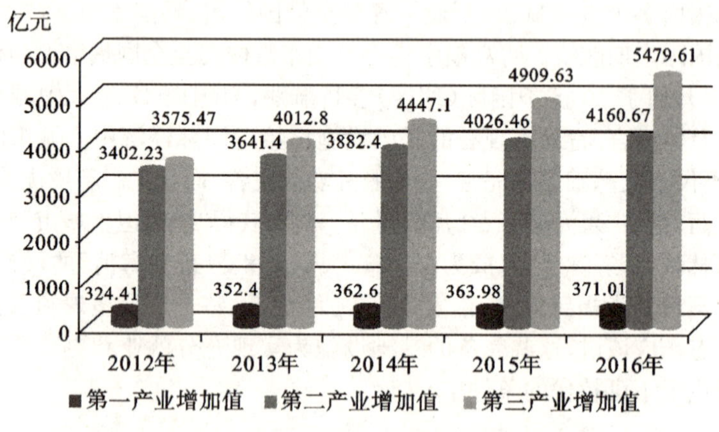

图 4　2012～2016 年青岛市三次产业结构变化

五年来，青岛市的国民经济三次产业结构由 4.4∶46.6∶49.0 演变为 3.7∶41.6∶54.7，表明全市经济结构已经并将继续发生变动，逐步优化升级。从比重上看，第一产业所占的分量基本上没有大的变化，第二产业部分逐年减少，第三产业产出占地区生产总值的比重则在逐年提高。在这一过程中，有一个现象值得注意，即生产性服务业在国民经济中的地位呈现出稳步巩固和提高的发展趋势。2016 年，青岛生产性服务业增加值占全市地区生产总值比重达到 29.1%，与 2012 年相比，五年间提升了 2.4 个百分点。从第三产业吸纳就业能力看，生产性服务业在稳定全市就业大局方面贡献相当突出，表现在 2016 年全市城镇新增就业总量为 68 万人，其中服务业新增就业就达到 42.5 万人。

2. 就业结构与产业结构保持一致

综观世界经济发展的历程，在产业结构的演进过程中，其规律是由农业产出为主向工业产出为主再向第三产业产出为主的方向发展。相应地，一个国家（地区）的劳动力构成也逐渐由第一产业占优势转化为第二产业、第三产业占优势，三次产业劳动力的比重顺序从“一二三”向“三二一”转换。换句话说，人均国民收入水平越高的国家，第一产业劳动力在全部劳动力中所占的比重就越少，第二、第三产业中劳动力所占的比重相对较大。

近年来，与三次产业结构逐步调整和优化相一致的是，青岛市第二产业和第三产业吸纳的就业人员也在随之发生变化，在第三产业就业的群体逐渐扩大，而在第二产业就业的人群则逐渐减少。五年来，当青岛的三次产业结构由 4.4：46.6：49.0 发展到 3.7：41.6：54.7 时，就业人员数量也与产业结构基本实现协调一致，第二、三产业新增就业岗位之比从 2012 年的基本持平（0.94：1）到 2016 年差距近一倍（0.59：1）。具体讲，2012 年在第二、三产业就业的人员分别为 337160 和 357846 人，第二产业人员仅比第三产业少 20686 人；而到 2016 年，情况发生了根本性变化，在第二、三产业就业的人员分别为 249777 和 425185 人，第二产业比第三产业少 175408 人。可以说，第三产业在新增就业领域确立了绝对主导地位（图 5）。

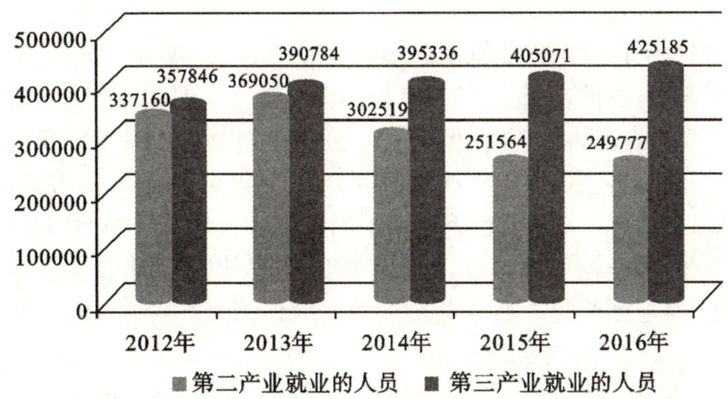

图 5　2012～2016 年青岛市第二、第三产业就业人员变化比较

（三）独具特色的就业服务要素

不同的地方对就业服务有不同的要求。就青岛市而言，除了一般城市所具有的如减少审批环节、缩短审批时限等共性要求以外，更多地体现在如何突出本地的特点方面，即努力健全政策扶持体系，不断营造浓厚的创业氛围，整体创业工作由“小众”推向“大众”。五年来，全市累计实现城镇新增就业 3509796 人，其中政策性扶持创业 10 万余人，带动就业 40 多万人，大学生创业参与率从 2008 年的 0.3%提升到 2016

年的6.2%。同时，从实现更高质量的就业和破解结构性就业矛盾入手，青岛市积极探索职业技能培训模式改革等，都取得了较好的成效。应该说，这些不断完善的就业服务新形式，得到了广大民众的认可和赞扬。

1.聚焦大众创业工程

近年来，青岛市聚焦创新之城、创业之都、创客之岛“三创”战略实施，积极破解创业难题，优化大众创业环境氛围。

第一，形成各类群体的特色化创业孵化体系。出台了青岛市创业孵化基地奖补办法，在全国率先构建省级、市级、区（市）级、街道级四级创业孵化载体奖补体系，对经认定的市级创业示范基地给予最高1000万元奖补，引导提升全市创业孵化水平。打造“全链条”式创业孵化体系，以在全国率先创建的大学生创业孵化中心为引领，先后建立了湛山创客工厂、国内首所创业大学，与青岛广播电视大学实现一体化办学，建成博士创业园、高层次人才创业中心、留学回国人员创业园、海洋人才创业中心，正在建设院士创业园，创建回国返乡产业园，形成从返乡农民工、失业人员到大学生、博士、院士等各类群体的特色化创业孵化体系。全市累计建成各类创业孵化基地89家，成功孵化6700家企业，其中上市15家。

第二，营造浓厚创业氛围。2015年6月份，市政府下发《关于实施大众创业工程打造创业之都的意见》，将小微企业创业补贴由1万元提高到最高3万元，将创业担保贷款小微企业创业补贴由1万元提高到最高3万元，将创业担保贷款额度由10万元提高到最高45万元，小微企业最高可贷款300万元。这些政策措施，大大激发了人们积极创业、勇于创业、善于创业的热忱，形成了持续创业、以创业带就业的良好社会氛围，参与创业的人数日益增多。据统计，2012年参与创业人数为15853人，2013年为21357人，2014年为24173人，2015年为23332人，2016年为34493人（图6），参与创业人数由2012年的15853人剧增到2016年的34493人，翻了一番多。出台实施返乡创业工程，促进农村增收致富的意见。全面激发农民工、大学生、退役士兵以及农村青年就地创业热情，拓宽了就业渠道。

2.积极实施技能青岛工程

高技能人才是指具有高超技艺和精湛技能，能够进行创造性劳动的技能人才，是各行各业产业大军的优秀代表，是技术工人队伍的核心骨干，在加快转变经济发展方式、促进产业结构优化升级、提高企业竞争力、推动技术创新和科技成果转化、实现充分就业和更高质量就业等方面具有重要的带头示范作用。青岛市一直着眼于实现更高质量的就业、破解就业结构性矛盾，改革职业技能培训模式，实施专项行动，加大培训力度，提升劳动者职业技能(2012 年培训人数为 86797 人，2013 年为 86978 人，2014 年为 99684 人，2015 年为 81629 人，2016 年为 70251 人)(图 7)。

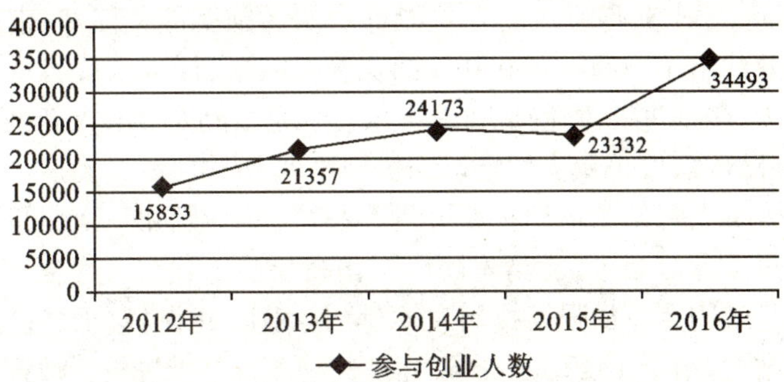

图 6　2012～2016 年度青岛市参与创业人数变化

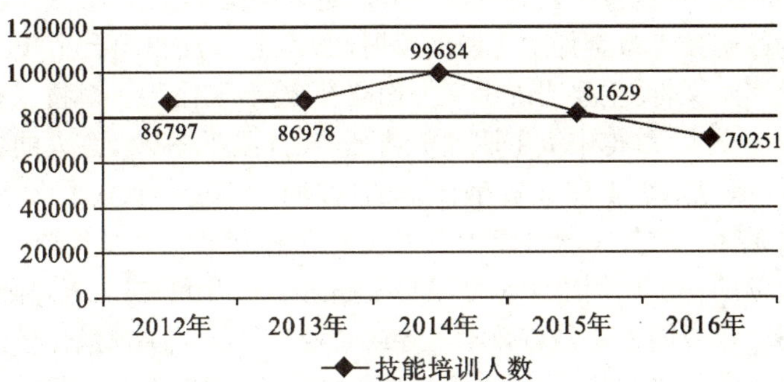

图 7　2012～2016 年度青岛市技能培训人数变化

第一，推动技工教育集团化改革。市政府出台《青岛市技工教育集团化发展意见》，鼓励职业培训机构通过联合式、兼并式、股份制等方式，与行业企业优势互补、抱团发展。全市已组建技工教育集团 9 家，加盟集团的企业 210 余家，年培训能力达到 4.5 万人。

第二，大力推行订单、定向培训。引导企业和职业培训机构建立共同确定招生计划、共同制订培养方案、共同开发学习教材、共同研究教学计划的一体化培养体系，以实现“招生即招工、毕业即就业”。青岛技工院校是全市技能人才培养的主阵地，特别是对接产业发展紧密、就业前景好的专业工种，成为技工院校招生的靓丽名片，受到越来越多家长和学生青睐。目前，青岛市技工院校在校生约 2.3 万，每年为社会输送技能人才 7000～8000 人，毕业生就业率保持在 98%以上。

第三，加大技能人才培养支持力度。为培养更多更优秀的高技能人才，从以下层面进行奖励。

在企业奖励层面，一是鼓励企业开展“金蓝领”培训，对培训合格、取得高级工以上职业资格证书的，给予每人 1200～1600 元培训费补贴。目前，已累计为行业企业培养技术技能骨干人才近 3 万人，同时带动企业技术工人培训 20 多万人。二是鼓励企业开展“师带徒”培训，从 2014 年起，要求获得市级以上技能称号的名师实施带徒，对带徒取得显著成效的给予 2000～18000 元的奖补。截至目前，全市名师带徒达到 575 人，名师进课堂达到 1139 人次。三是鼓励企业开展新型学徒制培训，补贴数额按企业支付给培训机构培训费用的 60%确定，中、高级技术工人每人每年的培训补贴分别不超过 4000 元和 6000 元，补贴期限不超过 2 年。目前，海湾集团和石化高级技工学校入选全省首批试点。四是鼓励企业加强高技能人才“培养载体”建设，对于建设市级技师工作站的，给予 10 万元一次性建站奖励。五是推进技工教育集团化发展。技工教育集团化是在全国率先探索高技能人才培养的创新模式，也是全市重构技工教育发展优势的重要举措。

为鼓励技工教育集团化深度发展，2016 年青岛市出台了技工教育集团化奖励文件，主要明确了三方面奖补政策：奖结果。对技工教育集团培养的学生，取得中级工职业资格证书的，按照 1700 元/人的标准给予奖补；取得高级工职业资格证书的，按照 2000 元/人的标准给予奖补。奖载体。对技工教育集团开发新专业和开展实训基地建设的，按照投资额的一定比例给予每个项目不超过 100 万元奖补。奖师资。对于聘请企业技能人才参与教学指导或企业接纳技工院校优秀教师到集团内企业学习实践的，按照每人每学年 3000 元的标准给予奖补。

在个人奖励层面，一是青岛市技术能手，每人奖励 2000 元。二是青岛市有突出贡献技师，每人奖励 7200 元。三是享受政府津贴技能人才，每人奖励 2 万元。四是青岛市首席技师和青岛市技能型拔尖人才，每人奖励 4.8 万元。五是每两年举办一届全市大赛，每个冠军奖励 1 万元。此外，在青岛市第十三届职业技能大赛中，首次设立 10 万元振超技能大奖，为广大技能高手树立了新的奋斗目标。2016 年是第十四届技能大赛举办年，进一步增加了大赛资金投入，加大对获奖选手奖励力度，提高大赛社会影响力。

第四，实施技师工作站建设行动。在全国率先成立青岛市技师工作总站，为企业培养高端后备技能人才。目前已建成国家级技能大师工作室 4 个、省级技师工作站 5 个、市级技师工作站 19 个，每年承担技术革新项目 209 个，参与技能人才培养近 2 万人。

从统计的数据看，目前技能人才的就业质量明显较好，待遇水平稳步提升，如橡胶成型工、加工中心操作工、橡胶硫化工等职业（工种）。一些紧缺的技术工种，比如焊工、模具制作、航海技术等，在定岗定级后其工资待遇更高，且多数用人单位还以提供免费食宿、提供班车、带薪旅游休假为条件，吸引技工院校毕业生，实现更高质量的就业。

3. 对重点群体就业重点帮扶

青岛市作为一个老工业城市，主要在三个方面抓了重点群体的就业工作。

第一，统筹做好化解过剩产能过程中职工分流安置工作。结合国家、山东省对化解过剩产能的新部署，下发做好化解过剩产能等企业裁减人员就业创业和职业培训工作有关问题的通知，形成了企业稳岗帮扶、就业帮扶、创业帮扶、技能帮扶、托底帮扶"五个帮扶"制度。截至2017年4月，全市已分流安置70余家搬迁企业5万余名职工，特别是2016年青钢集团、青岛碱厂搬迁产生的5000多名失业人员，都得到了妥善安置，整体工作平稳推进。

第二，制定开发基层岗位吸纳高校毕业生就业的意见，完善就业见习制度，启动实施大学生农村电商工程、大学生就业"梦想起航行动"，实现高校毕业生就业7.5万人，就业率96%。通过实施高校毕业生就业促进和创业引领"两个计划"，举办大学生职业生涯规划大赛，多渠道促进高校毕业生就业。突出做好高校毕业生就业创业工作。"十二五"以来，青岛籍非师范类高校毕业生就业率始终保持在90%以上。

第三，将就业与精准扶贫结合起来。按照市委、市政府确定的标准，出台做好就业与社会保障精准扶贫意见，开展就业扶贫、创业扶贫、技能扶贫、人才扶贫、社保扶贫等五个扶贫计划，顺利完成了市委、市政府确定的2万多名农村贫困劳动者的扶贫任务。其中，2016年仅市人社部门就承担3000多人的就业创业扶贫、2000多人的医疗扶贫和1000多人的培训扶贫任务，并于年内实现"四个100%"，即有就业能力和就业愿望的贫困人100%帮扶就业，有创业能力和创业意向的贫困人口100%帮扶创业，有就业能力和培训意愿的贫困人口100%参加职业技能培训，贫困人口100%参加居民基本养老保险和医疗保险。

（四）不断促进就业公平

所谓就业公平，就是指劳动者在就业过程中享有平等的就业权利，不因劳动者的性别、民族、宗教信仰、户籍等因素而受到不平等不公正的对待。它主要包括政策实施公平和依法对特殊群体就业的公平。

1. 城乡一体化的政策扶持体系

为体现就业公平的精神，青岛市针对城乡政策不统一、二元分割等问题，结合全域统筹和新型城镇化加快发展形势，按照"城乡就业政策统一、就业服务一体、就业机会均等"的总体要求，于2013年出台《关于进一步完善城乡就业政策体系 推动实现更高质量就业的通知》，从顶层设计上出台一系列更加积极的政策，将有就业愿望和就业需求的城乡劳动者全部纳入政策扶持范围，标志着青岛市基本实现就业创业扶持城乡一体化、同城同待遇，再加上2010年以来实施的四轮积极的就业政策，政策潜能不断释放，这些政策措施为就业形势稳定发挥了积极作用。2016年以来，面对经济新常态特征，市政府首次以一号文件出台《关于实施就业优先战略行动 进一步做好新形势下就业创业工作的实施意见》，从就业与经济相融合、推进大众创业工程、帮扶重点群体就业、加强职业技能培训、健全公共服务体系等方面，出台25条政策，为实现就业机会更加充分、就业环境更加公平、就业结构更加合理、就业质量进一步提升奠定了牢固的基础。

2. 公共就业服务均等化

实现公共就业服务均等化，一方面是通过公共就业服务帮助更多的人实现就业，另一方面则可以缩小城乡之间在公共就业创业服务方面的差距。通过均等化的公共就业创业服务实现平等的就业权，这是公民平等享有一切权利的基础。在公共就业服务均等化方面，青岛市主要结合"放管服"改革要求，重点在规范服务行为上下功夫。一是服务下沉提速。市政府下发《关于加强基层公共就业服务平台规范化建设的通知》，推动信息网络、人员配备、服务事项等下沉到街道（镇）、社区（行政村）。2016年，信息网络已全部延伸到中心社区，各项补贴均可到街道（镇）申领，补贴审核环节从2～3个月时间缩短为20个工作日。二是推行精准服务。自2014年起，建立全口径劳动力资源动态管理机制，对本市户籍法定劳动年龄内的各类城乡劳动者，实行统一口径的调查摸排，全面掌握劳动者的"四个需求"，即就业需求、困难群体就业援助需求、技能培训需求和企业用工需求。三是建立经济发展与就业联动机制。2014年，市政府出台《关于建立重点建设项目与就业联动机制促进城乡充分就业的通知》，通过实施土地征用、项目招商、项目遴选、项目建设与就业"四个联动"，最大限度地促进重点建设项目拉动就业。已将2012年以来2280个市级重点建设项目全部录入就业信息系统进行对接服务，全市重点建设项目累计吸纳就业15.8万人，对新增就业的贡献率达到9.8%。

3. 确保残疾人就业不受歧视

对于残疾人而言，劳动更有着特殊的意义，因为劳动就业是残疾人全面参与社会生活的基础，是残疾人实现自身权利和价值的关键环节，并能够体现出就业公平。

青岛市对残疾人就业工作一直给予高度的重视，并依照我国有关法律法规，制定出台《青岛市促进残疾人按比例就业实施办法》《青岛市人民政府办公厅关于进一步做好残疾人就业工作的意见》《青岛市按比例安排残疾人就业办法》等一系列法规政策文件，基本形成了市、区、街道和社区四级残疾人服务体系，并本着集中与分散相结合的原则，采取优惠政策和扶持措施，多渠道多层次多种形式安排残疾人劳动就业。通过举办企业招聘会、媒体宣传、残疾人职业技能竞赛等多种方式，营造良好的扶残助残环境。积极扶持残疾人个体创业、灵活就业及农村残疾人就业从业，落实残疾人集中安置单位产品专产专供、政府优先采购、残疾人职业技能培训、创业就业奖励扶持政策；继续推进残疾人实训基地建设，完善残疾人创业孵化中心运行机制。加强残疾人扶贫基地规范化建设，并继续实施残疾人康复扶贫贴息贷款项目。

在各级政府和社会的多方努力下，截止到2015年底，青岛市共有残疾人劳动适龄人口10.26万人，其中已就业7.33万人。在青岛市就业的7.33万残疾人口中，以从事农村种养业最多，占全市残疾人口就业总数的58.40%；集中就业和个体就业均占全市残疾人口就业总数的4%以上；公益岗位和辅助性就业均在1%以下。这些成绩表明，青岛市的残疾人就业政策措施是得当的，有利于促进就业公平局面的形成。

4.外地户籍人员享有同等就业机会

考察外地户籍人员与本市户籍人员在就业上的比例，有助于考察本市整体就业活跃度和就业公平程度。在中国的就业市场上，由于目前仍然是供大于需的状况，因而反映在现实中就业歧视现象还不少，如年龄歧视、性别歧视、地域歧视，甚至还有户籍歧视等。

由户籍制度导致的户籍歧视是20世纪50年代中期之后计划经济体制下至今难以消除的产物。户籍制度将城乡人口之间的流动、城市从农村的招工和城市人口向外边的疏散等都纳入国家计划的控制之下，形成了中国城乡间的分割和封闭。在户籍制度下，农民被牢固地束缚在土地上，既不能从事其他私营企业，也不能离开土地向城市流动；同时，城市形成了以户籍制度为基础，由国家统一安排的“统包统配”就业制度，并以单位为基本单元分配商品粮以及其他有关人们生活方面社会资源的分配制度。在单位制下，劳动部门作为分配社会资源的基本单位，既没有经营自主权，也没有用工自主权，当然解雇和辞职也同样受到限制，一切部门的劳动调配必须纳入计划，国家对城、乡居民采取了不同的就业安排，国家只负责城市非农业人口在城市的就业安置，而对农民进城就业，采取的则是限制政策，不允许农村人口私自进城寻找职业，甚至规定城市“各单位一律不得私自从农村中招工和私自录用盲目流入城市的农民”，“招用临时工必须尽量在当地城市中招用，不足的时候，才可以从农村中招用”。在社会福利制度方面，形成于20世纪50年代的城市社会福利制度保证了城市人口享有全面的劳保待遇和相应的各种补贴，农民却没有相应的社会福利和社会保障。在法律上，农民工只能以临时工的身份出现，而不能作为国家的正式职工享有劳动者应当享有的就业、福利等权利并承担相应的义务。

改革开放以来，随着经济改革的不断深入，国家放松了对生产资料和资源的垄断，相当一部分生产资料脱离国家的控制进入市场，私营企业、个体企业和外资企业的加入活跃了市场，加上国有企业用工制度改革打破了以往的由国家垄断的就业分配制度，市场提供的契约式的就业机会大大增加，社会结构也由政府主导型的二元结构渐渐向市场主导型的二元结构转化，户籍制度亦随之松动，有些城市甚至做出取消户籍限制的尝试，有些则采取积分落户、买房落户等变通办法，劳动者的就业机会趋于多样。但是，应当看到的是，由户籍制度产生的社会身份的差别并没有随着改革的发展而发生根本性转变。

在现行户籍制度下，青岛市对所有外地户籍的劳动者来青就业创业尽可能地采取公平政策措施，营造一种公平公正的外部环境，使他们能够充分享受到正常人应当享受到的就业权、居住权、教育权、社会参与权、社会保障权、医疗服务权和公共设施与福利服务权等，在就业问题上对“城里人”和“乡下人”、“本地人口”与“外来人口”、“常住人口”与“流动人口”一样地公平施政。正因为如此，在2016年新增就业人员中，青岛市第一次出现了外地户籍人数超过本市户籍人数的情况（图8）。2012～2016年度新增就业人员中，外地户籍人数与本市户籍人数比例依次是：2012年为293979/405720，2013年为278459/486657，2014年为286613/416927，2015年为274056/387674，2016年为385593/294118。

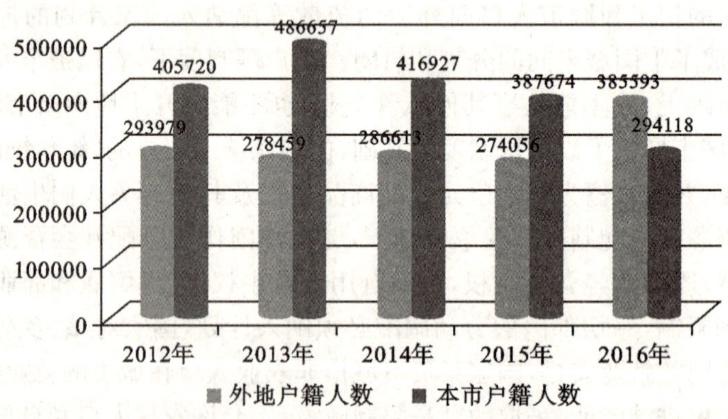

图8 2012～2016年度青岛市新增就业人员中外地户籍与本市户籍人数变化

5.依法保护劳动者的权益

所谓就业权益，是指劳动者在就业过程中所拥有的权利和所应该获得的利益。就业权益是一种合法权益，劳动者在国家法律允许的范围内所实现的就业及其权益受到法律保护。需要特别指出的是，任何权益都是和责任与义务连在一起的，权利、责任、义务是相等对应的。劳动者的就业权益也是和劳动者的就业责任、就业义务相互联系的。《中华人民共和国宪法》规定："公民有劳动的权利和义务。国家通过各种途径，创造劳动就业条件，加强劳动保护，改善劳动条件，并在发展生产的基础上，提高劳动报酬和福利待遇。……国家对就业前的公民进行必要的劳动就业训练。"

青岛市 2016 年共受理各类劳动人事争议案件 9089 起，按期结案率 99%；立案查处劳动保障监察案件 4426 件，主动检查用人单位 1.07 万家，为劳动者追发工资待遇 3000 余万元。在为就业者提供权益保护方面，主要做了如下方面的工作。

第一，完善政策体系。研究制定构建和谐劳动关系实施意见，夯实构建和谐劳动关系基础。实施劳动者患病或非因公负伤医疗期管理新办法，保障劳动者合法权益。出台特殊工时审批管理办法，规范特殊工时审批制度。

第二，加强收入分配宏观调控。出台深化国有企业负责人薪酬制度改革实施意见，启动青岛市国企负责人薪酬制度改革。发布 2016 年企业工资指导线，指导企业合理增加企业职工收入。调整最低工资标准，将六区四市月最低工资标准分别由 1600 元、1450 元调整为 1710 元、1550 元。

第三，统筹做好化解过剩产能过程中职工分流安置工作。加强对企业职工分流安置的管理服务，指导青钢集团、海湾集团等制订实施职工分流安置方案，建立起企业稳岗帮扶、就业帮扶、创业帮扶、技能帮扶、托底帮扶"五个帮扶"制度，促进分流安置职工平稳转岗、就业。

第四，加大劳动维权力度。研究制定全面治理拖欠农民工工资问题的实施办法，健全预防和解决拖欠农民工工资问题的长效机制。推进劳动人事争议专业性预防调解，不断提高争议处理规范化水平。开展农民工工资支付等专项检查，开展企业劳动保障守法诚信等级评价活动，通过示范引领推进和谐劳动关系建设。

另外，围绕进一步提升人力资源社会保障公共服务水平，开展基层平台服务提升年活动，推广窗口经办综合柜员制，对 181 项人力资源社会保障服务事项进行梳理提升。深化"互联网＋政务服务"，试运行"智慧人社"手机 APP，升级 12333 服务系统，推行网上政务服务深度办理，网办服务量日均达到 28 万次，公共服务的便捷性、可及性实现新提升。

二、青岛市推进新增城镇就业工作中存在的困难与问题

在全市上下的努力下，五年来青岛市城镇新增就业工作取得的成绩可圈可点。但在肯定成绩的同时，也应看到在推进新增就业工作中还存在一些问题，需要引起应有的重视。

（一）就业总量压力仍然处于高位

预计“十三五”期间，本市劳动年龄人口中每年需要就业人员仍有40万人左右，加上外来人员，总量将达到70万人左右，与“十二五”相比仍处于高位。与此同时，近年来劳动者薪酬增长较快，成为越来越重的企业运营成本。而这种状况又迫使生产企业大力提升自动化程度，直接减少了劳动用工需求，释放出大量低端劳动力，进一步加剧了供给方与需求方的结构性矛盾。

在青岛市第二产业就业的年度新增就业人员中，2012年为337160人，2013年为369050人，2014年为302519人，2015年为251564人，2016年下降为249777人。可以看出，除在2013年有9.46%的同比增长之外，2014年至今都处于下降态势，2014年同比下降18.03%、2015年下降16.84%、2016年下降0.71%。虽然第三产业的迅速发展创造了大量的就业机会，但与第二产业减少的就业岗位相抵消，就业岗位总量保持相对平稳。近两年的新增就业总量与2012年基本持平，分别为66.17万、67.97万，很难再现2013年76.51万人的辉煌；与继续维持在高位运行的就业压力相比，城镇新增就业工作仍然面临着很大的压力。

（二）经济增长与就业的不同步性发展

就各国发展史来看，经济发展与就业增长的确是一种良性的相互促进关系；但在特定地区、经济发展的特定阶段，经济增长与就业增长能否实现良性的互动，还受到多种因素的影响与制约。

2012年以来，青岛市GDP增长均保持在8%左右，而城镇新增就业人数则在2013年达到高峰后出现跌落，连续两年下降后在2016年实现了微增长，与经济发展并不同步。正如新古典经济学家索洛所指出的，技术进步率、资本投入增长率以及劳动与资本的产出弹性都与就业增长率存在负相关关系，因为节约劳动型和资本密集型的经济增长会产生挤出就业的效应，从而降低就业弹性，这种情况在经济转型升级中的城市将得到较为清晰的体现。对青岛而言，应当特别重视投资增

速与就业增长的关系，保证大型投资项目兼容拉动就业功能，这一点在经济发展不甚景气时期尤为重要。因此，应把2014年市政府出台的《关于建立重点建设项目与就业联动机制 促进城乡充分就业的通知》落实到位，通过实施土地征用、项目招商、项目遴选、项目建设与就业"四个联动"，最大限度地促进重点建设项目拉动就业。

(三)就业市场供需结构性矛盾突出

就业的结构性矛盾是指在劳动力供求总量基本相当的情况下，劳动力供给与需求的不匹配现象，即劳动者难以实现就业的同时，部分企业却出现"招工难"和"用工荒"的现象。这是近些年也是未来几年将会持续存在的重要问题，主要表现在三个方面。

1.高技能劳动者供给严重不足

作为经济较为发达的沿海开放城市，青岛的产业结构正在从劳动密集型向技术和资本密集型转变，这种转变实际上对劳动者的技能提出了较高的要求，即相当一部分企业需要大量的产业技术劳动者特别是高技能劳动者。然而，在产业结构调整和产业升级过程中，尽管产业技术工人的需求量表现为逐年增加，但高技能劳动者尤其是关键性技术岗位的劳动者却显得尤为短缺，出现了供给严重不足的状况。据统计，青岛市技能劳动者的求人倍率一直在1.5∶1以上，高级技工的求人倍率甚至达到2∶1以上的水平，部分行业企业甚至出现严重缺工现象。由于缺少专业技能人才，一些企业招聘不到合适的技工尤其是高级技工，导致企业开工不足。近两年来，全市已经连续出现高技能人才严重缺乏的问题。2015年，全市供求缺口前十位的技术工种共提供岗位2.6万个，但求职者却仅有8000人，岗位缺口达1.8万人。2016年1～6月，全市共有392个技术操作类工种进行市场招聘，合计岗位4.2万个次，占17.65%；但求职人数只有2.9万，占12.68%，供给缺口达1.3万人次，求人倍率1.48∶1，同比上升0.03。其中，焊工、电气电子设备装配工、车工、橡胶硫化工求人倍率最高，分别为3.92、2.96、2.48、2.35，同比分别上升1.11、0.45、0.73、1.28。

2.普通高校毕业生就业压力仍然较大

青岛是人才输入型的开放城市，每年都有大量高校毕业生来青就业。"十三五"时期，预计青岛高校毕业生就业规模每年保持在7万人左右，但从实际情况看，当前适合大学生的就业岗位不仅没有增多，反而有减少的趋势。导致这种现象出现的原因，主要有三个方面：一是近年来地方高校数量增多和规模扩大，每年产生的普通高校毕业生总量居高不下，超出了市场需要。二是目前宏观经济总体处于下行时期，经济发展的不景气导致劳动力市场需求的萎缩。三是高校教育内容与培养方式落后，不能适应新型多元的经济社会发展要求。四是毕业生自身就业期望值过高，毕业生中“学用脱钩”的现象较为普遍，再加上高校毕业生逐年积累，形成了庞大的“高学历”失业大军。可见，要解决高校毕业生就业问题，高校就必须顺应经济发展方式转变和产业结构转型升级的客观要求，对教育内容和培养方式进行改革和完善；否则，未来一段时间内，高校毕业生的就业问题仍将非常严重。

3. 农村富余劳动力、新生代农民工带来的挑战

随着改革开放的推进，青岛市城镇化的步伐大大加快，众多农民得以进入城镇工作和生活。从城镇化的进程看，2016 年全市常住人口为 920 万，城镇人口为 658 万，城镇化率为 72%，这一方面为实现农业规模化、产业化发展创造了条件，另一方面在一定程度上缓解了企业的“用工荒”和地方基础设施建设的劳动力缺口。虽然近些年来受到经济下行的影响，农村富余劳动力规模波动较大，但总体上看，在现有的 220 多万农村人口中，仍会有较大数量的农村富余劳动力有待释放进入城镇就业，而农业人口市民化意味着政府需要承担相应的转移成本。与此同时，产业升级又压缩了简单的体力劳动者的就业空间，诸多的农民工由于缺少职业院校的学习培训经历和专业性的劳动技能，在适应经济发展和结构调整方面还有相当的困难，突出的表现就是就业难。

此外，随着第一代农民工年老返乡，20 世纪 80～90 年代出生的新生代农民工则逐渐成为农民工群体中的主流，但这些人面临的最大难题在于他们大多没有从事过农业生产，总体文化水平和技能也偏低，城市里提供的岗位数量又有限，不得不面对“农村回不去、城市难留下”的尴尬局面。

4. 大龄城镇就业困难人员的再就业问题

受到经济下行压力、国际需求不振、国内需求尚待提升的影响，以及经济发展方式转变、产业结构转型升级的客观要求，全市一些劳动密集型加工企业生产萎缩或转型升级，从而导致传统制造业岗位需求显著减少，带来大批的失业人员。这些失业人员中的大龄城镇就业困难群体占了大部分，他们由于年龄相对较大，缺少专业技能，自身又不具备自主创业的能力，且有相当的家庭负担，因而他们即使有着强烈的就业愿望，也很难在劳动力市场上找到相适应的就业岗位。

（四）促进就业政策体系和服务体系有待完善

人口流动受限、信息不对称和教育滞后是导致就业问题长期存在的主要因素，政府往往通过对这三个因素施加影响，来解决社会就业问题。但改革开放以来，在人口红利和经济高速发展影响下，就业问题一直没有得到政府部门的足够认识。直到近些年由于国内外经济形势的

变化，导致失业问题日趋严重，如何促进就业才逐渐为各级政府所重视。然而，由于缺乏相应经验，且促进就业的政策体系和服务体系很不完善，政府在促进就业方面仍仅限于通过税收优惠等手段鼓励企业更多吸纳失业人员，而从长期的、根本性的角度，针对人口流动限制、信息不对称和教育滞后三大因素的全方位改革尚未展开，给未来就业问题的解决留下隐患。

三、提升城镇新增就业质量的对策建议

就业是衡量经济社会发展和繁荣的重要指标之一。经过改革开放以来的长期实践，就业增长和经济发展、物价稳定以及国际收支平衡一起，已经成为我国经济发展的重要政策取向和经济目标。就业增长和就业质量的提升，也是脱贫攻坚、全面建成小康社会的重要标志，做好就业创业工作责任重大、任务艰巨。

（一）坚持实施就业优先战略行动，保证就业量稳质升

作为最大民生的就业问题，不仅关系到整个国家经济的繁荣发展和社会的安定有序，而且关系到每个公民的基本生存状况和家庭稳定。对此，党的十九大报告强调："要坚持就业优先战略和积极就业政策，实现更高质量和更充分就业。大规模开展职业技能培训，注重解决结构性就业矛盾，鼓励创业带动就业。提供全方位公共就业服务，促进高校毕业生等青年群体、农民工多渠道就业创业。"一是在转变经济发展方式、保持经济稳步发展的同时，应优先选择有利于扩大就业的经济社会发展战略，将更好解决就业问题作为经济社会发展战略和政策制定的前提。在保持经济健康快速发展的基础上，应通过调整和优化产业结构、大力发展吸纳就业能力强的第三产业，实现经济增长和扩大就业的良性互动发展，把人力资源开发过程变成拉动就业能力不断提高的过程，使人力资源成为未来经济发展的核心动力之一，促进经济的长期健康可持续发展。二是扩大就业渠道。有关经济综合部门应把稳定和扩大就业作为经济运行合理区间的下限，将城镇新增就业、失业率作为宏观调控的重要指标，千方百计稳定经济增长，以稳增长拉动就业。三是做好失业职工安置工作。化解过剩产能是供给侧结构性改革的首要任务，按照"企业主体、政府推动、市场引导、依法处置"的原则，鼓励企业内部挖潜，尽量让职工留在企业。对离开企业的人员，各级人力资源社会保障部门要提前介入，帮助其尽快实现就业或自主创业。加强失业预警预测，建立完善工作机制，确保不出现较大规模失业，确保不出现群体性事件。

(二)实施有利于促进就业的财政政策

在坚持用市场调节解决就业问题的同时，还应考虑将财政政策作为促进劳动力就业的重要工具。一是加大政府直接投入力度，保障就业困难群体的利益。通过加大政府财政直接投入，利用预算内外各种渠道，积极筹措失业救济资金、特困群体就业补助及再就业人员的培训费用等，重点保障就业困难群体的利益。二是实施积极的再就业税收优惠政策。对于国有企业下岗人员、国有企业破产需要安置的人员、享受最低生活保障人员等群体，应进一步调整和完善再就业扶持政策，针对以上群体推出适宜的税收优惠政策。四是对于吸纳下岗和失业人员再就业达到一定比例、并与其签订三年以上劳动合同的企业，给予一定企业税减免优惠或信贷优惠，以此鼓励有条件的企业为解决社会就业问题贡献力量。

(三)推动以创业带动就业，优化就业结构

一是培育创业公共平台。重点抓好创业孵化基地、创业园区等创业载体建设，为创业者提供高质量创业服务，打造低成本、便利化、全要素、开放式的生态型创业综合服务平台。二是促进创业与创新融合。大力推广海尔集团"人人创客"、红领集团"定制管理"等模式，鼓励有条件的企业依托物联网、大数据、云计算等技术转型为新型创业平台，支持高校、科研院所等专业技术人员创新创业，促进创新成果、知识产权转化为生产力，实现创新与创业有效融合。三是组织开展创业创新活动。主要面向大学生、失业人员、高层次人才、留学回国人员等各类群体，开展创业项目遴选、创业成果展示、创业创新大赛等专项活动，营造浓厚的创业创新氛围。

(四)优化经济结构，多渠道扩大社会就业

一是从产业结构角度看，继续加快产业结构调整，充分发挥第三产业创造和带动就业的效应。青岛市的发展充分证明，随着科技的发展和智能机器的普及，传统的第一产业和第二产业吸纳劳动力的能力逐渐减弱，其劳动力占比持续下降。相比之下，第三产业尤其是生产性服务业和生活服务业吸纳劳动力的潜力巨大。这不仅得益于第三产业更加广泛的产业范围，也得益于第三产业自身的创新能力，即不断产生新的行业形态，进而不断带来新的就业岗位。二是从企业规模角度看，应进一步改善中小企业发展环境，更好发挥其带动就业和再就业的作用。在青岛市，新增就业和再就业中相当一部分城镇居民和农民工集中在中小企业就业，中小企业已成为安置新增就业和再就业人员的重要渠

道。为此，应加大对各领域中小型和小微型企业的扶持力度，努力营造良好的外部发展环境。通过中小企业的繁荣发展，促进其吸纳就业作用的发挥。

（五）强化就业服务，做好保障工作

新形势下，劳动力市场深刻变化、社会多元化和劳动诉求多样化，对公共就业创业服务提出了新的更高要求。要以满足服务对象日益增长的多元化需求为目标，加强公共就业创业服务“供给侧”和“需求侧”的统筹与对接，努力打造更加优质高效的公共就业创业服务。一是推进标准化。目前，青岛市已初步实现城乡就业创业服务均等化，公共服务“从无到有”的问题已经解决，下一步应围绕“标准化＋”战略实施，开展就业创业领域的标准化服务，提升城乡劳动者享受公共服务的质量。二是提高精细化。细分服务对象，针对去产能过程中需安置职工、高校毕业生、农村转移劳动力、就业困难人员等不同群体的特点和诉求，因人施策，因群体施策，提供有针对性的公共服务。建立政府购买公共服务机制，引入专业机构、咨询机构、行业协会等社会力量，提供专业化服务产品。三是用好信息化。实施就业创业大数据战略、“智慧就业”工程，加快推进与“互联网＋”、大数据等现代信息技术的融合，加快推进青岛创业云平台建设，支持“互联网＋”形成的新型就业形态，鼓励劳动者以自由就业、网络创业等形式实现就业。

（六）加强职业技能培训，提升就业能力

随着高新技术尤其是信息技术的快速发展，劳动密集型企业的数量和优势日益降低，企业对生产和服务人员的技术要求越来越高，而大量劳动者在短时间内难以适应这种新变化，这是当前导致结构性失业矛盾出现的主要原因。劳动者自身只有具备良好的素质，才有可能提高劳动生产率和适应经济社会发展的需要，实现更高质量就业才有坚实的基础。因此，要加快建立以职业能力为导向、以工作业绩为重点、注重职业道德和职业知识水平的技能人才评价体系。完善职业培训补贴政策，扩大就业技能培训范围，统一城乡职业培训补贴办法。全面开展就业技能培训、岗位技能提升培训。建立劳动力资源培训需求调查、企业用工预报制度，分类制定产业（项目）发展培训计划。实施技能振兴专项行动，构建技能人才多元评价体系，完善技能人才培养、考核与使用相结合并和待遇挂钩的激励机制。

（七）加快推进就业制度改革

健全就业失业登记制度，制定城乡统一的就业失业登记办法。健

全就业失业监测制度，实现失业动态监测地域和行业全覆盖。建立失业预警制度，完善失业应急预案，加强稳岗政策储备。完善失业保险制度，扩大失业保险基金支出范围试点政策，强化失业保险防失业、促就业功能。深入实施劳动合同制度，重点推进农民工和小微企业劳动合同扩面提质，健全劳动关系诚信评价体系，建立劳动监察执法与刑事司法联动的预警防控和综合治理机制，全力维护劳动者合法权益，构建和谐劳动关系。健全政府促进就业责任制度，探索建立就业质量评估指标体系，定期开展就业质量测评和考核，推进实现更高质量就业。

（作者单位：青岛市社会科学院）

青岛市加快推进全域旅游研究

范明明　王舰艇　张　勇

2017年“十一”黄金周，青岛市旅游接待再创新高，共接待游客609.3万人次，同比增长15%，其中自助游超过80%，自由行、度假游、自驾游逐渐取代了传统的景点旅游，成为旅游的新特征、新趋势，这与全国旅游发展形势不谋而合。面对大众旅游新时代的到来，年初，全国旅游工作会议明确提出推动“景点旅游”向“全域旅游”转变，将“全域旅游”作为当前和今后一个时期指导我国旅游发展的总体战略。为推动青岛市全域旅游发展，近期，市政府研究室会同市旅游局、市旅游集团组成联合调研组，先后召开了区（市）旅游局负责人、旅游企业负责人和高校研究机构专家学者等几个层面的座谈会，专程赴南京、苏州、宁波等城市实地考察，学习借鉴先进经验。

一、青岛市发展全域旅游的总体思路和目标

全域旅游是指在一定行政区域内，以旅游业为优势产业，实现区域资源有机整合、产业深度融合和社会共同参与，带动经济社会协调发展的一种新的区域旅游发展理念和模式。具体而言，全域旅游就是把一个区域整体作为功能完整的旅游目的地来建设，实现景点内外一体化，做到人人是旅游形象、处处是旅游环境。全域旅游是空间全景化的系统旅游、现代旅游和大旅游，通过旅游带动和促进相关产业融合发展，拉长产业链，实现旅游惠民、便民、富民。

推进全域旅游是一场具有深远意义的变革，也是世界旅游发展的共同规律和总体趋势，代表现代旅游发展的方向。纵观世界著名的旅游目的地，瑞士、新西兰、法国、澳大利亚等，无不是全域旅游的典范。国内部分旅游城市也围绕全域旅游开展了探索实践，苏州提出“城市即旅游，旅游即生活”理念，强调“大空间”，把整个城市作为最大景区、最美旅游目的地整体建设，丰富苏州在游客心目中的印象和记忆；强调“大产业”，加快旅游同工业、农业、文化、教育等深度融合；强调“大市场”，对传统特色产品再包装、深挖掘，对新兴产品重研发、强开拓，满足

多层次、多元化的旅游消费需求；强调“大服务”，在交通、食宿、城市管理等方面多管齐下，真正把游客当成市民，让他们宾至如归、流连忘返。南京围绕发展全域旅游，紧抓产业转型和服务品质提升，推动旅游产品向观光、休闲、度假“三型并重”转变，旅游产业向“多业融合”转变，旅游服务功能向“全域提升”转变，旅游行业管理向“综合治理”转变，打响“畅游南京”品牌，建设国内一流、国际知名的文化休闲旅游胜地。

青岛是国内知名旅游城市，旅游业在全市经济中发挥了重要支撑和引领作用。2015 年 12 月，青岛获批国家级旅游业改革创新先行区，为本市旅游业发展带来了新的机遇。随着东方影都等一批旅游大项目落户建设，特别是轻轨、地铁、新机场、邮轮母港等综合交通运输体系不断完善，全市旅游通达性、便捷性和吸引力加速提升，青岛实施全域旅游战略，正面临前所未有的重大机遇。今后一个时期，青岛市旅游业发展应围绕建设国内重要的区域性服务中心，以打造国际化旅游目的地城市为目标，按照“全景式打造、全季节体验、全产业发展、全社会参与、全方位服务、全区域管理”思路，深入实施全域旅游发展战略，着力培育优势旅游业态、提升旅游公共服务、强化产业促进机制，推动旅游业空间布局由沿海一线向全域延伸、多点支撑转变，结构类型由传统观光向休闲度假转变，产业发展由单一业态向多业深度融合转变，最终实现从“旅游城市”向“城市旅游”转变，打造青岛旅游升级版。到 2020 年，全市旅游总收入 2000 亿元，旅游业增加值占 GDP 的 6%以上，旅游业综合财税贡献率 7%以上，旅游业直接和间接就业人数达到 120 万。

二、发展全域旅游的工作重点

按照全域旅游的要求对比青岛市，主要差距体现在，从季节上看，青岛市旅游冬冷夏热，淡旺季特别明显；从地域上看，沿海一线火热，内陆冷清，特别是乡村旅游尚有较大潜力可以挖掘；从产品供给上看，层次较低，文化内涵挖掘不足，体育、节会等优势资源没有得到很好利用和融合，目前以旅游观光为主，体验和休闲类旅游产品明显供应不足，留不住客人；从旅游环境上看，全市上下对旅游城市定位的认识不足，饭店、住宿、厕所等公共基础设施有待进一步完善，各个节点服务水平有待提高。要破解上述难题，下一步关键要实施好“五大行动”：

（一）实施“旅游＋”产业融合行动，打造一批特色旅游精品

旅游是无边界的产业，几乎任何一个产业都能与旅游融合发展。要充分发挥旅游业综合带动功能，促使旅游与三次产业深度融合，为相关产业发展插上旅游“翅膀”，催生新业态、打造新产品，满足游客日益

多元化的需求，提高产品吸引力，延长游客在青时间。具体而言，要着重培育以下几类特色旅游产品。

1. 高端海洋旅游

海洋是青岛旅游最大的优势和特色，千方百计做好海的文章，打响海洋旅游品牌，是青岛旅游转型升级的关键环节。但目前看，青岛市海洋优势并未得到充分发挥，海洋旅游产品数量少、档次低，外地游客来青观海、亲海，大多仍停留在观海景、洗海澡的层次。特别是海上旅游"小、散、乱"突出，恶性竞争、欺客宰客时有发生，已成为影响青岛旅游形象的一大顽疾。一是优化提升海上旅游。建议以青岛旅游集团为主体，推进海岸线资源整合、码头建设和功能提升、航线开辟和运营，改善更新海上旅游装备，开发一批海上观光、休闲、度假、娱乐、餐饮、婚庆等中高档旅游产品，从根本上改变青岛市海上旅游水平低、经营散、不安全的状况。同时，依托国家级邮轮旅游发展实验区先行先试优势，加强政策引导，大力发展邮轮旅游，打造东北亚国际邮轮中心。二是发展滨海度假旅游。全面提升凤凰岛、石老人国家级旅游度假区，以及田横岛、琅琊台、薛家岛等省级旅游度假区及温泉镇等旅游集聚区的服务功能和景观价值，合理布局度假酒店、度假村组团、自驾车房车营地等接待设施，打造疗养度假、养生度假、滨海度假、体验度假等系列休闲度假产品。三是示范开发海岛旅游。青岛市海岛资源丰富，开发潜力巨大，建议海洋、旅游、文化等部门会同相关区(市)，借鉴国内外先进城市经验，科学编制本市海岛开发利用规划。同时，建议由市旅游集团为主体，统筹整合部分无人岛资源，按照保护优先、有序开发、海陆联动的原则，适度开发一批彰显海岛独特魅力的康体疗养、野营垂钓、地质科普、攀岩潜水等体验式旅游产品，培育青岛海洋旅游新亮点。

2. 品质乡村旅游

近年来，青岛市乡村旅游已经具备一定的基础，大泽山葡萄、佳沃蓝莓、北宅樱桃等旅游产品都大大聚拢了人气，但乡村游的层次不高、同质化严重成为制约发展的"瓶颈"。同时，基础服务设施简陋，也大大降低了人们游览的兴致，如大泽山摘葡萄后，走很远找不到一个厕所。乡村旅游潜力巨大，据国家旅游局预测，到2020年，全国乡村旅游接待人次将达20亿，带动5000万农民受益。面对如此巨大的旅游消费市场，青岛市必须领先一步，发挥优势，寻求突破。建议以创建特色小镇为载体，借鉴宁波经验，整镇推进乡村旅游目的地建设，培育以乡村观光为基础、文化体验为特色、休闲度假为重点的高品质乡村旅游产品。一是突出差异化发展。成都三圣乡依托各村梅花、荷花、荷塘、蔬菜等优势产业，在文化上深度挖掘，打造了花香农居、幸福梅林、江家菜地、东篱菊园、荷塘月色"五朵金花"，成为国内知名的乡村旅游品牌。建议市级层面加强规划引导，优化乡村旅游布局，构筑内容丰富、高中低端组合、长短线结合、特色化发展的产品体系，避免低水平重复、同质化竞争。二是开发高品质产品。浙江、北京等省市乡村旅游已由初始的乡村采摘、农家乐向综合性休闲度假的更高产业层级转化，如杭州的法云安缦度假村、安吉“大年初一风情小镇”、北京密云古北水镇等，每到节假日一房难求。其中安吉做足竹子文化，人们可以在那里挖竹笋、做竹筒饭，住四五天都不嫌烦，真正成为放松身心的好去处。青岛市要进一步整合乡村旅游资源，挖掘文化内涵，围绕渔家风情、滨河生态、温泉养生、田园农耕、历史民俗等优势特色，增加体验内容，开展创意旅游，打造一批高品质精品项目，满足游客更高层次的需求。三是完善旅游服务设施。宁波在全国率先推出乡村旅游全域化模式，编制出台了《宁波市乡村全域旅游示范区认定管理办法》，选择5个乡镇，全域打造环境优美、公共设施完善、多种业态集聚、管理规范有序、服务品质优良、能全面满足游客体验需求的乡村旅游目的地。当前，要把乡村旅游基础设施建设、环境整治纳入城乡基础设施建设计划、乡村文明行动和最美乡村建设计划，与新型城镇化同步推进，积极开展厕所革命，完善场地环境、交通集散、标识引导、信息服务等功能，提升乡村景点的综合接待能力。要大力发展民宿产业，尽快出台“乡村民宿指导标准”，加强对农家乐等餐饮饭店的管理，打造干净舒适、适宜休闲度假的乡村旅游2.0升级版。

3. 特色文化旅游

文化是旅游的灵魂，是旅游资源中独一无二的特色部分，没有文化旅游就会失去个性和生命力。青岛市历史文化资源比较丰富，崂山道教文化、风格独特的历史建筑、文人雅士的历史故居、悠久淳朴的胶东民俗、别开生面的海军文化、海尔青啤的工业文化，还有海港文化、红酒文化、老酒文化都是青岛独具魅力的重要组成部分。要深入挖掘城市文化资源，加强创意开发，注入现代旅游元素，石老人的传说就是一个文化与旅游的成功结合点；青啤博物馆集啤酒文化展示、生产线参观、餐饮、娱乐于一体，仅“十一”黄金周就接待游客4万人，也是一个工业文化与旅游的成功结合示范。建议旅游部门组织专家学者，对本市历史文化资源特别是非物质文化遗产全面挖掘整理，通过演绎提炼，把美丽风光、产业优势赋予更多文化内涵，讲出更多“青岛故事”，打造更多青岛文化旅游品牌。要加强营销宣传，邀请实力雄厚、策划能力强的专业公司开发、包装，推介更多的文化旅游线路，让风景不仅可观可赏，还能带给人更多回味，延长游客在青时间。

4. 节会商务旅游

总体上看，青岛市旅游国际游客较少，2016年来青游客中，国际游客不到10%，青岛旅游的国际化水平亟待提高，而节会商务旅游是提升城市影响力、扩大旅游消费、拉动淡季旅游的一个重要载体。目前看，青岛市发展节会旅游取得了一些成效，如国际啤酒节以啤酒为媒介，融经贸、旅游、文化于一体，每年吸引数十个国家的啤酒厂家和来自全国各地的数百万游客参加，成为亚洲最大的啤酒盛会。下一步，要加强整合资源、策划包装和专业运作，促进青岛国际啤酒节、青岛国际海洋节等重大节会活动向高端化发展。特别要注重节会、商贸与旅游的融合发展，加强大型会议中心和高端商贸设施规划建设，积极争办有较大国际影响力的高端国际会议和重大活动，促进商务节会与旅游紧密结合，使其成为青岛一张新的旅游名片，极大提高青岛旅游的国际影响力，同时为有效启动淡季旅游市场提供支撑。

5. 健康休闲旅游

健康休闲旅游是青岛的一大优势，也是当今旅游的一个新热点，必须下大力气做细做深做好，成为拉动旅游收入的新增长点。建议充分发挥“帆船之都”品牌效应，积极承办具有国际影响力的体育赛事，举办帆船、登山、游泳、钓鱼、划艇等大众化体验活动。依托滨海步行道、环湾绿道、大沽河生态旅游轴带等，发展自行车、马拉松及徒步运动，形成常态化的体育旅游产品。银发旅游是一个新的增长点，青岛冬暖夏凉，舒适宜居，随着生活水平的提高，健康养生旅游成为老年人的一大需求。建议以崂山湾国际生态健康城和红岛大型医疗产业园建设为契机，发展集医疗、康复、养生、休闲、旅游于一体的康疗养生旅游聚集区，把青岛打造成老年人旅游的首选地。同时，鼓励以崂山、大沽河、藏马山等旅游风景区为依托，发展露营、房车等旅游新业态，打造独具魅力的滨海休闲度假中心。“十三五”期间，实现健康休闲旅游人数年均增长15%以上。

（二）实施旅游公共服务提升行动，构筑主客共享的现代城市空间

全域旅游目的地是外来游客的旅游乐土，也是本地居民的幸福家园。全域旅游就是让游客出门在外不仅景点玩得好，而且吃得卫生放心，出行舒适愉快，公共服务的每个节点都关乎旅游者的切身感受，要按照“旅游惠民、主客共享”理念，加强公共交通、城市公园和市民广场等休闲服务设施建设，实现旅游公共服务全覆盖，打造宜游宜居宜业之城。一是构建便捷交通服务体系。交通格局决定旅游格局。一到旅游旺季，沿海一线的拥堵让市民和游客都叫苦不迭，海底世界等景点附近堵车更是成为常态。建议把打通交通“瓶颈”、形成旅游环线、区（市）抱团合作作为全域旅游的重点，加快城市及国、省道至A级景区、乡村旅游点之间连接道路建设，实现从机场、车站、码头到主要景区的零换乘

和无缝衔接。适应自助游发展需求，完善全域旅游交通引导标识系统，规划建设一批旅游停车场、自驾车和房车营地。二是完善旅游服务设施。三亚将自身定位为国际化热带滨海旅游精品城市，不断完善各类服务设施，甚至把海鲜排档、水果市场、农贸市场、旅游餐饮点也作为旅游服务设施来打造，极大提升了旅游服务品质。而青岛市在旅游住宿、餐饮、购物等服务设施建设方面尚有差距，以方特游乐王国为例，方圆十里之内找不出几家像样的饭店。建议以区（市）为单位，统筹规划建设与景点配套的公共服务设施，全方位打造“宾至如归”的高品质旅游环境。同时，要顺应大旅游时代发展要求，科学布局旅游集散中心，打造多功能、全方位、一站式的“旅游超市”，为游客提供旅游信息、旅游换乘、旅游线路等服务，让游客出行更加便利。三是大力发展智慧旅游。结合“智慧青岛”建设，加快无线网络、多语种无线导游服务等设施建设，提升景区、酒店、旅游度假区等重点场所的免费 WIFI 覆盖率，建设覆盖全域的智慧旅游服务平台、管理平台和营销平台。

（三）实施旅游大项目建设行动，提升骨干旅游企业核心竞争力

一方面，突出旅游大项目建设。全域旅游离不开重点项目支撑。近年来，枣庄台儿庄、临沂沂南等地旅游业异军突起，主要经验就是大项目带动。台儿庄通过打造 5A 级景区，带动全区以旅游为龙头进行战略调整，形成了“一切产业向旅游调整，一切工作为旅游服务”的全域旅游氛围；沂南相继建成 4 个 4A 级景区，各景点串珠成链，全域开花，把整个县域变成了一个大景区，一年四季游客人声鼎沸。青岛市要加快建立全域旅游项目库，引进有实力、有品位、有经验的大企业、大集团参与重大旅游项目建设，打造一批精品项目，提升青岛旅游的核心吸引力。另一方面，培育壮大旅游企业。打破行业、地区、部门壁垒，建立公开透明的市场准入标准和运行规则，鼓励社会资本进入旅游市场，开发旅游资源，兴建旅游项目，参股旅游企业。要扶持重点旅游企业发展，引导有实力的旅游企业通过联合、兼并、重组等方式，走规模化、集团化发展道路。加大旅游资源整合，支持青岛旅游集团开展资产重组，努力打造“航母”级现代旅游企业。

（四）实施旅游市场综合治理行动，营造游客满意的城市旅游环境

市场秩序的好坏决定着一个地方旅游业发展的竞争力。要吸取教训，针对旅游环境治理面临的新情况、新问题，以游客满意为目标，加快构建全域旅游综合治理机制。一是强化综合执法和属地监管。在这方面，国内已开展了很多有益探索，如海南、云南等省市建立了旅游警察队伍，最高人民法院和国家旅游局联合发文要求建立旅游巡回法庭，工

商总局对设立工商旅游分局也十分支持。建议借鉴先进省市经验，完善旅游行政执法与公安执法的联勤联动机制，在有条件的地方探索建立旅游警察、旅游巡回法庭和工商旅游分局，为规范旅游市场秩序提供支持。加强区（市）旅游执法机构建设，落实投诉处理、市场检查、行政处罚等属地监管责任，实现旅游市场网格化、无缝隙、全天候管理。二是提高投诉办理效率。坚持投诉无小事，在进一步整合全市涉旅部门对外公开服务电话的基础上，实现“一个号码对外、一个平台接入、一个单子转办、一个体系督查”，打破体制上的“瓶颈”，建立绿色通道，实现快捷办理。三是推进旅游诚信建设。支持旅游协会等制定旅行社、导游、饭店、景区服务评价标准，实行规范管理，设立品质旅游产品榜，提升旅游产品的品质和档次。开展文明旅游宣传教育和专项培训，落实游客不文明行为记录制度，营造全社会共创文明旅游的大环境。

（五）实施全方位营销推介行动，打造知名度、美誉度高的城市旅游品牌

树立大宣传、大营销、大推介意识，强化“酒香也要勤吆喝”理念，组织开展多形式、多层次、大力度、高强度的旅游宣传推介活动。一是打造旅游主题形象。传承和挖掘“红瓦绿树、碧海蓝天”的城市人文自然内涵，结合青岛旅游资源多元化特点，注入现代旅游元素，提炼打造“好客山东”“七彩云南”这样特色鲜明、适合青岛、影响深远的旅游主题形象品牌，如蔚蓝青岛、多彩旅游等。二是开展整合营销。把旅游宣传统一纳入青岛整体形象对外宣传推介，在对外政务、商务及经济文化旅游交流活动中，统一使用区域旅游品牌形象和标识，建立政府引导、部门协同、区（市）配合、企业联手、媒体跟进的“五位一体”整合营销机制，切实增强营销实效。尤其要重视把区（市）旅游纳入青岛大旅游统一考虑，科学规划，整体对外宣传，提升区（市）旅游景区知名度和影响力。三是创新营销方式。借鉴杭州等城市做法，建议市旅游局会同相关部门，运用大数据分析，了解和把握人们旅游多样化、多层次的消费需求，实施精准营销，推送针对性、适应性强的产品和服务，引导、创造和拉动旅游消费。要建立广播、电视、短信、多媒体等传统渠道和移动互联网、微博、微信等新媒体渠道相结合的全媒体信息传播机制，加快构建跨区域、跨平台、跨网络、跨终端的旅游目的地网络营销体系。

四、强化发展全域旅游的工作保障

（一）深化管理体制改革

发展全域旅游是一项复杂的系统工程，必须围绕“两个综合”的需

求，即综合产业发展和综合执法需求，系统开展改革创新。一是建立完善领导机制，按照"综合产业综合抓"要求，健全市旅游工作领导小组工作机制，建立工作会议制度，明确各涉旅部门职责，健全跨区域、跨部门重大问题议事协调机制，形成齐抓共管的工作格局。二是实行"多规合一"。将旅游规划理念融入经济社会发展全局，按照全域景区化的建设和服务标准，整合各类资源，从整体上优化环境、美化景观、改进服务。旅游部门编制旅游规划时，应与相关部门对接，落实土地利用总体规划、城乡规划、环境保护规划、海洋功能区划等要求，实现旅游规划纳入全市空间规划"一张蓝图"。三是完善考核机制。按照旅游发展的新业态、新特点、新趋势设置评价指标，建立适应全域旅游特点的评价体系，将全域旅游纳入各区（市）和相关部门考核内容，确立目标，分解责任，传输压力，形成推进全域旅游的工作合力。

（二）强化人才、资金、土地等要素保障

在人才建设方面，创新旅游人才培养引进机制，实施旅游从业人员经常化培训、旅游高端人才培养引进、导游人才提升等工作计划，加快全域旅游人力资源开发。加强旅游智库建设，成立青岛旅游专家咨询决策委员会，全方位汇聚旅游院校、科研院所、中介组织、行业企业等智力资源，为全域旅游提供智力支持。在资金投入方面，近几年杭州旅游专项资金一直在3亿元左右，其中仅宣传促销资金就有1亿元，南京组建旅游委后专项资金增加到1亿元，大连每年旅游专项资金也在6000万元以上，而青岛市旅游资金每年仅2000万元。要加大财政投入力度，同时，充分发挥旅游产业发展引导基金作用，推进旅游基础设施和公共服务的PPP等投融资模式创新，引导社会资本支持旅游业发展。在旅游用地方面，全面落实国土部、住建部和国家旅游局出台的《关于支持旅游业发展用地政策的意见》，制定本市具体实施办法，加快建立旅游用地分类管理制度，保障旅游业发展用地供应，为全域旅游提供土地支撑。

（三）制定旅游消费鼓励政策

一是落实带薪休假制度。推进机关、企事业单位加快落实职工带薪休假制度，鼓励将带薪休假与青岛国际啤酒节等特色活动相结合，安排职工分段、错峰休假。探索建立中小学生春秋假期制度，促进研学旅游发展。鼓励弹性作息，优化调整夏季作息安排，为促进每周2.5天假期旅游消费创造条件。二是完善旅游惠民制度。发展全域旅游的一项重要内容就是推动门票经济向产业经济转变。在这方面，国内城市开展了很多有益探索，如桂林不仅在全国最早取消公园门票，还探索进行

公交车免费改革，加快了城乡旅游一体化进程；杭州西湖景区实行免费后，游客数量增加了2倍多，旅游消费增加了4倍多。建议青岛市以开展旅游惠民月活动为抓手，鼓励、支持具备条件的旅游景点逐步扩大门票价格优惠范围，或彻底取消门票，让利于民，如探索开放崂山旅游等，同时深入开展旅游服务进社区活动，调动广大市民的旅游消费热情。

（作者单位：青岛市政府研究室）

青岛市卫生强市建设研究

李传荣　李志荣　徐　媛

在青岛市加快建设宜居幸福创新型国际城市的战略关键期，切实把人民健康放在优先发展的战略地位，将健康融入所有政策，努力全方位、全周期保障人民健康，既是深入贯彻落实全国卫生与健康大会精神和国家卫生健康工作方针的必然要求，也是实现青岛市在全面建成更高水平、更高质量小康社会中走在前列的重要保证。青岛市在加快推进全市卫生与健康事业发展过程中提出建设健康青岛，打造卫生强市的战略方针，意味着青岛将以更高的标准迎接更大的挑战。本研究从国内有关省市卫生强市建设的相关背景入手，在学习借鉴先进省市建设经验的基础上，结合青岛市发展实际，围绕卫生强市发展目标提出了相关政策建议。

一、"卫生强市"建设的有关背景

卫生与健康水平代表着一个国家和地区可持续发展能力与经济社会发展的程度。卫生与健康事业发展，既是实现全民健康和全面小康的重大战略选择，也是更高层次的经济社会发展目标。在 2016 年 8 月召开的全国卫生与健康大会上，习近平总书记指出：没有全民健康，就没有全面小康。要求把人民健康放在优先发展战略地位，努力全方位、全周期保障人民健康，为实现"两个一百年"奋斗目标、实现中华民族伟大复兴的中国梦打下坚实健康基础。健康中国建设由此上升为国家战略，我国对健康问题的重视提升到了前所未有的高度。

《2000 年世界卫生报告》中首次提出将国民健康水平、筹资公平性和反应性作为卫生绩效评价的三大指标。衡量一个国家和地区的国民健康水平，国际上一般用人均期望寿命、孕产妇死亡率和婴儿死亡率三项指标。筹资公平性强调对国民的疾病风险分担和风险保护，使每个人都能获得所需的卫生服务，且不会因为支付费用而陷入贫困。反应性则是测量卫生系统对人们卫生服务合理需求和期望作出的响应程度。

在 20 世纪 90 年代，我国根据 WHO"人人享有卫生保健"的全球策略提出了卫生发展的"大卫生观",认为卫生是一项复杂的系统工程,强调社会参与、部门协调,以实现预防和治疗疾病、提高人民健康水平为目的。进入21世纪以来,随着我国经济社会和卫生事业的快速发展,国内对卫生在经济社会发展中的定位有了新的认识,浙江省率先将建设卫生强省作为全省"十一五"期间的战略目标,制定了卫生强省建设规划,成为全国第一个把提高卫生与健康水平作为党委、政府任期目标的省份。在浙江省委、省政府的组织推动下,浙江各地市均参与到卫生强市创建活动中来,建立起有效的建设实施载体和工作推进机制,促进了卫生事业与经济的同步协调发展。2016年年初,广东省也提出建设卫生强省的战略目标,成为全国第二个提出建设卫生强省的省份,目前广东各地市都启动了卫生强市建设工作。

2016年8月,中共中央、国务院召开全国卫生与健康大会,确定新时期的卫生与健康工作方针,要求把人民健康放在优先发展的战略地位,将健康融入所有政策。党的十九大进一步提出,要实施健康中国战略,完善国民健康政策,为人民群众提供全方位、全周期健康服务。党和国家把人民健康放在优先发展的战略地位,是对健康在国民经济和社会发展中地位的一次提升,也是卫生与健康事业发展史上的一个里程碑。这一目标定位,要求在发展理念中充分体现健康优先,在经济社会发展规划中突出健康目标,在公共政策制定实施中向健康倾斜,在财政投入上保障健康需求。

从浙江、广东的实践和国家把人民健康放在优先发展的战略地位的情况可以看出,启动实施卫生强省、卫生强市建设是一个地区经济社会和卫生事业发展到一定阶段,为了追求更高层次的发展目标,所提出的具有继承和发展意义的重大战略,是推进卫生事业跨越式发展的重要载体,是迅速提升经济社会综合实力的有力抓手,也是实现全面发展的有效途径。

二、国内卫生强省和强市建设情况

2006年,浙江省政府下发《浙江省卫生强省建设与"十一五"卫生发展规划纲要》,提出以健康素质指标、公平与保障指标、卫生资源配置指标和公共支撑能力指标为子系统,包含人均期望寿命、孕产妇死亡率、5岁以下儿童死亡率、每千人执业(助理)医师数、每千人注册护士数、每千人床位数、卫生事业费占财政支出的比重等15个单项指标的指标体系。确定了农民健康工程、公共卫生建设工程、城乡社区健康促进工程、科教兴卫工程、强院工程和中医药攀登工程等六个重点工程。在卫生强省政策的推动下,"十二五"期间浙江省居民主要健康指标达到中高收入国家水平，城市优质医疗资源全面下沉县（市、区），城乡基本医疗保险全覆盖，社会办医及智慧医疗等健康产业稳步发展。2016年12月，浙江省又提出了全力打造"健康浙江"新目标，进一步推进卫生强省建设。2017年，浙江省将健康强省建设的着力点放在改革资源配置方式、丰富公共产品供给、创新服务提供模式、提升服务能力水平等方面，为全体居民提供与经济社会发展水平相适应的健康服务，加大政府卫生投入，建立健全公共卫生体系，推进新型农村合作医疗制度；深化卫生体制改革，探索建立适应社会主义市场经济的卫生行政管理和医院管理体制。2016年，广东省提出的卫生强省建设目标更为全面，包含居民健康水平、卫生资源配置水平、疾病预防控制水平、城乡环境卫生水平、群众健康意识状况等多个纬度。为实现目标任务，在卫生与健康领域确定大力推行分级诊疗制度、建立现代医院管理制度、深化医疗保障制度改革、推动药品供应保障制度改革、提升基层医疗服务水平、激发广大医务人员的积极性和加快卫生信息化建设等七项重点任务。为了推动卫生强省政策的实施，广东还出台两个配套的行动计划——强基创优行动计划和高地计划。强基创优行动计划着力给粤东西北地区的基层卫生补"短板"，高地计划则重在提升珠三角特别是广州和深圳的卫生实力。浙江省和广东省的卫生强省建设主要有以下特点。

（一）强化顶层设计，明确政府的职责和定位

广东省2016年出台关于建设卫生强省的决定、医疗卫生强基创优行动计划和构建医疗卫生高地行动计划等"1+2+N"系列政策文件，全面推动卫生强省创建工作。浙江省的卫生强省建设规划纲要、卫生发展"十三五"规划、健康浙江2030行动纲要，也都是从法律和制度层面对全省的卫生事业发展提出战略规划，确立健康优先的制度安排。明确政府责任，建立健全体现公益性为导向的基本医疗卫生制度。同时，广东省2016年提出要在3年内投入112亿元，重点实施"强基创优"行动计划，并要求各地建立起稳定的财政投入保障机制。浙江省在"十二五"期间卫生经费财政投入年均增长达到15%以上，通过落实政府责任、保障基本医疗卫生的公益性质，推动卫生与健康服务体系规范有序发展。

（二）强基层，补"短板"，促进健康公平

2013年开始，浙江省实施"双下沉、两提升"工作，以推进医联体建设作为重要抓手，推动落实医疗资源梯次下沉。除了将三甲医院的专家下沉到基层医疗机构外，浙江省还在医疗资金下沉方面下功夫，持续加大对基层医疗机构的补偿力度，推动医联体的建设和分级诊疗制度

的完善。广东省则通过加大投入、实施帮扶、培养人才等方式，让基层医疗服务能力得到提高。2017～2019 年各级财政将投入 500 亿元，加强粤东西北地区县级医院、镇卫生院以及村卫生站建设，推动医疗卫生工作重心下移、医疗卫生资源下沉，推动城乡基本公共卫生服务均等化，为群众提供安全有效方便价廉的基本公共卫生和基本医疗服务，真正解决基层群众看病难、看病贵问题。

（三）深化体制机制改革，激发发展活力

综合比较各副省级城市卫生与健康事业发展状况可以看出，各地都在持续优化医疗卫生资源配置，完善医疗卫生服务体系，健全全民医疗保障体系，加强卫生人才建设，努力让人民群众公平可及地享有全方位、全周期的健康服务。实施效果和实施力度的差异主要在于政府层面的政策规划和组织领导，以及各种体制机制的创新。

杭州、宁波与广州、深圳分别位于实施卫生强省规划的浙江省和广东省，因此，在全国 15 个副省级城市中率先实施卫生强市建设。目前，这四个城市不论是卫生服务体系的建立，还是卫生服务能力的提升，都有详细规划和政策支持。特别是杭州和宁波的卫生强市建设，起步早，力度大，积累了大量的经验。

2007 年，杭州市在国内同类城市率先出台《杭州卫生强市建设规划纲要(2006—2010 年)》，通过实施医疗卫生体制、药品生产流通体制、医疗保险体制和医疗救助体制“四改联动”和“公卫优先”“城乡统筹”“强院名医”“科教兴卫”“项目带动”等六大战略措施，不断提高人民群众的健康水平。2009 年，杭州市申报创建浙江省卫生强市，并以优异成绩通过考核验收，被命名为浙江省首批卫生强市。

2009 年，宁波市出台《宁波市卫生强市建设实施意见》，详细规定了促进卫生事业全面、协调、可持续发展的各项目标。作为浙江省的综合医改试点市，2015 年以来，宁波市积极完善医药卫生体制机制，医疗卫生综合实力明显提升，并在全国范围率先开展云医院建设，在试点地区初步实现“足不出户看云医、不出社区看名医、医生网上做随访、公共卫生云路径、我的健康我管理”等五大功能，成为全国“互联网＋健康医疗”领域的主导模式之一。

2016 年，深圳市出台《关于深化医药卫生体制改革 建设卫生强市的实施意见》，坚持医疗、医保、医药“三医联动”，加快发展医疗卫生事业，完善医疗卫生服务体系，在分级诊疗方面形成医养融合的“罗湖模式”，在服务区域内建立基层医疗集团或紧密型医联体，并通过家庭医生签约服务完善分级诊疗。2017 年 9 月，国务院医改办在深圳召开全国医联体建设工作会议，推广罗湖模式经验。为巩固提升改革成效，深圳还

将推行市属公立医院专家进社区、家庭医生签约服务、推进分级诊疗制度建设、加强社康中心能力建设、促进社会办医加快发展、医保费用总额管理制度改革试点等6个配套实施方案，进一步推进卫生强市建设。

2016年，广州市按照"补短板、优强项、建体系"的总体思路，出台《中共广州市委 广州市人民政府关于建设卫生强市的实施意见》，全面布局广州区域医疗卫生发展，计划到2020年将广州打造成立足广东，服务南中国，辐射东南亚，国内领先、国际一流的区域医疗卫生高地。2017年4月，广州市政府又出台构建医疗卫生高地、医疗卫生强基创优、提升妇幼健康服务能力、加强精神卫生体系建设等四个"三年行动计划"文件，形成卫生强市"1+4"政策体系。同时，广州市还出台《"健康广州2030"规划纲要》《广州市卫生与健康"十三五"规划》等政策文件，量化具体指标，细化工作安排，实化政策措施，全力推进卫生强市策略的实施。

此外，厦门市作为福建省的综合医改试点城市，近年来也大力推进医药卫生体制改革，加强政策配套和机制创新，积极引导优质医疗资源向基层下沉，提升医疗卫生服务能力，形成以糖尿病、高血压病等慢性病为切入点，以大医院专科医师、基层全科医师（家庭医师）和健康管理师"三师共管"为特点的慢性病分级诊疗服务模式，初步构建起公平可及、系统连续的预防、治疗、康复、健康促进一体化的基本医疗卫生服务体系，和以"柔性引导"为特色的符合医改方向、群众欢迎、患者满意的分级诊疗制度基本框架，成为国家推广20个医改典型案例之一。

以上几个城市建设卫生强市、提高地区卫生与健康水平的实践有4个方面共同的特征：一是卫生与健康指标的领先性。卫生发展综合实力和人民健康水平达到全国前列，建立起和城市经济社会发展相适应的卫生与健康服务体系。二是系统性。把卫生强市建设视为一个系统，整体规划卫生服务发展，合理配置卫生资源，协调卫生服务体系的各个方面，全面推进卫生与健康事业发展。三是公平性。缩小城乡卫生服务的差距和公民健康的差异，将卫生强市建设的成果惠及全体居民。四是社会性。树立大卫生、大健康的观念，形成党委、政府主导，全社会参与，全民行动的卫生发展新格局。

三、青岛市建设卫生强市相关情况分析

（一）当前医疗卫生服务体系状况

1. 医药卫生体制改革持续深化，居民的获得感进一步增强

一是基本药物制度在政府办基层医疗卫生机构和一体化管理村卫

生室全面落实，并在非政府办基层医疗卫生机构推广实施。公立基层医疗卫生机构和政府规划的村卫生室全部实行零差率销售基本药物，到2016年底，累计减轻群众用药就医负担17.07亿元。2017年，又面向全市患有高血压、糖尿病和高脂血症的签约居民免费提供七类基本药物。

二是基层医疗服务体系不断完善，基层医疗卫生机构启动镇(街道)卫生院标准化建设和管理工程，健全县镇村一体化管理，制定医师多点执业贯彻意见，全市19家三级医院全部牵头建立各类形式的医联体，覆盖382家医疗机构；实施卫生支农工程，加大基层医务人员培训力度，2017年派出2913名市级专家下沉基层服务群众5.86万人。

三是基本公共卫生服务均等化水平不断提升。人均经费补助标准从2010年的15元提高到2016年的52元，面向全市居民提供9类11项基本公卫服务；新增老年人、儿童等免费服务项目，率先在山东省增加中医体质量化辨识与调养指导、孕产妇和新生儿疾病筛查、儿童窝沟封闭等公共卫生服务项目，将流动人口纳入孕妇产前筛查、新生儿疾病筛查和听力筛查范围，实现对女性孕育期和婴幼儿的全程健康管理；率先开展“适龄儿童增加免费增加接种疫苗种类和剂次”“低保无牙颌老人免费安装义齿”项目；增加重大公共卫生服务项目，“十二五”期间青岛市孕前优生覆盖率保持在80%以上，新生儿听力筛查率始终保持在95%以上，服务绩效位居全省前列，并获得群众广泛认可，累计服务60余万人次，目标人群服务覆盖率达99%。

四是公立医院综合改革全面推开，运行新机制初步建立。2016年，青岛市被确定为公立医院综合改革国家联系试点城市。从7月1日开始，57所公立医院全面启动改革，取消药品加成，建立新的科学补偿机制，医院收支结构得到优化；同步推进编制、人事制度改革，全面实行编制备案制，落实用人自主权，医疗机构和医务人员服务积极性得到提升；建立医药费用联合控制机制，强化刚性约束。2017年前三季度，全市公立医院医药费用增幅控制在10%左右，较改革前的年均费用幅度下降68%，门诊和住院次均费用增幅仅为0.45%和2.53%，为群众节省医药费用支出20.3亿元。

五是基本构建起“基本医疗保险＋大病医疗保险＋大病医疗救助”的多层次医疗保障体系。2015年在省内率先实现城乡居民医保制度整合，建立起“基本制度＋管理体制＋政策标准＋支付结算＋信息系统＋经办服务”的“六统一”制度；困难居民医疗救助“一站式”即时结算；与省内其他16地市异地就医互联互通。全市职工和居民参保人数达到830万，基本实现“应保尽保”，实现保障能力的梯次推进。

2.深入实施“三优”工程，医疗卫生服务能力不断提升

青岛市深入实施医疗卫生“三优”工程(加大引进优质医疗机构、优

势医学学科、优秀医学人才力度），强化国际交流与合作，促进全市医疗卫生机构的管理、技术和服务水平与国际接轨，努力提升医疗服务国际化水平。“十二五”以来，青岛市重点工程投资达到 82 亿元，较“十一五”期间提高 1 倍，全市医疗卫生机构资产总量达到 279.5 亿元，房屋建筑总面积 486.1 万平方米。至 2015 年底，全市有医疗卫生机构 7848 家，每千人口拥有医疗床位数 5.34 张、执业医师 2.97 人、注册护士 3.12 人（为了便于城市之间比较使用 2015 年数据），达到副省级城市平均水平（表 1）。医疗卫生服务整体效率和服务能力也同步提升，与四川大学华西医院、美国麻省总医院等 62 家国内外知名医疗机构建立合作关系，建立了 10 个院士工作站，引进 8 个国医大师团队，有 43 个学科进入全国学科百强榜。

表 1　2015 年部分副省级城市卫生资源配置指标

城市	每千人口医疗卫生机构床位数	每千人口执业（助理）医师数	每千人口注册护士数
青岛	5.34	2.97	3.12
哈尔滨	5.90	2.39	2.30
大连	6.10	2.68	3.14
南京	6.20	2.92	3.86
济南	6.91	4.60	5.50
深圳	3.40	2.60	2.80
厦门	3.71	2.58	2.81
武汉	7.61	3.10	4.26
宁波	4.20	2.80	2.83
青岛市的位次	6	4	5

* 数据来源于已发布的各市“十三五”卫生发展规划。

3. 医疗卫生服务总体绩效保持较高水平

有关数据显示，2016 年，青岛市医疗卫生机构总诊疗量达到 5474 万人次，提供住院服务 148.4 万人次，分别较 2011 年增加 90.7%和 53.3%；门诊次均费用 189.6 元，住院次均费用 9782.8 元，这些指标在副省级城市中处于较低水平。全市居民健康水平稳步提升，人均期望寿命 80.92 岁，婴儿死亡率和孕产妇死亡率分别为 2.89‰和1.39/10 万（上述三项指标为世界卫生组织评价卫生系统服务绩效的主要健康指标，为便于城市之间比较使用 2015 年数据，见表 2），这些指标在副省级城市中排名较为靠前。对标国内先进城市，可以说，青岛市以较少的卫生资源、较低的医疗费用，获得了较高的健康产出。

表 2 2015 年部分副省级城市主要健康指标

城市	人均期望寿命	孕产妇死亡率(/10 万)	婴儿死亡率(‰)
青岛	80.92	1.39	2.89
哈尔滨	77.67	14.2	6.78
南京	82.19	5.14	2.20
济南	79.71	5.93	3.81
深圳	80.66	5.30	1.83
厦门	80.17	户籍孕产妇死亡率为零	2.84
武汉	80.55	—	2.63
宁波	81.24	2.20	2.05
青岛市的位次	3	2	6

* 数据来源于已发布的各市“十三五”卫生发展规划。

(二)存在的主要问题

受国家、省卫生资源配置等宏观政策影响,同副省级城市中的省会城市相比,青岛市在建设卫生强市方面存在一些先天不足,主要表现为:卫生资源总量不足、优质资源较少,在卫生与健康领域缺少国家级的教育、科研和服务机构的强力支撑,与快速发展的经济、人民群众的健康需求以及青岛的城市定位相比,青岛市的卫生与健康事业发展相对滞后,在政策体系、服务体系、服务能力等方面都存在“短板”。

1. 卫生资源总量不足,医疗卫生服务供需矛盾较为突出

2016 年,青岛市每千人床位数 5.5 张,仅比全国平均水平多 0.13 张,每千人执业(助理)医师数 3.01 人,每千人注册护士数 3.29 人,分别比全国指标高 0.7 和 0.75 人。对比全国 12 个 GDP 过 1 万亿元城市的卫生发展情况(表 3)可以发现,青岛市的每千人床位数、每千人执业(助理)医师数和每千人注册护士数在 12 个城市中均处于较低位次,医疗卫生资源总量与人民群众的医疗服务需求还有一定差距。从健康指标(表 4)来看,2016 年青岛市人均预期寿命和孕产妇死亡率排名较为滞后,分别位列 12 个城市中的第 8 和第 11 位,且孕产妇死亡率有明显的上升趋势(2017 年仍高于 7/10 万),位于 12 个城市中的第 5 位。与在副省级城市中的排位相比,2016 年青岛市在全国 12 个万亿元 GDP 城市中的排名相对居后,一是因为北京、上海、重庆等直辖市本身医疗卫生资源条件较好,卫生服务体系建设更加完善,青岛市无论在卫生资源配置还是卫生服务效率方面都还有一定的差距。二是由于 2016 年实施“两孩政策”后,高龄孕产妇比重增加引起孕产妇死亡率出

现一定程度的上升，导致2016年整体健康指标下降，这也反映出在"全面二孩"政策实施后，青岛的妇产科服务能力没有得到应有的提升。

表3　2016年12个万亿元GDP城市卫生资源配置指标

城市	每千人床位数（张）	每千人执业（助理）医师数（人）	每千人注册护士数（人）
上海	5.34	2.71	3.28
北京	5.4	4.11	4.51
广州	6.26	3.33	4.37
深圳	3.5	2.65	2.86
天津	4.21	2.42	2.31
重庆	6.26	2.12	2.54
苏州	5.94	2.6	2.88
成都	8.05	3.44	4.19
武汉	8.12	3.23	4.56
杭州	7.56	4.15	4.57
南京	6.03	3.06	3.88
青岛	5.5	3.01	3.29
青岛的位次	8	7	7

表4　2016年12个万亿元GDP城市主要健康指标

城市	人均预期寿命（岁）	孕产妇死亡率（/10万）	婴儿死亡率（‰）
上海	83.18	5.64	3.76
北京	82.03	8.34	2.21
广州	81.75	8.2	2.5
深圳	80.88	8.46	1.64
天津	81.84	9.41	4.03
重庆	78.8	13.1	4.3
苏州	82.9	4.05	2.57
成都	79.33	9.15	3.59
武汉	80.84	9.34	2.59
杭州	82.05	1.34	2.08
南京	82.34	1.71	1.66
青岛	80.92	10.97	2.43
青岛的位次	8	11	5

随着老龄化、疾病谱的变化，青岛市卫生与健康的需求将加速转型。“十三五”期间，60 岁以上户籍老年人口预计达到 193 万，人口老龄化将带动老年人生活照料、康复护理、医疗保健、老年病专科服务等医疗服务需求日益增长，需要更多卫生资源支撑。依据国际经验，居民期望寿命每增加 1 岁，卫生总费用将增长 25%～40%，如果按照副省级城市中 83 岁的较高目标，青岛市至少需要增加 50%以上的卫生与健康筹资。同时，慢性非传染性疾病正成为居民主要的疾病负担，恶性肿瘤、心脑血管疾病、呼吸系统疾病等慢性病在全市居民死因谱中占比高达 84%，对卫生资源布局和结构、医学理念调整、健康产业战略发展方向等都提出了新的需求。按照世界卫生组织的预测，如果不改变慢性病的防治策略，在未来 10 年，我国仅高血压、糖尿病的疾病治疗费用负担将占到卫生总费用的 40%左右（目前青岛市高血压、糖尿病的疾病负担高于全国平均水平）。实施“全面两孩”政策后，2016 年全市孕产妇和新生儿服务量较 2015 年增长 82.5%，预计今后几年出生人口数量仍将保持在较高水平，对包括医疗卫生在内的公共资源造成较大压力，特别是妇产、儿童、生殖健康等相关医疗保健服务的供需矛盾将更加突出。

2. 基层医疗卫生服务能力总体水平不高，服务能力建设亟须加强

目前，青岛市基层医疗卫生服务水平总体不高，基层医疗机构设施条件和全科医生的数量均低于同类城市平均水平。社区卫生服务中心基础设施不足，除崂山区社区卫生服务中心有一定数量的医疗床位外，其余社区卫生服务中心均未设床位；有些社区卫生服务中心服务半径过大（超过 15 分钟步行距离）、服务人口过多（超过 10 万人），服务的可及性有待提高。2010 年在基层实施基本药物制度和基层综合改革以来，由于财政投入、医保支付、人事薪酬、绩效考核等激励政策不配套，近年来基层卫生服务能力有所下降，在分级诊疗中的“托底”作用难以实现。目前，青岛市基层医疗卫生机构“标准化”建设低于山东省平均水平，全科医生数量不到 1000 名，距离国家规定的每万名居民配备 2～3 名医生的要求还有较大差距。大医院对患者、医保资金和基层人才的虹吸问题还没有得到有效解决，2016 年在全市公立医疗机构中，基层机构的门急诊服务占比仅为 26.25%；医保资金也主要流向三级医院，其中市本级三级综合医院花费的职工医保住院统筹金占 79%、居民医保占 52%；基层医疗机构每年都有不少人员流向二、三级医疗医院，基层卫生队伍结构不合理、人员老化严重的现象比较突出。

3. 医疗卫生服务体系碎片化问题比较突出，难以满足人民群众的健康需求

各级医疗机构的功能定位和服务层级不明晰，医疗机构的数量、规模、布局和功能有待科学规划和明确界定。公共卫生机构、医疗机构分工协作机制不健全、缺乏联通共享；各级各类医疗卫生机构协同性不够，人员、技术、设备等医疗资源联通共享能力不强，服务体系难以有效应对日益严重的慢性病高发等健康问题。覆盖全生命全周期的、连续的健康服务模式尚未建立。具体表现：一是上下级医疗机构间业务流程割裂、孤立、互不衔接，信息系统互联互通程度不够、不能完全实现信息共享，病人转诊转院，需要重新办理相关手续，流程繁杂。二是基层医疗机构服务能力不足，人才"引不来，留不住"，全科医生数量不足，难以满足人民群众的就医需求。三是各医疗机构以利益竞争为主的医疗服务提供模式仍未改变，导致基层机构"不愿意上转"，大医院"不愿下转"。四是医保支付方式单一，差异化的支付改革不到位，监管力度有待提升，医保没有充分发挥对供需双方的引导作用。

4. 医药卫生领域改革的整体性、综合性不够，"三医"联动需要进一步加强

在建设"健康中国"的战略引领下，进一步推进"三医联动"改革已经成为深化医药卫生体制改革的关键。"三医联动"的本质是为了解决医疗卫生改革中，由于相关部门制定的相关政策目标不统一、政策措施不协调，导致医改政策碎片化问题。通过对医保、医疗、医药政策的顶层设计和有机整合，来统一组织、统一实施、统一管理，确保真正实现"三医联动"的整体性治理格局，实现深化医改的目标。近年来，在深化医改过程中，医疗、医保、医药改革政策联动不足，各部门出台的改革措施，未能紧紧围绕"维护公益性、调动积极性、保障可持续"的改革原则，统筹谋划、综合发力；国家、省调整医改工作机制后，青岛市对医改的组织领导力度有所弱化，特别是区（市）医改办的协调作用没有得到有效发挥，前些年基层医改取得的成效逐步被稀释。

5. 社会办医质量不高，健康服务产业发展还未形成高地优势

青岛市社会办医疗机构数量虽然较多，但与公立医疗机构相比，医护人员、病床数、住院服务量占比均偏小，主要集中在妇产、医疗美容等技术含量相对较低或赢利空间相对较大的领域，服务能力与水平整体较弱。从机构类别看，营利性的多，非营利性的少，在市卫生计生委登记的社会办非营利性医疗机构占比仅为 8%，与发达国家出于慈善目的，主要举办非营利性医院的状况截然不同。从投资主体看，"小资本"多，"大资本"少，在全市社会办医疗机构中，二级及以上综合医院和专科医院仅占 3%。从业务发展看，强调做大的多，追求做精的少，部分社会办医疗机构过多地关注自身经济效益，盲目增加床位，多收病人，而对于如何做精做细，做出特色，提高医疗技术水平和服务水平追求不够。

四、青岛市建设卫生强市的政策建议

(一)建立"健康优先"战略的制度安排

1. 确立"健康优先"的组织领导机制

建立各级"卫生与健康"领导小组,由同级党委、政府主要领导任组长,分管领导任办公室主任,统筹协调推进美丽青岛、卫生强市建设全局性工作,各级卫生计生部门负责日常工作。各级政府每年安排一批"卫生与健康"领域的实事项目和重点建设项目,切实加大美丽青岛、卫生强市战略的推进力度。建立"健康优先发展"考核体系,明确责任主体和考核评价办法,各级各部门要将美丽青岛、卫生强市建设纳入重要议事日程,将主要健康指标纳入各级党委和政府考核内容,建立完善考评机制和问责制度。

2. 优化"健康优先"的投入保障机制

把卫生与健康事业作为优先投入的重点领域,调整优化财政支出结构,根据卫生与健康事业发展需求,确保投入到位。坚持政府在提供基本医疗卫生与健康服务中的主导地位,建立完善职责明确、分级负担、目标导向的卫生与健康投入机制,开展健康投入绩效监测和评价,提高政府卫生投入的效益,从目前主要投向建设项目和大型设备逐步调整为主要补贴基本医疗服务,降低运行成本,保障公益性。参照世界卫生组织的推荐,合理调整卫生总费用结构,通过增加政府卫生投入和社会筹资,将个人现金卫生支出占比降到25%左右。

3. 完善"健康优先"的人才支撑机制

加大卫生计生人才队伍建设力度,重点关注医学紧缺人才,加强全科、儿科、产科、精神卫生、护理、院前急救紧缺人才引进与培养。完善公共卫生和基层卫生人才培养、评价和管理机制。加强全市卫生计生综合监管体系和能力建设,探索等级监督员管理制度。建立医卫人才队伍的激励机制,每两年以市委、市政府名义通报表扬一批勇于探索、敢于担当、善于创新且做出突出成绩的卫生计生先进集体与个人,充分调动医务人员作为医改主力军的积极性和创造性,引导尊医敬医的新风气。

4. 建立"健康优先"的综合决策机制

在制定各项经济社会发展规划与政策、实施重大项目前,组织开展健康影响监测和健康影响评价。各级党委常委会和政府常务会议每年至少专题听取并研究一次卫生与健康相关工作。每年以市委、市政府名义督查各区(市)年度卫生计生与医改重点任务完成情况。组织健康领域知名专家学者建立“美丽青岛智库联盟”，加强前瞻性研究，为党委、政府提供资政服务。

5.健全“健康优先”的宣传倡导机制

加大健康青岛宣传力度，加强正面宣传、舆论监督、科学引导和典型报道，增强全社会对美丽青岛、卫生强市建设的普遍认知和认同，形成全社会关心支持美丽青岛、卫生强市建设的良好氛围。建立社会回应机制，主动回应群众关切。将“卫生与健康发展”纳入各级党委理论学习中心组和党校干部培训班的必讲课程，每年进行专题学习，进一步增强各级党政领导的思想认识。

(二)进一步深化健康惠民的医药卫生体制改革

1.完善深化医改工作机制

落实政府对医改的领导责任、保障责任、管理责任、监督责任，抓好责任分工、督查落实。建议由一位市领导分管医保、医疗、医药工作，建立联席会议机制，推动医疗、医保、医药“三医”联动，共同研究卫生与健康事业发展中遇到的问题，予以统筹解决。优化整合卫生计生部门内设机构相关职责，加强医改工作人员力量配备。对实施进度和效果进行年度监测与评估，建立常态化的督查考核机制，强化激励和问责。

2.努力在医改关键环节创新突破

坚持目标导向和问题导向，实事求是、勇于创新，加大探索力度，在公立医院和基层卫生服务机构绩效考核、医疗卫生服务综合监管、医生多点执业与自由执业、体现价值的医疗卫生服务价格体系逐步完善、引进高水平医学团队、探索制定符合行业特点的人事薪酬制度等方面力争取得突破，在分级诊疗制度、现代医院管理制度、全民医疗保障制度、药品供应保障制度、综合监管制度五项基本医疗卫生制度建设上体现青岛特色，维护基本医疗卫生的公益性，调动医疗卫生机构及其人员的服务积极性，有效控制医药费用不合理增长，降低城乡居民个人卫生支出占卫生总费用比重，不断改善医疗服务质量，解决好群众的看病就医问题。

(三)健全契合群众健康需求的医疗卫生服务体系

1.改善医疗卫生服务资源质量

落实青岛市“十三五”卫生规划，尽快出台“青岛医疗卫生机构设置规划”，持续优化医疗资源要素配置，合理控制公立医院特别是三级公立医疗机构建设规模，逐步压缩或取消三级公立医院门诊，使其床位数保持在适宜水平；合理布局重点学科和特色专科，加大扶持力度；健全采血、急救、医学检验、集中消毒供应、血液透析、体检等医疗机构网络，提升医疗服务保障能力；鼓励发展社会办医，形成对公立医疗机构的有效补充，大力推进医师多点执业、自由执业。

2. 深化基层医疗卫生机构综合改革

健全基层医疗卫生机构稳定长效的多渠道补偿机制，对基层医疗卫生机构专项补助及经常性收支差额补助纳入财政预算并及时、足额落实到位，确保基层医疗卫生机构正常运转。健全绩效评价和考核机制，加强对基层医疗卫生机构公益服务时间、质量和效率的考核，考核结果与确定财政预算、负责人聘用、奖惩和单位绩效工资总量核定挂钩。进一步完善相关政策措施，鼓励引导医务人员到基层服务，推进基本医疗和基本公共卫生有机融合，优化签约服务的方式和内容，健全收付费、考核、激励机制以及医保和价格政策，开展签约服务示范点建设，提升签约服务质量水平。

3. 落实以基本药物制度为核心的国家药物政策

继续巩固实施基本药物制度，结合分级诊疗制度和基层服务体系建设，完善基本药物配备使用、零差率销售和基本医疗保险报销等政策，提升公立医院与公立基层医疗机构同类基本药物使用的符合度。通过政府购买服务等方式，推进社会办医疗卫生机构实施基本药物制度。落实公立医院药品和高值医用耗材集中采购办法。健全药品短缺监测预警和低价药品供应保障机制。

（四）加强医药卫生人才队伍建设

1. 加强医教协同，建立临床医学人才培养与卫生计生行业人才需求相适应的供需平衡机制

以全科、儿科和精神科等急需紧缺专业为重点，全面实施住院医师规范化培训制度。积极推进专科医师和公共卫生医师规范化培训。加强培训基地和师资队伍建设。巩固完善针对性继续医学教育，全面提升各级各类卫生计生人员的职业综合素质和专业服务能力。依托青岛大学医学院、青岛市卫校、第二卫校，完善青岛市医学人才培养基地建设。

2. 推进以全科医生为重点的基层医疗卫生队伍建设

积极实施基层医疗卫生机构全科医生及区（市）办医院专科特设岗位计划，按照与二、三级医院同级别卫生人员的收入水平确定基层的薪酬待遇，鼓励并支持部分专科医师转岗成为全科医师，鼓励全科医师选择特定专科领域进行学习。加强儿科、精神、老年医学、护理、急救、康复等各类紧缺人才以及生殖健康咨询师、护理员等技能型健康服务人才培养。加强高层次人才队伍和公共卫生专业人才队伍建设，加强医院院长职业化培训，完善中医药人才和乡村医生队伍培养机制。

3. 创新人才使用、管理和评价机制，健全以聘用制度和岗位管理制度为主要内容的事业单位用人机制

建立符合医疗行业特点的人事薪酬制度，着力体现医务人员技术劳务价值。创新基层及紧缺人才激励与约束机制，缩小不同层级医疗机构之间实际收入的差距。建立符合基层医疗工作实际的人才评价机制和职称评审制度。在职称薪酬分配等方面加大对儿科等紧缺人才倾斜力度。通过人才服务一体化、柔性引进等多种方式，建立完善城乡联动的人才管理和服务模式。创新公立医院机构编制和人事管理方式，协调推进编制、人事、财政、卫生等部门"放管服"改革，落实公立医院用人自主权和分配自主权，调动服务积极性。持续提高乡村医生收入和养老保障水平，稳定和优化村医队伍。

（五）加快建设"互联网＋医疗健康"大数据应用体系

深入实施"互联网＋"健康医疗行动计划，促进信息技术与健康医疗服务深度融合。构建标准统一、融合开放、有机对接、授权分管、安全可靠的市、区（市）两级全民健康信息平台，支撑跨区域、跨行业领域的信息共享和业务协同。加快推进医院信息集成平台建设，推动医院信息的标准化、模块化建设，提升医院信息治理能力。完善基层医疗卫生机构信息系统，以家庭医生签约服务为基础，加快建设部署家庭医生签约服务、分级诊疗和远程医疗系统，推进居民电子健康档案、电子病历的广泛使用，促进"重心下移、资源下沉"。大力发展智慧医疗，鼓励社会力量参与，整合线上线下资源，开展互联网在线健康咨询、网上预约分诊、移动支付和检查检验结果互认共享等便民服务，持续改善群众就医体验。创新健康医疗大数据应用发展，积极推动在青岛创建国家健康医疗大数据北方中心，依托现有资源建设一批心脑血管、肿瘤、老年病和儿科等临床医学数据示范中心。完善全民健康信息标准规范体系和数据质量体系，加强信息安全防护体系建设，确保信息安全和个人隐私保护。

（六）充分发挥中医药等传统医学优势

提高中医医疗服务能力，完善中医医疗服务网络。将海慈医疗集团建成半岛城市群中医诊疗中心，使其成为山东省名牌中医医院。推进青岛市中西医结合医院医养结合项目发展，打造全市中西医结合老年病防治中心。推进中医药"十百千万"工程，引进国内著名中医药大学，在驻青高校建立中医学院或设置中医专业，做好中医药专家学术思想和临床经验继承工作，培养传承型中医药人才。推进与山东中医药大学的战略合作，加快山东中医药大学青岛中医药科学院、中医药特色

诊疗中心建设步伐。推进与中国中医科学院的战略合作，共建中国中医科学院青岛技术合作中心、青岛研究生院、博士后工作站、治未病中心、创客基地、科技产业孵化基地建设。实施中医临床优势培育工程和基层中医药服务能力提升工程，使所有社区卫生服务中心、镇卫生院、社区卫生站、村卫生室都能够提供中医药服务，实现中医药服务全覆盖，基层医疗机构中医药诊疗总量达到30%。

创新中医药政策和服务模式，鼓励社会力量举办中医医疗机构。发展中医药健康服务，拓展中医药服务领域，创建国家中医药健康旅游示范区（基地、项目）和中医药健康旅游综合体。发展中医养生保健服务，实施中医治未病健康工程和养生馆建设项目。做大做强中药产业，促进海洋中医药发展。推动知名药企总部落户岛城，扶持国风医药集团等中药生产加工龙头企业。建立崂山野生中药资源培育基地和濒危稀缺中药种植养殖基地，推进中医、中药协同发展，建成融旅游观光、科普宣传、中药种植于一体的中药观光园区。

（作者单位：李传荣，青岛市卫生和计划生育委员会；李志荣、徐媛，青岛市卫生计生发展研究中心）

青岛市加强基层党组织建设情况分析

郑 国

党的十八以来，从严治党到全面从严治党，党的建设进入新的历史阶段。刚刚召开的党的十九大提出了新时代中国特色社会主义思想的新理论，把坚持全面从严治党纳入新时代坚持和发展中国特色社会主义的基本方略，进一步明确全面从严治党永远在路上。党的十九大报告明确指出，基层党组织建设“要以提升组织力为重点”，为基层党组织加强自身建设提供了新的目标和方向。作为党在基层的执政基础和战斗堡垒，基层党组织建设要围绕主要矛盾变化，强化政治领导，总揽全局，协调各方，树立问题导向，融入基层治理，根基服务群众。

一、青岛市加强基层党组织建设的基本情况分析

中共青岛市委始终重视基层党组织建设，以“岛城先锋”党建品牌为抓手，结合开展“两学一做”学习教育，把加强基层党组织建设与全面从严治党有机地结合起来，发挥党员主体作用，完善组织覆盖，强化队伍建设，创新服务载体，不断推进服务型党组织建设。党的十九大对基层党建提出了新的要求，中共青岛市委迅速贯彻执行，出台了《中共青岛市委关于全面加强城市基层党建工作的指导意见》，提出到2020年探索出一条适合青岛城市发展需要的城市基层党建工作新路径，构建起全区域统筹、多方面联动、各领域融合的城市基层大党建格局，为青岛市基层党建提出了更为细化的发展蓝图。

（一）以品牌建设为抓手，完善基层党组织队伍建设

基层是党的执政之基、力量之源，也是社会治理的重心。青岛从健全党组织领导的城市基层治理机制的角度出发，注重从政治、组织、服务、文化等方面，发挥城市基层党建的引领作用，把党的政治和组织优势转化为服务和治理优势。先后出台《关于深化街道基层区域化党建工作的意见》《关于深化城市基层服务管理体系建设的意见》《中共青岛市委关于全面加强城市基层党建工作的指导意见》，深化街道基层区域

化党建工作格局。健全街道“大党工委”、基层“大党委”，完善网格化基层党组织体系，以楼院、楼宇、路段为单位设立网格党支部和网格党小组。在封闭物业小区，构建党组织、居委会、业委会和物业管理企业“四位一体”的组织网络。在基层文艺、体育等“草根组织”中，设立特色党支部，形成了基层党组织领导，基层居委会主导，基层各类服务机构、社会组织、驻区单位等社会力量和党员群众多元参与、共同治理的工作机制。截止到2016年底，全市在城市基层已建立网格党支部1530余个，网格党小组4840余个，“夕阳红”“老兵乐”等各类特色党支部310余个，全市成立各类党员义工服务团队870余个，涌现出“党员365工作室”“帮到家”等一批影响力大、美誉度高的城市基层党建品牌，党组织领导的城市基层治理机制日渐完善。从2014年开始，青岛市广泛开展市级机关与城市社区结对共建工作，一对一选派85名社区党建联络员，到2016年底累计开展共建活动1200余次，帮助社区解决困难540多个。各区(市)也普遍开展机关党组织与社区党组织联系共建工作，推动机关党建与社区党建联动发展、互促并进。

(二)以服务为动力，不断加强基层党组织能力建设

围绕服务能力提升，青岛市探索健全基层党组织精准化服务机制，强化问题和需求导向，把基层党建与基层服务紧密结合起来，着力增强基层党组织的服务功能，使全面从严治党更有附着力和说服力。基层治理头绪多、难题多，需要充分发挥基层党组织战斗堡垒作用和党员的先锋模范作用。为提高城市基层党组织服务能力，一方面，青岛运用“互联网+”思维构建城市基层服务体系，搭建“数字党建”“互联基层”“服务型党建网”等各具特色的“智慧党建”服务平台，提高了民意诉求收集效率，增强了城市基层党组织服务的针对性和实效性。另一方面，建好城市基层服务队伍。组建以劳务奉献、智力服务、应急援助为主的党员义工队伍，培育发展基层中介服务组织、基层文体团队、基层志愿者组织等各类社会组织，充分发挥他们在参与基层管理、改善民生、提供服务等方面的重要作用。为确保基层有钱办事、高效运转，从2014年起，市、区两级财政还为每个城市基层党组织设立20万元服务群众专项经费和7万元基层工作经费，为基层党组织开展工作提供了有力的资金支持。

针对基层党组织服务薄弱问题，胶州市聚焦问题建清单，分层次列出镇街、村庄等党组织8个党建责任清单，明确20～30项具体任务，并逐级签订《党建工作责任状》，配套出台村“两委”换届负面清单、发展党员20条负面清单等制度，明确了各级党组织书记的工作目标、质量标准和实践路径，使党建工作成为可查可考的“硬杠杠”。为提供更优质

的服务，市南区采取“把组织建在家门口”“服务送到家门口”“难题解在家门口”三部工作机制，采取横向联建、纵向扩建、属地统建的办法，实现了党组织设置横向到边、纵向到底，构建起区域化党建格局，“綦荣玉小食堂”“杨桂芝调解室”“老兵服务队”“和事佬协会”等一批特色党员志愿服务团队，活跃在服务居民的第一线，成为基层党员志愿服务的亮丽名片。

（三）以内融外联为方略，让基层党组织真正做到统筹全局、协调各方、扎根基层

围绕工作大局和中心任务，牢固树立大党建工作理念，加强系统谋划、整体推进，构建起“市委领、区委统、街道联、基层拢”四级联动、条块融合的基层党建工作组织领导架构，强力推动全面从严治党责任在基层落地见效。其中，打造区域党建共同体成为加强基层党建工作的实践路径，作为构建基层大党建格局的重要措施，以打造利益共同体为切入点，做好“拆墙、搭桥”的文章，让力量沉下去、基层强起来。上面千条线，下面一根针。很多基层党组织书记都有这样的体会，以前市、区下达的工作任务多，事务性工作很多，基层党组织为居民真正搞服务的时间相对来说就少了。为让基层党组织有精力服务，青岛市大力推动减负增效促服务，全面推行市直部门基层工作事项准入制度，准入事项由118 项压缩到 48 项，未列进准入事项的，基层有权拒绝办理。有了准入事项制度后，现在的基层党组织就有更多精力给居民提供优质服务。

市南区委坚持以体制机制创新为突破，突出联动互通，推动融合共赢，构建起区委“统”、街道党工委“兜”、基层党委“拢”的三级联动、全域融合的区域化党建工作格局，打造了城市基层党建的“市南模式”。该区调整优化内设机构，在街道统一设置综合办公室、党建工作办公室、社会事务办公室等，取消招商引资职能，使街道党工委集中精力抓党建、抓治理、抓服务。在青岛市四级联动的城市基层党建架构中，街道党工委抓城市基层党建工作，做强街道“大党工委”，深化街道体制改革，实现统筹联动、全面兜底；基层党委则发挥“战斗堡垒”作用，做实基层“大党委”，延伸基层党组织链条。

二、当前青岛市加强基层党组织建设存在问题分析

改革开放以来，社会转型深刻，基层社会从管理走向治理。作为党在基层的执政基础和领导核心，党组织覆盖面发生了结构性变化，服务内容与方式出现新动向。新一届中央领导集体上台以来，全面从严治党受到前所未有的重视，封闭的单位党建走向开放的社会党建，以人为

本的服务成为基层党组织的新目标,“把抓好党建作为最大的政绩”,高度重视各级党建工作。如何在新的形势下继承发扬党的优良传统,把加强基层党组织建设与服务基层治理有机结合起来,杜绝“组织空转”和党务与居委“两张皮”现象,创新机制,整合资源,切实承担起基层治理与服务群众的枢纽作用,成为当前加强基层党组织建设面临的突出问题。

一是思想认识不到位,对如何开展基层党组织工作认识不清,对服务型政党建设认识不到位。部分基层党组织和党员干部没有真正领会服务型党组织的内涵及创建的重要意义,缺乏服务的主动性和自觉性,工作理念还停留在“管事”而不是“服务”上,服务的各种标准和要求有的只停留于“挂牌上墙”,不愿付诸实际行动。目前,基层党组织书记与居委会主任一肩挑,“重业务轻党建”现象比较普遍,对基层党组织的领导核心与政治核心的重要性缺乏具体理解,对“抓什么、怎么抓”不明确,把“党务工作”、党的领导等同于党的建设,在实际工作中基层党组织与居委会工作轻重不一,厚薄不均。这种错误认识是非常有害的,基层党组织是引领基层发展的领导力量,重在引领和统筹,居委会则是解决实际问题,重在各类基层问题的解决。党建工作与基层服务的耦合点还有待进一步提升。目前,一些基层党组织和党员干部对基层党建引领基层治理的理念认识不到位,没有认识到基层党建与基层治理的辩证关系,简单地认为党建就是管理本基层的党员,组织本基层的活动,思想上不敢走出“围城”,导致工作体内循环,其资源优势无法惠及基层,难以渗透到基层治理与服务中,党建和基层服务“两张皮”现象还一定程度存在。

二是顶层设计缺位,个别创新难以持久。基层党组织对于基层治理现代化,重在统筹引领,即搭起各方唱戏的大舞台。目前,各区(市)对基层党组织与基层治理现代化工作做了若干创新,取得了显著成效,但是仍未从根本上改变党组织弱势格局,群众的服务感受仍然不满意,究其原因与改革的系统性、整体性和协调性有关。党的十八届三中全会强调,必须更加注重改革的系统性、整体性、协同性。新时期的基层党建创新,也是一场基层改革创新,必须有统领性、整体性的部署,才能有效引领整个区域内的基层治理。但是,当前基层党建创新工作仍然存在“碎片化”现象。个别部门、个别基层的创新淹没于整体工作,个别人的收益淹没于全体人的未知。这种“碎片化”的创新,生命力不强,难以持久,群众难有获得感。

三是队伍建设有待加强,服务能力有待提升。自 2014 年以来,全市选派 5300 多名“第一书记”,组织 82 个市级机关单位与 82 个基层结成共建对子,选派 82 名城市基层党建联络员,为基层党建工作不断注入新血液。但从整体看，一些基层党组织的自身建设水平不高，队伍结构老化，生机活力不足，工作担当精神不强。以李沧区为例，2015 年李沧区 35 岁以下的党员 4547 名，约占总数的 17.8%，60 岁以上的 9419 名，约占 36.9%，党员队伍有机更新不足。在学历方面，党员中研究生 492 名，约占总数的 1.9%，初中以下 7528 名，约占 29.5%，学历层次偏低。这导致一些党组织凝聚力、战斗力、影响力下降，在群众中的影响力降低，在基层发展中缺少作为。区域化党建工作还处于磨合中，有的基层甚至尚未建设到位。部分基层党组织覆盖不到位，统筹协调不足，权威性和约束力不够，缺少有效的沟通机制，还存在着条块不能整体联动的问题。有的"驻区单位"的党组织缺乏属地意识，习惯于条条管理，与所在基层党组织结对共建的积极性、主动性不高。引领基层治理创新的能力有待进一步增强。随着改革开放的深入，民众利益诉求多元，社会矛盾复杂化，给基层治理工作带来严峻挑战。基层工作千头万绪，部分基层党组织和党员基层治理创新能力还明显不足，一些基层干部的整体素质还不能适应新形势新任务的要求，活动内容单一，工作方法陈旧，不同程度地存在着资源缺乏、本领恐慌等现象，与加强基层治理创新的要求还有一定差距。

四是部分基层党组织对加强组织建设的着力点尚不明确。过去，基层党组织的服务往往是出于应付上级组织的考核要求，是一种被动式格式化服务，即上级党组织要求服务什么就服务什么。这种服务源于单位制党建工作的经验，因为单位组织大致上是一个同质组织。然而，当前基层的异质化程度较高，利益主体相对较多，服务需求各异，既往行政化服务带来的服务模式满足不了党员和群众的多样化需求，跟不上形势发展的需要，其服务质量不可能达到理想效果。通常，基层党组织在政治层面是在党和政府的重要会议之后，通过比较刻板的集中理论学习和讨论等途径来实现。其生活关怀主要是针对下岗、年迈、贫困等弱势群体党员，服务内容大多是送大米、食用油之类的慰问品。无论是从服务对象来看，还是从服务内容来看，都与新形势建设服务型基层党组织的要求相去甚远，不能适应当前基层服务型党组织建设的需要。服务机制不畅，服务活力不足。基层党建最大的难题不是没有资源，而是大量可获得的资源都是闲置的，没有被充分运用起来。在很多基层中，人、财、物、组织都不缺，但是没有找到有效机制，将这些资源加以整合用于基层治理。党组织对于如何拓展服务内容和创新服务方式的办法不多，找不准加强和创新基层治理的切入点，就党建抓党建，党建工作与基层治理工作结合不紧密，对如何通过党建工作推动和创新基层治理思考得不够，过于依赖党组织自身的服务资源，不太擅长整合利用社会服务资源，打不开服务局面。

五是对基层党组织的考核评价体系尚待完善。责任制不明确,存在组织空转问题。调研发现,基层党组织普遍存在"人手不够、抓手不多、动力不足"的基层党建困境,基层党建压力、动力与创新不足,存在上头重视、中间传达、基层应付等现象,群众认同度不高。由于责任制不明晰,基层党组织重居务轻党务现象普遍存在,以致居务失衡,行政事务繁重,影响了居委会自治作用发挥,挤压了大量服务居民的时间,削弱了基层联系群众的功能。调研中发现,居委会目前普遍存在"四多""三少"现象:硬性指派任务多,考核检查多,材料档案多,形式主义的东西多;自己支配的时间少,走街串户少,为民服务少。基层干部把主要精力都用在完成政府部门布置的各项工作和业绩考核及检查上,真正服务基层居民、考虑基层发展的时间和精力过少。基层党建评价体系尚待配套完善。党的十八大以来,新形势下的服务型政党建设正处于探索阶段,基层党组织日常工作考核以静态考核、台账考核、年终考核、上级考核等"材料化"为主,既缺乏科学的、量化的评价标准与考核体系,也缺乏落实党建责任制的基本制度保障。

三、青岛市加强基层党组织建设的展望与建议

党的十九大报告提出:"要以提升组织力为重点,突出政治功能,把企业、农村、机关、学校、科研院所、街道社区、社会组织等基层党组织建设成为宣传党的主张、贯彻党的决定、领导基层治理、团结动员群众、推动改革发展的坚强战斗堡垒。"基层党组织如何提升组织力,关键是把党的建设由务虚变务实,找准与基层治理现代化的耦合点,在思想认识、组织覆盖、队伍建设、人才发展、机制创新、平台打造、服务内容等方面,全面与基层对接,融入基层发展,建设服务型党组织。基层党组织必须适应新形势新任务,充分体现党组织在各项工作中的领导核心作用,坚持问题导向,全面深化改革,一切从实际出发,做思想的引领者、资源的整合者、平台的创新者、服务的统筹者、全局的总揽者和服务型政党建设的先行者,不断探索具有青岛特点的基层党建工作新思路和新举措。

(一)思想认识上树立服务型政党意识,做服务基层的引领者

全面从严治党,加强基层党组织建设,关键在于党员思想认识情况,能否以开拓创新、勇于担当、锐意进取的精神面貌和工作方法开展具体工作。一是更新观念,发挥引领作用。认真领会贯彻习近平总书记关于党建工作的重要论述,牢固树立马克思主义群众观,深刻把握建设服务型政党的重大意义,切实增强自身的责任感、主动性和自觉性,

转变工作作风，真正把服务作为一种政治责任、价值追求和工作方式，筑牢基层服务型党组织建设的思想基础。跳出“党建工作是某些部门、某些人的工作”误区，树立“一体化”“一盘棋”的社会化党建理念。在推进基层治理现代化进程中，积极建立“党建引领、基层治理、服务为先、共建共享”的共同利益和价值体系，凝聚基层共识，培育共同理想，找准基层党建和基层治理职能的耦合点、着力点、契合点，做到党建引领和基层治理创新有机融合、互促共进。基层党组织要凝聚人心，就要从人们的需求出发，解决基层居民真正关心的问题，切实做到从强调领导向主动服务转变、从服务上级向服务基层转变、从抓大放小向小中见大转变，让工作落到实处、落到细处、落到小处。

基层是具有共同观念和价值的活动区域，发挥基层党组织思想引领的作用，通过党员模范作用、党员志愿者等多种形式的带动，形成共同的价值追求，推进基层融合。一是开展在职党员进基层活动，重塑党的“组织魅力”，改变过去只见组织不见人的弊端。从“8 小时党员”变为“24 小时党员”，从“隐形党员”变为“在线党员”，通过设岗定责、公开承诺、志愿服务等方式，鼓励和引导在职党员到基层报到、在基层活动、为基层群众服务，发挥模范作用，实现党建工作和基层管理的对接。二是培育基层服务品牌，注重用身边典型引导教育群众。建议在每个基层培育一个服务典型和服务品牌，既是对基层风气的引导，也是对党员自身的督促；既有利于群众监督，也有利于证明党组织自身业绩。

加强顶层设计，搭起基层治理的大舞台。要重视基层党组织发展的顶层设计，其主线是以服务型、智能型网格化党建工作推进区域化党建，形成组织的全覆盖、资源的大统筹、治理的大格局。其路径就是服务的社会化、专业化、项目化、规范化、科学化，以社会力量、专业化力量、精细化服务，满足基层群众差异化需求。以严谨考核评价体系督促落实基层党组织服务枢纽和战斗堡垒的作用，形成价值引领和思想引领。为此，要完善党委统一领导、组织部门牵头协调、各部门分工负责的领导体制和工作机制，形成齐抓共管、各负其责、协同推进的工作格局。加大基层基础保障力度，落实岗位待遇，加强基层党务工作力量，确保基层组织有人管事、有钱办事、有场所议事。

（二）创新组织覆盖，加强队伍建设，做服务基层的模范者

队伍建设是基层党组织发挥作用的根本保障。基层党组织要从创新组织覆盖机制、完善党员干部选拔机制、健全党员参与机制等方面积极完善自身系统，加强队伍建设，以切实发挥领导核心作用，致力于搭建多元化主体共同参与的大平台，以“融合”的视角建立区域化党建格局。创新组织覆盖机制，尽快完善全市服务型、智能型网格化建设。基

层党组织应尽快建立健全组织覆盖体系，按照“便于教育管理、便于组织、便于发挥作用”的原则，调整基层党组织设置。每个基层党组织根据党员分布情况，按街巷、单位、楼栋等划分出以地缘型、单位型为主要形式的网格，相应成立党支部、党小组，从而最终形成由街道、基层、网格支部、楼栋（大院）党小组四级组织构成的纵向到底、横向到边的基层党组织覆盖体系。完善党员干部选拔机制，实施“班长工程”。高度重视基层党组织的党员干部发展工作，按照“学习型、服务型、创新型”要求，高标准择优选拔知识化、专业化、年轻化的基层党务工作者，实现基层党员队伍结构的优化和素质的提升，增强干部队伍活力。实施“班长工程”，严格遵循公开、平等、竞争、择优原则，通过竞争上岗、公开招考、民主选举等多种方式和途径，将群众公认的能干事、肯干事、会干事的党员干部，充实到基层党组织的领导班子中来，把基层作为年轻干部培养锻炼的基地。健全党员参与机制，发展基层党员议事小组和党代表工作室。树立“党建工作基层化”的新思路，鼓励热衷基层事务的党员组成党员议事小组，团结基层热心人士，协商基层居民关注的热点、难点和焦点问题，发挥模范带动作用，为基层党组织和居委会出谋划策。积极推行党代表工作室制度，落实基层群众与各部门专项联系绿色通道，建立需求通报、定点联系等制度，将党员与居民群众交流沟通常态化、制度化。建立社会工作培训基地，加大政府购买服务力度，提升专业化服务水平。一是建立社会工作培训基地，为全市基层工作队伍的建立和发展提供专业化发展平台。加强与各大院校的合作，整合社会工作专家、社会资源，提升基层工作人员的专业知识水平。二是借助外脑实现本土人员的能力提升。与国内知名社工机构展开合作，引入优秀的成熟项目，以“传帮带”的方式，带领本土组织和社工参与项目运作，以此不断提升社工机构和基层人才的专业化服务水平。三是加强对城市基层专职工作人员的培训教育，全面提升基层专职工作人员的能力，提升基层服务水平。

（三）创新服务方式和服务机制，做服务资源的整合者

基层党组织做基层服务资源的整合者，不再通过行政命令的方式实现资源共享，而是通过协调各方来实现，整合党政机关、群团组织、社会力量等各类资金、项目、人员，向基层倾斜，向党政服务的“最后一公里”聚合。转变服务方式，开展“菜单式”“项目式”协调服务。进一步完善区域化党建制度和基层各类对话机制，组织引导社会力量参与基层治理。建议逐步推动辖区内单位、各类社会组织等各类公共资源向基层开放，形成共建共享的长效机制。辖区内各单位和社会组织围绕党群建设、经济发展、民生改善、基层治理、文明共创等每年提供一个服务

项目，由基层党组织统筹形成基层服务菜单，以群众需要为出发点，提升服务效能，服务效果由群众作最终评价。以项目筹议和实施为纽带，推动驻区单位"驻在基层、融入基层、共建基层"，全身心参与到基层治理和自治中来，参与到辖区群众服务中来。构建以服务对象需求为导向的服务机制，实现社会化、专业化服务。要实现基层党组织服务模式由行政化向社会化转换，就必须转变固有的观念，从服务主体的主观意志转变为服务对象需求，做到服务内容和形式的高度统一。统筹社会资源，借鉴国际国内先进基层管理服务经验，以"一老一少"基层难题为切入点，采取政府购买服务、设立项目资金、开展项目补贴等方式，引入专业机构和专业社工人才参与基层服务，为群众提供专业化的社会服务，推动服务社会化。设立基层党组织服务创新基金，让更多资金向基层倾斜。鉴于基层党组织重要性不断突出，从责权利均衡原则出发，在当前 20 万元的服务群众专项经费的基础上，设立基层党组织服务创新项目基金，专门扶持服务群众的创新项目，让基层党组织有能力开展创造性服务项目，并以此产生杠杆效应，引导更多社会力量进入基层发展。发展基层公益，开展"全民公益 1＋1＋1"活动，为基层服务能力提升建立长效机制。以基层公益为参与社会治理的契合点，将基层党建与基层建设有机结合起来，充分发挥两者在功能、资源上的优势，相辅相成。建议开展基层公益项目比赛，每年征集和评选 100 个优秀公益服务项目，发展"全民公益 1＋1＋1"模式。其中，一个"1"是党委和政府出种子资金、搭建创投平台，一个"1"是基层社会力量，还有"1"是社会组织策划、竞投和实施，三方联动更多社会资源，点对点地投向公益服务，形成"群众点菜、政府支持、社会配菜"的共建共享公益模式。

（四）完善平台建设，打造基层治理大格局，做服务全局的总揽者

平台建设是党政联动的枢纽，是政党搭台、政府唱戏、社会联动的重要依托，是推动基层治理大格局的重要一环，包括成立基层党员服务中心、基层工作站等。成立党员基层服务中心，打造服务型基层党组织服务平台。建议在各基层服务中心加挂党员基层服务中心牌子，履行服务基层党组织和党员群众的功能，使之成为区域化党建开放式、集约化、共享性的服务平台。充分发挥其区域化服务平台和窗口的作用，凸显其为驻区单位、基层党组织和党员群众服务的功能，努力打造党在基层的党建活动平台、教育培训平台、形象展示平台、资源整合平台和服务群众平台，为拓展、深化区域化党建，形成社会共治合力提供更好的服务和保障。建立工作站体制，减负增效，落实基层准入制度。创新政府公共职能的承接机制，全面推行基层工作站体制，推进"一站式"便民服务平台，整合政府部门办事机构，明确人员配备标准、领导班子及工

作人员来源，将基层的行政事务性工作集中放在基层工作站，与居委会工作相对分离，把居委会从繁杂事务中解放出来，做好服务居民的本职工作。加快"减负增效"，切实减轻基层工作负担，对于需由基层承担的工作，明确依据规定、准入流程、工作标准，并经区基层工作领导小组办公室审批后进入基层。凡依法应由基层协助的事项，按照"权随责走、费随事转"的原则，提供必要的经费和工作条件。壮大发展基层社会组织。大力培育发展基层社会组织参与基层治理与服务，积极支持各类社会组织入驻街道、基层服务中心开展各类便民服务。继续完善政府购买服务机制，用好用活基层党组织联系群众的专项经费，重点购买公益类、慈善类和支持类社会组织的服务项目，支持有资质、有能力的社会组织承接政府职能转移，参与基层管理和服务，通过社会组织与居民直接互动，有效地为居委会减轻负担。大力发展基层志愿服务，开展党员志愿服务活动，联合基层社会组织持续挖掘基层志愿者服务资源，培育、催生基层内生的志愿者组织，推进基层志愿服务常态化。搭建信息服务平台，以大数据提升基层治理信息化能力。一是推动基层党组织信息化平台建设，充分利用新旧媒体平台，在政策宣传、文件传达、教育管理、舆论引导、信息咨询、登记审核、民情传递、政（党）务公开、举报监督等方面，为党员群众提供网络化、信息化、智能化和数字化的服务。二是充分整合家政、养老、社保、医保、低保、公积金、慈善捐助、救助、殡葬等各类办事机构的服务性信息，逐步形成居民生活需求的数据系统，以互动交流机制向居民提供服务内容、服务时间等信息的查询服务，不断提高基层治理和服务能力。三是适应社会发展，提高使用社交媒体服务基层的能力。加强对基层工作人员培训，善于利用社交媒体，了解基层居民利益诉求，并依托各种网络互动平台方式，促进政府和公众互动，获取公众的个体需求和公共需求信息，精准提供公共服务与产品，促进社会治理与服务能力的提升。

（五）加强制度建设，完善考核机制，做服务型政党建设的先行者

全面推行党建述职评议工作，探索建立双向评议制度。一是健全述职评议制度，参照中央《关于开展市县乡党委书记抓基层党建工作述职评议考核的通知》相关精神和要求，因地制宜制定基层党组织工作述职评议制度，明确述职评议内容、形式及评价与问责等，督促落实党建工作责任制，把工作落到实处。二是探索建立双向公开评议制度，解决单向度闭合考评问题，坚持上级考核与群众评议相结合，内部考核与公开评议相结合，广泛听取基层党员群众意见，针对突出问题抓好整改落实。三是全员述职。作为党员干部，即便不进行专题党建述职，也应在综合述职评议中突出党建内容，报告个人在履行党员义务、突出党员责

任方面的实际工作，纳入个人年终考评工作。

建立健全激励与惩戒相结合的考核制度体系。一是建立科学的党建考核指标体系，分解细化党建各项内容在整个党建考核中所占的比重，以及各项内容的评价标准、等级划分、不同等级的分值等，尽量把党建的潜绩通过显绩突出出来，体现抓基层、打基础、利长远的要求，促进基层工作作风求真务实，形成正确的党建导向。二是建立与完善基层党建考核的奖惩机制与责任追究机制，既要树立党建考核的权威性、强化党建考核结果的运用，使之作为相关人员奖惩与提拔晋升的主要依据，更要对落实党建责任制不力、失职者进行责任追究，建立健全党建责任追究机制。三是定期表彰抓党建有成效的干部，提高表彰层级和标准，真正体现抓好党建是最大的政绩。今后，新任的基层党组织书记选拔必须考虑既往党建述职评议实效，作为关键标准，确保党的领导权真正掌握在理想信念坚定、党建工作有方的干部手中。对那些一手硬一手软，甚至给党的建设造成损失或遗患的，要进行责任追究。从严治党，率先推行基层党组织负责人能上能下制度。根据中央《推进领导干部能上能下若干规定（试行）》，结合任期内考核和述职评议工作，定期分析研判基层党组织领导班子和干部队伍建设情况，经认定不适宜继续任职的，应当中止任期、免去现职，不得以任期未满为由继续留任，确保能上能下。“村改居”的居委会，从法定意义和管理体制上说已属于城市基层居委会，其在村支部基础上建立的基层党组织在职能设置上与城市基层党组织无异。从严治党没有双重标准，“村改居”基层与城市基层一体执行，在述职评议和考核制度体系方面，相关激励、奖惩、问责等制度安排没有例外，确保党员干部能上能下。

（作者单位：青岛市社会科学院）

2018

2017～2018年市南区旅游服务业发展形势分析与展望

王　旭

市南区是青岛市政治、文化、金融的中心，也是历史文化名区和著名的滨海度假旅游目的地，是青岛的标志性景观栈桥、小青岛、五月的风所在地，拥有11.5千米的海岸线和少有的“山海城”交融的城市风光，被评为中国首个“世界最美海湾”和“中国最美五大城区”，是青岛经济最发达的区。

一、2017年市南区旅游服务业发展形势分析

近年来，市南区深入挖掘奥运文化、海洋文化、欧陆文化等优势资源，打造国际滨海旅游度假中心主体功能区，滨海旅游业呈现高端化、规模化、特色化发展态势，先后获得三届“中国休闲旅游营销创新奖”“山东省最佳旅游生态示范区”等荣誉称号。

全区建有银海格曼码头等海上旅游码头5处和7处游客咨询服务中心，拥有八大关历史文化街区和小鱼山历史文化街区等中国历史文化名街2处，青岛海底世界等A级以上景区14家，国家级文物保护单位5处，省、市、区级文物保护单位近50处，名人故居20处，集聚了全市80%以上的旅游景点。此外，全区拥有海尔洲际等高星级酒店50余家，拥有海信广场等高端商场20余家，时尚闽江、佰优坊、劈柴院等特色休闲旅游聚集区，能够满足国内外游客的多层次需求。

（一）2017年市南区旅游服务业发展情况

2017年，市南区坚持“城区即景区、城景一体化”全域旅游理念，编发《市南区旅游发展规划》，拟构建“蓝色生态休闲游憩带”和团岛湾海洋旅游服务区、青岛湾历史文化体验区、汇泉湾滨海人文游览区、太平湾健康生态游憩区、浮山湾时尚都市休闲区“一带五区”旅游发展新格局。创新全域产品体系，延伸旅游消费产业链，持续优化旅游环境，以

发展国际标准的旅游业提升城区幸福指数，打造城景一体的国际化旅游城区。出台区级奖励扶持政策，累计拨付1300万元资金扶持重点企业及项目，旅游业综合竞争力不断提升。

1. 引进复合型项目，以文化提升旅游品质

2017年，市南区依托文保单位和历史建筑，着力引进文博场馆、文旅休闲、特色餐饮等复合型项目。推进八大关万国文化建筑博览汇项目建设，聚集公主楼、蝴蝶楼、青岛地质之光展览馆、莫奈花园主题民宿、黑森林音乐餐厅等特色项目。依托文保单位辟建德国总督楼旧址博物馆、邮电博物馆等6处3A级景区。依托水师饭店旧址打造1907光影俱乐部，依托安娜别墅旧址推出“青岛书房”，依托老建筑引进数十处里院客栈、青年旅舍等文旅项目，打造涵盖文博场馆、展览空间、旅游休闲等功能的复合式业态。

2. 引导新型业态发展，探索产业融合新模式

2017年，市南区借助老厂房、老街区打造旅游景区和旅游街区，依托劈柴院老街区打造成为文化旅游景区，依托老厂房推出新壹百文化产业园、中国（青岛）新媒体基地，依托1388文化街打造为省级旅游休闲购物街区。大学路周边依托老建筑集聚一批咖啡馆、美术馆、书店等业态，成为著名的旅游休闲聚集区。八大关、小鱼山先后获评“中国历史文化名街”，是全国首个拥有两条国家级历史文化名街的城区。发挥咖啡馆、文博场馆等时尚资源汇聚优势，推出“啡阅青岛”项目，将图书馆图书免费配置到咖啡馆、文博场馆、里院客栈等场所，推动旅游与文化休闲有机融合，荣获全省文化创新奖。

3. 挖掘名人文化，打造文化旅游新名片

2017年，市南区发挥41处名人故居聚集优势，依托康有为故居、老舍故居辟建为3A级景区，截至9月底，两馆累计接待国内外游客200多万人次。依托老舍故居开办“荒岛书店”，组织出版了《老舍青岛文集》《风雨半城山——刘子山传奇》等著作，打造文化内涵与旅游纪念价值相结合的文创礼品。

4. 发挥节会效应，推动时尚经济发展

举办2017青岛赏花会，以中山公园、八大关等著名赏花地为核心，采取赏花路线与街头艺术展示相结合的形式，发布5条赏花路线，组织意大利三维地画、管弦乐赏听等具有国际水准的街头演艺10余场，印制5万份赏花地图，开展LOGO征集、第三届摄影大赛、中国旅游日、大师之旅等系列活动，培育时尚节会品牌。策划首届太平湾啤酒音乐节，依托八大关太平角万国建筑博览汇项目，组织10余场高水平演出，促进啤酒、文化、音乐、老建筑汇聚融合。促进节日和淡季旅游消费，组织开展旅游日、惠民月、贺年会等系列活动，策划推出一批主题线路，开

通城乡互动惠民旅游车，惠及市民超过10万人次。发挥世界级帆船比赛影响力，支持海洋节等节会发展，推动以海上旅游、邮轮旅游、海洋体育、海洋美食为支撑的海洋旅游发展。依托高星级酒店聚集优势发展展会、节会商务旅游，引导企业积极承办有较大国际影响力的高端国际会议和重大活动，壮大节会商务旅游的规模和实力。

5.开发全域旅游产品，打造"最美海湾"品牌

截至2017年9月底，市南区已举办两届"最美海湾"摄影大赛，有效提升最美海湾影响力。依托"最美海湾"自然禀赋和文化底蕴优势，推出6条"最美海湾·青岛记忆"主题线路。依托微信、微博、论坛、门户网站等平台，开展"深游市南·心发现"十大深游线路评选活动，活动影响人群达到180万人次。联合青岛首个国家旅游局导游大师工作室，推出10条"最美海湾·大师之旅"产品，初步形成辐射全域的"最美海湾"品牌体系。

6.促进旅游商品研发，拉长旅游消费产业链

市南区打破食、住、行、游、购、娱等产业要素界限，2017年先后承办两届青岛市旅游文化商品创意设计大赛，共征集450组1200余件参赛作品。其中，首届大赛获奖作品"多彩青岛系列丝巾"获得海峡两岸旅游文创产品大赛两项金奖，并入选中国百佳旅游商品；第二届大赛首创新品牌类奖项，促成多个合作项目落地，并成功推荐3件获奖作品在全省大赛中荣获新品牌奖、金奖、银奖。突破城区景区界限，将城区作为整体目的地进行策划，整合旅游景区、婚纱摄影、旅行社等涉旅资源，成立"爱琴岛·旅拍"联盟，推出"海誓山盟""海韵欧风"等15种婚恋旅拍产品，通过线上线下渠道整合推广，带动全域旅游品质提升。

7.优化旅游市场环境，构建全域旅游服务体系

一是狠抓安全生产主体责任落实，组织全区专项应急演练2次，旅游企业安全责任书签订率达到100%。二是规范旅游消费市场秩序，针对假日旅游市场特点，出台《国庆期间旅游市场秩序重点问题快速应对工作方案》，建立了八大重点问题的快速反应机制、责任分工和处置流程，确保了国庆期间全区旅游市场秩序；通过完善预案、联合检查、专项巡查等方式，建立旅游、综合执法、市场监管等相关部门的快速应对机制，开展各项检查230余家次、妥善办结游客投诉500余件，有力维护城区良好旅游形象。三是增强旅游业综合实力，2家旅行社进入全国百强，新增省级旅游街区2处，新增A级旅行社6家，全区A级旅行社数量达到全市的39.7%。完善旅游公共服务体系，建成5处旅游信息咨询中心，接待游客30万人次。

（二）2017 年市南区旅游服务业发展主要问题分析

市南区作为青岛中心城区，有着得天独厚的优势，其旅游业发展有了一定规模，但与一些最佳旅游城市如大连、杭州、成都等相比，还有一定的差距，如旅游市场不规范、文化内涵发掘不够、旅游项目较单一、营销力度不够等。

1. 没有充分挖掘市南区文化内涵

打造文化品牌，是发展旅游业的重要途径。很多城市都有自己的文化品牌，如井冈山为“革命圣地”，曲阜为孔子故里，安徽的徽商文化等。作为历史文化名城之一，市南区西部建筑素有“万国博览会”之称，文化名人故居比比皆是，老商业街中山路曾在 20 世纪辉煌一时，应该说没有一个城市的近代文化有如此清晰的脉络，保存得如此完好，但是旅游的文化潜能以及功效并没有很好的挖掘，特别是市南区西部的老城区、老建筑的旅游价值没有充分利用。旅游业主要集中在沿海一线，从而造成了游客感觉青岛没有文化底蕴、没有可花钱的地方。

2. 旅游市场不规范

旅行社作为旅游业发展链条的先头部队，在整个旅游业中占有十分重要的地位。青岛的旅行社数量较多，且有一定数量的优质百强社，但与先进城市及发达国家相比，差距仍然十分明显，如不讲诚信、服务质量差仍然是游客投诉的重点。同时，青岛巨大的散客市场，除了自助游外，长期被一些不正规的旅行社和旅馆私自“承包”。以青岛火车站周边为例，方圆两千米内聚集着大大小小数十家旅行社，它们几乎都以“青岛一日游”“崂山一日游”等作为吸引客源的主打产品，其中不乏未经旅游部门备案的“黑旅行社”，甚至还有一些小旅馆推出了“散客拼团”业务，这不仅大大损害了消费者的合法权益，也严重破坏了市南区的良好形象。

3. 旅游项目较单一，缺乏高端旅游产品

旅游主要集中在沿海一线，游客也以观光为主，传统的“栈桥转一转，海边走一走，海里游一游”的旅游格局仍然占很大比重。高端旅游产品如休闲度假旅游、邮轮旅游、会展旅游等缺乏。

二、2018 年市南区旅游服务业发展预测

党的十九大报告指出：“满足人民过上美好生活的新期待，必须提供丰富的精神食粮。”旅游即是人民群众在解决温饱和总体生活实现小康的精神追求之一。2018 年，市南区将认真贯彻党的十九大精神，不断创新旅游新业态，开发新产品，以满足人民群众的需求。

(一)2018年市南区旅游服务业发展展望

1.将大力推进市南区婚恋旅游产业项目

围绕“南三亚、北青岛”的区域定位,树立“爱琴岛”婚恋旅游品牌形象,扩大市南区婚恋旅游产业的知名度,打造国内领先国际知名的时尚婚恋旅游目的地。

(1)构建婚恋旅游目的地产品体系。整合奥帆景区、游艇帆船、直升机、海上游轮等优势资源,推出“海陆空”全景蜜月游、目的地婚礼等主题产品,实现全方位、多视角体验时尚青岛。

(2)形成婚恋旅游产业聚集区。充分发挥八大关、太平角区域婚恋旅游资源集聚优势,在吸引品薇会馆本土品牌及铂爵婚纱全球旅拍品牌入驻的同时,引入海派高端品牌“希区”、德胜花园意大利主题馆项目等入驻,主推中高端婚恋产品,提升区域旅游品级,逐步将八大关、太平角区域打造成为地标性婚恋旅游产业聚集区。

2.将完善市南区互联网+文化+旅游的融合发展模式

(1)完善互联文化服务体系。依托社区图书馆,接入全市图书服务网络并实现通借通还,形成覆盖全域的互联网阅读服务体系。开创“咖啡馆兼公益图书馆”读书网络服务新模式,社会服务点超过100处,开拓“互联网+”文化服务的新途径。推出市南区文化网、市南区文化馆网、市南区图书馆网三个项目,居民可以利用互联网快速掌握活动信息,观看教学视频,参与留言互动。

(2)培育新型文化发展业态。推动创意100、1388等园区转型升级,引进电商龙头企业,打造线上线下互动融合平台。加快数字文化馆、数字图书馆建设,升级电子阅览系统,推广“移动阅读”工程,建设云阅读服务平台。

(3)加快智慧旅游体系建设。推动微信、微博、“最美海湾”APP和网站等平台的信息共享与功能升级,突出“私人定制”和“私人导游”功能,加强智慧服务体系、智慧管理体系、智慧营销体系建设,为游客提供“食、住、行、游、购、娱”等便捷智慧旅游服务。

(4)推进新型旅游产业链发展。坚持全域旅游发展理念,整合滨海步行道、老城区、欧陆风情等特色资源,通过携程网等平台进行线上推广,打造“最美海湾”品牌。推进旅游供给侧改革,依托“爱琴岛·旅拍”联盟,扩大成员规模,丰富产品种类,在2017年推出15款特色产品的基础上,继续推出一批专业化、个性化旅拍产品。

3.将继续推动高端旅游产业,建设北方时尚之城

继续发挥华润万象城、海信广场等高端载体聚集效应,力争引进一批时尚旗舰店、免税店和国际知名品牌,扩大高端时尚旅游消费。继续

推进海天大酒店改造、深蓝广场、奥帆 J. Life 等总投资 300 亿元的重点项目建设，瑞吉、丽思卡尔顿等世界知名酒店将完成入驻，形成具有国际水准的高端旅游接待能力。促进青岛旅游集团国家航空旅游试点项目、水上飞机等新型项目建设，推动新兴航空旅游发展。

4. 将打造全媒介营销体系，塑造时尚城区形象

继续组织出版《青岛时尚》，涵盖全市时尚经济、时尚旅游、时尚生活资讯，辐射高铁、青岛航空、新金桥邮轮等高端渠道，力争 2018 年阅读量超过 100 万人次。完善微信、微博、头条号等智慧旅游营销体系，继续组织线上旅游营销活动，全平台推送内容访问量累计将超过 2000 万次，在荣获全省最具旅游影响力头条号、全省十大旅游系统政务微博等称号的基础上，继续扩大市南旅游影响力。通过旅交会、博览会等渠道，全面推介城区旅游资源。通过报纸、杂志、互联网等平台，组织旅游宣传。完成拍摄中英文旅游宣传片《天赐湾城》，编制旅游地图等推介载体，全方位提升城区旅游形象。

（二）加快市南区旅游服务业发展的对策建议

党的十九大提出：推动文化事业和文化产业发展。加强文物保护和文化遗产传承。市南区应在保持目前旅游收入高速增长的同时，深入挖掘自身旅游文化内涵，优化旅游产业内部结构，提升旅游业的发展水平。建立旅游文化品牌，以应对竞争日益激烈和复杂的旅游市场局面。

1. 以市场为导向，树立旅游特色文化品牌

以市场为导向，以旅游资源深层文化内涵开发为中心，优化旅游发展格局，积极发展与文化产业融合的青岛市文化旅游品牌，打造特色旅游业。

2. 拓展新兴旅游项目，引导游客调整旅游时间结构

市南区旅游旺季集中在 6～10 月份的夏季，着力开展冬季旅游资源的开发，改变淡旺季旅游差异巨大的局面是市南区旅游服务业未来发展方向。建议合理利用旅游需求的高价格弹性发挥杠杆作用，主动引导游客的反季节旅游行为，调整其旅游的时间结构，平衡淡旺季旅游的差异。

3. 加强旅游市场规范建设，树立良好旅游服务口碑

增强旅游市场规范体系建设，建立全民参与的旅游诚信活动，促进旅游服务行业管理和诚信体系建设。全面实行国内行业标准，引进国际标准加强服务质量监督和反馈，加强旅游服务人才梯队培养，促进旅游人才的专业化管理，培育出高水平、高信用和高竞争力的优势旅游服务团队。

（作者单位：中共市南区委党校）

2017～2018年市北区创新资源集聚示范片区发展形势分析与预测

宋晓倩　潘德华

为推动市北区建设宜居幸福创新型国际城市核心区，市北区委、区政府将原“浮山商圈”与“新都心商圈”合并，建立集现代化的核心商务区、生态文化区和高端居住区于一体的主城核心地标“市北创新资源集聚示范片区”，这是市北区高点定位、高标准打造的现代化商务中心、商贸中心和居住中心，是高端创新要素、商务要素和人才要素加速汇聚的中心区域，是最具活力的创新空间，是市北区推动区域均衡协调发展的“四大示范片区”之一。

一、2017年市北区创新资源集聚示范片区发展形势分析

市北区创新资源集聚示范片区，位于青岛市市北区东部，由福州北路、哈尔滨路、清江路、南昌路、周口路、规划开平路、重庆南路、张村河、黑龙江中路、劲松五路、浮山北麓围合而成，与李沧、崂山、市南三区接壤，面积约17平方千米，涉及双山街道、河西街道、合肥路街道、浮山新区街道、海伦路街道管辖区域，规划总人口约30万。区内拥有已经成熟的新都心商圈和具备潜力的浮山后商圈。凯德广场、麦凯乐、佳世客、麦德龙、居然之家等近100万平方米大型综合商业已建成投入运营，提供吃、住、行、游、购、娱等全方位的优质服务，商务楼宇、休闲购物中心、精品街区商业等商务商业设施密集，公共服务功能也在逐步加强，已成为青岛主城区中心的人气商圈。商务发展方面，已有福州路万科中心、青岛国际人力资源服务产业园等已建成投入运营商务楼宇9栋，建筑面积约25万平方米，入驻各类企业1000余家，一个新的商务中心正在崛起，将逐步形成科技研发、创业孵化、产业集聚和配套完善的功能区域。片区内已建成万科城、中海清江华府、海信淮安郡、和达城上城、青岛印象山、香山美墅、保利叶公馆、海信·静湖琅园等高端住

宅项目20余个，围绕浮山、双山、北岭山等天然“氧吧”，形成风景优美、环境舒适的生态居住中心。2017年依托新都心、浮山商贸区及周边区域，市北区高点定位、高标打造创新资源集聚示范片区，加大与中科系、高校系、央企系和国际系科研院所的引进力度，以智库集群带动产业转型，加快高端创新要素、商务要素和人才要素汇聚，开辟最具活力的创新发展空间，建成一批具有国际先进水平的创新创业载体，聚集一批世界知名科研机构和行业领军企业，以创新破解空间载体的硬约束，以创新激发产业发展的新活力。

（一）2017年1～9月份市北区创新资源集聚示范片区发展情况

市北区第二次党代会，确定了建设“宜居幸福创新型城市核心区”的发展目标，提出加快建设以新都心为中心的创新资源集聚示范片区，并且在区域面积上扩大、职责任务上完善提升。“创新资源集聚示范片区”管委会于6月2日实现集中办公，围绕新职能、新要求、新定位，调整工作思路，创新工作方法，研究工作路径，做到“人员整合、业务融合”，各项工作持续有效推进。

1. 摸清资源家底，理清产业布局，整合提升资源利用效益

从资源看，片区内规划商务楼宇20余栋，规划建筑面积约50万平方米。一是已建成商务楼宇。包括福州路万科中心、和达中心城、青岛国际人力资源服务产业园、东建大厦、青建太阳岛等，建筑面积约20万平方米，有约0.7万平方米商务楼宇和1.9万平方米商铺闲置。二是在建商务楼宇。包括鸿府国际大厦、和达新都汇、海尔世纪公馆、海尔玫瑰兰庭、新都朗悦等5栋商务楼宇，其中鸿府国际大厦已提前对外销售，还有约1.17万平方米商务楼宇未售，其他项目尚有约9.8万平方米商务楼宇和2万平方米商铺在建待售。三是闲置土地。通过全面梳理，片区内有浮山后商业综合体，核心商务区B1、B2、B3地块和地铁长沙路站城市综合体A地块等闲置土地37宗，面积约为1433亩，其中纯商务商业地块约20宗。

从产业看，片区内已建成商务楼宇企业入驻率均在95%以上。重点楼宇大致产业类别如下：一是福州路万科中心。共有3栋商业楼宇，建筑面积约8.7万平方米，已入驻企业350家。其中，A栋入驻企业65家，主要为商贸类、建筑类、科技类企业；B栋入驻企业123家，包括万科青岛总部及关联企业，主要为房地产类、建筑类、材料设备类、文化传媒类企业；C栋入驻企业162家，主要为金融类、文化传媒类、技术服务类企业。二是和达中心城。共有2栋商业楼宇，建筑面积约6.1万平方米，已入驻企业99家。其中A栋入驻企业67家，主要为生物科技类、信息技术类、商贸物流类企业；B栋为青岛国际人力资源产业园，

已入驻万宝盛华、锐仕方达等人力资源企业32家。三是东建大厦。建筑面积约2.4万平方米，为市北区城市治理指挥中心。四是青建太阳岛。共有商业楼宇2栋，建筑面积约2.4万平方米，入驻企业200余家，以个体工商业户、小微企业为主。

通过摸底调研，掌握片区内载体资源和创新资源集聚情况及产业布局，建立了数据库，为产业引入和招商引资奠定基础。

2.优化片区环境，强化招商引资

一是实施定向招商，重点引进规模大、实力强的大企业、大集团，重点引进对税收贡献大的企业总部、销售中心，重点引进居于产业链高端的现代服务业项目，努力实现“发展一个、带动一串、辐射一片”的效果。引进万科、中海、保利等国内房产大鳄开发建设。二是加大闲置楼宇、商铺及在建商务楼宇的招商引资力度，积极争取生物科技、信息技术、智能制造、人力资源类企业及智库大厦落户片区内，以智库集群、人力资源和科技创新优势带动产业转型，实现新旧动能转换。三是“走出去”学习先进经验。分别赴北京华贸中心、深圳天安云谷、海尔云谷等考察学习，开阔眼界，学习经验，交流心得，为下一步片区运营管理、闲置土地运作、智慧片区打造积累宝贵经验。四是严把关优化产业规划。认真研究已完成的浮山商贸区、新都心产业规划和载体策划，严格把关闲置土地的规划方案和产业方向，努力打造布局合理、功能完善、定位精准、智慧管理的高品质项目。五是多举措吸引企业入驻。通过优化片区环境，提供亲情服务，宣讲优惠政策，开展以商招商等方式，进行精准招商、定向招商。

3.新企业注册取得进展，现有项目加快推进

截至9月末，2017年共完成青岛土豆经济信息咨询有限公司、青岛鼎盛非融资性担保有限公司、青岛瑞升昌电子科技发展有限公司等7家新公司注册，注册资金总额3.452亿元。

2017年共承担市区重点项目30个，总占地面积约130公顷，总建筑面积约400万平方米。包括续建项目10个，新开工项目4个，截至9月末，累计完成投资额95亿元。一是在建项目。海尔世纪公馆、海尔玫瑰兰庭、中海寰宇天下B地块、万科紫台等4个项目部分楼座已竣工交付；清江路地下商业通道已竣工；其余在建项目正在进行装饰装修施工。二是新开工项目。B3-11地块振华商业项目、和达新都汇、保利天汇等已开工建设。三是招拍挂及前期储备项目。截至2017年9月末，片区内共完成炉具厂地块一期、海尔世纪公馆北侧地块等4宗土地出让，土地出让金总额约26亿元。另有部分地块已启动招拍挂前期准备工作。浮山后商业综合体项目、辽阳东路5号片区拆迁改造项目、地铁长沙路站城市综合体A地块等已纳入储备库。

4. 成立新都心联合党委，组建工会等组织，探索片区管理新模式

一是成立新都心联合党委。积极探索推动片区商圈党建覆盖的新模式，将片区内跨街道区域性的各类园区、商务楼宇、商超等10余个零散非公党组织和100多名流动党员集中起来，成立新都心商圈联合党委，让企业的党员代表在联合党委中担任重要职务，共商共议商圈发展。商圈内的居然之家、万科中心、和达物业以及青岛国际人力资源产业园区等11家企业成立了党支部。通过搭建党建平台，成立联合党组织，使商圈内的零散组织和企业达成共驻共建、互联互通的共识，进一步形成片区凝心聚力、共谋发展的工作合力，真正实现商圈组织共建、活动共联、资源共享、服务企业的良好发展氛围，打造“党旗红、商圈火”党建品牌。

二是组建新都心联合工会。为片区内企业员工提供更多交流、沟通的机会，邀请专业人员进行就业、落户等政策解读和普法宣传，举办青年联谊会，以亲情服务来吸引人才、留住人才，打造“新都心一家人”工会品牌。

三是组建新都心商会。对入驻片区楼宇的500多家企业，通过建立商会，将原本零散的企业“握沙成团”，互通信息、加强合作、实现共赢，打造“商会强，商圈旺”商会品牌。

四是组建新都心物业联盟。9月19日，青岛市首个商圈物业联盟——新都心商圈物业联盟成立。依托区块链技术，打造物业诚信价值体系，组建新都心物业联盟，构建新都心商圈物业之间相互交流的平台，共同协调处置疑难问题，共同扩大商圈知名度和美誉度。物业联盟成员单位由商圈24个项目16家物业公司组成，包括青岛万科物业服务有限公司、麦凯乐新都购物广场物业公司、青岛广源物业管理有限公司等，以“城市管理示范片区”为目标，联手创建“新都心、新家园”物业品牌，按照《物业联盟章程》规定履行职责。

五是探索片区内车位共享。新都心商圈内万科中心、麦凯乐、凯德广场等商超、商务楼宇有6000多个停车位，这些停车位有效利用起来，将大大缓解商圈内停车难问题。市北区创新资源集聚示范片区管委会、商圈物业联盟与市北交警等部门共同研究协调，通过升级硬件、打造共享平台等方式，逐步实现在商场之间、写字楼与商场之间、商场写字楼与小区之间形成车位的共享。

（二）2017年市北区创新资源集聚示范片区发展存在的困难与问题

1. 入驻企业品质不高

片区内已建成商务楼宇大多以开发企业自主招商为主，大企业较少，所属行业类别不一，表现为多、乱、杂，总体品质不高，实力强、产业

集聚能力强、创新要素多的企业较少。产业关联不够密切，集群效应不够明显，产业集聚程度存在较大的欠缺。

2. 教育、文化、体育设施有待完善

由于该区域是人口集中的居住中心，随着其他地块的开发，商务企业的入驻，教育资源的需求进一步扩大，该区域存在严重的入学入托压力，幼儿园和学校的数量，各学校的教室可容纳学生数量严重不足。文化、体育设施主要是几个影城，具有一定规模档次、内容更丰富的文化、体育设施缺乏。这些问题不解决，将严重影响该区域的商务品质、居住品质，也与该片区的发展目标要求不相符，不利于总体目标的实现。

3. 功能定位、产业选择有待明确与完善

作为创新资源集聚示范片区，究竟主要职能、功能是什么？如何协调相关街道、相关部门，着眼该区域的长远发展？集聚哪些资源、哪些产业？如何运用好市北区的产业、人文优势？如何吸引国内外创新资源的入驻？众多问题的解决有待统一思想，明确思路，探寻针对性的对策措施。

二、2018年市北区创新资源集聚示范片区发展预测

（一）2018年市北区创新资源集聚示范片区发展的有利因素

1. 区位优势明显

得天独厚的地理位置和四通八达的交通条件，使其在青岛经济发展中占据十分重要的战略地位，该区域身处“大青岛”的地理中心，具有主城区“城市中心”的先天区位优势，南接中央商务区，北连欢乐滨海城，东临金家岭金融新区，集生态居住、商务商贸、金融服务、休闲娱乐等功能于一身，再加上科学地规划和配套了区域的交通、生活、商业、教育、休闲健身等设施，通过地铁及纵横交错的城市快速交通干线，充分发挥城市核心区所具有的聚集与辐射作用，已成为各方关注的焦点，成为青岛主城区的新地标。

2. 配套设施完善

片区交通便利，地铁3号线、4号线、8号线等地铁线路贯穿该区域，与重庆南路、黑龙江路、辽阳西路、合肥路等城市主干道形成四通八达的立体交通网络。地铁M3的贯通不仅仅给人们的出行带来便利，新都心商圈也开启了向地下商业扩容的新篇。另外，片区内还有齐鲁医院、妇女儿童医院、福山老年公寓、万科怡园、实验二中、同安路小学、立新小学等优质的医疗、养老和教育资源。

3. 市、区政府的有力支持

《青岛市发展商贸流通第十三个五年规划纲要(2016—2020 年)》将浮山后、新都心两大商圈列为调整优化的区级商圈。市北区也有优惠的政策扶持。针对到市北区投资的企业,市北区出台了一系列的奖励扶持政策,对于特别优质的企业,还可以实行“一事一议”,为企业发展提供优越的发展环境和政策支持。

4. 人文资源、科技研发创新资源丰富

市北区人文资源丰富,文化底蕴厚重,拥有百年港口、百年青啤、百年纺织等工商文化;民俗文化源远流长,拥有几百年历史的萝卜会·元宵山会和糖球会传承至今;历史文化遗存众多,拥有馆陶路、黄台路等 8 处历史文化街区和海云庵等 20 处市级以上重点文物保护单位。市北区高校科研机构汇集,集中了青岛科技大学、青岛理工大学等科教文化资源,拥有 6 家国家级科技企业孵化器、6 家国家重点实验室和工程技术中心,为构筑人才高地、发展高新产业提供了多样化载体,科技创新优势明显。

5. 生态的居住环境、成熟的商住环境

对于老城区的转型发展来说,最关键的并不是硬件方面的将旧房改新房,而是人流量的提升和消费人群的转变。沿黑龙江路地铁 3 号线,搭建高端商务楼宇、星级酒店、大型购物广场、高档品牌专营店、连锁店等商务商贸载体和多功能城市综合体,形成地铁经济产业带,现代化都市气息浓厚,既为片区居民生活带来便利,也提升了新都心居住价值,吸引了大量年轻、有经济能力的消费者前来此地,有助于吸引投资者、创业者、研发者的入住,拉动区域经济的增长。浮山、双山生态公园等城市“绿肺”,集生态景观和健身休闲于一体,使该区域成为绿色生态、生活品质的居住中心。

(二)2018 年市北区创新资源集聚示范片区发展的制约因素

1. 招商引资竞争激烈

近年来,青岛市商务中心的建设发展迅速,形成了一些成熟且具有较强竞争力的区域。市北区创新资源集聚区作为后来者,其发展与招商引资,既有兄弟区(市)的竞争也有本区的资源的占有、人才的抢夺和项目的招拍挂等竞争。就写字楼项目开发而言,随着集中入市,同质化竞争加剧,出现空置、价格“倒挂”等现象。特色经营、错位发展,既是片区也是诸多楼宇经营发展面临的急迫问题。

2. 部门协调、资源运用可能存在分歧

创新资源集聚示范片区是一个协调发展的平台,要求下好全区一盘棋、协调全区优势资源,发挥全区优势产业、特色产业的作用,需要全区相关部门的配合、协调，也需要其他片区的支持、配合。在此过程中，由于不同片区产业布局的同质竞争，部门责权利的不同，职能运行协调配合机制不够健全等因素，全区资源如何运用会有矛盾与分歧，"创新孤岛"现象有可能发生。

另外，专业人才的不足也将影响市北区创新资源集聚示范片区发展的质量和速度。

（三）2017 年第四季度与 2018 年市北区创新资源集聚示范片区发展预测

作为高端创新要素集聚的平台，市北区创新资源集聚示范片区在前三季度发展基础上，2017 年第四季度将认真学习贯彻党的十九大提出的"加快建设创新型国家"战略部署，在引领市北区新旧动能转换和产业结构优化升级、增强城市竞争力等诸方面，会有更大力度、实现新的突破。国家级产学研合作平台——中国产学研合作创新示范基地将实现挂牌，推动片区站在新时代的新起点，促进企业、人才等创新要素迅速集聚。青岛国际人力资源服务产业园也将开园，已有包括万宝盛华、锐仕方达、大瀚咨询、欧孚科技等世界知名人力资源服务机构，大中华区 100 强，新三板上市企业在内的 32 家人力资源服务企业入驻，涵盖了人力资源招聘、培训、猎头、外包、测评等多个领域，实现了业态的差异化分布，初步构建了较为完善的人力资源服务产业链，以政府引导、市场化运作的方式发展。第四季度，预计完成 3 家新公司注册，全年完成 10 家新公司注册，注册资金总额达到 5 亿元左右。预计完成投资额 5 亿元，到年底可累计完成投资额 100 亿元。预计全年新引进过 1 亿元项目 3 个，到账内资约 30 亿元。2017 年新开工面积约 70 万平方米，预计实现销售面积约 30 万平方米，销售收入约 65 亿元，实现税收约 13 亿元，区级所得约 4.5 亿元。

2018 年，市北区创新资源集聚示范片区将实现更多突破、取得更大成效、获得更加迅速的发展。管委会将通过创建一个基地（国家级产学研合作创新示范基地），打造一个平台（创新资源共享服务平台），提升两个商圈（新都心和浮山后商圈），进一步完善四个联合机构（商圈联合党委、商圈联合工会、商圈联合商会、商圈物业协会）（简称"一一二四"工作思路），进一步整合市北区乃至全市的优势产业资源，突出市北特色，加快与相关领域创新资源形成互动集聚，大力促进产学研融合，力求做强优势产业，寻机培育新兴产业，逐步做大市北特色，不断推动新旧动能转换。

1. 创建中国产学研合作创新示范基地

作为青岛市首个产学研合作创新示范基地，将用活用好这一国家级平台，与中国产学研合作促进会进行广泛合作，充分发挥促进会在产学研合作方面的优势和集聚的众多资源，通过组织开展区域创新合作峰会、主题论坛等形式，对片区优势产业、创新成果和创新资源共享平台进行宣传推介，帮助片区内优秀企业申请国家级成果奖励，推进科技成果转化，逐步培养具有行业竞争力的优质品牌，实现政产学研用的有效结合，以片区影响力和知名度，达到创新资源的加速聚集。

2. 打造创新资源共享服务平台

创新资源共享服务平台是由中国产学研合作促进会协同创新平台中心在总结国内外产学研合作公共服务平台建设经验的基础之上，采用集成创新的技术手段和技术创新战略联盟的组织形式进行建设和运营的面向企业的创新支撑平台。在创建国家级创新示范基地的基础上，挂靠国家级创新资源共享服务平台，整合全区创新资源和科技人才，创建市北区创新资源共享服务平台，推介市北区橡胶材料、轨道交通、生物科技、地理信息、纺织技术等优势产业，为创新资源和科技人才展示、共享、输出提供窗口和通道，以资源共享吸引更多的创新要素不断涌入。实现线上宣传共享，线下招商引资的 OTO 模式。管委会已与平台运营商成都聚资汇源科技有限公司进行了对接，正在推进平台搭建合作协议的谈判工作，建成后将成为宣传市北、推介企业、展示特色，吸引人才、引进项目的重要窗口之一。

3. 提升片区两大商圈

根据片区现状和规划发展的趋势，将片区划分为新都心和浮山后两大商圈，进一步提升两大商圈的形象和知名度。一是项目建设大提升。把项目建设作为片区工作的基础，对前期项目将加强协调、新建项目严格把关，为在建项目排忧解难。二是城市管理大提升。以打造“城市管理示范片区”为目标，优化片区环境和配套。以物业协会为抓手，加强对大型商场和楼宇物业的管理考核，依托区属公司实现对整个街区市政、绿化、环卫、亮化的有效管控，引入智慧管理系统，服务片区内的企业和居民，让片区内的居民有幸福感，企业有自豪感。三是商圈知名度大提升。经常性地举办招商发布会、论坛等活动，并与片区内凯德广场、麦凯乐、福州路万科中心、和达中心城，及片区内部分大企业进行合作，定期开展主题活动，通过电视、广播、报纸、网络等新闻媒体，全方位、多角度地进行宣传，提高片区知名度和美誉度。同时实现以活动招商，以活动汇聚创新资源的目的。

4. 打造商圈示范街区

将对台柳路周边商业街区、地铁网点、开发地块进行高起点规划、高标准打造、高强度管理，打造片区精品路段、示范街区。协调交警部门做好交通组织、标识指示、车辆管理等工作，优化周边道路交通状况；

配合城市管理部门加强公共服务配套工作，实现整个街区市政、绿化、环卫、亮化大提升，为区域内的企业和居民提供优质的生产居住环境。

5. 实现建设项目全面提速

一是在建项目加快推进。海山慧谷、海尔世纪公馆A区交付使用；海尔玫瑰兰庭装修施工完成50%；和达新都汇、中海寰宇天下C地块、振华商业地块实现主体竣工；新都朗悦、保利天汇施工完成60%以上。二是招拍挂项目压茬推进。列出时间表，确保核心商务区B地块、浮山后商业综合体地块、滁州路以南双峰A4-1-1地块、地铁保儿站城市综合体项目A地块等8宗土地完成土地出让；河马石公司A1-7地块、海斯特地块等纳入招拍挂储备，力争完成土地出让。

6. 加快智慧片区建设

充分发挥联合党委、物业联盟作用，实现商圈内停车位、会议室等资源共享，推出智慧管理APP。率先实现凯德广场、麦凯乐、居然之家、万科国际公园等大型商超周边、商务楼宇车位共享，实现错峰停车；实现商务楼宇内会议室等硬件设施共享，打通各个商超、商务办公楼宇间的资源阻隔。依托万科物业后勤保障队伍，实现商圈内专业人才互联互通，促进物业服务水平整体提升；依托区块链技术，打造物业诚信价值体系，提升对商家、业户的服务水平和管理能力，使片区内企业有优越感、居民有自豪感、游客有舒适感。

7. 整体环境全面升级

以打造“城市管理示范片区”为目标，以智能管理为手段，以物业联盟为抓手，加强片区的城市管理工作。将参与城市管理工作作为对片区物业公司考核的一项指标，建立片区城市管理联动机制，划分责任区块，确定责任单位，实现对片区城市管理的有效管控，促进整体环境的全面升级。

8. 全面优化产业布局

按照重新划定的片区范围，结合之前的产业规划和正在编制的控制性详细规划，围绕“打造现代化商务中心、商贸中心和居住中心，加速聚集高端创新要素、商务要素和人才要素，建设成最具活力的创新发展空间”的定位要求，加大产业引导力度，优化片区产业布局，重点引进具有产业带动作用的知名企业参与片区开发和运营管理，实现片区优势产业聚集和良性发展。

9. 进一步完善基础配套

配合市、区有关部门，加快基础设施建设，促进片区功能完善。协调淮安路、规划四号线、规划一号线西段尽快建成通车；推进劲松四路、同德路、双山小学、浮山后三小区中学、劲松三路小学等道路、学校的土地征收工作，力争早日开工建设。

10. 加大商圈品牌宣传力度

成立的商圈联合机构，将以联合党委作为引领，通过定期开展活动、搭建交流平台、加大宣传推广等形式，让片区内企业、员工、居民充分感受到联合机构带来的发展机遇、交流机会和便利服务，吸引更多的成员单位加入，把“党旗红、商圈火”党建品牌、“新都心一家人”工会品牌、“商会强，商圈旺”商会品牌、“新都心、新家园”物业品牌全面叫响。

（作者单位：中共市北区委党校）

2017～2018 年李沧区构建新兴产业体系形势分析与展望

刘新华

党的十九大报告指出：建设现代化经济体系，必须坚持质量第一、效益优先，以供给侧结构性改革为主线，推动经济发展质量变革、效率变革、动力变革，提高全要素生产率，着力加快建设实体经济、科技创新、现代金融、人力资源协同发展的产业体系……不断增强我国经济创新力和竞争力。

2017 年，面对错综复杂的国际形势和持续较大的经济下行压力，李沧区主动适应经济发展新常态，按照“一核提升、两极牵引、三轴带动、四区协同”（即以“李沧区发展活力核心”为定位，融汇交通商务、世园生态两大增长极，联通重庆路、黑龙江路、金水路三大发展轴，吸引和凝聚优势要素，疏解传统低端业态、培育新兴高端业态，打造现代商贸核心区、总部经济核心区、文化创意核心区，全面提升李沧区在青岛东岸城区的竞争力和影响力）空间发展格局，以“百项重点工作”为总纲，确立以网络信息、新金融、设计研发、影视文化为主导，以生物医药、新能源、新材料、高端装备制造等为支撑的“4＋N”新型产业体系，加快动能转换，大力发展战略性新兴产业和现代服务业，新兴产业体系雏形已构建清晰。

一、2017 年李沧区构建新兴产业体系发展情况分析

2017 年，李沧区坚持稳中求进工作总基调，围绕“4＋N”产业，以创新驱动引领经济转型，加快实施新旧动能转换重大工程，稳固经济增长内生动力，经济保持持续平稳发展态势。1～9 月份，李沧规模以上工业增加值增速为 3.3％。

（一）李沧区构建新兴产业体系进展有序

1. 加快经济转型发展，综合实力显著增强

(1)经济总量快速增长。1～9 月份，全区完成生产总值(GDP)305.88 亿元，按可比价计算，同比增长 9.5%，高于全市增速 2 个百分点。全区累计完成固定资产投资 349.7 亿元，同比增长 15.8%，高于全市平均增速 7.5 个百分点。其中，第二产业增加值 95.08 亿元，同比增长 3.1%，拉动 GDP 增长 1 个百分点，对 GDP 增长的贡献率为 11%；第三产业增加值 210.8 亿元，同比增长 12.9%，拉动 GDP 增长 8.5 个百分点，对 GDP 增长的贡献率为 89%。全区第二、三产业结构为 31.1∶68.9。1～9 月份，全区完成一般公共预算收入 50.1 亿元，同比增长 20.9%，高于全市平均增速 12.6 个百分点；完成社会消费品零售总额 287.48 亿元，同比增长 12.8%，高于全市平均增速 2.6 个百分点。

(2)产业结构持续优化。坚持稳增长与调结构相统一，1～9 月份，高端服务业“十个千万平方米工程”完成投资 71.4 亿元，竣工 225 万平方米，投入运营面积 207 万平方米。1～9 月份，新投资过 10 亿元项目 2 个、过 1 亿元项目 23 个、过 3000 万元项目 64 个，注册资本共计 138 亿元。天璇物流等 3 家企业在“新三板”挂牌、卓立特电子等 18 家企业在“四板”挂牌。

1～9 月份，全区新发展各类市场主体 11209 家，增长 41.29%，高于全市平均增速近 16 个百分点。其中，新增企业 4153 家，同比增长 32.60%；新增个体工商户 6957 户，同比增长 47.05%。1～9 月份，全区 61 家规模以上工业企业累计完成工业总产值 195.03 亿元，同比增长 3.3%。

(3)转型发展取得实效。李沧规模以上企业数量逐年减少，截至 9 月底，全区共有规模以上企业 474 家。为此，李沧区从实际出发，制定新增规模以上企业奖励扶持政策《李沧区促进外经贸发展奖励办法(试行)》《李沧区鼓励商贸业发展实施办法》《李沧区促进企业上市挂牌扶持政策》，鼓励引导企业对接资本市场。采取对规模以上企业任务分解等措施，大力深挖潜力企业，积极培育新设企业，新增规模以上企业全面提速，1～8 月份有 17 家新注册规模以上企业入库纳统，青岛国际院士港培育引进的海镭激光、袁策生物、微谷光电、鹰翼航空等一批企业也入库纳统，将对李沧经济的持续发展实现有力支撑。出台《李沧区人民政府关于促进存量工业土地转型升级的意见》，加快盘活低效工业用地。截至 9 月底，高端阀门产业园完成 1 万平方米厂房改造，引进 13 家企业、5 个项目；红星化工铬污染土壤修复工程顺利开展，青岛耐火材料厂转型升级项目等加快推进。

(4)实体经济稳中求进。加快新旧动能转换，既要加快新兴产业的成长壮大，也要加快传统产业改造升级。李沧区积极实施老城区企业搬迁改造，将牛毛山、后海热电两个片区纳入市老城区搬迁改造片区，顺利实现凤凰印染、鲁碧水泥等4家企业的关停，单位GDP能源消耗下降3.82%。通过相关优惠政策将两个企业总部留在李沧，大力发展总部经济；对新引进或新培育的符合李沧产业发展方向的战略性新兴产业，持续重点关注，支持做大做强；积极搭建银企合作平台，充分发挥产业发展引导基金作用，着力解决制约企业发展资金短缺困难，营造适合企业发展的环境。1～9月份，汽车制造业完成工业总产值同比增长42.2%，金属制品业完成工业总产值同比增长39.6%，电气机械制造完成工业总产值同比增长39.5%，家用电力器具制造完成工业总产值同比增长86.6%，家具制造业、食品制造业、医药制造业、玩具制造等行业增势平稳。

(5)重点项目进展顺利。李沧区坚持"建设一批、落地一批、储备一批"原则，加快重点项目建设进度。1～9月份，全区新开工1亿元以上产业类项目26个，项目平均投资额45.72亿元。围绕"建设一批"，加快院士双创中心等项目建设，确保九州通二期、蒙牛乳业配送中心、中艺1688创意产业园等项目运营，青耐文化创意产业园项目开工建设；围绕"落地一批"，推动中艺艺术品青岛交易中心、青岛农商行金融租赁公司等项目加快落地，年内实现青银高速东侧地块、巨峰路两侧地块、大崂路1001号地块等10个项目，近1000亩土地招拍挂，争取尽快开工入统；围绕"储备一批"，研究组建信息化领域招商专部，围绕人工智能、大数据、新金融等领域开展专业招商。

截至9月底，上臧炉房商务中心等19个市级重点项目完成投资71.5亿元，重点建设项目开工率100%。总投资736亿元的156个区级重点项目，节点完成率82.7%；维客广场改造项目部分区域开始营业，青银高速东侧地块达到招拍挂条件，铁路北站东西广场及地下空间项目、古镇路地下商城等项目顺利推进。与中国银行、中信银行、邮储银行等7家银行开展战略合作，合力推动项目建设，完成融资25.7亿元。

(6)创新氛围日益浓厚。青岛国际院士港、院士双创中心、院士论坛、青岛—亚马逊AWS联合创新中心、楼山片区、青岛海水稻研发中心实验基地、邮政跨境电商产业园等项目纳入省、市新旧动能转换总体方案和规划，发展活力进一步激发。

一是积极推进"国际特别创新区"离岸孵化科技体系建设，推动国际先进技术对接国内新旧动能转换巨大市场的落地与可持续发展的生态模式。已建立美国西雅图、以色列特拉维夫、加拿大温哥华三个海外创新孵化基地，对接并积极引入世界领军技术企业的孵化创新平台，同时与中美绿色基金、软银中国、华融新兴产业基金、美国TechStars、加拿大加科资本、以色列Vertex和Moneta等最优秀的技术风投基金合作组建跨境并购基金体系，努力引入世界范围内有影响力的技术创新活动品牌，截至9月底，已对接了谷歌开发者大会、欧洲SLUSH国际创投大会，与SLUSH达成合作欧洲创新基地意向，国际特别创新区离岸孵化创新体系已粗具规模，协同创新的效应逐步显现，已储备有意向进入中国市场的企业160余家。

二是2017青岛工业设计周在中艺1688创意产业园举办。工业设计周以“工业设计引领先进制造”为主题，旨在推动工业设计与先进制造业深度融合，进一步营造崇尚设计、尊重人才、鼓励创新的社会氛围，加快打造中国工业设计名城。

三是技术创新有新进展。全球首家“亚马逊AWS联合创新中心”在李沧实现正式运营。“创·山海凌云+青岛智造国际产业峰会”成功举办，“2017云智峰会”高端论坛成功推出，百度创新中心顺利启用，签约国内知名投资机构22家、企业28家。海尔·海创汇完成企业注册31家，创投基金规模达1亿元。新能源汽车轴承等21个项目列入市技术创新重点项目计划，李沧区成为青岛市首批小微企业创新创业示范区。

四是园区建设有序推进。新旧动能转换总体方案编制完成。红星化工产业园转型升级、青耐文化创意产业园建设等项目有序推进。邮政跨境电商产业园运营顺利，入驻企业107家，申报公用型保税仓库3000平方米，完成跨境交易额6000万美元。获批“十三五”山东省服务业综合改革试点区。

2.持续深化改革创新，发展动能全面激发

(1)加快推进国有企业改革。成立融源影视文化旅游、中基四维空间等2家区属国有公司，组建金水金控、融海金控、海创金控等国有金控公司，截至9月底，累计成立9家区属国有公司，注册资本均超过10亿元。设立腾昌、腾瑞两只规模超10亿元的基金，进一步放大了国有资本功能。这些区属国有企业，成为在项目建设、投融资管理等多领域的“主力军”，如融海控股引进企业28家，上半年实现区级税收5590万元。

(2)强化规划引领作用。完成并发布《李沧区国民经济和社会发展第十三个五年规划纲要》，按照发展思路整体协调推进。制定青岛“十三五”规划中唯一以区域转型为内容的专项规划《楼山片区功能定位和产业发展规划》。为拓展发展新空间，贯彻“产城融合、产城一体”理念，制定《李沧区城市规划工作领导小组工作流程》，确保在规划环节把好关。完成《李沧区分区规划实施评估》《李沧区城市更新和发展用地概念规划》《李沧区楼山片区概念规划》方案编制，正在进行李沧区综合交通规划等编制工作。

(3)新兴产业载体加快布局。加快新技术、新业态、新模式等新兴产业的发展壮大:青岛国际院士港等项目已经纳入省、市新旧动能转换总体方案和规划,吉林大学青岛汽车研究院全面运营,发布了52项科研成果,获得青岛市3000万元科技扶持资金。占地1.4万平方米的百度创新中心是百度在山东省的首家创新中心。中艺艺术品青岛交易中心已由市政府向省金融办呈报申请报告。中国移动5G应用创新中心落户。

青岛国际院士港正式运营。以青岛国际院士港为主阵地的新兴产业加快布局。截至9月底,青岛国际院士港已有袁隆平、王玉田等73名中外院士签约入驻,构筑顶尖人才和高端产业集聚高地。院士港签约项目正逐渐进入成果转化阶段,青岛海水稻研发中心、能源与环境国际联合实验室、激光装备制造实验室等投入使用,神经疾病治疗药物启动临床前期开发。占地3053亩的院士双创中心启动规划建设,与世界500强中冶集团合作,打造国际一流世界首创的院士创造创新高技术产业基地,青岛国际院士港二期加快推进。

(4)创新创业更加活跃。成立区众创空间协会,重点打造海尔·海创汇、新起点、军创园等众创平台,全区众创空间累计达到22处,其中国家级众创空间8处。新增国家级科技企业孵化器1家、市级科技企业孵化器5家。进一步丰富和完善区创新创业生态系统,累计发放小额担保贷款1.2亿元,实现创业2306人,办理创业补贴2197万元,同比增长114.9%。27家企业的78个项目列入市技术创新重点项目计划。佳友包装、爱尔家佳等4家企业被评为省、市级企业技术中心。海瑞德模具的"精密注塑模具"等4项产品(技术)被认定为青岛市"专精特新"产品(技术)。2017年新认定高新技术企业33家、发明专利授权523件、PCT国际专利申请42件;新注册市场主体17256家,同比增长18%。

(5)招商引资全力推进。一是在"变"字上下功夫,变"集中行动"为"精准招商",变招引"零散项目"为注重产业"集群发展"。二是整合招商部门、重构招商力量,使招商引资政策体系更加完善。重点依托三个区域建设办公室,充分调动区发改局等相关经济职能部门的积极性。三是在创新利用外资方式上下功夫。拓宽利用外资渠道,改变传统的绿地招商模式,促进股权投资方式引进外资项目,更多运用股权转让、境外上市、融资租赁、外资并购等利用外资新方式。截至9月底,开发"投资李沧"招商工作APP,重新摸排招商载体资源,共梳理闲置厂房109万平方米、闲置楼宇45万平方米。结合"千企招商大走访"活动,开展招商洽谈200余次,加大与中字头、国字号企业对接力度,与中国钢研、中电科等合作项目推进顺利,引进国康基金等过1亿元项目31个,总投资110.8亿元。举行招商项目集中签约仪式,与上海复星、万联证券等8家知名企业现场签约,拟投资额336亿元。即将竣工的

1688创意产业园二期工程，招商楼宇已全部被预订，现已注册入驻企业468家，上年税收实现过1亿元。

（二）李沧区构建新兴产业体系面临的问题

当前，李沧区经济社会发展计划的执行情况总体稳中向好，但也存在一些问题和不足。主要表现在：

一是实体经济薄弱。区税收前50强的企业，制造业只有7家；规模以上工业企业61家（全市4400余家），且在持续下降；规模以上商贸企业数量也低于全市平均水平，经济缺乏实体支撑；东中西区域在基础设施、承载能力、环境质量等方面不平衡，闲置工业资源盘活也存在压力。

二是重点项目结构不合理。发展空间不足，产业类投资项目数量不多、规模不大，产城一体化有待于进一步优化。全区155个重点项目中，产业类项目只有22个、占14.2%，在建的第二产业项目仅有2个。产业类项目不足，意味着可持续发展动力不足。

三是新业态和高端服务业发展滞后。经济规模总体偏小，发展质量不高，金融、信息、高新技术等高端和新兴产业有待培育壮大。对经济贡献作用强的金融业，目前还没有明显成效。同时，李沧区设计研发、影视文化等符合“4＋N”产业布局的企业非常缺乏。

四是工业短期增长压力较大。按照市搬迁办和市化转办搬迁计划，截至9月底，全区累计已有50余家工业企业完成“关、停、转”，全区规模以上工业企业减少到61家。青钢、碱业等支柱企业政策性外迁与新兴税源培植不足的矛盾凸显，税收增长压力较大，民生等财政资金投入与财政增长之间的压力凸显。这些问题需要在推进新旧动能转换中加以解决。

二、2018年李沧区构建新兴产业体系发展展望

党的十九大报告指出：创新是引领发展的第一动力，是建设现代化经济体系的战略支撑。李沧要摘去“高耗低效”的产业标签，战略只有一条，那就是改革。改革要向系统创新的方向推进，只有从基因上改变李沧的产业属性，以系统创新、规模创新、集成创新、协同创新为路径，构筑起李沧新旧动能转换的动力新格局，才能实现真正的新旧动能转换。2018年，李沧将按照党的十九大报告中关于加快建设创新型国家要求，加快创新型产业体系建设，确立以企业为主体、市场为导向、产学研深度融合的技术创新体系，加强对中小企业创新的支持，促进科技成果转化，在已经构筑起较为完善的以科技创新和金融为核心引领的产业创新生态系统雏形的基础上，继续把“4＋N”产业做大做强，向纵深

发展。并以青岛国际院士港为龙头，引进一大批具有国际水平的战略科技人才、科技领军人才、青年科技人才和高水平创新团队，瞄准世界科技前沿，加强应用基础研究，突出关键共性技术、前沿引领技术、现代工程技术、颠覆性技术创新，为建设科技李沧、质量李沧、数字李沧、智慧李沧提供有力支撑。

(一)将“4＋N”产业作为工作主线向纵深推进

产业是一个区域经济社会可持续发展的基础。产业选择的成败，直接关乎区域可持续发展的成败。李沧区产业转型将大力构筑以科技创新和金融为核心引领的产业结构。李沧区已确立发展方向“4＋N”，“4”即重点发展科技信息、设计研发、新金融、影视文化等四大产业。

1. 科技信息产业

以青岛—亚马逊 AWS 联合创新中心、中国移动 5G 应用创新中心、刘韵洁院士的未来网络技术研究项目等为引领，尽快形成产业效益，带动形成更大的集聚效应，实现规模创新、集成创新。

2. 新金融产业

坚持同城竞争、错位发展，大力发展新金融，包括保险、再保险、证券、基金、金融租赁、融资租赁、消费金融、期货、大宗商品交易等业态。与青岛农商银行已订战略合作协议，双方将开展全方位的战略对接与合作，青岛农商银行把即将成立的金融租赁公司注册落户李沧，并属地纳税。2018 年将着力在引进外资银行、发展消费金融、建设金融要素市场上实现突破，特别是要加快中艺艺术品青岛交易中心项目落地。

3. 设计研发产业

青岛工业基础雄厚，李沧区将紧扣青岛的装备制造业发展方向，搭建技术创新平台，推动大公司、大项目在李沧设立研发设计中心。

院士双创中心项目，已经成功引进世界 500 强企业——中冶集团，并与中国移动、中电科集团等展开了合作，同时，与中国最大民营企业——中国民生投资股份有限公司达成合作协议，总投资规模累计超过 1000 亿元。院士双创中心将聚焦科研成果产业化，建立 10 个国家重点实验室，10 个科研院所、工程技术中心，打造协同创新实验室；将建立设备租赁制，允许一些院士租赁或无偿使用院士港的科研设备，开展科学技术研究。随着院士项目产业化进程的展开，必将加快集聚一批国内外大型企业集团和创新型企业。

4. 影视文化产业

影视文化产业作为朝阳产业，是提升区域软实力和人才吸引力的重要支撑，是建设宜居宜业宜心的现代化国际新城区的重要元素。要有计划、有步骤地做好“山、水、园、圈”四篇文章。已成立的区国有企业融资公司正积极与国内大的影视集团对接。

5."4+N"产业结构中的"N"

一是跨境电子商务产业，青岛邮政跨境电商产业园和青岛跨境电商孵化基地落户李沧，有利于促进充分就业、扩大外贸进出口。李沧区将抓住青岛成为跨境电子商务综合试验区这一契机，积极营造一流国际营商环境，开展跨境电商项目布局，邮政跨境电商产业园一期、青岛跨境电商孵化基地两个项目已经投入运营。2018年，将跟踪服务青岛邮政跨境电商产业园项目，确保入驻企业达到150家；跟踪服务青岛跨境电商孵化基地，力争年孵化大学生创新创业项目10个，引进20家外贸企业落户李沧，完成外贸进出口目标；大龙网等平台项目，将努力尽快落地，尽快把跨境电商打造成为李沧的支柱产业。

二是新产业。"4+N"产业结构中的"N"，更多的是代表高层次创新人才及项目引进、产业培育过程中不断涌现的新产业。如依托成功引进的王玉田院士，培育发展生物医药产业。可以预见，"青岛国际院士港"引进的每位院士，都有能力带来至少一个突破性项目，进而带动形成一个新领域的人才和产业集聚。

（二）积极整合优势资源，拓展发展载体

产业要发展，要形成集聚，离不开一批高品质载体的支撑。李沧区的载体可概括为两类，一类是以标志性建筑等为代表的高端商务楼宇；另一类是科技产业园，旧城旧村旧厂区改造而成，实现"腾笼换鸟、凤凰涅槃"。

从以商业综合体为代表的商业地产思维向以商务楼宇、科技园区为代表的产业地产思维转变，加快研究打造一批高端商务楼宇和产业园区。一是将加强规划引领。坚持高起点规划，注重规划质量，使产业规划与公共配套规划等相结合，特别是要尽可能提高商务办公、科研等产业用地比重。将充分珍惜辖区土地资源，对于区位、交通、生态等各方面条件优越的地块，宁可短期内暂缓开发，为未来发展"留白"，也决不搞不符合产业发展方向的项目。二是将注重政府引导。一方面将加大招商引资力度，致力于引进一流的产业地产开发公司；另一方面将积极探索采用政府主导、企业运作的模式，由国有企业来建设和运作产业园区，给产业集聚一个有力的初动力，有效地引导市场预期。积极盘活各类创业孵化平台、科技企业孵化器、闲置厂房等存量空间，以利于迅速导入产业。三是强化专业服务。政府作为最大的创业团队，将强化专业服务意识，探索开展"妈妈式服务+互联网"的专业服务，千方百计为投资者、创业者、创新人才提供优质服务。四是积极探索实践。学习借鉴先进地区经验，积极运用创造性思维，大胆开展探索实践，勇于创

造李沧模式和李沧经验。

党的十九大报告指出：建设现代化经济体系，必须把发展经济的着力点放在实体经济上，把提高供给体系质量作为主攻方向，显著增强我国经济质量优势。对于老旧工业区，李沧区将坚持"政府统筹、规划先行、产业引领、产城融合"的原则，通过载体转型升级带动产业转型升级，通过载体创新带动产业创新。加快院士港二期和院士双创中心建设，打造标杆和经典工程，为院士引进和产业成果转化提供空间和载体。

（三）进一步完善体制机制，为发展提供坚强保障

1. 将构建有效的规划统筹机制

充分发挥区城市规划领导小组作用，做好产业规划、土地利用总体规划与城市规划之间的衔接，促进各片区规划合理布局、有机衔接、融为一体。强化综合开发理念，对东部工业园区、楼山片区等成片开发的区域，进行整体规划，合理确定开发时序，有序实施开发建设，以利于集约用地和产业发展。

2. 将积极探索灵活的项目运作机制

产业载体建设的运作机制是灵活多样的，李沧在开发主体上有多种选择：政府平台公司主导建设、专业产业地产公司投资建设、政府与企业合作共同运作。李沧正组建院士港和亚马逊 AWS 联合创新中心两个百亿元级产业基金。未来将引进和培育专业的科技成果转化服务机构，不断健全技术创新市场导向机制，探索包容审慎的监管模式，发挥市场对技术研发方向、路线选择、要素价格、各类创新要素配置的导向作用，并建立起科学评估体系，注重项目对经济的实际贡献，使孵化器成为真正的企业服务平台。在开发模式上，将采用"片区整体规划、一次性土地挂牌、同步开工建设"模式；产业园区建设则采用或新建、或租赁、或老厂区改造等多种方式。

3. 将推出成套的人才服务机制

李沧未来产业发展需要从制度环境和制度供给等系统创新方面谋篇布局、深耕细作。政府在提供服务方面将创新思维，制定含金量高的配套政策。

将推出具有突破性的人才奖励政策，出台"青岛国际院士港资助服务办法""青岛国际院士港项目评审评估暂行办法"等，加快人才引进。还将建立资金补贴制，对仅靠主导院士自身难以完成、需要其他院士共同参与的科研项目，如果主导院士及其团队具备一半资金，另一半资金将由院士港予以补贴；将完善政策支持，健全院士服务团队，创新实施个性化、定制化服务，提升服务水平。完善院士引进流程，引进一个院士、带来一个创新团队、落地一批创新项目；将建立省、市、区三级联动

机制。在市委组织部的协调下，以李沧区团队为主，采取“政府引导、企业运营、市场运作、专注创业”的运作模式，组建青岛国际院士港综合管理委员会和青岛院士港产业园运营管理有限公司，聘请中科院副院长、中科院院士王恩哥担任学术委员会主任，聘请普华永道、戴德梁行等专业团队参与项目运作，构建“全身心、全过程、全天候、全方位”服务体系；建立区级干部定向联系院士机制。思考引领客户，研究如何为客户创造价值，提供“妈妈式服务＋互联网”的服务标准，实现一名院士、一个服务团队、一套服务方案，全程服务直至院士项目产业化乃至上市。

4. 将坚持和完善干部激励机制

充分激励和调动干部的积极性，旗帜鲜明地反对“为官不为”，支持担当作为，激励干事创业，坚持和完善干部容失机制、“每日一事”工作督导机制、“五位一体”联合督查机制等。

5. 将优化和激发创新创业环境机制

加快社会信用体系建设，推进政务诚信、商务诚信、社会诚信建设，营造优良信用环境，全面推进“诚信李沧”建设。切实落实国家、省、市针对企业降本减负的系列政策措施，加快释放改革红利，有效降低实体经济运行成本。搭建银企合作平台，促进银企合作，帮助企业破解融资难题。全面落实“五证合一、一照一码”等商事制度改革，营造宽松平等的准入环境，市场主体增长15%以上。

（四）加快人才驱动实施步伐，抢占科技创新和人才聚集高地

1. 集聚人才，增加产业科技含金量

创新驱动，从根本上讲是人才驱动。李沧区将加大院士特别是外籍院士引进力度，以俄罗斯、乌克兰等独联体国家和美、英、德、法等欧美发达国家为重点，争取外籍院士达到60%以上；搭建国际化交流合作平台和技术交易平台，高水平打造“院士论坛”，打造创新理念交流融合的当代“稷下学宫”，实现科技成果及时交流、发布、展示、交易，同步创推“技术交易”和“期权交易”市场。可以预见，未来百名院士进李沧，将带动一批长江学者、“千人计划”专家、“国家杰青”，带动几百名甚至上千名博士、博士后集聚李沧。

2. 抓好引进人才梯队体系建设

院士居于人才队伍体系的塔尖，是创新驱动发展的“领头雁”，李沧区将以此为引领，大力引进、培养和充实各类人才尤其是年轻人才，构建完备的人才梯队和人才体系。

（五）将促进科技成果向现实生产力转化

青岛国际院士港院士项目作为李沧区科技创新及成果转化的载体

正有序推进，20名院士的项目已进入落地阶段或评审评估阶段，部分项目已释放初步的辐射带动效应，开始实现销售收入突破。

周寿桓院士的激光切割设备已经实现销售收入110万元，未来前景广阔。袁隆平院士的海水稻项目，具有重大示范性、引领性、影响性和带动性。其中青岛海水稻研发中心投入运营，组建起由6名博士、29名硕士构成的团队，试验基地内头茬海水稻在6‰盐碱度种植条件下的最高亩产为620.95千克，并在东营、即墨等地开展合作种植1500亩。2018年将扩大到江苏东台、浙江慈溪、天津滨海等地，合作种植面积将突破1万亩。王玉田院士主持的针对神经疾病的新药研发项目正积极推进临床前期开发工作，预计用两年时间进入临床期研发。何满潮院士主持的能源与环境（青岛）国际联合实验室落成启用。Park院士已与李沧一家区属国有公司和国内一上市公司注册成立合资公司，并选定生产厂房，从事轻质高强度新材料的产业化，已签年销售合同额425万美元的长期订单。Seeram院士项目主要从事纳米纤维新材料产业化开发，已选定厂房，第一条生产线计划近期投入使用。

2018年，李沧将紧紧抓住国有企业供给侧结构性改革主线，进一步增强国有企业活力和实力，深入挖掘全区国有企业资本收益，争取为经济社会发展作出更大贡献。金水公司、海创公司负责运作的两个项目都取得突破：金水公司负责的亚马逊AWS联合创新中心项目，加速器板块已筛选出13家拟入驻优质企业，总注册资本1.425亿元，预计第一年度营业收入23.85亿元，税收5470万元，实现就业人数630余人，而占用的楼宇面积仅4855平方米（近4层），每平方米的税收超过了1万元，这个项目未来将诞生李沧第一个税收亿元楼；海创公司负责的邮政跨境电商产业园项目也取得突破，2018年将能够实现7亿～10亿美元的外贸进出口。

未来3年，李沧将集聚100名院士特别是外籍院士，形成院士构成“三三制”格局，即中国籍院士、华裔外籍院士、纯外籍院士各占1/3，促进科学院与工程院科研优势有机融合，促进东西方科研思维和体制机制碰撞交流，促进科技创新和产业发展交叉融合，推动“党、政、军、企、金，产、学、研、用、推”相结合，在协同创新的环境中，全力推进“双十工程”——建设10个国家级重点实验室，10个科研院所或工程、技术中心。培育出百亿元级、千亿元级产业链，打造新一代复合型战略性新兴产业集聚区，更好地服务经济社会发展。

（作者单位：中共李沧区委党校）

2017~2018年西海岸新区推进新旧动能转换，构建现代产业体系的形势分析与预测

王　欣　卢茂雯　王　凯　郭岩岩　周志胜

中国经济步入新常态，大力优化调整产业结构、建立现代产业体系成为加快转变经济发展方式的关键，推进新旧动能转换成为重要举措。各地把新旧动能转换作为重要任务加以推进。2017年以来，西海岸新区认真贯彻党的十九大提出的“贯彻新发展理念，建设现代化经济体系”要求，科学谋划，系统布局，加速推进新旧动能转换，成效初显。

一、2017年青岛西海岸新区推进新旧动能转换 构建现代产业体系发展形势

作为国家级新区、山东省区域经济发展的重要引擎和领航者，西海岸新区在全省和青岛市率先启动新旧动能转换重大工程：一是率先部署。2017年5月5日，召开新旧动能转换重大工程启动暨产业联盟成立大会，确立了存量变革、增量崛起、特色壮大、品牌创建、创新驱动、开放带动、人才支撑、园区引领、项目落地和软实力提升“十大工程”为支撑的新旧动能转换推进体系，系统化推进新区新旧动能转换。二是率先制订方案。5月12日，工委（区委）和管委（区政府）印发了《青岛西海岸新区新旧动能转换重大工程工作方案》。三是率先成立专职机构。成立新区新旧动能转换重大工程推进工作领导小组，设立领导小组推进办公室及四个工作组，启动调研督导等各项工作，编制新旧动能转换三年行动方案。四是积极争取将新区重大平台、重大项目、重大政策列入省、市方案和规划，自贸试验区、军民融合创新示范区等一批重大平台和政策以及一批重大交通项目列入省、市盘子。印发《〈关于推动青岛西海岸新区发展率先走在前列的报告〉责任分解方案》，根据新区发展总体规划，按照“承接新战略、践行新理念、培育新产业、建设新城区”发展思路，制订实施新区三年行动计划责任落实方案，重点推进新旧动能转换、产业小镇建设、体制机制创新、精美城市建设、社会治理创新、

民生福祉改善等“六大行动”，新旧动能转换被列为新区引领发展的首要行动，凸显其重要地位和关键作用。截至9月底，各项工作有序推进。

（一）重大项目率先带动，新旧动能转换加快启动

把项目建设作为新旧动能转换的生命线，出台产业发展十大政策，设立100亿元新旧动能转换基金，推动存量变革、增量崛起，加快产业迭代更新。

一是传统产业升级提升。青岛市10条千亿元级产业链中，新区形成规模的有8条，产值占全市“半壁江山”。其中，航运物流、船舶海工、家电电子、汽车制造、机械装备、石油化工在全市占有主导地位，也是新区动能转换的重点和基础。以工业互联网、智能制造等新技术、新模式加快产业升级，提升优势产业价值链，海尔COSMO、西门子创新中心等工业互联网平台正式运行，带动高端制造加速突破。青岛武船重工建造世界单体空间最大、自动化水平最高的大型智能化深海养殖渔场并交付挪威业主；世界首艘新一代45万吨矿砂船2017年9月建成下水。中海油青岛公司承建世界最大LNG项目——亚马尔项目核心模块，开创了我国企业独立完成国际LNG核心模块的先河。双星轮胎智能制造项目机器人使用比例60%，生产效率提高3倍，产品不良率降低80%，企业利润实现翻番。上汽通用五菱完成“商改乘”技术改造，新增SUV产能30万台，年整车生产能力达到50万台、产值300亿元，2017年8月份首辆“青岛造”SUV下线。

二是新兴产业快速崛起。突出海洋经济发展主题，实施“挺进深蓝”计划，2017年上半年海洋生产总值同比增长18%，占GDP比重较上年同期提高2个百分点。培育壮大大数据和信息技术、国际会展、影视文化等六大新兴产业，上半年战略性新兴产业产值同比增长28.9%。梳理盘活闲置厂房楼宇，推动城市空间再利用，转型发展文化创意、信息技术等现代服务业。总投资220亿元的慧与大数据加快建设，中国联通、中国电信大数据中心签约落地，规划建设山东海洋大数据中心，创建国家大数据综合试验区。总投资500亿元的中铁世界博览城会展中心2017年9月主体封顶。

三是未来产业迈出步伐。超前谋划布局生命健康、智能装备、机器人等未来产业，以龙头项目带动产业集群发展。生命健康产业收入2017年上半年达100亿元，同比增长50.1%，华大基因投资30亿元建设北方中心和全球最大海洋基因库。通用航空产业上半年产值同比增长86.4%，航空无人机、轻型动力研究院等项目加快建设。铝离子动力和储能电池团队落户新区，成为全市首个落地的“顶尖人才团队”。

(二)推进园区动能转换，平台带动效应明显

创新园区发展模式，聚焦特色产业小镇、特色功能区、特色产业联盟，打造新旧动能转换新的载体平台。

一是特色功能区提升发展。以6个国家级园区、4个省级园区等十大功能区为新旧动能转换的主战场，推动特色发展。青岛开发区获批建设国家东部唯一智能化工业园区，规划建设机器人产业园，壮大高端制造、总部经济等先进产业。古镇口融合区突破技术装备保障、军地人才培养、综合保障协作、军工产业发展、园区规划建设管理"五大中心"建设，2017年上半年引进8所涉海高等院校和一批科研机构，集聚16个国内顶尖国防创新团队，入驻涉军涉海项目125个、总投资超过1000亿元。中德生态园工业4.0、基因组学、新能源汽车、被动房等高端项目加快推进，入选全国智能制造灯塔园区、全国智慧城市试点、全国首批新能源示范园区。董家口经济区2017年上半年完成固定资产投资157亿元、同比增长20%，规模以上工业产值83亿元、同比增长93.3%，加快建设第四代物流交易港、国家级循环经济区、绿色新港城。十大功能区累计开发区域50平方千米，实施基础设施配套100平方千米，成为经济发展的主战场、主阵地、主力军。

二是特色小镇增添新产业动能。把特色产业小镇作为新旧动能转换的新平台，在率先建设张家楼油画小镇、海青茶韵小镇等12个特色小镇的基础上，2017年突出产城融合和"四新"(新技术、新产业、新业态、新模式，下同)发展，出台产业小镇建设指导意见和支持政策，聚焦医养结合、文化创意、海洋科技、特色金融等领域，在各大功能区与城区节点规划布局17个产业小镇，华润智慧小镇、华融中广文化小镇等4个百亿元级项目签约，为产业转型和城市建设发展增添新动能。

三是产业发展联盟释放新动能。首创政府主导、企业主体、镇街服务"三位一体"行业共治模式，组建家电电子、船舶海工、汽车、航运物流等产业联盟，搭建政策扶持、银企对接、技术合作全方位服务平台，推动跨界融合、共享发展。中船重工成立柴油机公司，整合5家动力生产企业，打造全国最大柴油机研发制造基地，并将总部落户新区。

(三)重大改革加速实施，动能转换支撑有力

坚持"创新是第一动力、人才是第一资源、改革是第一红利"，围绕新旧动能转换推进改革创新，释放发展内生动力。

一是以改革增动力。发挥先行先试优势，在深化35项区级重点改革和30项国家、省、市改革试点的基础上，2017年在国家级园区率先复制自贸试验区经验，在国企改革、审批制度改革等领域再突破16项

重点事项，打造改革创新试验田。成立民营经济发展局，制定支持民营经济和非公有制经济发展的意见，推出企业减负11条，2017年上半年市场主体由6万家增加到20万家。成立行政服务局，深入推进"放管服"改革，在全省率先实行"一口受理、受办分离"工作机制。成立城市开发局，统筹推进城市有机更新。推行规划"公告许可""一地多用"等便利化改革。取消建设单位施工图审查费，为400余家企业节省费用3000万元。组建旅游委和旅游投资集团，整合提升旅游资源，2017年1～7月份旅游业总收入同比增长20.5%。率先实施干事创业容错免责、庸政懒政严肃追责，明确干部"下"的10种情形，为被错告诬告干部澄清正名，激励干部激情干事、担当干事、干净干事。

二是以创新增动力。充分发挥企业和科研院所创新主体作用，至2017年6月，累计引进各类重点实验室、工程技术研究中心等500多家，高新技术企业200多家，国家级创新创业载体11家。建立驻区高校和科研院所成果承接转化机制，建设海洋技术交易服务与推广中心，促进成果就地转化、形成现实生产力。

三是以人才增动力。成立新区招才中心和招商中心，在美国、德国等欧美国家设立招商机构和引智工作站，整合国家级引智示范区、省级人才改革试验区政策，实施吸引人才的户籍制度，加快集聚具有较强国际竞争力的领军人才和符合战略性新兴产业布局的尖端人才团队。至2017年6月，累计引进两院院士35人、国家"千人计划"专家33人、"泰山学者"50人，人才总量46万，未来五年将达到70万人。

通过新旧动能转换的超前谋划、率先启动和系统化推进，现代化产业体系建设进展取得显著成效。2017年1～9月份：新注册项目224个，新开工项目148个，新竣工项目99个。开展"三集中"活动20场，签约项目138个、总投资5058亿元，开工项目21个、总投资300亿元，投产项目11个、总投资198亿元。4个省级重点项目、51个市级重点项目全部开工。规模以上工业增加值增速9.6%，高于全市2.2个百分点。固定资产投资1710.8亿元，占全市总量的29.1%，同比增长16.9%，高于全市8.6个百分点。进出口总额1323.8亿元，占全市总量的35%，同比增长33.5%。在青岛10个区(市)中总量排名第一位。经济总量继续保持两位数增长，实现地区生产总值2406.8亿元，占全市总量的近30%，对全市经济增长贡献率40%左右。

尽管西海岸新区的新旧动能转换工作取得了可喜成果，但由于旧动能向新动能的转换是一项复杂系统的工程，有其内在演进规律，需要一定时间调整运行方能彰显效应，作为一项创新工作，经验认识需要在实践中不断探索学习；同时西海岸新区原有产业还存在着区域发展不平衡、企业之间发展水平差异较大等特征，升级转型旧有产业、培育做大新型产业、建立现代产业体系的任务艰巨。横向看，与深圳、杭州等先进城市和浦东新区、滨海新区相比，西海岸新区的产业层级、创新能力、发展质量还有较大差距，“四新”经济培育发展不足，制度环境等支撑保障有待优化。面向“十三五”发展新要求，迫切需要聚焦“四新”促“四化”（产业智慧化、智慧产业化、跨界融合化、品牌高端化，下同），抓牢产业更新、重点项目、平台建设、要素支撑、环境优化等重点，细化措施抓落实，加快建设新旧动能转换引领区，打造现代产业体系。

二、2018年青岛西海岸新区推进新旧动能转换 构建现代产业体系的形势展望

中国特色社会主义进入了新时代，作为国家级新区、开放前沿和青岛经济发展重要引擎的西海岸新区，担负着更为重大的使命，需要以党的十九大提出的“贯彻新发展理念，建设现代化经济体系”为目标，把“发展经济的着力点，放在实体经济上，把提高供给体系质量作为主攻方向”，在推进新旧动能转换，构建现代化经济体系上走在前列，发挥示范带动作用。在既有发展基础上，青岛西海岸新区制定了《青岛西海岸新区新旧动能转换创新驱动工程三年行动计划（2017—2019年）》《青岛西海岸新区新旧动能转换园区引领工程三年行动计划（2017—2019年）》《青岛西海岸新区新旧动能转换项目落地工程三年行动计划（2017—2019年）》，明确目标，细化任务，规定时限，确保新旧动能转换有序推进、扎实有效。

（一）发展目标

2018年，新旧动能重点项目基本建成投运（中铁世界博览城会展中心2018年2月投入使用，建设享誉世界的国际博览新城）；加大技术创新平台载体建设，加强创新人才和团队引进；完善综合服务体系，营造优越的创新创业环境。到2019年，构建形成适应新产业新业态发展规律、满足新动能集聚需的政策法规和制度环境，科技创新成为促进新旧动能转换、拉动实体经济发展的新动力、新引擎。累计建成海工装备、海洋能等十大协同创新中心，建设10个国家级重点实验室和工程（技术）研究中心、50个企业技术中心，突破100项关键技术，全社会R&D投入占GDP比重达到4%；国家高新技术企业达到500家，高成长“瞪羚”科技企业达到100家，创新型领军企业达到30家；高新技术产业产值突破5000亿元，占规模以上工业总产值的50%以上；技术经纪人达到300人，技术合同交易额突破50亿元；建成20个基于互联网和开源技术的国家级众创空间；海洋经济新业态不断涌现，股权期权激

励、科技金融、知识产权运营保护走在全国前列。以扎实的新旧动能转换，建立起发挥新区特色优势、基础雄厚、技术创新领先的现代产业体系，保持和积蓄新区经济社会健康发展的强大动力。

(二)系统化实施创新驱动工程

统筹实施创新驱动工程“六项行动计划”，高质量、系统化推进新旧动能转换。

1. 协同创新中心建设行动计划

立足新区科技创新中心建设，在重点细分领域组建10个产业融合化、组织网络化、要素分享化的协同创新中心，构建起产学研用一体化创新体系，突破100项重大关键技术，增强新旧动能转换创新供给。十大创新中心包括：2018年建成海洋新能源协同创新中心、机器人与智能技术协同创新中心、互联网数字化工厂协同创新中心、建设海工装备仿真协同创新中心、智慧城市协同创新中心、工业大数据应用协同创新中心、透明海洋协同创新中心、反渗透膜材料与膜组件协同创新中心、海洋生物医药协同创新中心和军民融合协同创新中心等7个中心，2019年全部建成。

2. 创新平台培育行动计划

建立高端科研机构引进目录，引导企业加大研发投入，建设一批企业化、市场化创新平台，增强创新驱动发展内生动力。到2019年，新建1个国家重点实验室和工程(技术)研究中心、50个市级以上企业技术中心；高新技术产业产值达到5000亿元，战略性新兴产业产值超过1000亿元；建成国家级军民融合创新示范区，军民融合特色产业粗具规模，形成以军民融合创新发展带动“四新”产业发展的良好局面。

3. 科技企业壮大行动

2017～2018年，加快培育一批有核心技术、有潜力的优质创客项目，推动一批科技企业由千万元级向亿元级、亿元级向十亿元级跨越，形成充满活力、梯次接续的科技企业队伍。到2019年，培育出30个具有“独角兽”潜质的小微创客项目；国家高新技术企业总量达到500家、高成长“瞪羚”科技企业100家、创新型领军企业30家；全社会R&D研发投入占GDP比重突破4%；基本形成商业模式创新的支撑体系，传统制造业加快向服务化方向转型，物联网、云计算、大数据等信息技术在制造业领域深度应用。

4. 科技成果转化行动计划

2017～2018年，加快推进区域技术交易市场建设，培育一批优质技术转移机构，支持高校开展科技成果委托开发、二次开发，建立更富效率的高校科技成果转移转化模式，为新旧动能转换提供持续动力。

支持高校开展科技成果二次开发，到 2019 年，每年促成有直接效益的成果转化 50 件以上；建成区域技术交易市场，到 2019 年，形成 300 人规模的技术经纪人队伍，技术合同交易额突破 50 亿元；培育一批优质技术转移机构，到 2019 年，新增技术转移服务机构 10 家以上，做强成果转化中间环节。

5. 知识产权运营提升行动计划

2017～2018 年，重点开展高价值专利培育，强化知识产权布局和运营，释放知识产权市场价值，支撑"四新"经济健康发展。到 2019 年，培育形成 500 件以上技术创新难度高、保护范围合理稳定、交易价值高、竞争力强的高价值专利，建成 50 个企业专利数据库。到 2019 年，企业知识产权质押融资业务规模突破 2 亿元；全区 PCT 国际专利申请总量突破 400 件。

6. 创新创业环境提升行动计划

2017～2018 年，大力推进科技创新与制度创新，加快形成体现增加知识价值的收入分配机制，倡导鼓励创新、宽容失败、敢为人先、脚踏实地的城市观念，厚植城市创新基因。到 2019 年，国家级科技孵化器和众创空间达到 20 家；出台完善财政科研项目资金管理实施意见，改革新区科学技术奖励制度，出台建立容错机制宽容创新失败的意见；优化完善孵化载体主导的创新券分配机制，到 2019 年，完成 100 企业、10 家高校院所试点工作；打通企业股份制改造、辅导备案、上市首发、再融资的绿色通道；培育离岸金融市场，推广开展质押贷款和供应链融资业务，采取多种模式，为种子期、初创期、成长期的科技企业增加有效金融供给。到 2019 年，基本形成与创新驱动战略相适应的体制机制，创新价值得到更大体现。

（三）全力打造新旧动能转换园区平台

2017～2018 年，以十大功能区作为新旧动能转换的产业聚集平台，发挥规模效应和协同效益。经济技术开发区加速建设转型区、打造国家级智能化园区，前湾保税港区着力建设国际化的物流中心、自贸中心和大宗商品交易中心，董家口经济区着力建设第四代港口、国家循环经济示范区，中德生态园打造践行新发展理念的示范区，古镇口创建国家级军民融合创新示范区，灵山湾影视文化区建成东方影都、打造中国数都，国际旅游度假区打造黄金海岸、啤酒新城，海洋高新区建设海洋新兴产业园、打造中央活力区，现代农业示范区创建国家级农业高新区，交通商务区建设融综合交通、高端商务等功能于一体的国家级综合客运枢纽，形成带动新区西部发展的新引擎。

（1）加快提升智能化制造水平，创建智能化工业园区试点示范平台。到2019年，高新技术产业产值占工业总产值比重达54%，高新技术企业研发投入占GDP比重达3.5%，海尔智慧厨电、金溢物联网研发生产、上汽新能源客车等重点项目投产运行。

(2)着力建设第四代港口，创建国家级循环经济示范区。到2019年完成固定资产投资500亿元，实现企业销售收入1000亿元。

(3)大力拓展国际合作，打造践行新发展理念示范区。到2019年，地区生产总值增速80%以上，固定资产投资增速30%以上，工业总产值增速20%以上，各创新产业在行业内确立领先地位，园区基础设施建设基本完成，形成中德融合特色的现代化城镇风貌。

(4)加速东方影都、中国数都建设，创建国家影视文化产业示范基地。到2019年，创建国家影视文化产业示范基地，建成东方影都，建设中国数都。

(5)探索军民融合深度发展新路径，努力打造国家级军民融合创新示范区。到2019年，示范区建设实现全面突破，军民融合体制机制创新成效显著，军民融合产业充满活力，军民融合创新平台基本建立，基础设施共建共享纵深发展，军队保障社会化程度显著提高。

(6)加快"一区两园"产业规划，打造中央活力区，建设海洋装备产业园、海洋生物产业园，创建全国海洋生物产业知名品牌创建示范区。打造海洋高端装备制造聚集区。瞄准国内外海洋生物高端产业，建设国内一流、全球领先的海洋生物产业基地，成为海洋新兴产业的重要支柱产业。全力引进由重点高校共建、高校行业技术培训暨转化基地项目；加快推进基础设施项目建设。

(7)探索农业现代化与新型城镇化融合发展新路径，创建国家级农业高新区。力争2019年通过省级农业高新区验收，申报国家级农业高新区。

(8)构建快速集散交通路网，建设国家级综合客运枢纽示范基地。到2019年，青岛西站换乘中心建成使用，国家级综合客运枢纽示范基地基本建成。

(四)新区"616"现代产业体系项目建设

2018年，西海岸新区以确定的"提升六大特色支柱产业、培育十大特色海洋新兴产业、打造六大特色融合型产"的"616"产业发展战略实施为重点，以引领和推动新旧动能转换为核心，坚持存量变革、增量崛起和特色壮大并举，加大招商引资力度，着力引进"蓝色、高端、新兴"产业重大项目。实施滚动推进，推动一批重点产业项目、重大社会民生和基础设施项目落地，保障重点项目引进、开工、投产任务，提升新旧动能转换和现代产业体系建设质量实效。实施"走出去"招商，提高项目质量，实现招大引强；科学选址，加快土地供给，提高审批效能，提高工作效率，推进项目洽谈引进、开工建设、竣工投产。一般项目原则上6个月内开工建设，24个月内竣工投产。

(1)围绕“616”现代产业体系，瞄准世界500强、国内500强和行业领军企业“走出去”招商，选优扶优，注重产业技术水平。

(2)统筹全区重大项目选址布局，依据城市体规划、土地利用规划和产业规划，科学合理安排项目选址。加强项目安全生产、环境保护、节能减排等合规性审查，综合考虑拆迁成本、基础配套等因素，确保项目选址合规、可行。

(3)整合招商资源，加快特色与产业小镇规划建设，搭建招商新平台，尽快聚集新产业、新项目。有效盘活利用闲置厂房楼宇和低效利用土地，实施“二次招商”。探索建立项目统筹机制，实现信息共享、资源共享和利益共享。

(4)强化土地供给和管理。科学分配土地指标，保障重点项目用地。加大土地处置力度，全面清理批而未供、供而未用土地，分类提出处置意见。推进土地集约利用，加强土地批后监管，提高土地利用效率。强化规划意识，加快规划编制进展，尽快实现多规合一，提高控规覆盖率。

(5)提升服务保障。统筹安排资金，确保重点项目用地补偿款尽快到位，确保不影响土地报批、出让和项目进场工作。

(6)持续提升服务效能。进一步优化、简化审批流程，提高审批效率，实行行政审批“一口式”受理、“一站式”服务，基本实现全流程网上审批。实施“容缺受理”和项目建设限时办结制度。

(7)加快项目建设。项目方提前筹划资金，提前规划设计，做好施工准备。各项目主责单位督促项目方提前谋划、按时开工，“零距离、面对面”做好项目服务，深入项目现场，积极协调解决项目推进过程中遇到的问题，推进项目早开工、早竣工。

(8)完善配套服务。做好专项规划，创新融资方式，适度超前配套各项基础设施。根据轻重缓急，优先为重点项目做好水、电、道路等配套工作，确保不影响项目开工、投产。

(9)实施联合验收。行政服务部门牵头建设、国土、规划、卫生、环保、消防、人防、水利等部门实施竣工联合验收，将各相关部门独立实施的专项验收，规范为统一窗口受理、统一现场验收、统一送达文件的竣工联合验收方式。未办理竣工验收手续或竣工验收不合格的，不得交付使用。

（作者单位：中共西海岸新区工委党校）

2017～2018年即墨区工业品牌发展情况分析与预测

丁爱梅　孙　伟　郇乃翰

党的十九大报告指出："我国经济已由高速增长阶段转向高质量发展阶段，正处在转变发展方式、优化经济结构、转换增长动力的攻关期，建设现代化经济体系是跨越关口的迫切要求和我国发展的战略目标。必须坚持质量第一、效益优先，以供给侧结构性改革为主线，推动经济发展质量变革、效率变革、动力变革，提高全要素生产率……"推动供需结构升级，加快新旧动能转换，质量品牌是重中之重。

近年来，即墨区深入实施品牌战略，坚持把推进工业品牌建设作为提高工业企业整体发展水平的重要途径，多措并举夯实质量基础，增强品牌创建能力，壮大品牌数量，提高品牌竞争力，促进新旧动能转换。

一、2017年即墨区工业品牌发展基本情况

2017年，即墨区委、区政府以提升发展水平为目标，充分发挥部门优势，着力完善财政激励、宣传提高、创新平台，加快培育具有竞争力的企业品牌和产业品牌。截止到9月末，即墨区累计创建青岛市级以上名牌产品和著（驰）名商标296个（件），其中青岛市级以上名牌178个、青岛市级以上著（驰）名商标118件。即墨区名牌产品和著（驰）名商标主要集中在纺织服装、机械制造、家电电子、食品饮料等传统优势产业，其中针织服装服饰行业130个，机械制造行业52个，食品饮料行业52个，化工行业19个，日用品行业20个，家电电子行业13个，新能源行业1个，其他行业9个。一大批企业通过品牌创建实现产品升级，拓展了国内外市场，为经济发展注入了新活力。

（一）2017年前三季度即墨区工业品牌呈现的主要特点

1. 注册商标总量大幅提升

2017年，即墨区扎实推进"商标兴市"战略，积极引导中小企业创

建自主品牌。截止到9月末，全区有效注册商标达1.4万余件，比上年同期增长16%。新增山东省著名商标4件，青岛市著名商标8件，中国驰名商标累计达18件，山东省著名商标累计达48件，青岛市著名商标累计达52件，商标创建工作走在了全省县级市前列。

在商标创建工作中，即墨区构建"政府考核推动、部门联动、企业主动、社会互动"的"四动式"工作机制。政府考核推动，就是积极争取政府支持，将商标培育工作纳入政府考核，调动乡镇政府、街道办事处工作积极性。部门联动，就是发挥市场监管部门的主导作用，联合科技、工信、财政等职能部门，多管齐下推进商标创建。企业主动，就是组织即发、红领、亨达等著(驰)名商标企业现身说法，发挥典型示范效应，增强企业创牌主动性。社会互动，就是利用"3·15"消费者权益日、"4·26"知识产权日、"5·10"中国品牌日等时机，通过编发宣传材料、制作公益广告、现场咨询等多种形式，宣传普及商标知识。开设"红盾风采"电视专栏，推动社会各界积极了解参与品牌创建。即墨区以商标战略提升品牌效应，服务产业升级，强化创新驱动，商标战略成为引领和带动经济快速发展的重要引擎。

2. 区域品牌影响力显著增强

纺织服装产业是即墨区优势传统产业和经济支柱产业。即墨区拥有全国最大的针织服装企业和名列全国第四位的服装批发市场，有良好的产业基础，形成了以青岛即发集团股份有限公司、雪达集团、红领制衣有限公司等骨干企业为龙头的现代生产体系。被中国纺织工业协会授予"中国针织名城"荣誉称号。纺织服装产业集群2015年入围国家工信部第三批全国产业集群区域品牌建设试点。2016年获"中国童装名城"称号，2017年获全国唯一的"中国童装产业生产流通示范基地"荣誉称号。截止到2017年9月底，即墨童装生产及电商企业已达5000余家，年销售收入200余亿元，其中年销售过1亿元的2家、过5000万元的4家。在淘宝"中国质造"产业带中，即墨童装成为全国首批推出并重点扶持的十大产业带之一。3月份，即墨婴用库、霖贝儿、长腿叔叔等11个童装企业品牌和300多种最新款童装产品集中亮相2017中国国际服装服饰博览会(春季)，是全国唯一组团参展的产业集群。4月，成功举办2017中国(即墨)童装＋互联网产业峰会，与阿里巴巴签署战略合作协议，建成并运营阿里童装"互联网＋物流仓""互联网＋童装产业"电商培训生态系统，不断提升童装互联网应用水平。7月，即墨童装企业再次抱团参展2017中国孕婴童展、童装展，统一"即墨童装"形象标识，充分展示了其童装产业和企业的制造及品牌实力，突出体现和展现了"中国童装名城"的品牌魅力。

3. 传统产业转型升级提速

2017年，即墨区依托优势产业和品牌基础，加强政策配套，实施平台建设，开展示范培育，引进服务资源，促进传统工业向互联网工业、传统制造向智能制造升级，效果显著。

一是投资1.33亿元，在即墨省级经济开发区建成3.5万平方米互联网工业示范平台，设立智力支持、技术服务、模式示范三大中心支持互联网工业发展：智力支持中心，成立由120名专家组成的专家咨询委员会，为即墨互联网工业发展精准把脉。依托青岛蓝谷聚集的科研教育资源，为即墨全市产业转型、互联网工业发展提供强大智力支撑和人才支持。技术服务中心，成立由72家知名企业组成的互联网工业服务商联盟，分行业设立专家指导小组、技术服务团队，为企业提供全方位技术支持。模式示范中心，设立无人工厂展示区、互联网工业先进技术区、互联网工业解决方案展示区等切合产业和企业需求的展区，汇聚和分享国内外最前沿的互联网工业优秀案例与专业成果，为企业提供最便利、最直观的示范支持。

二是分类分级建立了52个项目组成的制造业与互联网融合发展重点项目库，制订了“海尔智能制造模式”“红领模式”“百灵柔性化制造一体化模式”等推广实施方案，大力培育红领、森麒麟、正大、一汽即墨工厂、英派斯、即发、海立美达等智能制造工厂，其主要行业大中型企业数字化研发工具普及率达到40%，ERP（企业资源计划管理）普及率达到50%，开展电子商务比例达到50%，传统产业从“即墨制造”到“即墨智造”转型步伐加快。

（二）2017年即墨区工业品牌发展中存在的主要问题

由于激励机制不完善、企业创牌意识不足等原因，即墨区品牌建设也面临着发展后劲不足、发展产业不均衡等问题。

1.驰著名商标、名牌创建有待加强

即墨区的品牌建设工作在山东省县级市居于前列，但与浙江义乌、福建晋江等先进县市相比，在品牌规模、品牌价值、区域品牌等方面仍有较大差距。如晋江先后荣获“世界夹克之都”“国家体育产业基地”“中国鞋都”“中国纺织产业基地”“中国食品工业强市”“中国拉链之都”“中国伞都”等称号。晋江拥有注册商标6.8万余件，包括中国驰名商标42件、福建省著名商标220件、泉州市知名商标251件、地理标志证明商标7件。晋江有17个品牌上榜“2016年中国品牌价值评价信息”榜单，品牌总价值达到797亿元人民币，平均品牌价值达到47亿元人民币，上榜数量之多、种类之丰富，在全国县级市中名列前茅。即墨区有各类市场主体11.4万家，有效商标注册量仅有1.2万件，和晋江相比数量少且品牌价值不高，与即墨经济发展总体水平不相适应，驰著名商标及名牌创建有待进一步增强。

2. 区域品牌进一步发展面临阻力

一是集群内企业建立区域品牌的意识不强。许多企业没有真正认识到建设与保护区域品牌的重要性和迫切性，只注重自身利益，从而导致企业间的协作水平不高，缺乏长远的整体发展规划，造成企业间相互压价，各企业以量求存，以价取胜，企业利润空间日益减少。二是产品技术含量低，企业创新能力弱，产品同质化严重。集群内各企业只注重产品生产，不愿意投入资金进行产品研发和市场开发，从而导致产品技术含量低、同质化严重。三是产业集群的中介组织不够完善。区域品牌具有公共性，需要集群内的企业共同维护。行业协会、商会等作为中介组织是企业之间得以协调发展的润滑剂，是市场经济顺利运行的重要保障，能够为交易双方提供服务，降低交易成本，提高集群的竞争优势。但即墨的产业集群仍缺乏较为有效的中介机构对区域品牌进行推广和维护，"搭便车"现象严重。

3. 品牌企业科技创新不足

一是创新源头匮乏。规模以上企业较少，企业家科技素养不高，科技意识和创新观念淡薄，缺乏可持续发展的科技支撑；科研基础薄弱，多数中小企业没有科技研发中心，企业自主创新能力不强，发明专利较少，缺乏技术依托，发展后劲不足；没有完善的成果转化应用平台，科技成果转化率较低，科技资源无法充分利用，科技服务水平整体不高。二是科技投入不足。即墨区财政科技扶持力量有限，政府、社会、企业参与的多元化的科技创新融资体系没有形成，导致科技创新资金投入严重不足，激励促进作用不大，创新成效甚微。三是科技人才短缺。科技人才总量不足，年龄、专业结构不合理，行业分布不均衡，特别是从事高新技术产业开发的高层次人才紧缺。

4. 中小企业融资难问题依然存在

中小企业是即墨区经济增长的动力源，是财政增收的主渠道，是吸纳就业的主阵地，是农民收入的主来源，是社会稳定的减压器。近年来各大商业银行发放的贷款中，中小企业所占的份额不足 1/5，这与中小企业在全区经济中"半壁江山"的地位极不相称。一方面中小企业发展资金严重短缺，贷款难；另一方面却是银行存款倒挂，放款难。形成"两难"状况的主要原因：一是中小企业实力不强，可用于担保的资产少，影响银行的放款；二是信用担保体系滞后，为中小企业提供担保的机构凤毛麟角。解决银行放款难、中小企业贷款难，建立中小企业担保体系迫在眉睫。

二、2018年即墨区工业品牌发展预测

2018年，即墨区委、区政府将全面贯彻落实党的十九大精神及习近平新时代中国特色社会主义思想，以提升质量和品牌知名度为重点，按照市场导向、政府推动、分类实施、统筹推进原则，全面加强品牌建设，不断提升品牌价值和效应，将即墨逐步打造成为具有较强知名度和影响力的品牌城市。2018年，预计新创青岛市级以上工业名牌产品和著名商标20个（件），其中国家级2个（件）、省级6个（件），累计创建青岛市级以上名牌产品和著（驰）名商标将达到316个（件），有效商标注册总量将超过1.8万件，品牌结构将更加合理，品牌体系更加完善，城市软实力显著提高。

（一）将进一步加强品牌统筹规划

2018年，即墨区委、区政府将引导企业把品牌建设贯穿生产经营始终，牢固树立"品牌定位科学高端、管理服务专业精致、企业产品特色优质"的品牌培育理念，进一步加强品牌统筹规划。

一是制定品牌发展总体规划和详细规划，整合优势资源，突出本土特色，集中力量创建在全省乃至全国叫得响的区域品牌、行业品牌。

二是建立品牌建设协商合作机制，研究制定各个品牌建设的政策措施，协调和指导品牌建设工作。

三是开展品牌建设研究，借鉴国际先进品牌管理理念，聘请专业团队、专业公司进行高水平品牌策划。

四是发挥主管部门和行业协会在品牌培育、业内信息跟踪发布、经验交流等方面的积极作用，为品牌经济发展做好指导、培训和服务工作。加快引进、培育高水平、专业化、知识化及公信力较强的品牌中介机构，加强品牌研究、咨询、评价，完善和创新品牌建设理论和服务体系。

（二）将进一步加强区域品牌的培育保护

区域品牌既是区域经济成长成熟的产物，同时也是区域经济和产业集群核心竞争力的体现。区域品牌与单个品牌相比具有广泛、持续的品牌效应，能够优化整合集群内部资源，使资源充分利用，还可以改善集群的投资环境，优化提升产业链条，利用产业链整合提升品牌生产力。2018年，即墨区将把区域品牌培育发展作为品牌创建的一项重点工作。

一是推动产业集群的升级发展，夯实区域品牌发展基础。产业集

群的发展与壮大是区域品牌得以形成的基础，是区域品牌的载体，产业集群的发展与壮大直接影响区域品牌发展。纺织服装、机械制造等行业品牌企业，将充分利用现有品牌的市场信誉，通过兼并、重组等多种形式，优势互补，强强联合，实现发展规模、市场规模和发展空间的迅速扩张，形成品牌集聚效应，提升行业知名度。家电电子、汽车造船等产业集群龙头企业，将通过组织产业链招商、配套企业洽谈、重点企业专访等形式实现"品牌＋品牌"式发展，提升区域生产能力和产业集聚度。组织自主品牌企业成立行业联盟，选择一批成长性较好的中小企业，向产业高端延伸，向高技术含量产品发展，积极融入优势品牌产业链和品牌园区。推进一批品牌集群、发展一批新领域品牌、培育一批特色品牌、储备一批梯队品牌，支撑起具有活力的品牌经济，实现特色鲜明的品牌城市目标。

二是将努力转变集群内企业的竞合理念。树立区域品牌整体意识，是区域品牌建立与发展的重要基础。将引导集群内企业把区域品牌的建设和维护看作是自身发展的重要保障，深刻认识区域品牌的内涵和作用，相互协作，共同发展，不能只顾自身和眼前利益，而损害区域经济的长远发展。

三是建立和完善区域品牌的中介服务体系，组织协调区域品牌建设与发展，配合有关部门对假冒伪劣产品进行治理，维护区域品牌在市场上的整体形象。

（三）将进一步加强品牌企业建设

引导企业强化品牌意识，培育一大批名牌产品和名牌企业，打造质量第一、技术领先、用户满意、口碑良好的品牌形象。

一是提升企业创新能力。将引导企业将自主创新作为品牌培育的核心内容，抓住标准、设计、集成、服务等关键环节，形成以自主知识产权为主导的技术标准体系。推动优势企业瞄准国内国际先进水平，整合资金、技术、品牌、管理、人才等要素，通过引进、消化、吸收再创新，增强集成创新能力，延长产业链条，打造一批具有自主知识产权和核心技术的产品。支持企业加大技术开发和创新投入，强化研发平台建设和科技成果转化，积极申请国家、山东省、青岛市三级重点实验室、工程技术研究中心、工程研究中心（工程实验室）、企业技术中心、产业技术创新联盟、技术创新示范企业、高新技术企业等认证。

二是加强企业品牌管理。将由企业品牌管理中心对品牌资源库实行专业管理，每年从中培育选拔优质品牌参与全国竞争，使其快速发展成为新的龙头企业和标志性产品。选择一批具备一定条件、有发展潜力的企业，建立品牌发展后备资源库，对发展势头好、潜力大的民营企业制定《名牌培育计划》，对照各级名牌标准要求，从扩大产品规模和市场占有率、提高技术含量和竞争力等方面加大培育力度；加强对后备资源库企业品牌创建工作指导，按照储备一批、培育一批、推荐一批、宣传一批的要求，有重点、分层次地推进品牌建设。结合即墨区经济社会发展“十三五”规划，引进一批享有国际声誉、影响力广泛的国际国内品牌和世界500强企业落户，引导品牌企业在生产终端产品、建立服务实体。

（四）将进一步加强品牌建设组织保障

区品牌建设工作领导小组将统筹协调和推进全区品牌建设与发展，制订品牌建设实施方案，统筹谋划实施路径，明确时间节点，全面推进品牌建设工作。

一是强化平台建设。搭建利用品牌培育培训和服务中介平台，以专题培训、会议论坛等多种形式，邀请知名品牌专家为即墨品牌经济发展出谋划策。依托中小企业服务平台，搭建完善产品研发设计和品牌推广平台，为企业对外交流、信息咨询、技术咨询、品牌推广提供服务。

二是强化政策扶持。完善落实企业品牌奖励政策，设立品牌培育引导资金，对品牌企业在技术改造、技术引进、科研立项等方面给予优先安排，对科技创新和专利技术成果转化项目给予资金补助。鼓励金融机构加大对品牌产品生产企业扶持力度，将品牌企业优先纳入上市重点培育对象和资助范围。整合各类资源向品牌建设工作聚集，推进土地、资本、劳动力、技术、信息等要素向重点品牌企业、品牌产业和品牌聚集区倾斜。加大互联网工业扶持力度，设立互联网工业发展引导基金，吸引社会资本参与，定向支持互联网工业重点项目建设和初创期、成长期企业发展。设立互联网工业发展专项资金，用于支持互联网工业重点投资项目、互联网平台型项目、智能制造项目、信息技术支撑项目、公共服务平台项目等建设，推动传统产业焕发新的生机，把即墨建设成全国互联网工业示范市。

三是强化人才保障。加快引进品牌建设方面人才资源，建立健全人才培养、人才发现和人才吸引机制，建设一支具有较强品牌意识、专业品牌知识、精通品牌运营、熟悉市场规则的高素质人才队伍，为品牌建设提供智力支撑。充分发挥高等院校、职业学校、社会培训机构作用，为企事业单位输送高素质品牌建设人才。强化“一把手”品牌建设意识，完善对部门负责人、企业家的长效激励与约束机制，积极进行管理服务创新，不断提高服务水平和产品价值。

四是强化协同共建。品牌建设涉及政务服务、产业经济、城市建管等领域，要分别明确创建主体，动员全社会各方面积极参与，形成社会参与、促进有力的品牌建设机制。各镇、各相关部门要将品牌创建与机关文化建设充分结合起来，并作为当前和今后一个时期的重点工作，集中力量创建1～2个在全省乃至全国叫得响的区域品牌、行业品牌。宣传部门要充分发挥电视、广播、报刊等媒体作用，传播品牌文化，弘扬品牌精神，形成全社会宣传品牌、保护品牌、发展品牌的良好氛围。

（作者单位：中共即墨区委党校）

2017～2018年平度市特色小镇建设情况分析与预测

贾晓峰

党的十九大报告提出“实施乡村振兴战略”，指出：“农业农村农民问题是关系国计民生的根本性问题，必须始终把解决好‘三农’问题作为全党工作的重中之重。要坚持农业农村优先发展，按照产业兴旺、生态宜居、乡风文明、治理有效、生活富裕的总要求，建立健全城乡融合发展体制机制，建设美丽乡村，推动城镇化转型升级，推进农业农村现代化。”特色小镇的建设与发展是乡村振兴的题中之意。

特色小镇是相对独立于市区，具有明确产业定位、文化内涵、旅游和一定社区功能的发展空间平台，区别于行政区划单元和产业园区，“非镇非区”。其产业类型以信息技术、节能环保、健康养生、时尚、金融、现代制造、历史经典、商贸物流、农林牧渔、创新创业、能源化工、旅游、生物医药、文体教育为主。特色小镇是继新农村、新型城镇化后，中国城乡发展的又一发展新模式，是按照五大发展理念，聚焦特色产业和特色元素，融生态、生产、生活为一体的“三生”的平台。在国家、省、市关于加快城镇化和特色小镇建设相关政策精神的指导下，平度市应时而动，积极作为。

2016年4月，平度市全面启动特色小镇规划建设工作，出台了《关于加快推进平度市特色小镇规划建设工作的实施意见》等一系列规范性文件，结合平度市山水资源、历史文化等方面特色，从农业全域化、旅游全域化、产业全域化等全域化视角，提出了“突破两个点、打造三个块、提升一个面”[即强力突破南村·家电小镇（南村）、大泽葡萄旅游古镇（大泽山）两个点；重点打造大泽山、茶山、云山、桃花涧、古岘、旧店等旅游板块，南村家电、数梦工场、新河编艺等产业板块，蓼兰、店子、明村等农业板块；围绕基础设施建设、风貌整治、产业提升等项目，全面提升平度市特色小镇建设水平和发展目标]的总体思路，面上培育17个特色小镇，重点推进7个小镇（南村、大泽山、店子、新河、蓼兰、古岘、明村），全力实施“123工程”（即争取3年内打造1个全国知名、2个省内领先、3 个青岛典范特色小镇，下同）。截至 2017 年 9 月底，南村·家电小镇被国家住建部纳入第二批全国特色小镇名单，南村·家电小镇和大泽葡萄旅游古镇双双被纳入省级特色小镇创建名单，农谷小镇、编艺小镇入选青岛市级特色小镇。

一、平度市特色小镇建设基本情况

（一）平度市特色小镇的模式

与块状经济发达、区域产业特色鲜明的浙江相比，平度第二、三产业基础相对薄弱，农业优势突出，因此在特色小镇创建过程中，平度在借鉴吸收浙江等地特色小镇创建成功经验的同时，注重立足自身实际，结合全市综合改革推进，按照“创新、协调、绿色、开放、共享”的发展新理念，坚持规划引领、产业支撑、文化传承、风貌塑造的原则，结合平度市山水资源、历史文化等方面特色，着力探索特色小镇创建的“平度模式”。

1. 因地制宜突出特色，类型多样互联互通

从农业全域化、旅游全域化、产业全域化视角，聚焦地域特色文化、观光旅游、大数据、互联网＋、生态修复、航空体验等新兴产业元素，深入挖掘家电、草编、啤酒、农业、绿色生态等传统产业元素，紧密结合全市推进农民创新创业工作的开展以及“农创平度”品牌的打造和提升，立足各镇优势资源条件和发展潜力，精准合理确定特色小镇发展定位，将 17 个特色小镇划分为农业、旅游、产业三大板块，在突出各镇特色的同时，加强同类型特色小镇间及三大板块间的互联互通，实现优势互补，促进面上提升，在道路等公共基础设施建设方面进行资源整合，实现效率和效益的最大化。

2. 政府积极引导，多方参与共建

平度市特色小镇建设按照政府主导、镇街主体、企业主力的工作思路，按照立足实际、分类施策的原则，采取平台融资、市场运作等方式推进。政府一方面着重做好规划引导与服务保障，投资参与基础设施建设，强化区域风貌塑造；另一方面筛选确定有实力的产业投资建设主体，科学引导社会资本参与特色小镇建设，实现主导产业全面发展。

3. 发挥农业资源优势，带动农民创新创业

平度农业资源禀赋好，粮食果蔬高产，山水环境优美，一直是青岛的“菜篮子”、“米袋子”、水源地和“后花园”，国家地理标志性农产业品多达 18 种，在国家县级市中位于前列。近年来，农业供给侧改革深入推进，“农创平度”品牌越擦越亮，在特色小镇创建过程中，平度市充分

利用并放大上述农业资源优势，着力打造大泽葡萄旅游古镇、明村甜美小镇等若干个农业基础雄厚，农产品深加工、旅游业等第二、三产业蓬勃发展的特色小镇，突出特色文化，推动产业升级，鼓励并引导农民创新创业，实现就地城镇化，促进农民增收。

（二）平度特色小镇建设进展情况

1. 高点规划，强化引领

坚持谋定而后动，高度重视规划引领作用，高标准高水平编制规划，聘请在业界具有广泛影响力和号召力的一流规划设计团队参与特色小镇规划 40 余项，明确了特色小镇的功能定位、总体布局和建设目标。其中，确定了"特色小镇旅游大环路"的规划设计方案，对整合全市旅游资源，构建东北部山区旅游大格局意义重大。2017 年，重点推进旅游大环路、大泽葡萄旅游古镇、古岘胶东王都人文小镇、明村甜美小镇、店子农谷小镇、东阁七色山矿坑花园小镇、旧店追梦·航空小镇等重点特色小镇相关项目规划，确保项目契合小镇发展定位，助力产业发展壮大。

2. 抓实项目，强化支撑

出台《平度市特色小镇政府投资项目实施办法》和《平度市特色小镇重点规划建设项目实施方案》，确保特色小镇各类建设项目高效有序推进。平度市财政投资 6000 万元完成了 6 个小镇的风貌整治，南村·印象、大泽·记忆、岳石文化广场、七色山矿坑花园小镇、明村甜美小镇、古岘胶东王都人文小镇、旧店追梦·航空小镇、云山 360 体验小镇等项目启动建设，完成投资约 6 亿元。

2017 年，分类抓好特色小镇相关项目建设，夯实发展基础，激发内生动力。高标准实施风貌整治项目，确保各特色小镇风貌整治工作在上半年全部完成，且整治成果凸显小镇特色，镇村风貌和人居环境得到显著改善；高质量推进以旅游大环路（总里程 260 千米，总投资 10.3 亿元）为代表由平度市财政投资、以 PPP 方式实施的基础设施项目共 57 个，总投资约 16 亿元，进一步完善了基础设施条件，提升了硬件实力。

作为工业强镇的南村镇，以海信工业产业园为基础，突出白色家电产业特色，改造老旧街区，完成风貌塑造，打造集家电生产、制作体验、产业文化于一体的江北知名的家电小镇。以海信产业园为代表的新型工业化，吸引了农村人口到小城镇聚集，促进了就业，也带动了第三产业的发展，截至第三季度，南村镇建成区人口 8.55 万人，城镇化水平达 64.04%。在产业发展的基础上，南村镇还投资 17.7 亿元实施小城市空间色彩改造、基础配套、综合开发，南村镇的道路干净整洁，建筑物色彩斑斓，一步一景，全面提升了城市形象和品位。

明村镇在实现橡胶轮胎、机械铸造、石墨加工三大“黑色产业”绿色发展的基础上，注重推进以人为本的新型城镇化和科技因素引领。截至第三季度，“引黄济青”明村水厂工程建设完成，86 个村庄 6 万多人的吃水问题得到解决；4.7 万平方米的步行商业街建设完成并投入使用。下一步将启动医院分院综合体（医疗、养老、残疾托养、计生服务中心四位一体）、农村“六小工程”（即“小产业”“小自治”“小文化”“小法治”“小环境”“小服务”）等城镇项目建设。

3. 风貌塑造，突出特色

“看得见山，望得见水，记得住乡愁。”平度小城镇建设确定了大泽记忆、南村印象、蓼兰种业博览等展示中心建设，在一点一滴、一砖一瓦中浸透着悠悠“乡愁”。

在“大泽旅游古镇”的构建中，整合岳石文化遗址、天柱山魏碑、高家民兵联防遗址、石雷之乡和大泽山摩崖石刻及智藏寺墓塔林等重点旅游资源，将大泽山的独有特色融入大泽记忆展示中心、魏碑书法博览园、抗战教育基地等项目建设中。实现“与宜居镇区联动、与古村街区配套、与生态园区互融”的旅游格局，打造集“东莱文化、岳石文化、红色文化、书法文化、禅宗文化、生态体验”于一体的 5A 级精致景区。让雄壮巍峨的大泽山脉、源远流长的岳石文化、闻名中外的天柱山魏碑、一望无际的葡萄庄园、充满乡愁的山村民居，成为大泽山永不褪色的靓丽名片，让人流连忘返。

有全国“良种之乡”称号的蓼兰镇，打造了种业博览中心，内设天下金粮仓、良种发展史、种业创新、华夏农耕文化等六大板块，全面展示蓼兰小麦、花生、蔬菜等良种的悠久历史、科技创新、产业化发展等形象。走进博览中心，体味良种之乡的历史悠韵以及创新金粮仓的辉煌史。

4. 突出产业，补足后劲

在平度市加快新旧动能转换促进“工业强市、招大引强”的良好态势下，华为、鑫苑等一批实力名企进驻平度，为全市特色小镇建设发展助力。截至 9 月底，华为携手南村建设总投资 50 亿元的华为智能科技物流小镇，上海安徒生童话有限公司投资 30 亿元的安徒生童话小镇落户凤台，鑫苑集团总投资 45 亿元建设的“花生小镇”将落户蓼兰，总投资 30 亿元的七色山矿坑花园、总投资 26 亿元的航空小镇等产业项目正在有序推进。这些产业类特色小镇的落成，不仅会为平度市特色小镇创建工作注入更多的活力，催生更多特色，还对进一步优化全市产业结构和布局，推动新旧动能转换的加速具有重要意义。此外，在强抓落地项目的扎实快速推进和相关产业项目的招引，夯实小镇发展的产业基础的同时，注重加大对大泽山岳石文化以及多处国家级文保单位，古岘即墨故城、六曲山古墓群，旧店一大会址等本地历史文化特色的挖掘、展示和传播力度，以特色节庆、特色民俗展示、特色景观提升等方式增加地方旅游吸引力，拓展服务业发展空间，促进农民增收。

5. 建章立制，狠抓落实

平度市成立了由市委书记、市长任组长的平度市特色小镇规划建设工作领导小组，负责统筹协调特色小镇建设总体工作；领导小组办公室承担领导小组日常工作，协调解决特色小镇建设中遇到的问题；各镇街均成立了相应的组织机构。明确工作职责，对特色小镇历史文化研究、项目融资运作、清表倒地及舆论宣传等工作做了明确分工，责任到人。严格督查考核，按照特色小镇要求和项目三年实施计划，每年对特色小镇创建对象进行创建工作考核，对年度考核连续两年不合格的予以淘汰。

6. 注重总结，加强宣传

坚持"边建设、边总结、边宣传"的工作思路，及时对经验亮点进行提炼总结，结合全市国家中小城市综合试点和省级中等城市试点工作推进，着力形成可供复制推广的"平度经验"，并充分借助现代媒体的传播力和影响力，发出平度好声音，凝聚发展正能量。中国青岛平度旅游特色小镇暨"食在平度"品牌推介会签约项目 12 个，总投资 186 亿元。同时，建立微信公众号，《人民日报》《光明日报》《大众日报》及多家大型门户网站等各级主流媒体广泛聚焦，传播效力呈指数增长。

（三）平度市特色小镇建设存在的主要问题

1. 镇街全覆盖，特色不鲜明

《关于加快推进平度市特色小镇规划建设工作的实施意见》决定在平度全市范围内筛选 17 个特色小镇进行培育。而这 17 个特色小镇覆盖了平度市全部镇街，如大泽葡萄旅游古镇、古岘胶东王都人文小镇、明村甜美小镇、店子农谷小镇、东阁七色山矿坑花园小镇、旧店追梦·航空小镇等重点特色小镇，另有部分镇处所规划的特色小镇存在类同性，特色不鲜明。

2. 建设手续因素影响

融资方案修订、社会投资方招标等前期流程问题以及受到土地、环评、文物保护等因素限制，导致部分 PPP 类项目无法办理建设手续，影响了项目进展。

3. 发展基础比较薄弱

与块状经济发达、区域产业特色鲜明的浙江和周边区（市）相比较，平度市仍然存在第二、三产业比较薄弱而农业优势突出的现实情况，且面临着资金、土地指标等方面的实际困难，这将对特色小镇建设形成一定制约。

4. 资金压力大

平度经济基础相对薄弱，基础设施建设投资需求量大，资金压力很大。

5. 进展不平衡

由于条件资源及重视程度的差异，各特色小镇工作进展不平衡，部分镇街工作力度不够，推进相对较慢，不达全市平均进度。

二、影响平度市特色小镇建设的因素分析

（一）有利因素分析

近年来，“特色小镇”成为一个备受关注的高频词，中央多个部委和全国各省市都在积极出台相关政策措施，加快“特色小镇”的建设。这些政策，都是推动特色小镇发展的纲领性文件。

2016 年 7 月，住建部、国家发改委、财政部公布《关于开展特色小镇培育工作的通知》，提出到 2020 年我国将培育 1000 个左右各具特色、富有活力的休闲旅游、商贸物流、现代制造、教育科技、传统文化、美丽宜居等特色小镇。10 月，住建部正式公布第一批共 127 个中国特色小镇。目前，各地培育特色小镇的积极性很高。引用“特色小镇网”的大数据，目前全国排名前 10 省份中特色小镇的数量：浙江省 315 个、云南省 211 个、湖南省 105 个、黑龙江省 104 个、海南省 103 个、陕西省 68 个、江苏省 65 个、北京市 50 个、重庆市 42 个、安徽省 38 个。

1. 各地纷纷出台发展政策，推进特色小镇建设

《北京市“十三五”时期城乡一体化发展规划》提出，“十三五”期间，本市将统筹规划建设一批功能性特色小城镇，提高小城镇承载力，更好地对接非首都功能疏解，起到“桥头堡”作用。河北省《关于建设特色小镇的指导意见》提出，力争通过 3～5 年的努力，培育建设 100 个产业特色鲜明、人文气息浓厚、生态环境优美、多功能叠加融合、体制机制灵活的特色小镇。近 3 年来，四川大力实施“百镇建设行动”，每年遴选 100 个小城镇重点培育。推出的 300 个试点示范特色小镇竞相发展，形成了“百镇示范带动、千镇蓬勃发展”的良好势头，“乡土四川”正加速向“城镇四川”迈进。陕西省发出《进一步推进全省重点示范镇文化旅游名镇（街区）建设的通知》，提出通过建立动态调整机制、持续加大扶持力度、提升规划建设管理水平、切实落实扩权强镇、加强技术支持和专家指导、严格目标责任考核等 8 项措施，进一步推动全省重点示范镇、文化旅游名镇，即“两镇”建设，带动全省特色小城镇发展。到 2020 年，天津市将创建 10 个市级实力小镇、20 个市级特色小镇，在现代产业、民俗文化、生态旅游、商业贸易、自主创新等方面竞相展现特色，建设成

一镇一韵、一镇一品、一镇一特色的实力小镇、特色小镇、花园小镇。还有诸多省市在全国政策影响带动之下，纷纷出台有利于特色小镇建设的政策措施，积极推进特色小镇的建设与发展。《山东省创建特色小镇实施方案》提出，到2020年，山东将创建100个左右特色小镇，这些小镇不仅要在特色产业和品牌上具有核心竞争力，更要有浓厚的人文气息和鲜明的旅游特色。这些发展特色小镇的利好政策对建设发展好特色小镇是极大的保障。

2. 全国各地特色小镇建设发展态势良好

受各种利好政策的合力推动，住建部分两批共公布了403个国家级特色小镇，其中第二批特色小镇的认定标准更高。第二批276个全国特色小镇分布于全国31个省、市、自治区。其中，江苏省、浙江省、山东省入选小镇数量最多，都入选了15个，广东省入选14个，四川省入选13个。从各省市特色小镇的增加数量来看，江苏省、山东省和广东省增加的小镇数量最多，均增加了8个；云南省增加了7个；其余省市大多增加了3～6个。数据充分证明，全国特色小镇建设呈迅速发展趋势。政策的保障，各地特色小镇建设的相互促进，这些利好因素都将极大推动平度市特色小镇的良性发展。

（二）不利因素分析

特色小镇是一项新生事物，在创建发展过程中，暴露出一些影响因素，一定程度上阻碍平度特色小镇的高质量建设与长远发展。

1. 观念、规划的制约

从全国的特色小镇建设来看，目前有几个理念误区影响特色小镇工作的推进。一是将特色小镇等同于特色镇。特色小镇不是行政区划单元上的“镇”，也不同于产业园区、风景区的“区”，而是位于城市周边、相对独立于市区，具有明确产业功能、文化功能、旅游功能和社区功能的重要功能平台。特色镇是一个行政区域的概念，以某种主体功能为特色，或有产业特色，或有交通功能特色，或有人文自然风光特色等的全域范围，由居民社区和村庄构成，按照政府组织架构体系来管理的行政区域。将二者混淆，会极大影响特色小镇的规划与长远发展。二是将特色小镇建设等同于景区开发。以旅游功能为主导的特色小镇可以发展成为景区，有些历史人文古镇、自然风光优美的小镇也兼具特色小镇的文旅功能。从这个角度而言，特色小镇和景区开发有共同之处，但又不同于传统景区开发模式。特色小镇在旅游客源市场上，更强调满足周边大城市中高收入人群特定需求；在旅游活动上，更强调体验和参与；在旅游发展目标上，更强调目的地和集散地；在旅游功能开发上，更突出互融互动。三是将特色小镇建设等同于美丽乡村建设。特色小镇离不开乡村本底，但与乡村有着本质的不同，体现在形态、功能均不一样。特色小镇集聚了大量资本、技术、人才等各类高端要素，是既有乡村本地特征又融入高新技术和特色人才的区域经济发展单元，需要探索利益主体多元、公众参与的现代社会治理体系。美丽乡村更多的是强调乡村发展的三次产业融合作为产业支撑，依靠本村村民的自治管理，管理和保护好乡村生态环境等。混淆二者，就会偏离特色小镇的发展方向。

2.资金因素的影响

平度市的特色小镇策划、规划设计等由平度市领导小组办公室统一组织实施，所需资金由城投公司计入PPP项目成本。特色小镇风貌整治项目，由各镇街作为实施主体，平度市、镇两级财政按照8∶2比例承担建设费用。每个特色小镇原则上安排不超过1000万元用于风貌整治。工程竣工后，根据最终审计结果，由平度市、镇两级财政按照8∶2比例承担。2016年先行拨付300万元，作为风貌整治项目启动资金。但是在特色小镇的推进过程中，有的特色小镇的规划较为长远，1000万元的资金远远不够，这将影响特色小镇长远规划的实施。比如，古岘·胶东王都人文小镇的建设，2017年，平度市政府投资1亿元支持古岘镇改善基础设施，投资6亿元帮助实施即墨故城古城墙保护、镇驻地风貌立面改造、环镇古运河水系整治等PPP项目。如果没有政府资金的追加，将无法完成整个工程。其他镇街的特色小镇创建也不同程度受资金约束，发展受限。

3.产业因素的制约

特色小镇主要指聚焦特色产业和新兴产业，集聚发展要素，不同于行政建制镇和产业园区的创新创业平台。所以，要具有明确的产业定位，具有产业优势。平度市结合本地农业资源禀赋，重点打造农业特色小镇。目前，大泽山镇所产葡萄为国家地理标志保护产品，品种已达200多个。明村镇的大黄埠西瓜和樱桃西红柿同样是国家地理标志保护产品。蓼兰镇良种产业相对发达，年产小麦良种3万吨左右。这些小镇的产业发展有一定优势，但在做优特色农产品的同时，还需要着力向上下游产业链延伸，发展农业科研、农产品深加工、乡村休闲旅游等，并需要鼓励当地农民参与创业创新，以提高家庭收入。在产业发展空间的开拓方面还需下大气力，以保持小镇的持久繁荣。否则，特色小镇建设热度一退，难免会造成小镇功能衰退。

三、平度市特色小镇建设发展预测

2017年，平度市17个特色小镇总投资约401亿元，共建110个项目。比如，华为智能科技物流小镇落户南村，安徒生童话小镇落户凤台，“花生小镇”落户蓼兰，七色山矿坑花园、航空小镇均实现落户平度的计划。至2017年底，蓼兰镇将建成种业博览中心，明村镇将启动医院分院综合体（医疗、养老、残疾托养、计生服务中心四位一体）、农村“六小工程”建设等城镇项目。

2018年，在建设成果的基础上，将持续发力，确保17个风貌整治类项目质量、环境双提升。继续推进总投资约14.9亿元、以旅游大环路二期工程为代表的18个PPP实施类项目，进一步完善基础设施，补齐“短板”，提升投资兴业吸引力。将打造一批新型产业特色小镇，重点抓好华为智能科技物流小镇、花生小镇、安徒生童话小镇、桃花十八涧等项目的开工。

（一）加大特色小镇创建力度

平度的特色小镇建设将以“123”目标为引领，全力突破南村·家电小镇、大泽葡萄旅游古镇两个点，积极与上级对接，争取政策支持，全力打造全国知名特色小镇。同时，加快培育农谷小镇、编艺小镇、胶东王都人文小镇、甜美小镇等特色小镇，争取列入各级创建序列。对已入围各级创建名单的特色小镇，要持续加大创建力度，凸显特色和优势，做强产业，做优机制，做靓文化，确保入选各级特色小镇创建名单的镇不掉队。同时，推动更多特色小镇入围各级创建名单，尽早实现“123”目标。

南村镇以发展白色家电特色产业为特色，成为青岛唯一入选的国家级特色小镇。南村镇将产业定位为“家电产业＋旅游业＋农业”，以家电产业为特色，将南村打造为中国家电产业集群示范区、环渤海家电智造中心、青岛家电创新基地；以“大沽河文化”为内涵，以“生态低碳”为目标，打造融智能制造、创新创业、科技研发、文化展示、旅游休闲、生活居住、人居配套等功能于一体的特色小镇。南村镇规划产业导向主体为“一个中心、三大体系”，即以科创研发为中心，以智能装备制造为重点的家电制造产业体系（产业链），以科技孵化、成果转化为主导的创新产业服务体系（创新链＋金融链），以工业旅游为特色的高端生活服务体系（生活链）为支撑，打通产业链、创新链与金融链的链接，关注小镇生活链的建设，实现“四链融合”。另外，结合家电小镇建设总体规划和美丽乡村建设，统筹老城区资源，再造城镇新风貌。一两年内，将打造小镇客厅形象区，整治三城路、助水河沿岸绿化及沿街景观，改造南村商贸城，以更加亮丽的形象展示世人。海信工业产业园是南村打造特色小镇的基础。预计到2017年底，海信南村产业园年产将过750万台，产值超150亿元，用工超过1.3万人。力争到2020年末总产能达到1500万台(套)，产值突破300亿元。加快高技术含量的配套企业的引进，力争到2020年内实现落户企业超100家，家电配套产业总产值过200亿元。力争再引进2～3家品牌家电智能高端生产组装线、品牌家电智能机器人自动化生产组装线、智能化零部件集中生产线等，将南村打造成国内一流的高新化、现代化家电智能生产制造基地。

2018年，大泽山镇将抓住"大泽葡萄旅游古镇"的定位，以"乡村休闲旅游"产业发展为导向，融合3.5万亩大泽山葡萄的现代精致观光农业优势、16千米淄阳河湿地风情的景观优势、2100座大泽山脉的生态优势、千年积淀规模宏大的人文历史遗存优势，构建全域、全时旅游框架，塑造山水大泽、平度原乡的特色品牌。以多项资源的融合发展，推动高端要素集聚，依托现代观光农业资源，以"葡萄＋"为推进模式，整合现有园区，延伸葡萄种植产业链、扩大葡萄经济产业面。建设融合"葡萄品种培育、葡萄酒酿造、葡萄酒品鉴、酒庄建筑游赏、窖藏名酒认购、休闲观光、采摘体验"等要素为一体的"规模化的现代农业、体验式的休闲农业、无公害的绿色农业"的基地。通过这些措施，整合利用现有资源，丰富大泽山的文化内涵，提升大泽山的综合旅游品质。到2020年末，争取全镇生产总值翻番；农民人均纯收入增长到28000元。到2020年末。投资8.2亿元，高标准建设"游客集散中心、旅游交通道路、游客服务接待、环境改善营造、公共WIFI和景区数字化管理系统"等基础设施。

2018年，古岘镇依托即墨故城遗址和六曲山墓群等丰富的旅游资源，着力打造"胶东王都"和"胶东王苑"两大板块，规划建设集胶东风情与汉文化于一体的、具有"一心、两翼"的胶东文化第一镇。规划区域面积为3.5平方千米，核心区建设面积为1.2平方千米。"一心"即镇驻地，"两翼"即六曲山墓群、即墨故城。目前，人文特色小镇渐露雏形。到2020年，古岘·胶东王都小镇预计全部建成，届时年税收收入预计将达5000万元，年接待游客50万人次，年旅游总收入4亿元，新集聚企业30家，新增就业岗位1000个。

总投资37亿元的"农谷"特色小镇，所含铁汉生态PPP建设项目等六大产业项目全面开建。预计至2017年底，投资1亿元的游客服务中心、生态停车场、双山河景观水系整治、黄杨路、李甲路、镇村风貌整治和特色小镇污水处理厂等9个项目全部建成。

编艺小镇项目规划总投资35亿元。其中，青岛鹏通国际工艺品城28亿元，基础设施建设项目5亿元，风貌整治项目2亿元。预计到2020年项目全部建成，建成后可实现营业收入30亿元，出口创汇3亿美元，年税收收入1.2亿元。

七色山温泉小镇一期地形地貌整治已完成，将根据规划方案进行基础设施建设和200亩风情花园示范区的打造，预计2018年完成。

航空·追梦小镇正积极推进总投资100亿元的青山旅游综合开发项目、27亿元的文化旅游项目，打造集生态文化、汉文化、古村文化、宗教文化于一体的5A级景区。计划到2020年项目全部建成。

安徒生童话小镇预计2019年全部建成。

(二)进一步完善基础设施

加快基础设施项目建设，积极创新，进一步完善PPP项目推进机制，提高项目推进效率；重点抓好抓实旅游大环路等重大特色小镇基础设施建设，创出成果，打造亮点。在重大基础设施建设方面，联接济青高铁与青荣城际的潍莱高铁和青岛直达平度的青平城际有望全面开建，旅游大环路、镇域风貌整治等一系列基础配套项目加紧规划实施。同时，平度将大项目招引作为特色小镇建设的关键一招，高效率抓好产业类项目。在落实北京推介会签约项目的同时，引导各镇加大招商力度，因地制宜引进更多基础扎实、前景广阔的特色产业项目，强化特色小镇的产业支撑，按照青岛市《关于加快特色小镇规划建设的意见》要求，努力达到省、市级特色小镇每年完成投资不少于6亿元、5年完成固定资产投资30亿元以上(旅游休闲、特色农业特色小镇每年完成投资不少于4亿元、5年固定投资额不少于20亿元)，着力建成为3A级以上景区(旅游产业类特色小镇要按5A级景区标准建设)的创建标准。

(三)加快特色小镇产业发展

一是坚持以特色产业立镇，加快推进华为智能科技物流小镇、花生小镇、安徒生童话小镇等项目落地建设，进一步加大特色产业培育力度，持续招强引大，并根据各特色小镇发展定位进行统一布局，错位发展，加快形成特色产业聚集区，为特色小镇长远发展夯实产业基础。杭州数梦工厂将不遗余力地助力平度市政府共同打造“互联网＋”为特色的数梦小镇，发展平度智慧产业，并协助数梦小镇创建平度大数据、云基地，形成大数据云基地为基础设施和创新要素的产业发展新业态，为平度市政治、经济、民生三大领域提供服务。数梦小镇大数据云基地的创建对于实现平度市政府基础信息资源集约、助力政府部门之间数据交换共享、与政府工作协同形成平度市“互联网＋”产业集群、提升老百姓对政府服务满意度都具有重要的意义，同时数梦工厂将助力平度市实现“互联网＋”时代的转型，加速打造现代化区域性中心城市和全国中小城市综合改革样板市。

二是注重通过科技创新带动先进制造业和现代服务业的提升，着力培育产业发展的实力和活力，真正实现产业的转型升级。平度市南村镇是青岛的第二个国家级特色小镇。南村镇以白色家电产业为支撑，目前，在这里集聚的白色家电上下游企业已达50多家，形成了规模效应明显的白色家电产业链，2016年，南村镇白电产业产值达206亿元。南村镇通过产业引领，推动资源要素的整合集成与优化重组，实现小镇不断发展壮大。印证了产业是特色小镇的生命力，而特色又是产业的核心竞争力。蓼兰镇发挥立足花生特色和"青丰"高端特色名牌种业，以"农创科技""农创电商"为统领，吸引农民围绕农业产业链条创新创业。科学布局规划，通过产业支撑、文化旅游和宜业宜居立足自身特色，打造种业小镇。

(四)功能定位适应大休闲时代的发展趋势

按照提升资源品质和旅游品牌、培育战略性支柱产业的内在要求，建设综合性、多功能、多业态的小型旅游区和生态养生居住区。重点发挥"三大功能"：生态养生居住功能，旅游、度假功能，产业培育功能。突出民居生活—生态旅游—产业发展"三位一体"模式。

小镇发展将保持"特色"的鲜明性。胶东王都人文小镇、农谷小镇等要保持鲜明的地域特色，用独特的自然风貌，诠释小镇文化传统。大泽葡萄旅游小镇、胶东王都人文小镇要保持鲜明的生态特色，用绿色产业体系、低碳生活方式，升华小镇品位。编艺小镇、南村家电小镇、种业小镇等要保持鲜明的产业特色，将适合小镇发展方向的产业做大做强，逐步发育成为小镇发展的有力支撑。

（作者单位：中共平度市委党校）

崂山区新旧动能转换示范区建设研究

李盛祥

党的十九大报告指出:必须坚持质量第一、效益优先,以供给侧结构性改革为主线,推动经济发展质量变革、效率变革、动力变革。新形势下深入推进供给侧结构性改革,提升经济发展质量和效益,实现中国经济由大到强的重要举措就在于做好新旧动能转换;当前在经济领域,供给侧结构性改革是主线,新旧动能转换是核心任务。

崂山区要在全市新旧动能转换发挥好"驱动器"和"示范区"的作用,以新作为再创新业绩,为全市发展作出更大的贡献,需要作出崂山方案、体现崂山特色、彰显崂山优势、发挥崂山担当。同时,要梯次推进,全面提升,打造青岛高端产业创新发展引领区,建设国内一流新旧动能转换示范区。

一、崂山建设新旧动能转换示范区的总体思路

(一)着眼"一个目标",实现以"四新"促"四化"

"一个目标",即打造青岛高端产业创新发展引领区,创建国内一流的新旧动能转换示范区。以"四新"促"四化",即通过推进总投资900亿元的140个重大项目的规划实施,推动包括以新技术、新产业、新业态、新模式为特点的新动能不断发展壮大,促进动能、产业、业态和模式的转型升级,实现产业智慧化、智慧产业化、跨界融合化、品牌高端化。

(二)以四大产业功能区作为全区新旧动能转换示范区主阵地

新形势下无论是转型升级还是创新驱动,无论是供给侧改革还是新旧动能转换,都要紧紧围绕崂山"十三五"时期奋力建设宜居宜业现代化山海品质新城这个总目标,都要以崂山区四大国家级区域性战略平台也就是四大产业功能区作为主要发力点,因此崂山区委、区政府提出以四大产业功能区作为全区新旧动能转换的主阵地。

(1)青岛中央创新区,重点构建"5+1"产业体系,力争2017年战略

性新兴产业产值突破350亿元，五年内达到500亿元，打造崂山新旧动能转换的驱动器。"5+1"产业体系主要是高新技术产业，"5+1"产业体系中的"5"，就是着力打造智能制造、智慧产业、虚拟现实、生物医药、新能源新材料等5条百亿元级战略性新兴产业链，"5+1"产业体系中的"1"，就是着力发展研发设计、人力资源、知识产权、检验检测等高端生产性服务业。

(2)青岛金家岭金融区，全力突破"三个100"，打造服务实体经济、推动崂山新旧动能转换的资本引擎和加速器。未来五年，每年新引进金融机构和类金融企业100家、新开工金融及配套楼宇100万平方米、新建成金融及配套楼宇100万平方米，力争到2021年金融载体面积突破1000万平方米，集聚金融机构和类金融企业1000家以上。

(3)崂山风景旅游度假区，重点抓好旅游精品项目建设、完善旅游产品体系、推动全域旅游发展，打造拉动现代服务业发展、促进崂山新旧动能转换的重要一极。推动全区旅游规模持续做大，2017年旅游总收入力争达到120亿元。

(4)崂山湾国际生态健康城，按照青岛市委、市政府将健康城打造成为国际高端健康产业聚集区和面向东北亚的国际旅游目的地目标要求，加快突破重点项目、基础设施和片区组团开发，尽快培育形成大健康产业链，打造崂山新旧动能转换新的经济增长点。

二、崂山建设新旧动能转换示范区实践

(一)加速实施新旧动能转换新兴产业集聚行动

新旧动能转换，关键在新。这个新，关键靠增量，靠新项目、新投资、新企业、新产业。为此，崂山区把新兴产业集聚和招商引资作为重中之重来抓。

一是快速出击，力争"访"来一批大项目。一方面，快速做好访企工作。崂山围绕高新技术、金融等重点产业领域，已经确定了61家重点走访企业，主要是世界500强、中国500强、央企省企、大院大所和高等院校等重点招商目标，其中包括花旗银行、腾讯、国星等大企业集团。另一方面，快速做好访才工作。继续强化"引才就是招商"的理念，按照"引进一个人才、落地一个项目、带动一个产业"的思路，通过联系走访高校和科研院所、联系走访院士和国家"千人计划"专家等高端人才，全力以赴把符合产业组织的人才项目引进来。截至2017年9月底，崂山已经引进两院院士26人，"千人计划"专家29人，泰山学者和产业领军人才115人。这些高端人才全部作为招商引资的重要资源和平台，通

过他们做好宣传、推介和牵线搭桥工作。同时，对现有的院士专家项目，全力做好服务和对接，时刻关注项目进度，帮助他们解决困难问题，尽快把他们的科研项目转化成产业成果，争取通过各方面的努力，把崂山“院士经济”的牌子做亮。

二是主动争取，力争“抢”来一批大项目。围绕金融、科技等重点产业领域，进一步加强同科技、金融、证监会、保监会、银监会等对口部门的协调对接，做到每周有人登门拜访，靠上盯上、用心用情、积极争取。同时做好政策研究，把握上级动态，根据上级要求尽快出台定向政策，超前做好论证和策划，全方位、多角度对上争取，最大限度搭上政策快车。以政策为支撑，成功“抢”到歌尔声学、杰华生物等一批大项目、好项目。

三是想方设法，力争“挖”出一批大项目。一方面，重点结合新技术、新产业、新业态、新模式，对存量进行“四新”改造，力争挖出一批增量。在株洲路片区已经启动总投资 300 亿元的 30 个转型升级项目基础上，对于正在推进的转型升级项目，有潜力、有能力进行转型升级的企业，摸清底数、列出清单，做好对接服务，推动项目早日上马。另一方面，面向优质企业挖潜，挖掘现有优质企业的生产潜能、技术研发潜能、产业集聚潜能。

四是创造条件，力争“孵”出一批大项目。既抓“高大上强”的“白马股”项目，也积极培育落地快、见效快、成长性强的“潜力股”项目。一方面多措并举开展“双创”活动，吸引一大批创新创业型项目，建立进驻孵化器的入孵企业的数据库，定期走访这些企业帮助企业排忧解难。另一方面抓好中小企业项目。截至 9 月底，崂山已集聚 75 家“专精特新”中小企业，正在按照全市统一部署，研究做好“小升规”工作。

五是精心研究，力争“谋划”出一批大项目。围绕四大产业功能区，结合村庄改造，以产城融合的理念，研究布局一批楼宇载体项目、工业地产项目、金融总部项目、亿元税收楼宇项目、特色产业楼宇项目、特色小镇项目、民生事业项目、基础设施项目、重大水利项目。截至 9 月底，崂山已建成知识产权港、院士智谷，正在推进腾讯小镇、大河东文化旅游小镇等；下一步，将超前做好项目研究和策划，力争储备一批好项目，形成项目建设梯次推进的良好格局。

（二）加速实施新旧动能转换重点项目突破行动

面对新旧动能转换新形势，崂山区确定了总投资 900 亿元的 140 个重点项目，其中，产业项目 58 个，基础设施和民生类项目 82 个。这些重点项目，是崂山动能转换、产业升级的“顶梁柱”。抓好这些项目，也就牵住了崂山发展的“牛鼻子”。

一是分类施策抓推进。根据项目的不同进展阶段，用心谋划、分类施策，形成“储备一批、签约一批、开工一批、建成一批”的良性循环。截至9月底，全区已经开工在建或续建的重点项目57个，已签约的54个项目正在抢抓落地，同时储备重点项目30个。

二是领导带头抓推进。建立区级领导联系制度的同时，建立了区主要领导项目接手制，牵头部门解决不了的，由区级领导出面协调解决；区级领导再解决不了的，由区委书记和区长牵头抓落实，把任务和责任落实到每个党员领导干部身上去。

(三)加速实施新旧动能转换产业空间拓展行动

新旧动能转换，核心在创新引领，创新引领要靠产业集聚，产业集聚要靠载体支撑。

一是早在2015年崂山区就正式启动“构建创客新高地，打造青岛中央创新区(CID)行动计划”，2016年开始重推的“三创一园一社区”建设，就是为了构建创业苗圃—孵化器—加速器—产业园的阶梯式载体链，就是独具崂山特色的“双创”之路。“三创”是指青岛滨海创新大道、青岛金株创业大街、青岛创客大街，“一园”是指青岛国际创新园，“一社区”是指青岛国际创客社区。“三创一园一社区”总规划面积480万平方米，截至2017年9月底，在建136万平方米，建成100万平方米，聚集了国家级众创空间6个，入驻企业200多家、创客团队100多个，汇聚了大量的创新创业项目，产生了大量的创新创业成果。

二是确定以株洲路工业园区转型升级作为全区新旧动能转换重点。株洲路片区北至李沧区界，南至张村河，东至滨海大道，西至市北区界，总面积14.2平方千米。经过多年的发展，该片区聚集了海尔集团、海克斯康、华仁药业、双瑞压载水等一批蓝高新企业。一方面株洲路片区集聚了大批高科技企业，另一方面随着经济的发展，也有一些企业出现产能落后的情况，面临着转型升级的难题。区委、区政府注意到这个现象后，立足崂山实际，确定按照青岛的“深圳”、青岛的“中关村”目标，进行株洲路片区的转型升级。截至2017年9月底，崂山区出资5亿元建立崂山区产业升级和城市更新投资引导基金，重点支持株洲路片区产业转型升级和城市更新。同时，崂山区每年设立3000万元产业升级扶持奖励资金，对具有引领性、示范性作用的项目，给予专项资金奖励。整体来看，株洲路片区1/4的企业已经启动了新旧动能转换，株洲路迎来了二次腾飞的新机遇。株洲路片区产业升级项目建设周期是3年，预计将吸引从业者几十万人，最终打造成为青岛产业转型升级、“腾笼换鸟”的示范区。

三、当前崂山新旧动能转换面临的难点及挑战

(一)土地资源束缚日益凸显

一方面,金家岭金融聚集区产业项目落地、产业载体短缺的问题,已经非常严重。金融区待建和在建的17个楼宇项目,承担了200万平方米的产业空间拓展指标。但是,目前主体施工的项目只有2个,正在装修的项目只有1个,合计面积58万平方米,其余14个楼宇项目,还处在方案研究、规划报批、办理施工手续等前期工作阶段。另一方面,"三创一园一社区"总规划面积480万平方米,在建和建成面积不足1/3,进度与目标还有很大差距。同时,停车位建设不足,楼宇配套设施不完善问题也亟待解决。

(二)人才服务还缺少好的载体、项目和措施

与高层次人才特别是两院院士、"千人计划"专家等沟通交流比较少,缺少常态化的工作机制;对高层次人才的服务需求了解不深入,存在重招引、轻服务的现象;人才动态和信息把握不及时、不到位,对一些技术成果产业化前景非常好的人才项目,缺少通畅的服务平台;在人才之间、区内企业和科研机构之间,没有搭建起沟通合作的平台,不利于形成新的产业项目,等等。

(三)环境整治需加速推进

作为新形势下全区新旧动能转换的主要载体,青岛国际创新园、青岛滨海创新大道、青岛金株创业大街等重点企业和项目载体均布局在此,一方面,"高大上""高精尖"的环境氛围和创业气息扑面而来;但另一方面,株洲路片区和张村河流域的环境与国际创新园"高大上"的形象形成强烈反差。尤其是株洲路片区,存在交通不便、道路坎坷、企业低质、绿化亮化不到位等多种问题,而张村河流域由于历史和现实原因,一直是崂山区城市更新的老大难问题,区域内乱倒垃圾甚至焚烧垃圾的情况较为严重,人员成分复杂,治安有待加强。必须加快对株洲路城市更新、张村河环境整治工作进度,为打造青岛高端产业创新发展引领区、建设国内一流新旧动能转换示范区提供更为优良的环境。

(四)交通拥堵问题亟须解决

随着创新创客资源的纷纷入驻,停车难、行车难、道路拥堵问题愈加凸显。一方面,一到早晚高峰时间段,区域内企业班车、私家车在滨

海大道、松岭路等路段乱停乱放现象严重；另一方面，由于该区域及周边建设项目集中，渣土车多，又处于枯桃花卉市场、张村等人流密集地段，通行车辆主要集中在滨海大道这一条主干路，没有环路或高架桥予以调流，更加重了该区域的拥堵，同时也属于事故多发路段，这一系列因素造成了该区域交通难题。必须提前应对，通过架设高架桥、增设公交场站、停车位挖潜、限制渣土车等方式予以解决，打造周边高效、便捷交通网络。

四、崂山建设国内一流新旧动能转换示范区的对策建议

（一）把强力落实机制贯穿到新旧动能转换重大工程的始终

一是以“工程推进法”，建立新旧动能转换重点项目库，倒排明确任务书、路线图、时间表。二是制定出台“崂山区重点项目协调推进工作办法（试行）”，建立健全标准要求，对表现突出的，实施提拔重用、荣誉表彰等正向激励；对不作为、慢作为、乱作为等行为，进行问责处理。三是建立健全联合督查制度，限时督办，追究问责，坚决消除中梗阻现象，营造良好营商环境。四是继续开展包项目、包进度，促重点、促难点的“双包双促”活动和千名机关干部进千企的“双千”活动。

（二）推动楼宇工业发展迈向新台阶

近年来，崂山区在第二产业方面的产业项目，仅有 17 个，这也是全区工业增加值难以提速的一个重要原因，2016 年，全区工业增加值增速仅为 2.7%。目前，崂山已不可能再建设大型工业项目，但是发展楼宇工业则不仅可能，而且与崂山的产业方向契合。崂山区“5＋1”产业中的无人机、可穿戴设备、高性能计算机制造、集成检测、人工智能、生物医药等，完全可以在楼宇载体进行生产，或者是通过把空间向高度拓展，大力发展楼宇工业，建设垂直工业园，以楼宇高度拔升崂山的产业高度，建议有关部门认真研究，尽快推出可行性方案与措施。

（三）大力推进旧动能载体资源向新动能载体资源转换

从前海一线往北，崂山的商务楼宇、产业载体有不少空置的，包括土地资源，均有潜力可挖。建议崂山区将这部分产业楼宇和土地资源充分利用起来。对招商载体一一梳理、做好储备，相关部门抓紧摸清产业空间“家底”，摸清还有哪些闲置土地，手中还掌握着哪些载体资源，哪些楼宇适合做亿元楼宇、金融楼宇、创业楼宇、工业楼宇，实施“一楼

一策”，做好产业设计，做好项目落地的载体保障。

（四）进一步完善新旧动能转换生态体系

一是强化产业组织理念。把每个产业的生态体系打造好，重点沿着“微笑曲线”的两端不断延伸、完善，拉长产业链，打造产业集群。特别是要针对各个产业的重点需求发力，认真梳理分析每个产业的现状，找准每个产业的链条缺什么、需要补什么，然后有的放矢抓好招商引资。

二是研究布局新兴产业。除了抓好既定的重点产业外，也要注意研究新产业、招引新项目，围绕新引进的龙头项目，通过产业组织、生态体系打造、抓好产业链要素的集聚，形成新的产业集群。

三是打造“政策洼地”。企业都是“在商言商”，只有舍得下本钱，拿出“真金白银”，才能让好企业、好项目、好人才心动和行动。建议抓紧时间梳理金融、科技、人才、产业等各方面政策，形成全市乃至全省、国内最优的“政策洼地”。政策出台后，还要加大宣传力度，抓好工作衔接，尽快把政策转化成为抢项目、争机会的“利器”，以政策集成带动项目集聚。

（五）进一步夯实新旧动能转换保障效能基础

通过打造全市效率最高、服务最好、环境最优的综合服务保障体系，打造良好的亲商安商富商的营商环境，为新旧动能转换添加“润滑剂”。

一是提速行政审批。一方面建议国土、规划、建设、征收、市政、政务服务中心等部门，只要是有窗口、面对企业和群众提供服务的，都结合工作实际，创新服务举措，压缩审批时限，让企业和项目早一天运营、早一天见效，为崂山经济社会发展贡献力量。另一方面，结合“双包双促”“千名机关干部进千企”等活动，进一步优化发展环境，提供良好服务，帮助项目方解决困难问题，通过为企业办实事、解难题来联系感情、推动工作。

二是强化法治保障。对项目建设、征地拆迁、村庄改造等工作中出现的类似阻挠项目施工违法问题，必须旗帜鲜明地予以打击，发现一起，坚决处理一起；涉及社区党员干部的，要一并采取组织处理措施。同时，要加大宣传力度，以反面典型教育身边人，敲山震虎，形成震慑。

三是全力攻坚克难。新形势下崂山区很多项目的落地、推进，都存在一些这样那样的制约因素，必须有“抓铁有痕、踏石留印”的狠劲，只为项目落地想办法，不为项目不动找理由，一个问题一个问题地解决、一个关口一个关口地突破，全力保障重点项目有序推进。

四是抓紧研究激励干部担当作为的实施意见，从用人导向、教育关怀、容失容错、惩治“为官不为”等多个方面，激励干部担当作为、干事创业。比如，重用长期连续作战、吃苦奉献的干部；重用在矛盾调解、历史遗留问题和信访积案化解、村庄改造、征地拆迁等工作中独当一面、人到事解的干部；重用在产业发展、招商引资、项目建设等工作中表现优异、实绩突出的干部，等等。同时，在政治激励、精神激励、即时激励等多个方面，出台系列具体举措，真正为担当者担当、让实干者实惠。

五是加快赶超目标。数字是最直接的检验，也最能说明问题。建议对照崂山区确定的目标任务，倒排时间进度，全力跟上靠上，盯紧每一天、每一周、每一月，确保时间和进度、时间和效果、时间和目标相匹配。牢固树立“项目为零、一切为零”的危机意识，敏锐反应，快人一拍，做到一切为项目着想、一切为项目铺路、一切为项目出力、一切为项目服务，特别是对于那些重点招商引资项目、重点招商走访企业，要快联系、快对接、快落实，赶在别人前面去抢项目、争机会。

（作者单位：中共崂山区委党校）

城阳区特色休闲农业发展研究

王泽志　李　赛

党的十九大报告提出了“实施乡村振兴战略”，指出:“农业农村农民问题是关系国计民生的根本性问题，必须始终把解决好‘三农’问题作为全党工作重中之重。”这一战略是基于新时期我国社会主要矛盾的变化以及农业农村发展不平衡的现状提出的，涉及人民群众最关心的现实利益和美好生活问题，是我们党倾听民声、关注民情、体恤民心、顺应民意的表现，是以习近平同志为核心的党中央深刻把握我国国情农情，对“三农”工作作出的新的战略部署，为新时代农业农村改革发展指明了前进的方向。城阳区作为青岛市建设“三中心一基地”的重要功能承载区，近年来大力加强新农村和生态文明乡村建设，围绕“精化第一产业”的思路，以现代农业园区为载体，大力发展特色休闲农业，促进农业与旅游业的融合发展，提高农业附加值，不断推动农业增效、农民增收、农村致富，在农业农村发展方面成效显著。

一、城阳区休闲农业与乡村旅游发展现状

(一)城阳区休闲农业与乡村旅游发展模式

城阳区休闲农业与乡村旅游主要有以下五种模式。

1.田园农业模式

以农村田园景观、农业生产活动和特色农产品为休闲吸引物，开发农业游、林果游、花卉游等不同特色的主题休闲活动，满足市民体验农业、回归自然的心理需求。主要类型有田园农业游、园林观光游、农业科技游、务农体验等。

2.农家乐模式

指农民利用自家庭院、自己生产的农产品及周围的田园风光、自然景点，吸引市民前来吃、住、游、娱、购等休闲活动。主要类型有农业观光农家乐、民俗文化农家乐、民居型农家乐、休闲娱乐农家乐、食宿接待农家乐、健身养生型农家乐等。

3. 休闲度假模式

依托自然优美的乡野风景、舒适怡人的清新气候等，结合周围的田园景观和民俗文化，兴建一些休闲、娱乐设施，为市民提供休憩、度假、娱乐、餐饮、健身等服务。主要类型有休闲农庄、乡村酒店、市民“一分田”等。

4. 科普教育模式

利用农业观光园、农业科技生态园、农业产品展览园等，为市民提供了解农业历史、学习农业技术、增长农业知识的旅游活动。主要类型有农业科普教育基地、观光休闲教育农业园、农业博览园等。

5. 回归自然模式

利用农村优美的自然景观、奇异的山水、绿色森林、发展观山、赏景、登山等休闲活动，让市民亲近大自然。

(二)城阳区休闲农业与乡村旅游发展现状

1. 产业规模持续壮大

休闲农业与乡村旅游的快速发展为建设现代农业注入了新的活力，成为现代旅游业的重要组成部分。截至 2017 年第三季度，城阳区规模较大、管理规范、效益较高、具有独立法人资格的种植业农业园区共有 22 处，面积达到 1 万余亩，其中日光温室草莓种植面积为 1500 余亩，丰富了岛城市民的业余生活，提高了农业园区的经济效益，2017 年草莓采摘的门票收入最高达到了每亩 15 万元。被誉为“齐鲁第一樱桃谷”的峪峪，栽植樱桃面积 6000 余亩，王沙路生态农业长廊已成规模，分布着云头崮、少山、红雨、法海寺、四季采摘园、白沙河、林洲、鸿得源等农业园区，主产市民喜爱的草莓、杠六九西红柿、叶三黄瓜、巨峰葡萄、红杏等，惜福镇的宫家葡萄、青峰毛公山、后金盛文都市农场、超然大枣都吸引市民纷至沓来，采摘、品尝、体验、观光、购买，休闲农业的发展规模持续壮大。

2. 产业融合迅猛发展

社区、农业园区以当地特色农产品为载体，通过举办农业节会的方式，发展体验农业、享受耕种采摘乐趣与品尝特色农家宴、休闲游乐相结合的休闲观光农业，提高第一产业与第三产业的结合度，带动农民增产增收。目前，全区举办的夏庄峪峪樱桃山会、宫家村葡萄节、少山杏节等各类农业节会，提高了当地农产品的附加值，拉动了当地餐饮、娱乐等服务业的发展，带动了周边地区观光旅游业的发展。众多农业园区也纷纷开展以杏、草莓、黄瓜、西红柿等果品蔬菜的采摘和农耕体验活动，为当地农民致富开辟了一条新路子。

3. 经济效应快速提升

过去，城阳区依靠传统农业生产，“提篮小卖”销售，不仅价格较低，而且面临变幻莫测的市场竞争，销售压力增大、农民增收困难。近年来，东部山区立足于服务城市、富裕农民的目的，大力培育品质优良、市民欢迎的果蔬品种，发展现代特色休闲农业，吸引市民前来观光、采摘、体验，极大地提高了农业效益。通过举办夏庄岘峪樱桃山会，樱桃价格由原来的 6 元/千克提高到 30 元/千克。曹村和源头等社区大力发展草莓设施栽培，草莓价格由原来的 10 元/千克提高到现在的 60 元/千克，亩均收入由原来的 4 万元提高到现在的 12 万元。同时由于现代都市农业的发展，减少了采收成本和中间销售环节，农民的实际效益大大提高。

4. 发展方式逐步转变

发展方式已从农民自发发展向各级政府规划引导转变，经营规模已从零星分布、分散经营向集群分布、集约经营转变，功能定位已从单一功能向休闲教育体验等多产业一体化经营转变，空间布局已从景区周边和城市郊区向更多的适宜发展区域转变，经营主体已从农户经营为主向农民合作组织和社会资本共同投资经营转变。以夏庄、惜福镇为例，重点实施农业“引智工程”，通过与青岛农业大学等农业科研院所的联姻合作，截至 2017 年第三季度，累计促成 16 处园区基地与科研院所专家教授的“一对一”合作关系，引进、推广了一批农业新设施、新品种、新技术，取得了良好的经济效益和社会效益。

5. 品牌建设不断推进

发挥都市休闲农业发展的集聚效益。积极实施农业品牌化发展战略，鼓励、支持农业园区基地创建自主品牌。截至 2017 年 6 月底，全区已培育市级以上农业品牌 28 个。“好家牌”蔬菜、“岘峪”樱桃、“少山”红杏、“曹村”草莓、“云头崮”老爷茶、“石沟”寒露蜜桃、“夏庄杠六九”西红柿等在市场上形成了独具竞争力的拳头产品。“岘峪”樱桃被评为山东省著名商标，并与“少山”红杏、“夏庄杠六九”西红柿一起被评为国家农产品地理标志产品，“曹村”草莓、“夏庄杠六九”西红柿获得“中国农产品品牌博览会优质农产品金奖”，青岛鸿得源农业科技示范园、法海寺农业观光园的草莓分别获得“中国草莓文化节暨中国精品草莓擂台赛银奖”。通过农业品牌的创建，进一步提升了东部山区农产品的知名度，为农民增收奠定了良好的基础。

6. 示范效应日益明显

城阳区鼓励实施农业规模化种植，先后建成了一批规模较大、档次较高、示范带动作用强的农业园区。2016 年，园区实现综合经济效益 8000 余万元，占种植业收入的 40%以上。曹村草莓合作社以自有基地鸿得源农业园为示范，辐射带动周边合作社社员更新品种、改进技术、提高效益，成为城阳区最具影响力合作社品牌之一。法海寺农业观光园在山东省率先采用草莓立体栽培和气雾栽培，生产效益成倍增加。2016 年年底，山东省旅游发展委员会下发《关于命名山东省旅游强乡镇、旅游特色村、工农业旅游示范点、精品采摘园、开心农场和好客人家农家乐的通知》（鲁旅发〔2016〕55 号），“全省新增的工农业旅游示范点名单”中，城阳区 6 家单位榜上有名，分别是维农茶叶观光园、汲东晟农业生态观光园、南坡万康农业旅游观光园、羊毛沟花海湿地文化产业园、夏庄白沙河现代农业示范园、驯虎山文化产业园。这些示范点展现了城阳区休闲农业的发展特色，引领着休闲农业又好又快发展。

（三）城阳区特色休闲农业与乡村旅游发展存在的主要问题

休闲农业与乡村旅游的发展魅力在于整合了第一产业到第三产业的活跃要素，拓展了农业与旅游的功能，吹响了新一轮城乡互动的号角。虽然，城阳区休闲农业的发展势头不错，也取得了一定的成效，但总体仍处于起步规范阶段，现代休闲农业发展与全区经济发展水平不相称。

1. 从产业内部看

一是布局简单雷同。多数休闲农业与乡村旅游项目雷同，功能单一，缺乏创新和特色，没有形成规模效应，抗风险能力较弱。二是从业人员素质较低。多数休闲农业缺少专门的经营管理团队，具有专业知识和经过专业培训的休闲农业经营人才匮乏，从业人员总体素质较低，难以满足不同类型的消费需求。三是管理水平不高。与休闲农业相关的建设、安全、餐饮、住宿、环保、卫生、服务等多方面行业性标准或规范缺乏，管理制度不健全，基层技术推广和服务体系出现断层，服务组织不健全，科技人员较为缺乏。四是基础设施建设滞后。大部分休闲农业位于城市郊区或经济发展水平较低的农村，安全、消防、应急、医疗、食宿等基础设施条件差、设备简陋，不能满足游客需求，垃圾污水的无害化处理问题严重。五是投资结构不合理。目前，休闲农业多为农民自发投入或企业投入，政府财政支持相对缺乏，加之农民融资困难，在一定程度上限制了休闲农业上规模。

2. 从外部环境看

一是思想认识不统一。有关部门没有把发展休闲农业放到解决“三农”问题的大局上考虑，没有与促进农民增收、支持农民创业就业、扩大消费、建设现代农业和新农村、统筹城乡经济一体化发展结合起来。二是行业管理和规划引导不到位。目前休闲农业的发展规划总体滞后，相关行业管理标准缺乏，与休闲农业快速发展急需政府引导的形势不相适应。休闲农业的发展基本上以社区和园区自主开发为主，缺少整体规划和科学论证，简单仿效、粗放经营、档次不高，高品位、高档次、多功能、知识型的现代农业园区较少。三是政策扶持滞后。对休闲农业发展的扶持资金相对匮乏，缺少实质性促进休闲农业发展的政策和措施。四是服务体系有待完善。休闲农业的发展涉及的政策、资本、规划、设施、信息等诸多服务体系严重滞后，不能满足休闲产业快速发展的需求。四是缺乏亮点工程。全区在发展精品农业、特色农业、旅游现代农业等方面潜力挖掘的还不够充分，与旅游、第三产业相结合的还不够。五是城阳区地处青岛市郊，人多地少，特别随着城镇化和第二、三产业的快速发展，土地逐年减少，发展现代休闲农业的空间愈来愈小，实现规模经营难度较大。

二、城阳区发展休闲农业与乡村旅游的思路和方向

(一)总体思路

深入贯彻党的十九大"乡村振兴"战略要求，以休闲农业与旅游业协调发展为主线，以农业园区发展为重点，以提高人民群众生活质量和满足游客乡村休闲度假的体验需求为根本出发点，以农村农业自然生态环境保护、农业资源提升、田园景观改造、农业生产内容和乡土文化建设为重点，充分利用城阳区位优势和资源优势，建立政府引导、市场运作、公众参与的都市现代农业建设新机制，不断增强城阳区的休闲农业对旅游的服务功能，扩展休闲农业对城市的发展多功能性，大力发展生态林果、品牌蔬菜、精品花卉、现代渔业，推进都市农庄建设，全面提升休闲农业的竞争力，把都市农业、现代农业建设成城阳区经济社会发展的特色产业和新兴产业。

(二)发展方向

1. 开发模式产业化

随着城乡居民收入水平的不断提高，未来的休闲农业与乡村旅游的档次结构无疑会更加丰富和更加多元化。开发休闲农业与乡村旅游的方向之一，是将生态概念与乡村特色旅游项目相结合，在生态资源丰富且适宜休闲的地区进行资源与要素整合，通过整合规划设计、开发建设，形成一个全新的产业体系。

2. 经营方式集约化

休闲农业与乡村旅游的发展必须走集约化道路，并在组织制度方面不断创新。可参照农业产业化发展组织制度的模式，实施"公司＋基地＋农户"的组织形式，以实力雄厚的公司统一经营，参与农户提供土

地与基本设施，双方按照契约或投资股份分享收益、分担风险。

3. 产品开发特色化

休闲农业与乡村旅游的旅游产品开发必须逐步把现代化的服务和设施与农村民居、民风、民俗紧密结合起来。以当地自然与人文资源为载体，既要因地制宜地设立旅游项目，同时要大力弘扬特色文化。城乡文化的差异越大，吸引力就越大。

4. 收入渠道多元化

休闲农业与乡村旅游的经营具有一定的季节性。如果经营者收入渠道单一，必然产生淡旺季收入的较大差异，容易导致恶性竞争。解决的方法之一，就是发展多种经营，开辟多条收入渠道，如通过开发休闲农业与乡村旅游季节性特色项目、生产旅游纪念品、销售农副产品、经营花卉苗木等方式来扩大旅游收入来源。

5. 形象提升品牌化

休闲农业与乡村旅游在发展过程中产生的各种问题都会在一定程度上损害整体的形象，有资源特色、有管理能力的休闲观光项目同样会受到连带影响。同时，休闲农业与乡村旅游要在现有基础上做大、做强，必须突破以往“小而全”的经营模式。因此，有资源特色与经营实力的休闲观光农场必须靠品牌推广其经营，以知名品牌的特许经营形成连锁经营的格局。要整合优势资源，搭建平台，将休闲农业与乡村旅游项目作为一个整体进行包装和市场化运作，以提升其整体知名度和美誉度。

6. 经营管理科学化

休闲农业与乡村旅游必须逐步摆脱单家独户式的管理模式，走科学化管理道路。一是在项目的开发选择上，一定要在对本地区的旅游资源、客源市场、地理位置等进行充分有效的评估、定位和市场分析之后再确定开发方案。二是在日常经营中要强化服务意识，不断提高管理和经营水平。三是要从解决“三农”问题的高度重新审视休闲农业与乡村旅游在农村经济发展乃至城乡一体化进程中的地位，在积极鼓励、支持休闲农业与乡村旅游发展的同时，加强对其规范化的引导。2017“阳光城阳 · 阳光旅游”为主题的城阳区旅游推介会上，提出城阳区将推进观光农业、体验农业、休闲农业、科普农业建设。对新评定的省、国家生态旅游示范区，一次性分别奖励 30 万元、50 万元；对新评定的市、省、国家级旅游示范点（包括乡村旅游特色业态点、工农业旅游示范点、休闲农业和乡村旅游示范点、乡村旅游模范单位等）给予不同标准的奖励。

7. 行业协调协会化

在休闲农业与乡村旅游发展基础较好、已经成片开发的区域，应鼓励经营者成立协会之类的组织，具体负责业务指导、宣传促销、会员培训、活动安排和受理游客投诉等。协会应制定相应的章程，规范服务行为，坚持统一规划、统一管理、统一授牌、统一收费标准、统一宣传促销。

8.产业发展国际化

由于大多数休闲农业与乡村旅游不具备一定的规模档次和品牌感召力，当前休闲农业与乡村旅游的游客主要集中于邻近城市和农村，难以招徕、接待国际游客。事实上，很多国际旅游者都有了解中国农村文化和生活方式的强烈愿望，而休闲农业与乡村旅游作为一种特殊的乡村旅游产品完全符合境外旅游者这一需求，尤其是景区型休闲农业与乡村旅游和民俗特色鲜明的项目最具吸引力，因此，需要根据这个趋势做好有关的各项工作。

三、城阳区发展休闲农业与乡村旅游的路径

党的十九大报告提出“实施乡村振兴战略”，总要求是“产业兴旺、生态宜居、乡风文明、治理有效、生活富裕”。当前，在中国特色社会主义的新时代，解决农业农村发展不平衡不充分的“短板”问题更加急迫。就城阳区而言，要发展好特色休闲农业，走好农业振兴之路，建设好美丽新农村，就要针对城阳区实际情况，牢牢把握休闲农业与乡村旅游的阶段性发展特征，遵循农业发展的客观规律，科学制定路径规划，加快推进休闲农业发展的现代化进程。

（一）城阳区发展休闲农业与乡村旅游规划定位

1.时令水果采摘区建设

积极调整城阳区果树生产布局，大力发展桃、葡萄、樱桃、杏、草莓五大类水果，打造青岛市“小水果之乡”，到2020年城阳区水果栽培面积稳定在1.6万亩。在夏庄、惜福镇山区重点发展适宜观赏、采摘的时令果品，发展观光果业、生态果业。突出区域优势，重点发展崂峪樱桃、少山红杏、宫家村葡萄、石沟寒露蜜桃、王家曹村草莓、傅家埠小杂果、超然樱桃等各具特色的时令水果基地，同时辐射带动周边果树区域的发展，形成“一村一特色、一果一品牌”的林果发展格局。

2.生态茶叶品茗区建设

沿崂山西麓构建起规模适度、布局科学、效益突出、特色鲜明的集节本增效、生态保护、旅游观光等功能于一体的生态茶园建设，主要在云头崮茶园、东崂茶园和鹏飞茶园等区域，推广无性系良种苗木建园、越冬防护技术，推行标准化管理，通过高标准建园、规范化管理，逐步实现茶树良种化、茶区园林化、茶园水利化、生产标准化、加工自动化和发

展产业化。到 2020 年,茶叶面积达到 1000 亩。

3. 绿色蔬菜生态区建设

大力引进适合城阳区农业发展的特色蔬菜新品种,改良和恢复种植"72-69"西红柿、"叶儿三"黄瓜等地方名产蔬菜,积极发展设施蔬菜和速生蔬菜、特稀蔬菜,实现蔬菜生产的规模化、标准化、品牌化,不断提高城阳区蔬菜生产的质量和效益。到 2020 年,城阳区蔬菜面积达到 1.2 万亩。规划建设两个优质蔬菜生产区:东部地区以夏庄郝家营、王家曹村社区为中心的城阳特色蔬菜生产区,西部地区以上马街道下马、郭家庄社区为中心的设施蔬菜生产区。

4. 观光休闲综合区建设

重点建设青岛法海寺农业观光园、长水生态园、青岛鸿得源现代农业科技示范园、四季生态采摘园等为代表的生态特色于一体、采摘娱乐相融合的综合性现代农业园区。扶持、建设具有发展潜力的现代农业科技综合示范区,带动全区现代农业的发展,使之形成有机联系的现代农业网络,形成具有活力的新型农业产业。

(二)城阳区发展休闲农业与乡村旅游路径思考

1. 高起点规划,高标准建设都市农业园区

充分利用各地优势资源,重点建设时令水果、优质蔬菜、生态茶叶等,突出地方特色,形成区域特色化发展格局。坚持规划先行,做到特色化、市场化运作,园区规划设计由区统一审核批准,防止各行其是,避免重复建设。

2. 加强宣传,全面推介都市休闲农业品牌

通过基地认证、商标注册、评先选优等手段,不断打造城阳区名优农业品牌,为都市休闲农业发展奠定资源基础。加强宣传推介,充分利用新闻媒体、互联网站及电子屏对城阳休闲农业品牌进行全方位、立体式宣传,提高基地及产品对外美誉度。发展"互联网+"农业,以名特优农产品为载体,建设电子商务网站,通过网络营销模式,将城阳名特优产品推介到各地,提高品牌知名度。

3. 加大资金投入,做好都市休闲农业配套设施建设

通过政府引导,依靠社会多元化投资,加大对基础建设的投入。进一步完善旅游区内的道路、桥梁、河坝等基础设施建设,深入挖掘园区内的自然景观、人文景观、园林小品等,提升园区文化氛围,将农业观光旅游向度假游、生态游发展,满足消费者体验农业的愿望,进一步拓展旅游空间,提升旅游品质。

4. 加快良种引进,优化都市休闲农业种植结构

通过积极与农业科研院所和学校联姻合作,引进、繁育、推广一批

农业良种。大力发展桃、葡萄、樱桃、杏、草莓五大类小水果以及茶叶等经济林，加速老劣品种的更新换代，发展适合观光旅游的林果品种，发展茶叶、草莓、樱桃等设施栽培，实现林果产品的时令性、连续性和多样性，使山区的早、中、晚熟林果产品生产比例适当，有效改善山区林果资源品种结构。

5.强化农产品质量安全管理，大力培育放心农产品

开展农资市场打假专项整治活动，严管农资市场、严控违禁农资、严惩假劣农资坑农害农行为。加大农产品质量抽检力度，确保城阳区大宗农产品上市前全部纳入监测范围。加快农业信息化进程，继续推进全区农产品质量安全追溯体系建设，完善农产品质量安全监控平台建设。大力发展无公害、绿色、有机农产品和国家农产品地理标志认证，培育一批特色鲜明、质量安全、信誉良好、市场占有率高的名特优农产品。

6.加大科技推广力度，提高都市休闲农业的科技含量

充分利用大中专院校、科研院所的技术优势，做好农业“引智工程”，加大农民的科技培训力度，推广测土配方施肥、病虫害绿色防控等先进农业管理技术，特别是运用生态农业技术对农业资源进行保护和利用，大力发展无公害、绿色、有机农产品，进一步提高农产品质量。有条件的园区要加快物联网系统建设，推进现代信息技术在农业上的应用。

7.举办农业节会，推进第一产业与第三产业融合发展

发挥城阳区的城郊优势，面向市区消费群体，依托农业园区，大力发展果蔬采摘、茶园品茗、鱼塘垂钓等旅游项目，举办樱桃、草莓、杏、葡萄等采摘节会，以第一产业为基础，第三产业为带动，提高农业附加值。积极开设农家宴、农家乐等第三产业项目，挖掘自然资源的潜力，发展服务业。开展农产品采摘比赛、摄影比赛、自行车环山游等游客参与性强的活动，使都市休闲农业更加贴近于游客的心理需求，增强观光旅游农业的亲和力。

8.提高农民组织化程度，改善农业经济运作方式

积极扶持协会、合作社、家庭农场等农业合作组织的发展。建立健全专业化合作社，把分散的农民集中起来，组织生产、加工、销售，有组织、有规模、有品牌地参与市场竞争，促进农产品与市场的对接。加强对农民专业合作社及园区基地的人员培训，定期聘请各界的专家进行技术指导和培训，提高农民对现代都市休闲农业的思想认识水平、科学管理水平、市场营销能力。

9.整合资源，打造城郊观光旅游精品线路

积极与区(市)旅游、交通等部门对接，以“省级农业旅游示范点”

"青岛市社会科学普及教育基地""文化创意产业十大重点项目基地"等为基础，对城阳区都市农业园区整合编制"区（市）城郊精品旅游线路（点）"。以优势互补、资源共享为拉动，扩大城阳区生态旅游农业推介领域、拓展游客层次，不断提高城阳区都市休闲农业的知名度和影响力。

（作者单位：中共城阳区委党校）

胶州市胶东临空经济示范区建设研究

刘骏骎

目前，胶州市正加紧建设国内一流、世界先进的区域枢纽机场——青岛胶东国际机场。围绕新机场的规划建设，胶州市委、市政府超前谋划，决定在国内率先与新机场同步规划临空经济区。2016 年 10 月 20 日，国家发改委、国家民航局联合印发《关于支持青岛胶东临空经济示范区建设的复函》，标志着胶东临空经济示范区正式获批，成为国家首批临空经济示范区。党的十九大提出“乡村振兴战略”，发展临空经济区不但可以成为城市发展的重要增长极，而且可以带动和辐射城市周边农村区域的发展，成为振兴乡村的重要举措。如何全面理解临空经济区的概念，充分发挥临空经济区交通运输优势，合理设置临空经济区的交通、产业和空间，值得认真思考和研究。

一、胶东临空经济示范区的规划背景

青岛胶东国际机场于 2011 年纳入国家规划，2014 年获得国务院、中央军委批复立项，2015 年获得国家发改委批复，2016 年进入全面建设阶段。新机场的定位是区域枢纽机场、面向日韩的门户机场、环渤海湾地区国际航空货运枢纽。青岛胶东机场拥有面向全球、连通五洲的航空网络体系，覆盖东北亚主要城市群，将成为东北亚经济圈内新崛起的枢纽型国际机场，它不仅将深刻改变东北亚的航空格局，更为胶东临空经济示范区的规划和发展提供了客观现实条件。

胶东临空经济示范区建设发展的宏观政策背景：

一是“一带一路”国家倡议。地处陆上与海上丝绸之路交汇点的青岛，区位优势显著，是“一带一路”沿线的重要节点城市之一。在融入“一带一路”过程中，青岛市提出了发挥新亚欧大陆桥桥头堡的作用，打造“一带一路”综合枢纽城市的战略构想，胶东临空经济示范区的建设将为此提供有力支撑。

二是国家政策指引。国务院《关于促进民航业发展的若干意见》(2012)提出：鼓励各地区要结合自身条件和特点，研究发展航空客货运输、通用航空、航空制造与维修、航空金融、航空旅游、航空物流和依托航空运输的高附加值产品制造业，打造航空经济产业链。选择部分地区开展航空经济示范区试点……国家发改委和民航局《关于临空经济示范区建设发展的指导意见》(2015)指出，将重点依托大型航空枢纽，引导和推进高端制造业、现代服务业集聚发展，构建以航空运输为基础、航空关联产业为支撑的产业体系，把临空经济示范区建设成为现代产业基地、区域物流中心、科技创新引擎和开放合作平台。以上国家政策为胶东临空经济示范区建设发展提供了明确的政策指引。

三是国家、省、市"十三五"规划纲要先后发布。2016 年初，《中国国民经济和社会发展第十三个五年规划纲要》《山东省国民经济和社会发展第十三个五年规划纲要》《青岛市国民经济和社会发展第十三个五年规划纲要》先后发布。在国家层面，要求东部地区发挥支撑引领作用，加快实现创新驱动发展转型，打造具有国际影响力的创新高地、全球先进制造业基地，临空经济示范区建设契合了这一要求。在省级层面，明确将建成青岛新机场、支持青岛建设多式联运综合贸易枢纽列为重点工程和建设"一带一路"重点项目。在青岛市级层面，《青岛市国民经济和社会发展第十三个五年规划》明确提出："将胶东国际空港新城临空经济区外围组团着力打造成除青岛主城区之外的十个次中心城市之一，增强辐射带动区域发展的能力。"青岛《纲要》还围绕"强化'一带一路'支点功能"和"打造区域性服务业中心"等目标，提出了建设区域性国际航空枢纽和欧亚大通道多式联运中心、打造开放型临空经济示范区等具体目标。

二、胶东临空经济示范区建设发展概况

胶东临空经济示范区位于山东半岛青岛大都市区的中心位置，紧邻青岛胶州市中心城区，距离青岛东岸城区约 40 千米，距北岸红岛经济区约 20 千米，距西岸城区约 45 千米，基地周围铁路、高速公路网纵横交织，具有优越的区位交通条件。示范区内从胶东机场出发，按照约 1.5 小时飞行圈计算，覆盖了北京、上海、首尔等重要城市。目前其建设发展情况如下。

(一)以科学理念确定了思路

2016 年 10 月 20 日国家级临空经济示范区正式获批后，胶州市委、市政府明确提出"立足全球视野，实施规划引领，坚持生态优先，彰显高端高效"的发展要求。胶州市成立了以市委书记为负责人的胶东临空经济示范区创新发展指挥部，先后 7 次召开临空经济区专题会议，

形成了“港城一体化、全域空港化、空港国际化”的发展思路，理清了长远发展脉络，勾勒出临空经济区的美好发展蓝图；“政府搭架子、产业划格子、项目找位子”的推进步骤，“圈层＋轴带，圈层由外圈依次向内推进，沿轴带划分好产业功能区”的产业布局指向，胶东临空经济示范区建设全面启动，成为胶州市新旧动能转换的先行区、现代化空港新区建设的动力源。

围绕面向国际的航空枢纽和东北亚航空都会发展目标，胶东临空经济示范区将实施“三步走”策略：第一步，到2021年，胶东国际机场全面运营，面向日韩地区的门户机场地位凸显，临空经济区集聚一批具有国际竞争力的企业，形成航空物流、公务机、航空维修与临空制造等重点产业链，临空产业产值达到1000亿元；第二步，到2026年，打造东北亚航空枢纽，构建完整的大航空产业体系，建成智慧人文、绿色生态的中国“精益航城”，临空产业产值达到1500亿元；第三步，到2030年，建成面向国际的航空枢纽，临空经济区发展成为国家航空产业创新区和具有全球竞争力的国际航空都会，临空产业产值达到2000亿元。

（二）以国际标准进行了规划

胶东临空经济示范区对标荷兰阿姆斯特丹史基浦机场临空经济区，邀请具有世界眼光和国际标准的国际航空大都市创始人卡萨达作为规划设计顾问，先后编制完成了《临空经济区概念性总体规划》,《青岛胶东国际机场临空经济区总体规划（2015—2030）》和综合交通、防洪排涝、市政基础设施等专项规划，《临空经济区控制性详规》和站前大道城市设计等。

1. 胶东临空经济示范区建设战略定位高远

胶东临空经济示范区战略定位经历了一个逐步丰富和明晰的过程。截止到2017年9月底，其战略定位为“区域性国际航空枢纽、高端临空产业基地、自由贸易空港实验区、现代化生态智慧空港城”。其战略定位有以下几点：一是区域性国际航空枢纽。开展连接世界主要枢纽机场和主要经济体的航线网络与航空物流通道，构建海陆空无缝衔接的现代综合运输体系，建设融区域集散功能、日韩门户功能、国内外中转功能为一体的区域性复合枢纽，构建枢纽航空和通航货运双港机场体系，成为世界航空网络的重要节点。二是高端临空产业基地。发挥国际航空枢纽带动作用，强化创新驱动，吸引高端要素集聚，大力发展航空制造、维修改装、航空物流等特色产业，培育壮大航空关联的高端制造业和现代服务业，打造我国重要的临空产业示范基地。三是自由贸易空港实验区。发挥对外开放引领区作用，实行“一区多园”监管模式，提升空港口岸功能，推行投资贸易便利化，实行负面清单管理模式，争取与青岛保税港区联动转型为高度开放的自由贸易区。四是生态智慧空港城。突出大沽河生态轴带功能，科学规划生产、生活、生态功能分区，以航兴区、以区促航、生态间隔、产城融合，建设与国际主要城市联通的信息化、智能化支撑服务体系，打造高品位、国际化的现代化智慧空港城。

2. 胶东临空经济示范区总体空间布局规划合理

上海东滩投资顾问有限公司编制的青岛市大航空战略规划中，对青岛航空都市总体构思是红岛、城阳、胶州三方协同，共建北岸新区。范围建议北至胶济客运专线，临空区局延伸至青银高速，西至沈海高速，南至胶州边界及海岸线，东至洪江河—墨水河，共计 770 平方千米左右。胶东临空经济示范区范围是东至李哥庄镇域，西至沈海高速，北至青银高速，南至胶济铁路、兰州东路，包含胶东镇全域、李哥庄镇全域、胶莱镇和胶北镇部分区域。为实现空间布局合理性，胶东临空经济示范区作了"一核一带四区八板块"总体空间布局规划，使各功能区相互作用、联动发展。"一核"是空港发展核，"一带"是大沽河生态保护带，"四区"是临空先进制造区、临空综合服务区、多式联运区、临空经济拓展区，"八板块"是国际空港板块、通航产业板块、临空高科技制造板块、特色现代商贸板块、航空小镇及综合配套居住板块、健康休闲旅游板块、临空商务板块、多式联运板块。

3. 胶东临空经济示范区产业规划科学

当前，依据胶东国际机场"南客北货"的总体布局，胶东临空经济示范区率先启动南部商贸、金融、会展区（含 3 平方千米自贸区），北部结合机场的货运区，规划启动约 5 平方千米的综保区申报工作，争取和机场转场运营同步启用。在产业定位上，启动了临空经济区详细的产业规划研究，遵循航空经济发展规律，坚持"非空莫入"理念，突出高端定位，实施产业遴选，研究准入门槛，引导和推进高端制造业、现代服务业集聚发展，率先发展与机场直接关联的"二产"及以生鲜、快件等为主的航空物流，真正做到地空一体、融合发展，构建以航空运输为基础、航空关联产业为支撑的产业体系。

胶东临空经济示范区按照"整体规划、分步实施、集约开发、弹性发展"的原则，科学谋划功能定位，构建"一核两翼、两心双轴、五片两港、组团发展"的产业格局。"一核"即临空经济区核心区（约 51 平方千米），主要业态一是跑道经济，其重点产业有航空物流、航空维修、航空运输、航空总部服务、公务机运营等；二是临空经济，重点产业有临空高新技术、临空健康医疗、临空国际旅游、临空总部经济、临空会展贸易等；三是航空经济，重点产业是航空航天总装制造、航空关键系统研发制造、航空科技研发设计、航空零部件研发制造、航空附属研发制造等。

“两翼”即东翼李哥庄空港新市镇(约16.3平方千米)和西翼陆港产业区(约11.6平方千米)。东翼李哥庄空港新市镇的主导功能是居住、综合商贸、特色餐饮、空港服务、生活居住、商务休闲、创新制造等;西翼陆港产业区主导功能是铁路运输、仓储物流、商贸服务、加工制造等。“两心”即综合服务中心和生活服务中心,“双轴”即站前大道城市发展轴和机场南快速路交通轴,“五片”即国际机场片区、保税物流片区、临空服务片区、通航产业片区和科技产业片区,“两港”即国际机场和通航机场。

(三)胶东临空经济示范区建设发展顺利

一是基础配套大框架已经拉开。2016年10月起,胶州市启动了临空经济区主干路网和综合管廊为主的基础设施规划建设,编制了站前大道城市设计,改扩建胶州北站。主干路网建设计划投资127亿元,以PPP模式规划建设的43千米临空经济区“三横一纵”道路(潍蓝路、李陆路、机场南快速、机场西快速)正在快速推进。截至2017年9月末,济青高铁胶州北站站房及改扩建相关工程段已施工过半,预计2018年底前建成启用。随着新机场的建设,青岛的城际铁路、轨道交通、高速公路、快速路等配套设施正加速向胶州延伸。“两高两铁”、跨海大桥连接线、地铁8号线等,一张快速连接青岛东、西、北主城区,便捷服务半岛地区,集航空、铁路、公路、轨道交通于一体的“全通型”综合交通网正在形成。据估算,临空区及机场周边配套工程将持续注入上千亿元的巨额资金,并逐步形成金融、商贸、餐饮、休闲、消费等完善的城市生态功能,极大提升胶州的城市功能等级。

二是注入强力发展双“内核”。胶州市将机场作为临空经济区的一个重要“内核”,空港综合保税区是临空经济区的另一重要“内核”。空港综合保税区是国家优惠政策、权限下放的承接平台和区域发展的引领区。通过建设口岸大通关,兼具国际物流、国际贸易、保税加工、保税服务四大功能,享受国家相关特许政策,可以形成产业集聚和虹吸效应。空港综合保税区主要由央企物流行业龙头中国外运股份有限公司负责开发建设和运营,已经签订《项目合作框架协议》,成立了四方合资公司,并向国务院呈送了审批报告,预计2018年综保区获批,力争2019年建成,将与机场同步封关运营,实现高效率、低成本、现代化的大通关格局。

三是机场建设进展顺利。青岛胶东国际机场运行等级为4F,是最高等级,可起降空客A380、波音748等目前最大机型,与北京首都国际机场、上海浦东国际机场、广州白云国际机场等11个机场等级相当。新机场航站楼近期采用了显示青岛的海洋优势的国际上独有的“海星”

优美造型，远期“齐”字总体布局回应齐鲁悠久文明，其集中尽端式构型、放射式指廊，中转流程高效便捷。机场工程共分为五大板块，分别为航站区、综合交通、飞行区、配套区和信息中心。截至9月底，胶东国际机场建设累计完成投资近85亿元，占全部投资的24%。航站楼（非影响区）主体结构全部完成，转入钢结构吊装、不锈钢屋面焊接铺装及侧面玻璃幕墙安装，并启动航站楼内部系统安装，信息中心正进行装修施工，GTC（非影响区）主体结构完成，飞行区场道工程稳步推进。

胶东国际机场酒店位于青岛新机场航站区内，是新机场的重要配套项目，将为新机场旅客、航空机组人员以及其他人员提供住宿、餐饮、娱乐等服务。贵宾楼项目包括商务贵宾区、多功能商业区，集贵宾服务、购物休闲、康体娱乐、代办值机等于一体。截至9月底，酒店和贵宾楼项目进行主体施工，预计2019年与新机场同步启用。与此同时，临空服务中心，航空商务中心，太古航空维修，首航、山航、东航、青航总部基地项目等项目也在有序推进中。

机场建成后，方便快捷的交通换乘中心让飞机、高铁、地铁之间实现零换乘。铁路方面，规划建设济青高铁穿过机场并设机场站，新建自胶州北站经机场至红岛站的铁路交通走廊，连接正在建设的青连铁路、青荣城际铁路和已运营的胶济客专，形成新机场与周边城市快速连接的铁路网络。城轨方面，规划建设的主城区M8线、西海岸R9线、蓝色硅谷R7线均接入机场交通中心，形成新机场与市域快速连接的轨道网络。公路方面，改造升级青银高速、204国道、正阳路、胶州湾高速，以及沈海高速、滨河路、双元路，规划建设机场西高速、机场高速，形成“四横五纵”的新机场公路集疏网络。三个交通网络的有机结合，可以实现1小时通达青岛全域、1.5～2小时覆盖半岛主要城市。且青岛新机场定位于区域性枢纽机场、面向日韩的门户机场，距离日韩如此之近，将来有望实现半小时一班的“公交航线”。

三、胶东临空经济示范区的发展机遇、成效和面临的挑战

（一）胶东临空经济示范区的发展机遇

1. 融入国家大战略，打造“一带一路”双向桥头堡

党的十九大提出要“推动形成全面开放新格局。开放带来进步，封闭必然落后，中国开放的大门不会关闭，只会越开越大。要以‘一带一路’建设为重点坚持引进来和走出去并重……加强创新能力开放合作，形成陆海内外联动，东西双向互济的开放格局”。青岛地处我国沿海经

济发展带与东北亚经济圈交会位置，是国家“一带一路”倡议确定的新亚欧大陆桥经济走廊主要节点城市和海上合作战略支点城市。胶东临空经济示范区作为环渤海与山东半岛地区连接亚太地区的全方位开放合作门户、区域性航空运输中心，其航空客货运、立体交通、区域产业等方面的资源正加速聚集，发挥“一带一路”双向桥头堡的作用十分突出。

2. 辐射山东半岛，打造外向型城市网络体系重要节点

山东半岛城市群作为我国四大城市群之一，是我国区域经济和城镇化发展最快和最成熟的城市区域之一。胶东临空经济示范区位于山东半岛“济潍青”“烟威日”两条主要发展轴带的交会处，在胶东国际机场接带动下，胶东临空经济示范区将成为山东蓝色经济区的最前沿。

3. 加速青岛北岸崛起，构筑青岛第四大发展平台

按照青岛市“全域统筹、三城联动、轴带展开、生态间隔、组团发展”的空间发展战略，构建青岛新百年发展的大“品”字结构，临空经济区位于“品”字上口处，成为继蓝色硅谷、青岛西海岸新区、红岛高新技术产业开发区之后的第四大发展平台。

4. 塑造胶州经济社会发展新引擎

胶东临空经济示范区的设立，有利于胶州市充分利用国家低空开放试点政策，推进临空产业重大项目落地，抢占临空经济发展制高点，为促进区域经济社会发展和经济发展方式转变提供有力支撑。

（二）胶东临空经济示范区发展成效

有了胶东临空经济示范区，胶州乃至青岛的未来正在被重新定义，其产业布局也发生着前所未有的变化。自 2016 年 10 月胶东经济示范区成立以来一年左右的时间，其带来的成效正在显现。

1. 产业集聚效应已经显现

临空经济示范区资源使区域内要素配置得到优化，吸引国内外众多优质项目包括世界 500 强项目纷至沓来，实现了由“招商引资”向“招商选资”的转变。2017 年以来，胶州市发挥临空经济区产业集聚优势，加速临空经济区宏伟蓝图落地，打造千亿元级临空产业链。5 月 5 日，胶东临空经济示范区项目集中签约，首批落户临空区的项目 20 个，总投资约 740 亿元，涉及综合保税、航空制造维修、总部基地、航空物流等诸多领域，标志着临空区从战略蓝图走向加速落地。其中，空港综合保税区是国家优惠政策、权限下放的承接平台，同时也是临空经济区启动的引爆点，项目总投资 150 亿港元，占地面积 1.49 平方千米，将发挥政策、区位、机制、效率等优势，提高机场口岸空运货物通过效率，促进口岸国际贸易和航空物流产业发展，加快产业要素向临空经济区聚集。截至 2017 年 9 月末，胶东临空经济示范区共储备优质项目 85 个。其

中,申请列入2018年青岛重点项目12个,2018年预计开工项目12个,总投资约277亿元。

2.产业结构调整步伐加快

首先,做实"腾笼换鸟"。对照临空产业规划,对先前引进的不符合临空产业规划的项目和在机场控规范围内的项目及时叫停,逐渐淘汰技术含量低、生产效益差的企业,引导、鼓励、扶持辖区内现有企业,结合航空产业招商目录进行就地转型。截至9月末,投资10亿元的海业瀚洋物流项目、投资3亿元的东方嘉琦航空食品及仓储物流等9个内资大项目完成签约;投资3亿元的佳友精密家电模具项目,投资3.5亿元的软控恒温精密机械等12个项目建成投产。其次,促进产业转型升级。胶州市传统的工业产业以机械制造、铁塔和电力设施等粗放式生产加工为主,缺少高精尖项目。胶东临空经济示范区引入高端产业,壮大临空经济,做强现代制造业,做大现代服务业,产业格局不断优化,胶东这个农业地区将"变身"为胶州市高端临空经济产业功能区。借助胶东临空经济示范区这个平台,截止到2017年9月末,胶州市三条千亿元级产业链雏形已经形成。一是千亿元级高端装备制造产业链,包括以中集梦工厂为代表的冷链产业板块,以特锐德、东软为代表的电力产业板块,以美国NOV海工装备、日本电产、德国贝克曼沃玛等为代表的高端制造产业板块。二是千亿元级互联网+及现代服务业产业链,包括京东、有住网、传化公路港、普洛斯物流等项目。三是千亿元级航空航天和汽车制造产业链,以胶东国际机场和国家级欧亚经贸产业园建设为契机,吸引了国内外航空、汽车制造企业,在新能源汽车制造领域已经达成合作意向,项目签约落户建设指日可待。

3.培育了临空经济新业态

临空产业属于新兴经济业态,具有产业关联度强、项目品质优、对地方贡献度大等特点。它主要依托机场的各项设施资源,通过航空物流或临空制造活动,利用机场的产业聚集效应,促使经济发展的相关资本、信息、技术、人口等生产要素向机场周边地区集中,形成以机场为中心、临空关联度不同的临空产业集群,完全符合新旧动能转换"四新"指向要求,被视为"又一个万亿元黄金产业"。

(三)胶东临空经济示范区面临的挑战

从目前来看,胶东临空经济示范区建设和发展也面临一些困难和挑战。

一是航空城市竞争激烈的挑战。目前处于国内外临空经济争相发展阶段,竞争异常激烈。国内设立了60多个以航空为主题的经济区,在胶州市2小时飞行时间、1000千米飞行半径内,密布了15个吞吐量过1000万人次的国际机场。胶东临空经济示范区无疑面临着东北亚机场群的激烈竞争。

二是国际航空都市发展超前的挑战。胶东临空经济示范区刚刚起步一年,国际竞争对手已经超前发展。例如,荷兰史基浦机场区通过税收、土地、租赁等方面的优惠和海关创新服务措施吸引跨国公司,通过完善城市设施、提升居住环境留住"飞行达人",吸引微软、三星等100多家世界500强企业入驻,已经形成了物流、电子信息、航空航天等八大产业集群。法国图卢兹同样拥有宜业宜居的良好环境,法国4所航空工程大学中的3所坐落于此,还设有25所航空航天专业学校和超过80所航空航天科研机构,形成了产学研一体化发展的良好态势。青岛胶东临空经济示范区必须奋起直追。

三是国内竞争对手先行一步的挑战。2015年,青岛航空航天设备制造规模以上企业完成产值约6亿元,而国内如天津空客A320带动天津航空产业的集聚实现年产值约600亿元。富士康引领的智能终端产业集群促进了郑州航空实验区的发展。截至2017年9月14日郑州海关已经监管出区超过118万台苹果新品手机。数据显示,全球大约一半的苹果手机来自郑州的富士康工厂。

四是临空相关产业基础弱、底子薄,人才不足。胶州市航空工业整体处于起步阶段,无龙头企业和重大项目带动,形不成集群发展效应,缺乏竞争优势。航空指向型产业基础薄弱,精密性、轻便型、高附加值的电子电器、生物医药、精密器械、智能设备等临空高科技产业发展不足。胶州市目前缺乏国家级航空专业高校、科研院所,也缺少航空运营、制造、维修、服务等专业培训学校,航空管理和技术人才储备不足,航空发展人才紧缺。

四、对胶东临空经济示范区建设发展的建议

胶东临空经济示范区建设应抢抓新机场落户的有利机遇,推动示范区经济向国际化、高端化、特色化方向发展,将其打造为承接产业升级的大平台、区域经济的增长极。

(一)放大临空产业优势,打造助推经济强势提升"新引擎"

应进一步完善基础设施建设,将提档升级示范区环境作为推动项目建设、促进经济发展的重要引擎。进一步推动产业结构优化升级,充分发挥临空经济区的品牌、资金、项目和人才优势的辐射带动作用。通过招优引强、"腾笼换鸟",完善产业链条,提升改造传统交易模式和物流方式,打造以机场为依托的现代仓储物流产业、航空产业、高新技术

产业和现代服务业四大支柱产业，适度发展商务会展、休闲旅游、酒店购物等产业，全力打造镇街经济增长极，实现示范区经济的跨越发展。

（二）坚持高端生态低碳，构筑园区产业转型升级“新载体”

坚持“优化第一产业、做强第二产业、做大第三产业”的发展思路，瞄准机场发展高端方向，严把项目准入关，有效控制全处土地利用，做好土地储备。对示范区内现有企业进一步优化调整，结合航空产业招商目录进行就地转型。与此同时，要摸清示范区内闲置土地和闲置厂房，进行二次招商，重点发展飞机零部件制造、航空培训、航空物流等产业。按照现代、便利、舒适的要求，发展中高端生活性服务业，大力引进商业综合体等大型商业业态，发展商务休闲消费，满足不同层次的消费需求，提升空港地区服务承载力。

（三）确立科学前瞻理念，激发创新驱动集群辐射“新效应”

以绿色市场和绿色技术为导向，重点培育以新能源、环保产业为支柱的产业体系，将临空经济发展为绿色经济。依托现有产业基础，增强临空产业创新能力，打造临空产业集群，建设重大产业总部基地，将临空产业打造为前沿产业。加强与大专院校、科研院所的联系，积极承接知识经济、科技成果产业化，提升示范区自主创新能力。建立健全技术创新体系，在政策、资金等方面加大对企业研发的扶持力度，壮大创新主体规模，支持企业开发具有自主知识产权的关键技术，打造东西优化、南北拓展、辐射周边的临空经济黄金圈。率先启动北部空港综保区、南部空港商务区和李哥庄航空特色社区，规划布局站前大道发展轴。要重点引进航空物流、保税加工、保税维修、会展、总部经济、航空培训等产业，打造汇集航空科研、航空制造、航空运营、航空维修和航空偏好型产业的千亿元级航空产业链。要坚持一手抓招引，一手抓落地。一方面，做好前期储备项目跟踪对接，突出临空特质和“非空莫入”准入底线，瞄准世界500强等行业龙头企业定向招商；另一方面，应加快北方消费中心、临空服务中心、航空商务中心三大中心建设，以及太古飞机维修基地和东航、山航、青航、首航等航空公司基地项目推进，加速临空产业落地生根。

（四）留住人流、物流、信息流、资金流，形成财富积聚的“新洼地”

一是能够留住人流。第一类是以机场集散带来的人流。近期可以形成3500万以上和远期6000万以上的乘坐飞机旅客和2～3倍接送机的人，应围绕机场以分钟计的商业圈设计快速消费业态。第二类是由于吃、住、行、游、娱、购需求带来的偶发性人流，应该发挥临空优势积极争取，依托大沽河生态旅游度假区、8号线胶东站等打造北方消费中心。在业态选择上，除大型主题公园外，应特别注意以人流为核心的传统商业中心特别是大型购物中心受电商冲击非常惨淡，因此应引进像北京西单大悦城和青岛万象城等以吃、娱为主，购物为辅的新型大型商业综合体，引进麦德龙、宜家、奥特来斯、跨境电商等新型仓储批发式全球连锁商业中心。第三类是以研发和管理为主的公司和国际大型会议、会展、企业总部等带来的商务人流。青岛胶东临空经济示范区伴随着临空经济的成熟，将会聚集大量的人力、物流和信息，为公司管理总部管理人员捕捉市场需求信息提供便利，可以在临空经济区形成总部经济。

二是留住资金流。应加强金融创新，打造跨境人民币交易平台，有序开展人民币国际化试点，重点培育日韩、欧美企业中国资金调拨和配置中心。打造跨境投融资平台，支持企业进行跨境投资及融资活动，重点培育东北亚跨境投资项目股权交易中心。开展金融租赁、商业保险、外汇结算、信用担保等金融业务，重点培育航空器融资租赁中心，实现货币便利化。

三是留住物流。随着机场的建设，物流要进行海陆空铁立体化升级，而这四种运输方式为基础的物流业也将产生难以想象的重大变革。依托综保区的申建，跨境电商物流园等最新、最高端物流将为胶州市物流业带来翻天覆地的变化。胶州传统物流业必须进行重大变革才能抓住重大机遇和迎接严峻的挑战。

四是留住信息流。在信息流的产业选择方面，应定位三大产业集群，构建“3＋4＋4”产业体系。三大产业集群即航空服务业集群、临空高新技术产业集群和临空服务业集群。构建“3＋4＋4”产业体系，指的是三大集群中的航空服务业集群主要引进航空运输保障、航空物流和公务机等三大产业；临空高新技术产业集群主要引进航空航天研发制造、新一代信息技术、生命科学和智能制造四大产业；临空服务业集群主要引进航空金融服务、临空国际商贸、临空国际医疗和临空会展商务四大产业。

（作者单位：中共胶州市委党校）

莱西市红色文化旅游研究

孙玉欣

党的十九大报告指出，坚定文化自信。没有高度的文化自信，就没有中华民族的伟大复兴。“中国特色社会主义文化，源自于中华民族五千多年文明历史所孕育的中华优秀传统文化，熔铸于党领导人民在革命、建设、改革中创造的革命文化和社会主义先进文化……”红色文化就是革命老区保留下来的中国革命时期的可歌可泣英雄故事和遗址，是中国特色社会主义文化的重要组成部分。挖掘红色文化资源，不仅成为当今不忘初心继续前进的党性教育教材，也为发展红色文化产业打下良好基础。2017 年，莱西市围绕构筑“一个红色旅游核心、一条红色旅游线路”的总体布局，打造莱西红色旅游精品景点，进一步推动对革命历史文化遗产的保护、挖掘和开发利用，使之成为青岛市的红色旅游基地和爱国主义教育的重要阵地，传承弘扬红色文化。

一、莱西市红色文化资源综述

中国的红色文化是在革命战争年代，由中国共产党人、先进分子和人民群众共同创造并极具中国特色的先进文化，蕴含着丰富的革命精神和厚重的历史文化内涵。这是一份弥足珍贵的精神财富，它不仅在战争年代发挥了巨大的作用，在改革开放的新形势下，依然是鼓舞、激励人们继续奋斗的强大推动力。科学地发掘利用红色文化资源，对于发挥红色文化资源价值与功能，加强党员干部的革命传统教育，增强全体人民特别是青少年的爱国情感，弘扬和培育民族精神，带动经济社会协调发展，具有重要的现实意义和深远的历史意义。

“红色文化”可概括为革命年代中的“人、物、事、魂”。其中的“人”是在革命时期对革命有着一定影响的革命志士和为革命事业而牺牲的革命烈士；“物”是革命志士或烈士所用之物，也包括他们生活或战斗过的革命旧址和遗址；“事”是有着重大影响的革命活动或历史事件；“魂”则体现为革命精神即红色精神。莱西市革命年代中的“人、物、事、魂”同样蕴含着丰富的红色文化资源。

(一)莱西市革命烈士陵园:爱国主义教育基地

莱西市革命烈士陵园,位于莱西市望城街道办事处驻地,地理位置在莱西市望城街道芝罘路23号。始建于1955年,占地106亩,共安葬革命烈士2131名。园内建有烈士纪念馆、革命烈士纪念碑、有名烈士墓和无名烈士墓等烈士纪念建筑物。1990年,被山东省人民政府批准为省级重点革命烈士纪念建筑物保护单位;2009年3月2日,被国务院批准为全国重点烈士纪念建筑物保护单位。1994年、1995年被青岛市委、市政府命名为中小学德育基地和爱国主义教育基地;是山东省花园式单位、山东省爱国主义教育基地和山东省关心下一代教育基地;2010年被青岛精神文明建设委员会授予“全市未成年人社会课堂”称号。

烈士陵园坚持以褒扬烈士、教育群众为办园宗旨。近几年,对陵园进行了重新规划和改建。改建后的莱西市革命烈士陵园分纪念瞻仰区、游览休闲区和办公服务区。重修后烈士陵园丰碑巍峨、陵墓庄严、新馆肃穆、潭水潋滟、广场开阔、山林清远,其雄风激扬、大气浩然。每年前来瞻仰凭吊烈士的各界群众数以万计。

(二)以“一馆五区”为代表的红色场馆

近年来,莱西市委按照“让公众了解党史,以党史服务现实,用党史教育后人”的指导思想,充分挖掘利用本地丰富的红色资源,打造了以“一馆五区”为代表的红色场馆。

1. 一馆:莱西党史馆

莱西党史馆位于莱西市上海西路市委党校院内,建筑面积1250平方米,2017年8月9日正式对外开放。党史馆分为主展厅和临展厅两部分。其中,主展厅为“莱西会议”专题展馆,采用图片、视频、音频、实物等方式,全面展示1990年“莱西会议”召开的时代背景、会议实况和历史地位,以及会后27年来在农村基层组织建设方面的继承和发展、拓展和深化。临展厅为莱西党史发展历程图片展,采用翔实的历史资料和珍贵的历史图片,再现莱西从1927年胶东地区第一个农村党组织建立,到改革开放以来的重大事件、主要人物、历史脉络和发展成就。

“莱西党史馆”启用后,结合推进“两学一做”学习教育常态化制度化,有计划地组织基层党员干部参观学习,深入认识和把握“莱西会议”的历史地位和方向引领,探寻规律,继往开来,全面提升党对农村工作的领导水平,力争打造成为全国农村基层组织建设培训基地和全国农村党员干部党性教育基地。

2. 五区:红色纪念馆(址)区

（1）胶东第一个农村党支部——莱西市前保驾山党支部旧址纪念馆，位于莱西市姜山镇前保驾山村。1927 年 12 月底，共产党员李伯颜和孙耀臣，在前保驾山村一处普通的农家院里建立了胶东农村第一个党支部——前保驾山村党支部。党支部建立后，充分发挥战斗堡垒作用，在胶东大地播下了革命的火种。李伯颜等人以此为基础，按照省委指示，奔赴莱阳各地特别是东部农村开展工作，发展党员，成立党支部和党小组，条件成熟后，于 1928 年 3 月中旬，在莱阳水口村成立中共莱阳县委员会，李伯颜任书记兼组织委员，孙耀臣任宣传委员，此乃胶东第一个县委。

2014 年，为充分挖掘和利用前保驾山村党支部的革命历史文化资源，推进红色旅游，打造红色教育基地，莱西市委、市政府在原支部旧址上规划建设了“前保驾山党支部旧址纪念馆”，馆内按照当年陈设进行布局，通过图片、文字、实物、雕塑、情景再现等多种形式，集中展示前保驾山党支部在组织酝酿、创建、发展和成长的光辉历程。2015 年 6 月 23 日，前保驾山党支部旧址被山东省政府确定为第五批省级文物保护单位。纪念馆建成开放以来，慕名前来参观者络绎不绝，已经成为莱西市独具特色的红色旅游景点和重要的爱国主义教育基地。

（2）打响青岛地区抗日第一枪——渭田抗日阻击战纪念馆，位于莱西市夏格庄镇渭田村。1938 年 3 月 9 日～18 日，为阻击日军侵占莱阳，共产党领导的民先武装和国民党领导的乡校武装联合起来，在莱西市渭田村和花园头村进行了顽强阻击，大小战斗 5 次，日军伤亡 110 余人。这次阻击战，打响了青岛地区抗日第一枪。民先武装官兵及村民用土枪、土炮、大刀、长矛、棍棒、农具等与具有现代化装备的日军作战，沉重打击了日本侵略者不可战胜的神话，鼓舞了当地人民乃至整个胶东地区人民抗日的信心与斗志。

为铭记历史，促进红色党史教育和文化发展繁荣，莱西市夏格庄镇党委以强化基层党建、开展红色文化教育为出发点，通过查阅考证史料、收集整理文物、发掘梳理文脉，在很短时间便征集了包括土炮、土枪和日本军用刀等相关老物件 100 多件和当地居民生活、生产工具老物件 400 多件。以渭田社区服务中心为依托，投资 60 多万元，建起了渭田“村史博物馆”“阻击战纪念馆”，并着力打造“红色文化”大院，规范党建活动场所，建成了青岛市第一个集村史文化、红色教育、党建示范、乡村旅游和社区服务于一体的红色文化教育基地，也开启了莱西市乡村红色旅游的先河，成为党员干部党性教育和青少年爱国主义教育基地。

渭田阻击战纪念馆以渭田阻击战历史为背景，收藏有我地下党民先队与敌人激战用的土炮、土枪和缴获日本鬼子的军用刀等实物，通过文字、图片、实物、文物等多种形式，详细介绍了渭田抗日阻击战的历史背景、经过及战斗中涌现的英雄人物，真实再现了70多年前发生在渭田村的那场抗击日寇侵略的持久战和渭田儿女不畏强暴、英勇杀敌的英雄壮举，对传承革命历史精神、加强爱国主义教育有着积极推动作用。

(3)山东省第一个独立地方红色政权——胶东行政公署旧址，位于莱西市马连庄镇河崖村。1947年8月至1948年底，我们党在山东省第一个独立的地方红色政权——胶东行政公署迁至马连庄镇河崖村办公，时任胶东行署主任的汪道涵也在该村居住；行署还在该镇下洼子村成立了“北海银行”，并建立了胶东地区第一个“新华书店”。该旧址主要由胶东行署旧址、汪道涵旧居、“八路胡同”、“北海银行”旧址、“新华书店”旧址等组成，通过图片、文字、实物、雕塑、情景再现等多种形式，生动再现了胶东行政公署在莱西的主要活动和为抗战、解放战争胜利作出的卓越贡献。

红色血脉的传承壮大极大地激发了马连庄人民的革命热情，抗日战争及解放战争时期，马连庄的大地上涌现了“一门三烈”“八路胡同”“夭山战役”“解放马连庄战役”等大量可歌可泣的英雄事迹。据《莱西县志》记载，马连庄镇原44个村在册登记的英烈就有295名，革命先烈用鲜血铸就了“红色马连”之魂，激励着马连庄人民在新时期克难而进、奋勇前行。情景音乐京剧《红色马连庄》选取了组织抗日民众与日寇进行武装斗争的共产党员刘坦，义送三子参军杀敌的顾成田夫妇以及不顾个人安危、智救八路军战士的张翠英和誓死捍卫党旗尊严的妇救会主任孙乐英等典型人物，以京剧为主旋律，巧妙融合交响乐等音乐形式，辅以朗诵、舞蹈等艺术形式，向广大观众呈现了形象多元的英雄人物、艰苦卓绝的斗争过程、智勇交锋的敌我博弈，讴歌了革命老区马连庄镇民众同仇敌忾、不屈不挠、顽强御敌的爱国主义精神。

2016年以来，马连庄镇以“红色马连、沽水先锋”党建品牌为抓手，以河崖村胶东行署旧址为依托，全力打造红色政德教育基地，强化对全镇党员干部的教育，通过“红色引领”实现“绿色发展”，社会经济得到良好发展。

(4)“刘胡兰式的女英雄”——解文卿烈士纪念馆和故居，位于莱西市水集街道义谭店村。解文卿，被誉为“刘胡兰式的女英雄”。纪念馆主要由文献展示馆、战时物品展示馆和院落展示三部分组成，通过文字、图片、实物、浮雕、雕像等多种形式，集中展示烈士的生平事迹。

解文卿就义处位于义潭店村偏东侧的解氏家庙前面，紧靠义潭店的人口文化大院。这里有两个石碑，分别是青岛和莱西两级政府所立。现在，解文卿就义处已经是莱西市的爱国主义教育基地。该处遗址旧为解家庙，青砖小瓦，砖木结构，共有平房8间，分前堂后室，曾多次修缮。1979 年,“解文卿烈士就义处”被定为县级文物保护单位。1989 年 12 月被定为青岛市文物保护单位,2006 年被定为山东省文物保护单位。解文卿的故居是一幢典型的 20 世纪四五十年代的房子,整个房子用泥土建成,分为两间草屋,土坯院墙,正中开门,草披门楼,整个故居黑瓦盖顶,由于建成年代较远,房子已经比较破旧,墙面发黄,呈现一种历史感。故居内珍藏着解文卿烈士生前用过的木箱、针线盒、纺线车等遗物。1979 年,该故居被定为县级文物保护单位。

二、莱西市红色文化愿景展望

党的十九大报告指出:“满足人民过上美好生活的新期待,必须提供丰富的精神食粮。”要“加强文物保护利用和文化遗产保护传承”。2018 年,莱西市将进一步挖掘红色文化资源,力争在红色文化产业上有新成就。

(一)挖掘红色文化资源,传承革命精神

一是马连庄镇将进一步建设红色教育基地。聘请青岛市旅游设计院进行科学规划设计,进一步对教育基地进行改造升级,在深入挖掘、充分论证的基础上争取将这段红色历史记入相关史志,让后人学习铭记。

二是依托南墅镇北泊村蒙山区殉国烈士纪念塔、解文卿故居红色教育基地开展各类主题活动。建设“胶东水沟头红色资源展览馆”,收集展示新发现的“红色之旅”资源传奇英雄杨子荣水沟头入伍、“红色尖刀连”水沟头组建、侦察英雄原型顾良成长以及其他有价值资料,为加强革命传统教育和“红色旅游”增加新内容。

三是开展革命精神宣讲活动。将在前期以李佐民烈士光荣事迹为素材绘制连环画册《沽河之子》读本、以莱西花园头战役为素材创作宣传画,引导中小学生树立起积极、健康、向上的人生理念基础上,以唱红歌、读红书、看红色电影、写红色励志格言、办红色专题讲座等多种形式开展革命精神宣传活动。将精选红色电影进乡村轮流播放,让广大农村干部群众感受中国共产党发展壮大的辉煌历程,品读红色电影的经典时刻。最为重要的就是让群众感受“红色文化”。

(二)推进红色旅游发展

将深入挖掘莱西市红色文化旅游资源,配合文广新局等有关部门、相关镇街和企业,从项目规划、景点打造、旅游配套等方面积极参与、主动服务,争取打造 1~2 个红色旅游景区和政德教育基地,纳入莱西市

旅游线路，通过旅游推介会、旅游博览会等形式统一对外宣传推介，组织惠民旅游、研学旅游等活动，打造红色文化旅游精品线路。

莱西夏格庄镇将以文化旅游线引领红色休闲。以建成的“渭田红色文化教育基地”和正在建设当中的“双山乡贤文化陈列馆”为依托，着力将连接两馆的通村路进行改造升级，整修排水沟并进行绿化植被。同时，将209省道以东、躬仁路以南，渭田至双山村之间6000亩土地统一规划，通过政府引导、市场化运作，引进项目资金，重点发展绿色生态农业种植，打造田园综合体、民俗文化体验区；依托双山村后的“双山”，打造特色休闲观光区、农家乐等，从而打造融合“红色”“绿色”元素的渭田—双山特色乡村旅游线。

（三）打造马连庄红色小镇

马连庄镇红色底蕴丰厚、历史悠久。2018年，马连庄镇将立足生态优势和红色资源，“以争创国家级田园综合体，打造全域生态旅游红色小镇”为发展目标，实施乡村振兴战略，以原胶东行政公署旧址所在地河崖村委中心规划建设“一山一水一红心、一金一银一红村”特色小镇，以“红色文化教育”社会功能为切入点，以“绿色生态休闲”旅游功能为统领，以土地流转改革为抓手，整合各方面资源，将影视基地、乡村旅游、富民增收、红色教育等结合打造国家级田园综合体，在继承和发扬“莱西会议”精神上创出新的经验。

将充分利用红色文化、绿色生态的“红＋绿”资源优势，结合镇域资源和田园综合体建设特点，争取利用3～5年时间，建成“一核两轴三区”六大功能板块的国家级田园综合体。红色教育区，依托“胶东小延安”河崖村红色资源集中的优势，进行统筹规划，建设“一心一带三街十点”23处红色旅游景点，打造为青岛市党建教育基地、红色旅游目的地和青少年爱国主义教育实训基地。

红色教育基地是传播红色文化的重要阵地。莱西市将加紧修建完善各类反映我们党革命斗争历史的纪念馆、纪念地、烈士陵园等爱国主义教育基地，逐步实现全天候免费开放，扩大教育覆盖面，改进陈列方式，创新展示手段，丰富展出内容，安排定时的有关历史的影视、歌舞专场，还原当年革命工作者工作、战斗、生活、劳动的场景，融入情景再现和互动体验项目，增加红色基地的欣赏性、参与性、体验性，丰富基地内涵，提升教育功能，并采用多媒体等多种宣传方式，加大宣传力度，吸引全国各地的人来接受红色文化教育。

（作者单位：中共莱西市委党校）